# 미래국가론

### 정치외교학적 성찰

# 미래국가론

정치외교학적 성찰

2019년 7월 10일 초판 1쇄 인쇄
2019년 7월 17일 초판 1쇄 발행

지은이 권형기, 김상배, 김영민, 김주형, 박성우, 송지우,
　　　　신욱희, 안도경, 이옥연, 전재성, 조동준

편집 김천희
디자인 김진운
마케팅 최민규

펴낸이 윤철호·김천희
펴낸곳 ㈜사회평론아카데미
등록번호 2013-000247(2013년 8월 23일)
전화 02-2191-1133
팩스 02-326-1626
주소 03978 서울특별시 마포구 월드컵북로12길 17

ⓒ 권형기, 김상배, 김영민, 김주형, 박성우, 송지우, 신욱희, 안도경, 이옥연, 전재성,
　 조동준, 2019.

이메일 editor@sapyoung.com
홈페이지 www.sapyoung.com
ISBN 979-11-89946-20-3

* 이 저서는 2016년 대한민국 교육부와 한국연구재단의 지원을 받아 수행된
　연구임(NRF-2016S1A3A2924409)

# 미래국가론

## 정치외교학적 성찰

**서울대학교 국제문제연구소** 엮음

권형기·김상배·김영민·김주형·박성우·송지우·신욱희·
안도경·이옥연·전재성·조동준 지음

사회평론아카데미

# 머리말

이 책은 정치외교학의 가장 중요한 주제 중의 하나라고 할 수 있는 '국가론'의 과거와 현재 그리고 미래를 이론적·경험적 시각에서 탐구하기 위해서 기획되었다. 1970-80년대 국가론 연구가 성황을 이루었던 것에 비해서 2000년대 이후 국내 정치외교학계에서는 국가에 대한 학술적 관심이 상대적으로 줄어들었다는 것이 이 책을 기획한 문제의식이다. 과거의 국가는 어떠했으며, 역사와 사상의 텍스트 속에서 어떻게 인식되었나? 오늘날 국가의 현실은 어떠하며, 비교정치론과 국제정치론의 시각에서는 어떻게 인식되고 있나? 그리고 국가가 변화하는 미래의 지평은 어떠하며, 이를 어떻게 이해해야 할 것인가? 이 책이 던지는 질문들이다.

이렇게 과거-현재-미래의 지평 속에서 국가가 무엇이냐를 묻는 이 책의 의도는 회고적이라기보다는 미래지향적이다. 우리의 정치외교적 삶에서 중요한 부분을 장악하는 '국가'를 제대로 이해하기 위해서는 과거와 현재의 개념에만 주목하는 것으로는 부족하다. 현실을 제대로 알기 위해서는 과거의 경험지평뿐만 아니라 미래의 기대지평 위에서 국가론에 접근해야 한다. 이러한 문제의식을 반영한 국가론 연구는 단순한 학술적 분석이라기보다는 좀 더 복합적인 구도에서 이해되는 언어적 실천이라고 할 수 있다. '미래국가론: 정치외교학적 성찰'이라는 제목은 이러한 취지에서 붙여졌다.

이 책은 한국의 경험에서 추출된 국가 개념을 글로벌 차원에서 보편성을 갖는 이론적 논의로 발전시키려는 의도도 갖고 있다. 아울러 해외 학계에서 진행되고 있는 국가 개념에 대한 논의를 국내 학계의 논의와 접맥시켜 21세기 한국이 추구할 미래 국가모델의 모색에 기여하려는 의도도 반영되었다. 이런 점에서 한국의 미래국가론은 과거와 미래로 통해야 할 뿐만 아니라 세계로도 통해야 한다. 서울대학교 정치외교학부 교수들이 필진으로 참여하여 한국 정치외교 개념 연구의 첫 번째 작업으로 시작한 이 연구가, 이후에도 권력, 민주주의, 시민사회, 거버넌스, 정치, 외교, 평화, 전쟁, 정의 등과 같은 주요 정치외교 개념 연구로 이어지기를 기대해 본다.

제1부는 역사·사상의 시각에서 국가론을 다룬 세 편의 논문을 담았다. 제1장 "조선 초기 국가지배체제의 특성과 수립과정: 토지사유제와 노비제를 중심으로"(안도경)는 조선 초기 국가지배체제의 특징과 그 성립 과정을 토지사유제와 노비제도를 중심으로 살펴본다. 토지사유제와 노비제는 위화도회군(1388)에서 경국대전의 완성(1485)에 이르는 기간 동안 시행착오를 거치면서 의식적으로 선택되었다. 초기의 토지제도 구상이었던 과전제는 증가하는 문민적 지배층을 경제적으로 지탱할 수 없었으며 수조권을 둘러싼 사대부들 간의 갈등을 해결할 수 없었다. 조선의 지배층은 과전제를 포기하고 토지사유제를 통해

토지를 합법적으로 사대부층에 집중시킴으로써 그들의 경제적 기반을 마련하였다. 토지사유제는 봉건제나 수조제에 비해서는 근대적 성격이 강한 제도였으며 일반 농민들도 경작권을 소유권으로 격상시킬 수 있게 하였다. 그러나 공정한 기회와 법집행이 보장되지 않았기 때문에 근대적 토지소유권이라고 볼 수는 없다. 조선의 건국세력은 노비 인구 증가를 억제하고 양민을 늘린다는 공약을 제시하였다. 그러나 결국 이와는 상반되는 일천즉천(一賤則賤)의 신분세습법을 선택하여 노비인구를 전체 인구의 1/3 이상이 되게 하였다. 증가한 노비 인구는 확장하는 국가 기관들의 인력과 재정을 뒷받침하였다. 사대부들은 노비를 통해 집과 농장에서 일할 노동력을 확보할 수 있었고, 외거노비의 신공으로 토지소득을 보충할 수 있었다. 조선 노비의 과반수를 차지했던 것으로 동의되고 있는 납공 사노비는 노예나 농노와는 다른 존재였다. 오히려 수용권(收庸權), 즉 생산대중의 노동에 대한 권리를 거래와 상속이 가능한 형태로 지배층 개인들에게 할당하는 것으로 볼 수 있다. 일견 모순적으로 보이는 토지사유제와 노비제는 시장경제의 발전 수준이 낮은 조건에서 문민적 중앙집권을 가능하게 한 국가지배체제였다.

　　제2장 "국문학 논쟁을 통해서 본 조선 후기의 국가, 사회, 행위자" (김영민)는 조선 후기 문인 이언진의 평가를 둘러싸고 있었던 논쟁을 국가론의 관점에서 다루었다. 최근에 이루어진 이언진 해석 논쟁과 한글소설 유통 논쟁은 특정 시기 작품 해석이나 작품 유통에 대한 논의에 그치지 않고, 그러한 구체적인 논의에 기초하면서 한국사 전체에 대해 의견을 나누어 볼 수 있는 드문 기회를 제공한다. 그뿐 아니라, 논자들이 문학에서 출발하여 사회사 혹은 정치학까지 언급하니만큼, 많은 이들이 그 필요성을 역설해온 다학제적 연구가 가능한 논의의 장

이기도 하다. 제2장은 국문학계 해당 논쟁들을 비판적으로 검토함으로써 조선 후기 국가와 사회, 그리고 그 안을 살아가는 행위자의 이해에 한 발자국 다가갔다. 그 과정에서 문학에서 정치에 이르는 또 다른 경로, 보다 구체적으로는 텍스트의 독해에서 조선 후기의 정치적 동학의 이해에 이르는 대안적인 경로를 제안하였다. 제2장이 보기에 이언진 논쟁의 논자들은 각 논점들에 대해서는 첨예한 대립을 보이면서도 조선왕조라는 국가에 대한 이해에는 공통점이 있다. 즉, 조선이라는 국가를 전제주의적이고 강력한 국가로 보는 것이다. 제2장은 이런 논자들의 공통된 국가론을 비판하면서 조선왕조는 전제권력과 기반권력, 양쪽 모두 약한 국가였다고 주장한다. 조선이라는 국가는 개인이나 사회를 전면적으로 통제할 정도의 역량이 없었고, 사회 역시 국가에 도전할 만큼 강하지 않았다. 이러한 조선시대 '최소국가-최소사회'의 독특한 모습을 올바로 이해해야 한글소설의 출판 유통이나 이언진이라는 문인의 작업이 갖는 역사적 성격을 오해나 과장 없이 제대로 정위(定位)할 수 있다는 것이다.

제3장 "고대 아테네 민주주의에서 진실성 문제: 파르헤시아(진실발언)에 대한 플라톤의 철학적 검증을 중심으로"(박성우)는 최초로 민주주의를 창안한 고대 아테네 국가에서 민주주의와 진실성 문제를 어떻게 다루었는가를 살펴보았다. 특히 아테네 민주정이 정치과정에서 대중에 대한 엘리트의 기만을 방지하기 위해서 고안한 파르헤시아(진실발언)라는 제도를 중심으로 아테네 민주정에서 진실성과 정치의 관계를 재조명하고, 이에 대한 플라톤의 철학적 대응을 살펴보고자 한다. 이를 위해서 제2절은 아테네 민주주의의 맥락에서 파르헤시아라는 제도가 어떤 방식으로 작동했는가를 검토하였다. 특히 아테네 민주주의라는 구체적인 현실 속에서 파르헤시아라는 제도가 애초의 취지

와 달리 어떤 변형과 왜곡을 겪게 됐는가를 밝혔다. 또한 파르헤시아라는 제도가 아테네 민주정의 성공이라는 차원을 넘어, "정치에서 과연 진실성이 확보될 수 있는가"라는 보다 근본적인 문제를 내포하고 있음에 주목하였다. 정치와 진실성의 공존 가능성 문제는 다분히 철학적 문제로 인도된다. 이런 사실에 착안하여 제3절과 제4절은 당시의 대표적인 철학자인 플라톤이 파르헤시아라는 제도를 어떻게 다루고 있는가를 주목하면서 정치와 진실성의 관계에 대한 플라톤의 입장을 해명하였다. 구체적으로 말하자면, 제3절은 〈라케스〉라는 대화편에서 플라톤이 정치적 파르헤시아와 구분되는 철학적 파르헤시아를 제시하고 있음을 밝히고 있으며, 이어서 제4절은 〈고르기아스〉 대화편에서 소크라테스가 제시한 "진정한 정치가"의 의미를 재해석하면서, 근본적인 정치 개혁에 대한 플라톤의 의지를 확인한다. 마지막으로 맺음말은 철학적 파르헤시아와 진정한 정치가를 제시한 플라톤의 의도가 현대 국가에서 민주주의와 진실성의 관계에 제공하는 보편적인 함의가 무엇인가를 고려하였다.

제2부는 비교정치론의 시각에서 국가론을 다룬 두 편의 논문을 담았다. 제4장 "국가모델로서 연방과 연합: 미합중국과 유럽연합의 사례"(이옥연)는 미국과 유럽의 사례를 통해서 국가모델을 탐구하였다. 미합중국은 사회기반의 계층화와 주권분립이 직접적으로 연관되지 않은 천혜의 행운을 타고난 국가다. 그러나 민족이 상정되지 않은 민족국가에 준하는 국가 정체성을 인위적으로 정립하는 과정에서 내전을 겪은 불행도 경험했다는 사실을 간과할 수 없다. 미합중국에서는 상위정부에 해당하는 연방정부 창설 이전부터 주정부가 독립 주권체로서 존립했다. 그 결과 주권분립 공방은 총성이 멈춘 지 오래되었

음에도 불구하고 치열하게 전개되는 중이다. 반면에 유럽연합은 다시 세계대전을 반복하지 않겠다는 정치적 의지가 결집되어 국가 간 지역 통합이 출범하면서 구축되었다. 그러나 이 유럽 지역통합은 국가주권을 우위에 두려는 간헐적 반발로 인해 점진적으로 추진되었다. 따라서 유럽의 단일한 정체성을 지향하는 정치적 노력은 보조성(subsidiarity) 원칙에 근거해 공동체와 협의체로 양분된 상태로 발전했다. 제4장은 분리를 통합의 상극으로 상정하는 세력과 분리와 통합을 연속선에 전제하려는 세력 간 팽팽한 대결이 반복되는 연방주의 관점을 적용해 국가모델로서 미합중국과 유럽연합 사례의 건립 과정과 헌정 구상을 비교하고 그 함의를 찾았다.

　　제5장 "세계화 시대 국가의 역할: 한국의 경험을 중심으로"(권형기)는 "세계화 시대 국가의 역할은 무엇인가?"라는 문제를 한국의 사례를 통해서 탐구하였다. 지배적인 담론은 세계화로 인해 국가의 힘은 약화되었고, 국가의 개입은 더 이상 유효하지 않을 뿐 아니라 오히려 부작용을 일으킨다는 입장이다. 신자유주의 이론이 이러한 지배적 담론의 핵심을 구성한다. 그러나 국경을 넘는 생산요소의 자유로운 이동을 배경으로 하는 세계화는 반드시 국가 역할의 무의미성을 보여주는 것일까? 왜 어떤 나라들은 세계화 과정에서 산업 경쟁력을 강화하는 데 성공하는 반면 어떤 나라들은 실패하는가? 신자유주의자들은 국가의 후퇴와 자유시장만이 가장 유효한 성과를 가져올 것이라 낙관한다. 그러나 신자유주의적 낙관론과 달리 주요 기업들의 세계화 과정에서 모든 국가가 다 좋은 결과를 얻게 되는 것은 아니다. 대표적으로 미국은 기업들의 세계화 과정에서 주요한 산업공공재(industrial commons)의 많은 부분을 지속적으로 상실해 왔다. 미국의 제조업은 공동화(hollowing-out)를 경험하면서 나라 전체의 혁신능력도 약화되었

다. 반면 한국은 주력 산업 대표 기업들의 생산 세계화가 진행되는 가운데서도 국내에 기술혁신적 산업생태계를 새롭게 수립하는 데 비교적 성공적이었다. 제5장은 주요 기업들의 세계화에 대해 한국과 미국의 적응 과정을 대별시켜 비교함으로써 세계화가 반드시 국내생산의 공동화를 낳지는 않으며 또한 신자유주의자들의 주장처럼 반드시 자동적인 산업 역량 강화를 낳지도 않음에 주목한다. 제5장은 심화하는 세계화 시대에 국내 산업의 공동화를 막고 산업공공재를 유지, 발전시키기 위해서는 국가의 역할이 중요할 수 있음을 보여주고자 한다. 다시 말해 생산 요소들의 자유로운 이동을 전제하는 세계화 시대에 혁신적인 국민경제를 재구성하기 위해서는 단순한 자유시장이 아니라 오히려 국가의 적극적인 구성의 역할이 강조될 수 있다. 나아가 세계화 시대 국가가 유효한 기능을 하기 위해서는 과거 발전주의적 국가가 아니라 새로운 기능과 모습의 국가가 필요하다. 그것은 과거와 같이 물리적 자본의 동원과 선별적 투입에 초점을 두었던 전통적인 방식의 국가가 아니라 포괄적인 혁신네트워크의 수립에 초점을 둔 새로운 발전주의 방식에 있다.

제3부는 국제정치론의 시각에서 국가론을 다룬 세 편의 논문을 담았다. 제6장 "국가 주권과 상호의존성 사이에서"(조동준)는 과학기술의 발달로 국경을 가로지르는 사회적 상호작용이 증가하면서, 영토적 배타성을 주장하는 주권 국가의 운영 원칙에서 발생하는 불협화음을 국제정치학의 시각에서 다루었다. 19세기 후반 시작된 지구화는 세 차례의 부침을 거치면서, 인류를 단일한 사회연결망에 속하도록 하였다. 주권 국가는 초국가-국제문제를 관리하고 해결하는 방식으로 외교, 패권, 글로벌 거버넌스 등을 발전시켰다. 또한, 상설 다자외교를

위한 공간으로 국제기구를 만들어, 국제사회의 공통 기준을 마련하고 새로운 담론을 확산하여 제한적으로 문제해결 능력을 갖추도록 하였다. 주권 국가가 초국경 쟁점에 대처하기 위하여 국가가 국제법을 만들거나 국제기구를 만들어 자국의 주권 일부를 양도하는 현상이 두드러지는 듯 보이지만, 여전히 주권 국가가 가장 중요한 행위자이다. 국가는 국제기구와 국제법을 만드는 주체이며 국제사회에서 여론의 향방을 결정한다. 국제법에 따른 문제해결 방식과 국제기구의 결의가 만들어져도 실제 이를 이행할 주체는 대체로 국가이다. 초국경 쟁점을 해결하기 위한 의사결정과 실행 과정을 보면, 사실상 국가가 핵심적 역할을 담당한다. 비국가 행위자의 중요성이 상대적으로 증가하지만, 절대적 기준에서는 국가가 국제질서를 주도하는 현상이 나타날 수밖에 없다.

제7장 "주권과 보충성: 개념 검토를 통해 본 국제법 규범 이론의 필요성"(송지우)은 국제법상 보충성 원칙(principle of subsidiarity)을 규범적으로 검토하였다. 보충성 원칙은 최근 국가 주권 규범에 대한 구조적 대안으로 주목받고 있다. 제7장은 이러한 가능성을 점치는 이른바 보충성 긍정론자들의 주장을 비판적으로 살펴본다. 이를 위해 우선, 보충성을 낮은 단계 우선성을 추정하는 일종의 추정 규칙(presumption rule)으로 개념화한다. 이어서 이와 같은 개념적 자원을 토대로 보충성 긍정론을 검토하며, 보충성 원칙이 고전적 주권 개념의 대안이 되려면 원칙의 기저에 별도의 규범 이론이 필요하다고 주장한다. 끝으로 이러한 이론으로 정당화 개인주의(justificatory individualism), 즉 제도와 규범의 정당화는 그 적용을 받는 각 개인에게, 그 사람의 개별적 이유에 근거해 정당화되어야 한다는 명제를 근간으로 하는 이론을 제안한다.

제8장 "국제정치이론에서 주체-구조 문제 논의의 재검토"(신욱희)는 국제정치학의 주요 논제 중의 하나인 주체-구조 문제를 다루었다. 주체-구조의 문제는 존재론, 혹은 분석수준의 논의와 연관된 세부적인 국제정치이론 논쟁이 아니라 구성주의 패러다임의 인식론 내지 방법론 전반, 혹은 구성주의와 합리주의 사이의 패러다임 논쟁으로 이어지는 국제정치학의 핵심적인 주제라고 할 수 있다. 제8상은 주체-구조 문제에 대한 최근 연구의 검토를 통해서 상호구성의 구체적인 과정과 그것이 갖는 복잡성의 측면을 고찰하고, 상호구성이라는 단순한 주장이 가져오는 교착상태, 그리고 그에 대한 'so what?' 비판에 대응할 수 있는 방법과 이 문제의 논의를 지역수준으로 좁히는 방식에 대하여 살펴보았다. 제8장은 구체적인 이론적 주장을 제기한다기보다는 주체-구조 연구에 대한 검토를 통해 이 문제에 대한 성찰이 국제정치의 이론과 실천에 주는 의미를 다시 생각해 보는 목적을 갖는다. 제8장이 제시하는 구성적 권력의 존재와 그 결과로서의 복잡적응체계의 창출이라는 문제의식은 동아시아 지역체제, 한미관계, 분단체제의 구조를 이해하고 그 전환을 위한 주체성의 범주와 내용을 검토해야 하는 한국의 국제정치학자들에게 있어서도 이론적이고 실천적인 중요성을 함께 지닌다고 볼 수 있다.

제4부는 미래국가론의 성찰이라는 시각을 제시한 세 편의 논문을 담았다. 제9장 "미국의 대외전략 변화와 자유주의 국제질서의 운명"(전재성)은 미국 트럼프 정부의 등장 이후 불거진 이른바 자유주의 국제질서의 종언에 관한 논쟁과 미국 이후의 국제질서에 대한 논의를 살펴보았다. 새롭게 등장한 트럼프 정부의 외교정책은 한편으로는 패권의 역할을 거부하는 고립주의 전략의 모습을 띠기도 하고, 때로는 자

유주의 패권의 기본 원칙을 완전히 무시하는 비자유주의 패권의 모습을 띠기도 한다. 2차 대전 이후 70여 년간 세계를 이끌어온 자유주의 국제질서 자체의 문제에 대한 분석의 필요성이 지금의 위기상황을 보면서 새롭게 제기된다고 해야 한다. 1980년대부터 시작된 신자유주의는 자유주의 질서가 진화하면서 도달한 새로운 단계로서 이후 신자유주의적 세계화, 냉전에서 승전한 미국의 단극체제, 미국이 주도하는 민주주의와 인권 개념의 증진 등을 새로운 요소로 제시하였다. 그러나 결국 세계화 속 선진국과 개도국의 격차를 둘러싼 갈등, 개도국 내 빈부 격차, 더 나아가 선진국 내의 빈부 격차 및 미국의 중산층 몰락과 같은 경제문제를 불러일으키고 2008년 경제 위기 이후 미국이 주도하는 자유주의 질서는 또 다른 위기에 봉착하게 되었다. 트럼프 대통령이 표방하는 미국 우선주의와 힘을 통한 평화가 트럼프 대통령이 정의한 미국의 국익을 증진시키는 것은 틀림없지만 그것이 과연 미국 전체의 이익과 상응하는 것인지, 그리고 패권국으로서 세계 질서를 올바른 방향으로 이끌고 있는 것인지는 확신하기 어렵다. 자유주의 국제질서는 미국의 국제정치이론가들이 기대하는바, 시장, 민주주의, 다자제도에 의한 평화를 가져올 수도 있지만 자유주의 자체에 내재하는 모순과 시대의 변화에 따른 도전을 온전히 소화해야만 지속가능한 질서를 불러올 수 있다.

제10장 "하버마스의 글로벌 거버넌스 이론에 대한 비판적 검토" (김주형)는 우선 국제법과 국제정치, 세계시민주의 등의 문제에 대한 하버마스의 규범적 지향이 어떻게 변화해왔는지를 추적하였다. 또한 하버마스가 자신이 일국 차원에서 입헌민주주의의 이념과 원리를 이론화하기 위해 발전시킨 개념과 문제의식을 글로벌 거버넌스의 문제로 확장하여 적용하는 이론적 전략을 취하고 있음을 밝혔다. 즉 하버

마스는 지구화의 도전에 대한 '정치적' 대응을 모색하는 이론적인 작업을 '민주적' 대응을 고안할 필요와 등치하는 경향이 있다. 그 과정에서 '민주주의'가 글로벌 거버넌스의 문제에 있어서도 핵심적인 규범적 지향이자 정당성의 원리로 설정된다. 하지만 이 전략은 지금의 국제정치 현실에서 그다지 설득력 있는 규범적, 제도적 지향점을 제공해주지 못할 뿐더러, 오히려 하버마스 자신의 민주주의 이론에 불필요한 부담을 준다는 것이 제10장의 주장이다. 민주주의를 지구화하려는 시도는 무리한 전제와 제도설계를 추동할 뿐만 아니라, 연대성, 지구적 공론장, 민주적 정당성 등 그의 핵심적인 개념들과 관련해서도 이론적 정합성이 떨어지는 선택지로 보인다. 지구화가 현대의 민주주의를 심각하게 저해하는 측면이 있다고 하더라도 그에 대한 대응이 곧바로 민주주의의 지구화를 향하는 것이 가장 좋은 이론적, 실천적 전략으로 보이지는 않는다는 것이 제10장의 결론이다.

제11장 "네트워크 국가론: 미래 국가모델의 국제정치학적 탐구"(김상배)는 국제정치학의 시각에서 미래 국가모델에 대한 이론적 논의를 펼쳤다. 근대 국민국가의 변환에 대한 국제정치학 연구의 연속선상에서 제11장이 관심을 두는 주제는 최근 다양한 분야에서 벌어지고 있는 미중 글로벌 패권경쟁과 그 와중에 발견되는 두 나라의 '미래 국가모델 경쟁'의 양상이다. 특히 아직 현실화되지 않은 미래 세계정치와 국가모델에 대한 논의를 좀 더 구체적으로 제시하기 위해서 제11장은 미래 선도부문(leading sector)으로서 '사이버 공간'을 둘러싸고 벌어지는 미국과 중국의 플랫폼 경쟁에 주목하였다. 사이버 공간은 미래 기술과 산업 및 서비스 등의 새로운 지평을 여는 선도부문인 동시에 세계정치의 미래도 엿보게 하는 선행지표의 의미를 가지고 있다. 제11장은 이러한 사이버 공간에서의 국가변환을 분석적으로 살펴보

기 위해서 네트워크 이론의 시각을 새롭게 도입할 것을 제안하였는데, 이를 적용하여 미래 세계정치의 핵심을 이루는 세 가지 국제정치이론 적 논제, 즉 국가와 권력 및 구조의 개념을 도출하였다. 네트워크 이론 의 시각에서 보는 21세기 세계정치의 변환에 대한 논의는 새롭게 개념 화된 국가 행위자, 그 국가 행위자가 추구하는 새로운 권력추구 전략, 그리고 이러한 국가들이 벌이는 게임의 결과로서 등장하는 권력구조 변동의 새로운 양상에 대한 탐구 등의 셋으로 구성된다. 이러한 이론 적 논의를 바탕으로 제11장은 미래 국가모델을 담는 개념으로서 '네 트워크 국가(network state)'를 제시하였다.

이 책은 2016년부터 교육부와 한국연구재단의 지원을 받아 설치 된 SSK(Social Science Korea) 대형센터인 서울대학교 국제문제연구 소 미래세계정치센터의 연구사업으로 수행되었다.

그 과정에서 대응자금의 재정지원을 제공해 주신 서울대학교 사 회과학대학의 전직 학장이신 박찬욱, 홍기현 두 분 선생님과 현직이신 이봉주 학장께 깊은 감사의 말씀을 드린다. 이 밖에도 이 책이 나오기 까지 많은 분들의 도움을 얻었다. 그중에서도 2017년 6월부터 11월까 지 진행된 다섯 차례의 집담회 과정에서 토론자로 청중으로 참여하여 다양한 의견을 개진해 주신 여러 선생님들께 심심한 감사의 말씀을 전 하고 싶다. 이 책에 담긴 원고를 마무리하는 과정에서 2018년 3월 23 일(금) 오전 9:45-오후 6:00 서울대학교 사회과학대학 국제회의실에 서 개최된 최종발표회에서 조언의 말씀을 해주신 서울대학교 정치외 교학부의 김의영, 임혜란, 유홍림, 장인성 네 분 교수님께도 감사드린 다. 당일 행사 진행을 맡아 주었던 서울대학교 국제문제연구소의 박주 연 조교와 하가영 주임에게도 감사한다. 이 책의 작업이 진행되는 동

안 교정 작업의 총괄을 맡아 준 서울대학교 석사과정의 김지이 조교에
대한 고마움도 빼놓을 수 없다. 항상 묵묵한 후원자의 마음으로 출판
을 맡아 주시는 사회평론아카데미의 관계자들께도 감사의 말씀을 전
한다.

2019년 2월 18일
서울대학교 국제문제연구소 소장
김 상 배

**차례**

## 제4부 미래국가론의 성찰

**제1부**

# 역사·사상의 시각

제1장

# 조선 초기 국가지배체제의 특성과 수립과정: 토지사유제와 노비제를 중심으로

안도경

# I. 서론

이 글은 조선 초기 국가지배체제(國家支配體制)의 특성과 그 수립과정을 토지제도와 노비제도를 중심으로 살펴본다. 토지제도와 노비제도는 위화도 회군(1388)에서 『경국대전(經國大典)』의 완성(1485)에 이르는 시기 동안 시행착오를 거치면서 선택되었다. 그 선택의 결과는 이후 조선 국가와 사회의 진화에 큰 영향을 미쳤다.

본 연구가 문제로 삼는 토지제도와 노비제도는 『경국대전』「호전(戶典)」과 「형전(刑典)」의 다음 조항들에 압축적으로 표현되어 있다.

(1) 농사짓는 땅(田地)과 집(家舍)을 사고팔 때의 기한은 15일이며, 그 기한이 지난 이후에는 물리지 못한다. 또 100일 이내에 관(官)에 보고하여 거래증명문서(立案)를 받아야 한다(田地·家舍買賣限十五日勿改, 竝於百日內告官受立案). 노비의 경우도 마찬가지이다(奴婢同). [『경국대전』「호전」 매매한(買賣限)]

(2) 모든 천인(賤人)의 자식은 어미의 역(母役)을 따른다. 다만 천인(賤人) 남자가 양인(良人) 여자에게 장가들어 얻은 소생은 아비의 역(父役)을 따른다(凡賤人所係從母役. 唯賤人娶良女所生, 從父役). [『경국대전』「형전」 공천(公賤)]

(1)은 토지와 노비의 매매(賣買)에 대한 조항이다. 거래를 무를 수 있는 기한을 규정한 것이라든지 또 거래를 관에 등록하게 한 것으로부터 유추되는 중요한 사실은 그러한 거래가 국가에 의해 허용되었다는 점이다. 국가에 등록하여 증명문서를 받는 것은 토지와 노비의 소유권이 법에 의해서 보호받음을 의미한다. 토지와 노비는 합법적 사유(私

有)의 대상인 것이다. 이는 「형전」과 「호전」의 다른 조항들에 의해서 상세하게 뒷받침된다.

(2)는 노비 신분의 세습과 노비 소유권의 귀속에 대한 규정이다. 이 규정에 따르면 부모 중 어느 한쪽이라도 노비이면 그 자식은 노비가 된다. 여자 노비의 자식은 아비의 양천(良賤)에 관계없이 어미의 주인의 소유가 되며, 남자 노비와 양인 여자 사이의 자식은 아비의 주인의 소유가 된다.

위의 조항들은 몇 가지 의문을 불러일으킨다. 첫 번째 의문은 어떻게 선진적(先進的)으로 보이는 토지사유제와 후진적(後進的)으로 보이는 노비제도가 동시에 수립되었는가이다. 토지를 사적 소유의 대상으로 하고, 왕실과 사대부뿐만 아니라 양민과 노비까지도 토지를 소유할 수 있도록 하고 토지의 거래를 허용한 것, 또한 이와 같은 토지사유권이 전근대적 토지권의 다른 유형들, 즉 봉건적(封建的) 지배권이나 과전제(科田制)와 같은 수조권(收租權)을 대체하는 기본적인 토지권으로 성립한 것은 그 시대의 조건을 앞서 일견 근대적인 성격을 지니고 있는 것으로 보인다. 예를 들어, 영국 중세 시기에 자유농민의 소유지와 귀족 장원의 매매가 가능하고 증가하는 추세였지만 기본적으로는 봉건적 토지관계와 공존하거나 그 틀 속에서 규제를 받고 있었다. 영국의 봉건적 토지권은 17세기 후반기에나 폐지되었다. 일본의 경우 도쿠가와 막부(幕府) 시기 동안 토지는 쇼군(將軍)과 다이묘(大名)들의 영지(領地)와 그 아래에 사무라이들의 수조지(收租地)로 위계적으로 구성되었고 농민은 경작자로서의 권리만을 지녔다. 사무라이든 농민이든 토지를 매매할 수 없었다. 15세기 조선은 동시대의 영국이나 일본에 비해서 시장경제가 훨씬 덜 발전된 사회였다. 그럼에도 불구하고 토지의 사적 소유와 매매가 허용되었을 뿐만 아니라, 거래 가능한 토

지의 사적 소유가 토지에 대한 권리의 기본적 형태가 되었으며 국가가
이를 보호하는 제도가 성립한 것이다.

　선진적으로 보이는 토지사유제에 대비되는 노비제의 후진적 성격
은 단지 노비가 존재했고 노비의 매매를 허용했다는 것만은 아니다.
오히려 노비제도의 세부적인 내용들이 인구의 상당부분을 매매의 대
상이 되는 노비의 신분으로 전락시켰다는 점이 더 중요하다. 위에서
인용한『경국대전』의 토지매매에 대한 구절 뒤에 '奴婢同(노비동)'이라
고 간략하게 적혀 있는 내용은 사람을 사고파는 데 대한 규정이다. 사
고 팔리는 인간을 일반적으로 노예(slave)라고 한다. 이 구절은 노비
도 토지와 마찬가지로 그에 대한 소유와 매매를 국가가 인정하고 보호
한다는 의미이다. 특히 (2)의 신분세습 조항은 부모의 한쪽이라도 노
비이면 자식도 노비임을 규정하고 있다. 그렇다면 노비의 주인은 자기
소유의 노와 비의 혼인을 허용하기보다는 노비를 가난한 양인과 혼인
시킬 경우 재산을 두 배로 불릴 수 있을 것이다. 실제로 조선에서 이러
한 관행이 흔했고(김건태 2004, 24-25) 그 결과 노비 인구가 증가하여
조선 전기에 전체 인구의 1/3을 넘었다. 이민족(異民族)을 노예로 삼
은 다른 대규모 노예제 사회에서와 달리 자신과 동일한 족속(族屬)을
가혹한 신분세습 규정을 적용해서 대규모로 노예로 삼았다는 것은 의
아하지 않을 수 없다. 어떻게 일견 진보적으로 보이는 토지의 사적 소
유제도와 후진적으로 보이는 노비제도가 동시에 형성되었을까?

　두 번째 의문은『경국대전』으로 완성된 토지제도와 노비제도가
조선의 건국세력이 고려 말과 조선 초에 반복적으로 약속하고 또 지배
층 내부로부터의 상당한 저항에도 불구하고 추진했던 개혁의 방향과
반대된다는 점이다. 이 제도들은 조선의 건국세력이 바로잡겠다고 했
던 고려 말(高麗末) 문제들을 허용하거나 확대재생산하는 제도들이다.

조선 건국세력의 핵심 구호들 중의 하나는 사전혁파(私田革罷)였다. 이때 사전(私田)은 국가가 아닌 개인이 수조권을 가지는 땅이라는 의미로서 토지의 사적 소유와 다르기는 하다. 실질적으로 혁파하고자 한 것은, 이후 살펴볼 바와 같이, 사적인 수조권 그 자체라기보다는 고려 말에 확산된 사적 토지 지배의 폐단들이었다. 그럼에도 불구하고 토지에 대한 사적 소유권이 토지권의 기본이 되는 것은 건국세력이 원래 표방했던 바와는 멀리 떨어져 있다.

노비제도도 마찬가지이다. 공양왕 4년(1392년)에 조선 건국세력이 주도하여 만든 노비결송법(奴婢決訟法)은 노비와 양민의 혼인, 즉 양천교혼(良賤交婚)을 금지하고, 교혼자녀를 양인화(良人化)하고, 노비매매를 금지하는 등 노비를 줄이고 양민을 늘리고자 하는 규칙들을 핵심으로 하고 있다. 노비인구의 증가를 윤리적, 현실적 이유로 개탄하고, 양민을 늘려서 강한 국가를 건설하고자 했던 것이다. 1414년 태종(太宗)은 종부위량법(從父爲良法)을 제정하여 양인 남자와 노비 여자 사이에서 태어난 자식들이 양인의 신분을 가지는 것을 다시 확정하였다. 이 법 이후 노비 인구는 줄어들고 있었다. 그런데 세종 14년(1432년) 종부위량법이 폐기되고 실질적인 일천즉천(一賤則賤), 즉 부모 중 한쪽이라도 노비이면 자식도 노비가 된다는 규칙이 만들어졌다. 왜, 어떻게 이런 선택을 하게 되었는가?

이 글은 위의 질문들에 답하기 위해서 조선 초기 토지제도와 노비제도를 전근대 국가의 지배체제라는 관점에서 접근한다. 토지제도와 노비제도는 흔히 조선의 사회·경제적 조건으로 간주되어 조선국가 또는 조선정치와는 비교적 독립적으로 다루어져왔다. 그러나 이영훈 (1999, 40)이 조선의 토지제도에 대한 자신의 연구(이영훈 1994)의 의의를 요약하면서 말했듯이 "전근대 농업사회에서 경제와 정치는 불가분의 구조적 결합에 있으며, 그렇게 토지제도는 단순히 경제범주이기를 넘어 국제(國制), 곧 국가형성(國家形成)의 기본원리(基本原理)를 담고" 있다. 이 글은 신분제도도 토지제도와 마찬가지로 전근대 국가제도의 가장 근본적 차원에 속한다고 본다.

전근대 국가의 헌법을 재구성해 본다면 정치체제에 대한 규정과 지배체제에 대한 규정이 양대 축(軸)이 될 것이다. 조선헌법에서 정치체제에 대한 규정에는 조선이 왕정(王政)이라는 규정, 왕위승계(王位承繼)에 대한 규정, 관료조직의 편재와 관료의 충원방식, 지방행정조직의 편재와 그 임무에 대한 규정 등이 포함될 것이다.[1] 지배체제에 대한 규정에는 토지제도, 노비제를 포함한 신분제도, 전세(田稅), 역(役)과 공납(貢納), 즉 조용조(租庸調)의 의무 및 그 수행 방식에 대한 규정 등이 포함될 것이다. 이영훈이 지적했듯이 토지제도(그리고 신분제)는 국가조직화라는 관점에서는 잘 논의되지 않았다. 물론 토지제도와 노비제도에 대한 연구에서 조선왕조실록에 기록된 왕과 신하들의 발언들, 그리고 조선의 법들이 중요한 자료이므로 자연스럽게 그 정치적 성격이 드러나기는 하였다. 그러한 경우에도 토지제도와 노비제도에 대한 연구는 묘사적인 수준에 그치는 경우가 많았다.

왜 토지제도와 노비제도를 전근대 국가의 사회경제적 배경이 아니라 국가체제의 핵심적 부분으로 보아야 하는가? 전근대 국가는 지배연합의 조직(organization of dominant coalition)이다. '일정한 영역 내에서 물리력의 사용을 정당하게 독점하고 있는 조직'이라고 하는 베버(Max Weber)의 국가정의(國家定義)는 잘 알려져 있다. 베버의 국가에 대한 더 자세한 정의들로는 "일정한 '영역'과 그 속의 사람

---

[1]    조선의 정치체제와 통치원리를 포괄적으로 서술하고자 하는 최근의 시도로는 이헌창의 논문들(2017; 2018)이 있다.

들(persons)의 행위를 질서정연한 지배하에 종속시키는 것을 그 사회
적 행동의 목적으로 하는 참여자들(participants)의 공동체(commu-
nity)" 또는 "일정한 영역과 그 주민들(inhabitants)에 대한 질서정연
한 지배를 강제력을 바탕으로 유지"[2]하는 조직 등이 있다. 현대 민주
주의 국가들은 국민주권의 원리를 근본으로 하기 때문에 국가 활동의
수행자들과 그 지배 대상이 헌법의 차원에서는 동일하다. 일상적인 국
가 활동의 담당자는 국민으로부터 위임받은 대리자로서의 지위를 지
닌다. 반면, 전근대 국가가 지배연합의 조직이라고 하는 것은 국가 활
동의 '참여자'들이 지배의 대상이 되는 '사람들persons' 또는 '주민들
inhabitants'과 다르다는 의미이다. 국가가 유지되기 위해서는 지배층
도 그 질서에 종속되어야 하므로 지배층은 국가의 지배자이면서 동시
에 지배 대상이다. 반면 '주민들inhabitants' 또는 '사람들persons'은
지배의 주체는 아니고 대상일 뿐이다.

　　공식적(公式的) 신분제도와 비공식적 신분의 현실은 지배층과 피
지배 대중이라는 단순한 이분법에 들어맞지 않는 경우가 대부분일 것
이다. 지배층에도 다양한 지위, 권력, 부를 가진 개인들이 있고, 생산
대중들 간에도 신분과 처지가 다양할 수 있다. 지배연합의 경계(境界)
가 분명하거나 고정적이지도 않고, 또 지배층과 피지배 대중 사이에
그 어느 쪽으로도 분명하게 분류되지 않는 유형의 사람들이 존재하기
도 한다. 그럼에도 불구하고, 인구의 소수가 정치적 의사결정권을 독
점하고 부의 원천인 토지에 대한 압도적 지배력을 지니며 더 나아가

---

2　"a community whose social action is aimed at subordinating to orderly domination
　by the participants a 'territory' and the conduct of the persons within it..." "force-
　able maintenance of orderly domination over a territory and its inhabitants"(Weber
　1978, 901).

독점한 물리력을 바탕으로 농민들을 자원(資源)으로 취급하며 그들로부터 수취(收取)[3]하는 것은 전근대사회의 공통적인 모습이다. 앞의 이영훈(1999)의 언급에서만큼 명시적은 아니지만 조선에 대한 연구에서도 이러한 관점은 표현된다. 예를 들어 "국왕과 양반층이 서로 연대하여 영토와 민인(民人)을 지배하는 국가권력"(이경식 2012, 36) 또는 "국가체제 존립의 두 가지 지반(地盤)인 토지와 농민"(『신편한국사 24』, 15) 등이 그러한 표현들이다.

올슨은 국가의 기원을 도적(bandit)의 정주(定住)라고 했는데(Olson 1993), 일단 정주를 하고 장기적인 시계(視界)를 가지게 되면, 생산대중을 보호하고 공공재를 공급하며 수취의 수준을 적절하게 조절하는 것이 합리적이다. 그런데 올슨은 민주주의와 독재 하에서 조세율을 비교하는 것을 목적으로 했기 때문에 국가를 단일 행위자로 가정했다. 지배연합, 즉 조직으로서의 국가와 그에 수반하는 집합행동의 문제를 다루지 않은 것이다. 수천, 수만, 수십만의 지배자들이 특정 영토에 대해 배타적 지배력을 확보하고 피지배자들로부터 안정적으로 수취하기 위해서는 지배층 내의 분쟁을 조정하고, 외부의 적들로부터 영토를 보호하고, 생산대중에 대한 과다한 수취를 막고, 사회 전체의 생산성 향상을 위한 공공재를 공급해야 한다. 이러한 일들은 지배층 전체를 위해서는 합리적이지만 개별 구성원들의 이해관계와는 일치하지 않을 수 있다. 때문에 집합행동(collective action)의 문제가 발생한다.

노스 등(North et al. 2009)은 전근대 국가의 형성과 진화문제를

---

3   이 글에서는 한국 역사학계에서 일반적으로 사용하는 '수취'라는 용어를 영어권에서 이 맥락에서 종종 사용하는 appropriation, extraction, exploitation 등의 단어에 상응하는 의미로 보고 채택하였다. '수취하다'는 타동사이지만 이 맥락에서는 재화의 이전과 노동력의 제공이 정치적 책임성(accountability)의 관계나 경제적 계약(contract)에 입각하지 않고 이루어짐을 지칭하는 자동사로도 사용한다.

다룸에 있어서 명시적으로 '지배연합의 집합행동'이라는 관점을 취한
다. 그 집합행동 문제의 핵심은 토지·노동 및 그로부터의 산물에 대한
권리의 배분이다. 토지와 노동을 수취하는 데 관한 집합행동의 문제를
제도적으로 해결하지 못하면 전근대 국가는 위기에 처하게 된다. 어떠
한 규칙에 따라서 권리를 설정하고 소유의 범위, 획득과 사용의 방식
을 규제할 것인가? 더 많은 자원을 확보하고자 하는, 또는 그것을 가
능하게 하는 힘을 축적하고자 하는 과정에서 발생하는 지배연합 구성
원들 사이의 분쟁을 어떻게 억제할 것인가? 발생했을 때는 어떻게 조
정할 것인가? 어떻게 지배연합의 규모를 적정한 수준으로 유지할 것
인가? 지배연합 구성원들이 체제의 유지를 원하게 하는 기득권을 어
떻게 안정적으로 보장할 것인가? 지배연합 개별구성원들에게 주어지
는 토지와 노동에 대한 권리와 지배연합의 공동조직으로서의 국가기
관이 보유하는 토지와 노동에 대한 권리를 어떻게 조정할 것인가? 이
러한 문제들에 대한 해결의 제도적 틀이 국가지배체제이다.[4]

조선왕조를 다룬 연구 중에는 김재호가 명시적으로 '지배연합의
집합행동'이라는 관점을 취하고 있어서 이 글의 문제의식과 유사하다.
김재호는 조선의 지배층들에게 '렌트rent'[5]의 배분이 이루어지는 다양

---

4   이렇게 보면 전근대 국가의 지배연합이 토지와 농민을 지배하는 문제는 오스트롬(Os-
    trom 1990)이 연구한 공유자원 사용자들의 집합행동의 문제와 유사하다. 사유화, 국유
    화, 그리고 그 사이의 복합적 규칙체계를 통한 제도화로 내적인 갈등을 해결하고 지속가
    능한 자원의 사용을 보장하는 문제인 것이다. 영(Young 2016)은 올슨(1993)과 노스 등
    (2009)의 이론을 바탕으로 서고트족(Visigoths)의 정주(定住)와 국가건설 과정을 분석한
    다. 특히, 정주형 국가의 건설과정에서 지배연합의 규모, 내부적 조직화 방식, 공급하는
    재화의 성격 변화들에 대한 서술이 흥미롭다. 물론 조선은 그 이전에 이미 천년이 넘는
    한반도 국가의 역사를 배경으로 하기 때문에 다른 사회를 점령하여 국가를 구성한 서고
    트족의 사례와는 매우 다르다. 오히려 한반도 국가의 역사라는 관점에서 보자면, 건국이
    라기보다는 국가의 변형(transformation)에 가깝겠다.
5   여기서 '렌트'란 지배엘리트들이 국가를 형성하고 상호간에 무력사용을 억제함으로써

한 방식들을 분석한다. 김재호는 그 방식들을 녹봉(祿俸), 방납(防納), 선물(膳物)과 같은 직접적인 방식과 "토지와 노비에 대한 재산권 보장과 부세수취 과정에서의 차별적 부과에 따른 '간접적' 렌트"로 나누고, 간접적 렌트도 직접적 렌트 "못지않게 중요"하였다고 한다(김재호 2011, 79).

제도를 통해 집합행동 문제를 해결하는 '지배체제'라는 관점에서 보면 토지의 사적 소유권이 존재했고 지배층에 토지가 집중되었다는 사실, 그리고 인구의 1/3 이상이 노비이며 신분세습 규칙에 의해 재생산되었다는 사실에 더 주목하게 된다. 이 글은 김재호가 '간접적'이라고 한 제도들이 전근대 국가를 수립하고 유지하는 지배연합의 집합행동을 지속가능하게 하는 근본적인 차원의 제도라고 보고 이를 전근대 국가의 지배체제라고 지칭한다. 실제로 지배연합 구성원들의 경제적 기반을 제공하는 데 있어서 녹봉, 방납, 선물은 중요하기는 하였지만 부차적인 것이다. 지배층이 봉건적 영지권이나 수조권이 아니라 토지의 사적 소유권을 바탕으로 하여 토지를 소유했다는 것, 그러한 방식으로 자신들 간에 기본 자원인 토지를 분배했고, 갈등을 해결하는 규칙을 마련했다는 것이 중요하다. 노동이라는 자원 또한 그 상당한 부분을 노비제도를 통해서 사적으로 활용하여 지배층의 사회경제적 기반을 마련하고 또 노비의 소유권을 보호하고 상속과 매매를 허용하여 노동에 대한 권리를 둘러싼 갈등을 해결했다는 것이 중요하다. 토지제도와 노비제도는 무엇보다도 지배연합을 형성하고, 그들의 물적 기반을 제공하고, 그들 사이에 토지와 노동이라고 하는 자원의 분배와 사용방식을 정하고 분쟁의 해결 방식을 규정한 것이다.

사회적으로 증대되는 부(富)이며 동시에 생산대중의 국가조직에 대한 접근을 배제하고 그들을 피지배의 상태로 둠으로써 지배엘리트들이 차지하게 되는 부이다.

이 글은 조선 초기 국가지배체제의 비교 전근대 국가론적인 특성, 그리고 거시 역사적 차원에서 그러한 지배체제가 선택된 이유를 이해하기 위한 시론(試論)이다. 필자가 가지고 있는 기본적인 가설은 조선 초기의 토지사유제와 노비제는 '조숙(早熟)한 문민적(文民的) 중앙집권국가 건설을 뒷받침한 토지와 노동의 사유화(私有化)'라는 것이다. '문민적 중앙집권'은 그 자체가 국가 근대성의 핵심적인 지표라고 할 수 있다. 전근대 국가에서는, 아마도 남송(南宋)을 제외하고는, 15세기까지 세계적으로 문민적 중앙집권국가의 예를 찾기 힘들 것이다. 유럽의 문민적 중앙집권은 근대로 접어들면서 시장경제가 발달하여 국가의 재정적인 능력이 강화되고 그를 바탕으로 군사력을 축적하고 통제할 수 있는 조건에서 이루어졌다. 이는 무력의 축적이 무력의 분산을 통해서 가능했던 봉건적 국가조직화 방식을 대체하는 것이었다.

시장경제가 미발전한 조건하에서 문민적 중앙집권을 지향한 조선의 건국세력은 수조권의 분배를 통해 사대부 지배층의 경제적 기반을 마련하고자 하였다. 이는 고려 말에 진행된 토지의 영지화(領地化)를 해체하고 토지에 대한 중앙집권적 통제를 지향하는 것이었다(제II절). 그러나 수조권의 설정과 재분배는 당시의 행정력으로 감당하기 힘든 높은 수준의 거래비용을 수반하였다. 초기 조선 국가는 결국 토지에 대한 경제적·사적 소유를 승인하고 토지가 자연스럽게 지배층에 집중될 수 있는 조건을 만들었다(제III절). 중앙집권의 추진에 따라서 노동에 대한 공적인 수요가 증가하였다. 시장제도의 미발전으로 인하여 사대부층이 사적 노동계약을 통해서 노동력을 확보하는 것은 어려웠다. 조선의 노비제는 피지배층의 노동력을 중앙집중적 방식이 아니라 여러 국가기관들과 지배층 개인들에게 분산적으로 할당하는 제도였다. 노비인구의 다수를 점했던 납공사노비는 노예적인 존재라기보다는 국

가 대신 지배층 개인에게 역(役)의 의무를 지는 존재들이었다. 지배층
은 수조권(收租權) 대신 수용권(收庸權)을 가지게 된 것이다. 이 수용
권은 거래와 상속이 가능한 것이었다. 납공노비에게 부과된 국가기관
또는 사인에 대한 역의 의무는 인두세(人頭稅)적 의무로 변질되어 정
착되었다(제IV절). 국가의 행정력을 뒷받침할 시장경제, 교통과 통신
기술의 발전 수준이 낮은 조건에서 사대부 지배층은 노동계층의 1/3
이상을 노비의 신분으로 전락시킴으로써 자신들의 사회경제적 기반을
마련하였다. 태종 때 채택된 종부위량법 하에서 노비가 줄어들면서 국
가기관과 사대부들이 실질적으로 맞부딪힌 문제들을 해결하기 위해 세
종14년(1432년)에 일천즉천이 다시 확정되었으며 결과적으로 노비인
구의 급격한 증가로 이어졌다(제V절). 토지사유제와 노비제는 봉건적
영지의 성립을 막고, 또 자원의 행정적인 배분이 필연적으로 초래하는
지배층 구성원들 간의 갈등과 높은 수준의 거래비용을 방지하면서 대
규모의 비시장적·문민적 지배층을 형성하는데 기여하였다.


## II. 건국 초기 토지제도의 구상 – 사전혁파(私田革罷)와 과전제(科田制)

전근대 사회에서 토지는 노동과 더불어 부의 가장 중요한 원천이 된
다. 토지에 대한 권리를 배분하는 것은 1) 지배연합 구성원들 간에 자
원 배분을 둘러싼 분쟁을 예방하고 갈등을 조정하며, 2) 지배연합 구
성원들의 경제적 토대를 마련하여 그들이 체제의 유지를 위해 협동할
유인을 제공하며, 3) 그리하여 피지배 대중과 구분되는 지배연합을 구
성하는 문제이다.[6] 전근대 국가에서 지배층의 지위와 토지에 대한 권

리는 상호구성적(相互構成的)이라고 할 수 있다. 무력에 대한 통제와 집합적 의사결정에의 참여권이 토지에 대한 특별한 권리로 이어진다. 또 토지에 대한 특별한 권리를 가짐으로써 지배층으로서의 생활방식을 유지하고, 집합적 의사결정에 참여할 역량을 유지할 수 있게 된다.

토지에 대한 권리는 다양한 형태를 띤다. 현대적 의미의 소유권, 즉 토지의 이용, 양도, 상속 등을 포함하는 총체적 권리뿐만 아니라, 경작할 권리(耕作權), 토지 경작자로부터 생산물의 일부 또는 세금을 수취할 권리(收租權) 등이 설정될 수 있다. 정치적 봉건제(封建制)[7]에서와 같이 넓고 연속적인 토지와 그 속에 거주하는 사람들에 대한 포괄적인 지배권이 설정될 수도 있는데 이 경우 토지는 영지(領地)가 된다.

제도는 특정한 문제에 적용되는 여러 규칙들의 정합적인 배열이다. 토지에 대한 권리를 설정하는 규칙은 그 자체로서 완결적이지 않고 다른 규칙들과 결합하여 제도를 구성한다. 따라서 지배연합 구성원이 토지에 대해 가지는 권리를 토지와 결부된 노동, 즉 농민에 대한 권리, 토지가 속한 지리적 범위에 대한 통치의 권리와 분리해서 논하는 것은 한계가 있다. 이것이 전근대 국가에서의 토지권의 문제와 현대 시장경제체제 하에서의 토지권의 문제가 질적으로 다르게 되는 이유이다. 근대적 소유권이 확립된 상황에서는 토지권의 배분을 토지 그 자체의 양적인 분할의 문제로 접근하는 것이 가능하다. 그러나 전근대

---

6    노스 등(North et al. 2009, 78)은 중세 영국의 토지법(land law)을 논하면서 "토지는 농업 사회의 일차적인 자산이며, 토지에 대한 접근(access), 사용(use), 그리고 토지로부터의 소득 획득은 지배연합(dominant coalition) 및 지배연합과 사회전체 경제의 관계를 구조화하는(structure) 풍부한 수단을 제공한다"고 말한다.

7    마르크스주의적 의미에서의 경제적 봉건제, 즉 생산수단으로서의 토지의 소유관계로 정의되는 봉건제가 아니라 정치군사적 권한의 영지(領地)를 바탕으로 한 위계적 조직화라는 의미로 정치적 봉건제라는 용어를 사용한다.

사회에서는 그 권리의 내용, 즉 경작을 할 권리인가, 사고팔고 상속할
수 있는 권리인가, 생산물의 일부에 대한 권리인가, 토지에 거주하는
노동에 대한 지배권을 동반하는가, 포괄적 통치권의 일환인가 등의 문
제들이 중요하게 된다. 조선 초기 토지제도, 그 당시의 언어로 말하자
면 전제(田制)의 문제를 논함에 있어서도 이러한 점들을 염두에 둘 필
요가 있다.

　건국의 과정에서 지배연합 구성원들 간에 토지권의 배분은 서로
다른 맥락과 조건 속에서 진행된다. 형식적으로는 프랑스 왕의 봉신
(封臣, vassal)이며 노르망디 공국의 공작(Duke of Normandy)이던 정
복자 윌리엄(William the Conqueror)이 1066년에 영국을 정복하였을
때, 그는 그 정복전쟁의 참여자들에게 앵글로색슨족이 장악하고 있던
토지를 영지의 형태로 배분하였다. 비교적 중앙집권적이었던 앵글로
색슨 지배하의 영국에 비해서 훨씬 더 봉건제적 형태의 국가를 조직
한 것이다. 영지의 배분은 토지자원의 할당 방식일 뿐만 아니라, 수적
으로 압도적인 토착세력을 지배하기 위한 집합행동의 방식이며, 외부
세력과의 전쟁을 수행하기 위해 군사력을 유지하고 지배연합 구성원
들의 군사적 · 재정(財政)적 기여를 확보하는 방법이기도 하였다. 이러
한 국가조직화 방식은 국왕으로부터 상대적으로 독립적이며 자체적인
무력(武力)과 재정능력을 지닌 귀족을 등장시키고, 그들의 연합이 국
왕을 견제함으로써 영국식 의회제도의 먼 기원이 되었다(Barzel and
Kiser 1997 ; Kiser and Barzel 1991).[8]

---

8　영국의 예는 국가건설 맥락의 중요성을 상기시키기 위한 것으로서 여기에서 조선의 경
　우와 상세한 비교를 수행하지는 않는다. 다만, 뚜렷한 전근대 국가 건설의 시점을 확정
　할 수 있는 11세기의 영국, 17세기의 일본, 15세기의 한반도 등을 비교하는 것은 전근대
　국가 건설과 지배연합 집합행동의 조직화 방식에 대한 흥미로운 비교연구가 될 것이다.

한반도에 유럽식 또는 일본식의 정치적 봉건제가 존재한 적이 있는가에 대해서는 회의적(懷疑的)인 견해가 많지만, 최소한 신라에서 고려 초기에 이르기까지 식읍(食邑)·녹읍(祿邑)의 존재,[9] 중앙권력의 지방에 대한 제한적인 침투(浸透), 지방적인 무력의 축적과 사병(私兵)의 존재 등을 볼 때 분권적·봉건적 요소가 전무했다고 할 수는 없을 것이다. 그러나 봉건제적 요소는 점차 약화되고 고려 말기의 토지제도는 전시과(田柴科)제도라고 하는 수조권제(收租權制)를 중심으로 논의된다.

전시과제도는 귀족, 관료, 군인과 국가기관들에 수조권(收租權)을 배분하는 제도이다.[10] 개인들에게 수조권이 주어진 토지를 사전(私田)이라 하고 국가기관이 수조권을 가진 토지를 공전(公田)이라고 한다. 전시과제도의 분급(分給) 규정에서 문관(文官)에 지급된 토지에 비해 무관(武官)에 지급된 토지가 7배나 많은 것은 고려왕조의 군사국가적 성격을 드러내는 것으로 해석되기도 한다(이영훈 2016, 221). 전시과제도가 무신정권(武臣政權) 시기와 대원종속(對元從屬) 시기의 약 2세기 동안 지배연합 구성원들 간에 토지권을 배분하는 제도로서 얼마나 실효성이 있었는지는 의심할 여지가 있다.[11] 그럼에도 불구하고 전시과제도는 고려의 공식적인 전제(田制)였고 조선 건국세력이 토지문제를 논하고 개혁의 방향을 정립함에 있어서 준거점이었다.

조선 건국세력의 전제에 대한 현실 인식은 전시과제도가 유명무

9    나말여초(羅末麗初) 식읍과 녹읍에 대해서는 박춘식(1987)을 참조. 국사편찬위원회의 『신편한국사 14 고려전기의 경제구조』(2쪽)에서도 고려전기의 식읍과 녹읍은 "일정한 지역·촌락에 대한 지배권"을 준 것으로 설명하고 있다. 즉 봉건영지보다는 규모가 작고, 지배력의 정도도 낮지만, 정치적 봉건제의 연장선상에 있는 제도인 것이다.

10   고려 전시과제도의 구체적 내용과 역사적 전개에 대해서는 『신편한국사 14 고려 전기의 경제구조』 I. 전시과 체제(21~334); 이영훈(2016, 209~241) 참조.

11   무신정권의 등장과 더불어 전시과제도의 붕괴가 본격화되었다는 견해와 관련 문헌의 소개는 『신편한국사 19 고려 후기의 정치와 경제』 225~226쪽 참조.

실하게 되면서 권세가들이 대토지를 차지(겸병兼倂)하여 백성들의 고통이 날로 심해졌다는 것이다. 토지제도의 개혁은 건국의 명분이었다. 조선왕조실록은 태조 이성계의 업적을 다음과 같이 서술하고 있다.

"이때에[공양왕 1년, 1389] 토지제도가 크게 허물어져서 겸병(兼倂)하는 집안에서는 남의 전지(田地)를 빼앗아 산과 들을 둘러싸고 있으니, 고통이 날로 심하여 백성들이 서로 원망하였다. 태조가 대사헌(大司憲) 조준(趙浚)과 더불어 의논하여 사전(私田)을 혁파하여 겸병을 막고 백성의 생업을 후하게 하니, 조정과 민간에서 크게 기뻐하고 민심이 더욱 따르게 되었다."[12]

위에서 '사전을 혁파'한다는 것을 토지의 사적 소유제를 없애고 국가소유로 전환한다고 이해하는 것은 적절하지 않다. 토지가 노동에 비하여 풍족하고 토지 시장이 발전하지 않은 고려 말의 맥락에서 토지에 대한 권리가 총체적인 소유권의 형태로 확립되었을 가능성은 크지 않다고 할 수 있을 것이다.[13] 이는 여말선초 전제개혁의 지침이 된

---

12  『태조실록』「총서」 96번째 기사. '사전을 혁파하다'. 이하 조선왕조실록의 인용은 국사편찬위원회 조선왕조실록 온라인 번역본(http://sillok.history.go.kr/main/main.do)을 기본으로 하되 국사편찬위원회에서 제공한 번역에 필자가 동의하지 않는 경우는 그 이유를 밝히고 필자의 번역을 제시한다. 예를 들어 각주 25)와 60)의 내용이 그에 해당한다.

13  한반도에서 토지소유권의 이른 성립을 주장하는 견해로는 이경식(2012) 등이 있다. "토지소유의 다양한 분화는 우리나라의 토지소유가 고래로 내려오는 수평적 소유의 원리상 평등성과 자유성을 지닌 사적 소유에 근거하여 야기되고 있음…"(이경식 2012, 31-32). 반면 토지소유권이 고려시대 또는 그 이전에 성립하지 않았다는 체계적인 주장은 이영훈(1999)이 대표적이다. 이영훈은 "토지에 비해 農業勞動力(농업노동력)이 희소한 상태라는 점, … 국가에 의해 경지가 강제로 劉當(할당)되는 정책이 취해지고 있었다는 점"등을 근거로 든다(이영훈 1999, 62). 『高麗史』(刑法2 禁令)에도 공전과 사전의 "자유로운 매매와 경작"을 불법화하는 규정들이 있다(이영훈 2016, 238).

과전제하에서도 사전이 유지되었음을 통해서도 알 수 있다. 고려 말기
토지에 대한 권리는 백성들의 경작권(耕作權)과 귀족, 관료, 군인들의
수조권(收租權)으로 나눌 수 있다. '사전'과 '공전'은 소유권이 아니라
수조권의 귀속에 관한 것이라는 주장이 더 설득력이 있다고 본다. 즉
'사전'은 관료, 귀족, 군인 등이 세를 취할 권리를 가지는 토지이고, 공
전은 국가의 제 기관이 조세를 거두는 토지라고 보는 것이다.

　사전의 혁파라는 것은 전시과제도의 규정을 무시한 대토지 점유
를 개혁한다는 의미일 것이다. 겸병의 고통은 일차적으로는 수조권을
권세가에 빼앗긴 지배계층의 다른 구성원들이 느꼈을 것이고, 혼란도
지배계층 간의 갈등으로 나타났을 것이다. 고려 말에 사전 수조권 분
쟁이 극심하였다.[14] 또한 토지에 대한 권리와 역(役)의 의무가 함께 세
습되는 전정연립(田丁聯立)의 원리에 따라 많은 수의 군인호(軍人戶)들
에게 지급되어왔던 군인전(軍人田)의 붕괴(『신편한국사 24』, 21)는 고
려국가의 군사적 기반을 허물었다.

　전시과(田柴科)제도에서 규정된 규칙들을 무시하고 권문세족이
남의 수조지를 빼앗는 현상, 그리고 넓은 땅을 자신의 농장으로 만들
어 때로는 경작하던 농민들을 내쫓고 투탁(投託)한 백성들과 압량위천
(壓良爲賤)한 노비들로 경영하는 현상, 장악한 토지의 규모와 그에 대
한 복합적 지배력으로 인하여 영지화(領地化)가 진행되는 현상이 고려

---

14　"안으로는 판도사 · 전법사와 밖으로는 수령 · 안렴사가 그 본직을 폐한 채 날마다 전송
　　(田訟)을 처리하는데, 추위나 더위를 무릅쓰고 땀을 쏟고 붓을 녹여가며 문권(文券)을
　　조사하고 증거를 검토하며 전호에게 물어보고 고로(古老)에게 물어본다. 무릇 관련된
　　사람들이 감옥과 관정(官庭)에 가득 차서 농사를 폐하고 판결을 기다리는데, 여러 달의
　　문건이 산처럼 쌓여 있고 한 이랑의 쟁송이 수십 년을 끌어가니 침식을 잊고 처리하여
　　도 부족한 것은 사전이 쟁단으로 되어 소송이 번잡해진 까닭이다"(『高麗史』 卷78, 食貨1,
　　田制 祿科田). 『高麗史』의 인용은 국사편찬위원회 한국사데이터베이스(http://db.history.
　　go.kr/KOREA/item/level.do?itemId=kr)를 기본으로 한다.

말 경세가들이 개탄한 겸병의 실체일 것이다.

수조권 행사가 전시과제의 규칙을 따르지 않거나, 또 수조권 분쟁 와중에 수조가 중복으로 이루어짐으로써 농민들의 고통이 가중되었다. 제도적·관습적으로 보호되던 경작권이 겸병의 과정에서 침해되기도 하였을 것이다. 그러나 토지는 경작자가 없으면 무의미하고, 이미 경작하고 있는 농민들을 교체하는 것은 용이하지 않으므로 겸병이 경작권의 박탈을 동반하는 것이 일반적이었을 수는 없다. 경작권 침해보다 더 분명한 농민의 고통은 십분의 일이라고 하는 수조율 규정이 지켜지지 않고 수조권 분쟁의 와중에서 중복 수조를 당하는 데서 기인하였을 것이다. 전제개혁을 논한 조준(趙浚)의 1388년 상서(上書)에서도 농민의 고통이 과다수취와 중복수취에서 기인하는 것으로 묘사하고 있다.

> "겸병을 일삼는 집안에서 조(租)를 거두는 무리들이… 1결의 토지는 3~4결이라고 하고, 대두(大豆)를 조로 거두는데 1석을 거두어야 할 때 2석으로 그 액수를 채우고 있습니다. 조종께서는 민에게 거두는 것이 10분의 1에 그칠 뿐이었는데, 지금 개인집[私家]에서 민에게 거두는 것은 열 배, 천 배에 이르고 있으니… 한 이랑의 주인이 5~6명을 넘고 1년에 조(租)를 거두는 것이 8~9차례에 이릅니다."[15]

조준의 상서가 묘사하고 있는 것은 경쟁적 과다수취로 인하여 지배층의 공유자원인 농민층 자체가 붕괴되거나 농민층이 지배질서에 대항하여 봉기하지 않을 수밖에 없게 만드는 행태, 즉 지배연합 집합

---

15  『高麗史』卷78 志 食貨1 祿科田 禑王14年(1388).

행동(collective action)의 실패이다.[16]

이에 대한 해결책으로 조선건국세력이 제시한 것은 과전제(科田
制)였다. 과전제는 과등(科等)에 따라서 수조권을 지급하는 제도이다.
수조의 대상이 되는 토지의 규모는 제1과 대군(大君) 등의 150결에서
제18과 산직(散職)의 10결에 이르기까지 차등을 두었다.[17] 조선 건국
의 주도세력은 과전제를 통해 "전국의 토지를 보편적인 국가수조지로
편성해 놓고 다만 그 수조권의 일부를 국가기관 혹은 공직자에게 절급
하여 취식하도록 하되 그 모든 것을 철저한 국가의 공적 관리 하에 두
어 운용"(『신편한국사 24』, 23)하고자 하였다.

과전제는 고려 전시과제와 근본적으로 다른 제도는 아니었다. 오
히려 수조권의 배분 규칙을 재정립하여 지배연합 내부의 분쟁을 방지
하고, 농민으로부터의 과다수취를 막으면서 동시에 국가 재정을 강화
하는 것을 그 목적으로 하였다.[18] 엄격한 수조 원칙을 정립하기 위한
제반의 조치들이 행해졌다. 예를 들어, "정(丁)의 호칭은 천자문(千字

16  수조권을 둘러싼 지배연합내부의 갈등은 다른 전근대 사회에서도 고려만의 특징은 아
    니었을 것이다. 노스 등(North et al. 2009, 90)은 영국 중세의 의사봉건제(擬似封建制
    bastard feudalism) 시기를 논하면서 토지에 대한 상위의 권리를 둘러싼 갈등을 토지전쟁
    이라 하고 이러한 갈등이 만연했음을 지적한다. "Most of the mischief was located at
    the higher levels of English society, where the aristocracy was seised in title not to
    the physical possession of land, but to the right to derive a stream of rent from the
    land's tenants. The conflicts over higher level titles to land – land wars – were a
    pervasive element of bastard feudalism."
17  여말선초 과전법의 제정과정과 그 구체적인 내용에 대해서는 『신편한국사 24 조선초기
    의 경제구조』 13~61쪽, 이영훈(2016) 319~325 참조.
18  이영훈(2016, 323~324)은 전시과제와 과전제의 몇 가지 중요한 차이를 지적한다. "10
    만결에 달하는 사전의 지급 범위가 경기도로 한정… 관료의 임관, 퇴임, 사망에 따른 사
    전의 지급과 환수에 대한 규정… 전객 농민에 대한 전주 관료의 침탈을 강력하게 규제..
    수조율이 1/10으로 엄격히 통제"등이다. 이 중 지급·환수 규정과 경작권 보호는 공식제
    도 상의 차이라기보다는 운용상의 차이라고 볼 수 있을 것이며, 특히 과전의 환수 규정
    이 얼마나 엄격하게 집행되었는가는 논란의 여지가 있는 것으로 보인다.

文)으로 표시하고 사람의 성명을 달지 않음으로써 뒤에 거짓으로 조업
(祖業)이라고 칭하는 폐단을 근절시킨다"(위 조준의 상서)든지, 직접답
험(直接踏驗), 즉 수조권자가 토지의 소출을 직접 조사하는 것을 금하
여 과다수취를 막는다든지 하는 제도들이 도입되었다. 농민의 경작권
은 보호되었으나 그 매매는 원칙적으로 금지되었다.[19]

## III. 과전제의 포기와 토지사유권의 제도화

그러나 이러한 전제 개혁의 구상은 얼마 가지 않아서 난관에 부딪히
고, 조선의 지배자들은 과전제를 포기하고 토지의 사적 소유를 제도
화 하게 된다. 과전제의 시행에 있어서 가장 큰 문제는 수조권에 대한
수요는 크고 점점 증가하는 반면 수조권을 나누어 줄 토지는 충분하
지 못했다는 점이다. 수요가 큰 것은 수조권이 현직자(現職者)들에게
만이 아니라 지배층에 광범위하게 제공되었기 때문이다. 과전(科田)은
특정한 직무에 대한 보상으로 주어지는 것이 아니라 전직자와 현직자
를 포함하는 "관인층(官人層)" 일반에 대해 그들의 "사회적 처지의 유
지와 재생산"을 위해서 제공되었다(『신편한국사 24』, 40). 과전제는 정
부 관료기구를 유지하기 위한 제도가 아니라 지배연합의 구성원들 사

---

19　"전주(田主)가 전객(佃客)이 경작하는 토지[所耕田]를 빼앗으면, 1부(負)에서 5부까지는
태형(笞刑) 20대에 처하고, 매 5부마다 1등급을 가중하되 처벌은 장형(杖刑) 80대에서
그치며, 직첩(職牒)은 회수하지 않는다. 〈빼앗은 것이〉 1결 이상이면 그 정(丁)을 다른
사람이 교체하여 받는 것을 허락한다. 전객은 경작하는 토지를 다른 호[別戶]의 사람에
게 멋대로 팔거나 멋대로 줄 수 없으며, 만약 사망하거나 이사하여 호가 단절된 자가 있
어 과도하게 여분의 토지를 많이 차지하여 고의로 황무지로 만든 자는, 그 토지를 전주
가 마음대로 처리하는 것을 들어준다."(『高麗史』 卷78 志 食貨1 祿科田 恭讓王3年(1391) 5
月) 여기서 '전주'란 수조권자를 의미하고, '전객'은 경작농민을 의미한다.

이에 토지에 대한 권리를 국가가 수조권을 할당하는 방식으로 배분하는 제도였던 것이다. 과전제의 이러한 본질은 이후 세조(世祖) 때에 과전제를 폐기하고 직전제(職田制)를 실행하고자 하였을 때 이에 반대하여 양성지(梁誠之)가 올린 상소에서 분명하게 드러난다.

> "과전(科田)은 사대부(士大夫)를 기르는 것입니다. 신(臣)이 듣건대, 장차 직전(職田)을 두려고 한다 하지만, 그러나 조사(朝士)는 이미 그 봉록(俸祿)을 먹고서 또 직전(職田)을 먹게 되는데, 치사(致仕)한 신하와 무릇 공경대부(公卿大夫)의 자손(子孫)들은 장차 1결(結)의 전지(田地)도 먹을 수 없게 되니, 이른바 대대로 국록(國祿)을 주는 뜻에 어긋나는 듯합니다. 우리나라는 토지가 척박하고 백성은 가난하여 사(士)와 농(農)이 각기 다르니, 만약 봉록을 먹지 않고 조세(租稅)를 먹지 않는다면 서민과 다름이 없을 것입니다. 서민과 다름이 없게 된다면 나라에 세신(世臣)이 없을 것이니, 이것을 염려하지 않을 수 없는 것입니다."[20]

배분할 수조지가 부족하게 되는 또 하나의 이유는 과전이 합법·비합법적으로 세습되었기 때문이다. 수조권은 원칙적으로 세습불가였으나 예외조항들이 있었고 또 수조권의 반환이 원칙에 따라 이루어지지 않는 경우가 많았다. 국가는 수조권의 회수와 재분급을 적절하게 시행할 행정력을 갖추지 못하였다.

세습이 금지된 수조권의 형태로 지배층에 토지권을 배분하는 것은 전근대 국가 조직화 방식으로 독특한 것이다. 수조권만을 배분하는 것은 정치군사적 권한을 중앙에 집중시키는 것을 의미하며 이는 봉건

---

20    『세조실록』 12년 11월 2일. 여기서 조사(朝士)는 현직 관리이고, 치사한 신하(致仕之臣)는 퇴직한 관리이다.

제와 대비된다. 정치군사적 권한을 분권화하고 이를 세습화하는 것은 지배층 간 무력적 갈등의 위험을 내포한다. 반면 수조권만을 배분하고 또 이를 세습 불가능하게 하는 것은 중앙집권적 국가 건설을 위한 하나의 선택지라고 볼 수 있다. 특히 조선 초기와 같이 시장경제의 발전 수준이 낮고 교통과 통신의 사회적 하부구조가 취약하며 화폐의 사용이 제한적인 조건에서는 현금 또는 현물의 배분을 통해서 지배층의 경제적 기반을 제공하는 것은 불가능하였다. 그렇다면 수조권의 배분은 하나의 대안이고 이것이 과전제가 지향했던 바이다.

그러나 과전제는 노스 등(North et al. 2009)이 말한 토지자원의 배분을 통한 '지배연합의 구조화' 방식으로는 실패한 제도였다. 현실 조건의 분석과 실행 가능성에 대한 엄밀한 판단에 입각하지 않았기 때문이다. 한편으로는 전시과제도를 그 틀로 하였다는 면에서 경로의존적 구속을 받고 있는 제도였으며, 공전(公田)의 이념을 조건과 무관하게 관철하려 하였다는 점에서는 지나치게 이상주의적인 구상이었다.[21]

수조권의 주장에 비해 공급할 수 있는 토지의 양이 현저히 적은 상황에서 필연적으로 갈등이 생길 수밖에 없고, 공정성의 시비가 불거지며, 정부의 행정적인 거래비용(去來費用)이 증가하게 된다. 과전 배분의 방법으로 고안된 진고체수(陳告遞受)의 실행과 그 폐지의 과정은 과전제의 높은 거래비용을 잘 드러내어 준다. 진고체수란 '고발하여 받는다'는 의미이다. 과전법의 맥락에서 진고체수는 수조권자가 사망하여 권리가 소멸하였음에도 그 자손이나 인척이 국가에 신고하지 않

---

21  봉건제와 수조제의 적절한 결합을 통해서 전근대 국가를 안정적으로 유지한 예로는 도쿠가와 막부 시기의 일본을 들 수 있다. 대명(大名)들은 번(藩)을 영지로서 통치하며, 번과 막부(幕府)의 사무라이들은 세습적인 수조권을 가지고 그에 결부된 의무를 수행한다. 특히 사무라이들이 군역을 담당하여 별도의 군사재정이 필요하지 않았다는 점이 중요하다.

은 경우, 자격은 갖추었으나 아직 수조권을 배정 받지 못한 자가 직접 신고하게 하고 그 신고자에게 수조권을 이양해 주는 제도이다. 국가의 행정력이 미약한 상황에서 자신신고에만 의존하면 수조권의 소멸을 자발적으로 신고하는 제도순응자가 손해를 보게 된다. 반면 진고체수제 하에서는 사대부(士大夫)의 염치(廉恥)를 지켜 남의 불행을 자신의 이득으로 삼기 꺼려하는 자가 손해를 보게 된다. 결국 자원의 양보다 더 많은 권리를 설정하는 제도 하에서는 제도 실행상의 거래 비용이 과도해지거나(Barzel 1997, chapter 2) 규칙과 규범을 따르는 행위자가 손해를 보는 이외의 결과는 있을 수 없다.

정종(定宗) 때의 과전분급 논의에서는 진고체수제의 부작용에 대한 언급은 없고 임금이 자의적으로 과전을 분급하는 데 대한 신하들의 지적이 있었다.[22] 태종(太宗) 때에 이르러서는 사간원(司諫院)에서 진고체수의 문제점을 지적하기 시작하는데 그 요지는 진고한 자에게 과전을 주니 과전의 분급이 공평하지 못하고 사대부가 염치를 잃게 된다는 것이다. 진고를 금지하고 호조(戶曹)에서 직접 과전을 나누어 주는 방안이 제시되었다.

"예의염치(禮義廉恥)는 나라의 사유(四維)이니 하루도 없어서는 안 되는 것입니다. … 지금 수전(受田)의 다소(多少)를 따지지 않고 진고(陳告)한 자에게 주니, 이 때문에 염치(廉恥)가 있어 구하지 않는 자는 1결(結)도 얻지 못하고, 부지런하게 이익을 구하는 자는 전지(田地)의 많

---

22 "사람이 법에 의하여 진고하였는데도 전하가 특지(特旨)를 내려 빼앗아서 다른 사람에게 주니, 이것은 백성을 속여서 서로 다투게 하는 것…유사(有司)가 삼가 이루어진 법을 준수(遵守)하는데, 전하가 매양 특지를 내려 그 법을 흔드니…원하건대, 이제부터 과전(科田)을 진고하여 체수(遞受)하는 것을 한결같이 전제(田制)에 의하여 시행하고…." (『정종실록』 2년 7월 2일)

기가 백 결(結)에 이르니, 고르지 못한 탄식이 여기에서 생깁니다. 심한 자는 생사(生死)를 엿보아 심지어 [현재의 수조권자가] 죽기 전에 진고하는 자가 있으니, 염치(廉恥)에 어떠하며 사풍(士風)에 어떠합니까? 원컨대, 이제부터 진고(陳告)를 허락하지 말고, 호조에서는 조사(朝士)가 … 받은 전지의 많고 적은 것을 상고하여, 전지가 없는 자와 적은 자에게 우선적으로 절급(折給)하소서."[23]

태종 17년(1417)에 이르러 일단 진고체수제를 폐지하고 사망한 수조권자의 자손이나 일족이 직접 관에 신고하도록 하였다. 이때에도 선비의 풍속이 아름답지 못한 것(士風不美)이 진고체수의 문제로 지적되었다.[24]

그러나 세종 때에 진고의 문제가 거론되는 것을 보면 태종 17년 이후에도 진고체수법이 완전히 폐지되지 않은 것으로 보인다. 국가에 의한 재분급을 집행할 행정력이 없고 또 근본적으로는 수조권을 나누어 줄 토지가 부족하여 문제의 해결이 불가능하였던 것이다. 세종(世宗)은 신하들에게 과전을 나누어주는 것의 어려움을 토로하였다.

"상정소(詳定所)에서 과전(科田) 진고 기한의 개정을 청하니, 임금이 말하기를, '진고를 허용한다면 남의 범죄를 다행하게 여기고 남의 사망을 기뻐하여, 염치(廉恥)가 없게 되고 선비들의 풍습이 아름답지 않게 될 것이며, 호조(戶曹)로 하여금 지정해 주게 한다면 고르지 못하다는 원성이 있을 것이고, 이제 조정에 시종(侍從)하는 자들로 하여금 다 과전을 받게 한다면, 공로 있고 품질 높은 자가 도리어 과(科)에 준해 받지

23　『태종실록』 10년 4월 8일.
24　『태종실록』 17년 3월 21일.

못할 것이요, 3천의 갑사(甲士)까지도 또한 과전을 받으려고 한다면 장차 어떻게 고루 다 주겠는가.' 하였다."[25]

과전제가 지속가능한 제도가 아니라는 것이 점점 분명해졌다. 나누어줄 과전이 부족하여 수조권자들 간의 분쟁이 끊이지 않았고 행정비용은 커져만 갔다. 결국 조선왕조는 직전제(1466), 관수관급제(1478)를 거치면서 과전제를 완전히 포기하였다. 국가가 양반관료들에게 직접 나누어주는 것은 현직에 대한 녹봉(祿俸)만 남게 되었다. 조선의 녹봉제는 지배층 전체를 경제적으로 뒷받침하는 제도가 아니었다. 녹봉은 현직 관료들에 대한 보상, 그것도 사대부로서의 지위를 유지하기에 충분한 보상이 아니라 부분적 보상에 머물렀다.[26]

그렇다면 지배층의 경제적 토대는 어떻게 마련되었는가? 조선왕조의 지배연합은 수조권의 배분을 포기하고 지배연합 구성원들의 사적인 토지소유를 인정하고 제도화하여 보호하는 길로 나아갔다. 제도화는 토지 사유의 법적인 승인뿐만 아니라 토지의 취득, 매매, 상속 등의 규칙을 정하는 것이며 거래와 소유관계를 국가에 등록하게 하며 분쟁이 생겼을 때 국가가 그 해결자 역할을 하는 것이다.

앞서 살펴보았듯이 고려와 조선 초기에 토지의 매매는 원칙적으

---

25  『세종실록』 12년 9월 16일. 국사편찬위원회에서는 이 기사에 나오는 진고(陳告)를 '신청'으로 번역하였으나 이는 부정확하다. 진고는 단순히 신청하는 것이 아니라, 기존 수조권자의 권리가 만료되었음을 신고하는 것이 핵심이다. 이날 논의에서 임금이 직접 과전을 배정할 것을 주장하는 신하가 있었다. 이에 대해 다른 신하가 반대하였고 세종도 직접 배정하는 것을 꺼려하였다. 또한 수조권을 가진 자가 사망한 일 년 후부터 진고를 가능하게 하자는 견해도 있었다. 세종은 과전분급에 대한 새로운 법이 필요하니 논의해서 올리라고 명했다.

26  조선의 공식적인 관료직책의 수, 즉 녹봉지급의 대상이 되는 관직의 수는 2,400에 불과했고 이는 전체 양반사족 수의 극히 일부분에 지나지 않았다. 공신전(功臣田)과 같이 현직에 결부되지 않은 토지분급도 있었으나 사대부층의 극히 일부만 수혜의 대상이었다.

로 금지되어 있었고, 이것이 토지소유권이 확립되었다고 볼 수 없는 근거였다. 과전제가 난항을 겪고 있을 때 동시에 전개된 제도적 진화의 주요한 내용은 토지 매매의 합법화였다.[27] 세종 6년(1424년)에 토지 매매를 제한적으로 허용하였다.[28] 토지거래는 관청에 신고하게 하였는데, 신고의무 불이행에 대한 처벌은 처음에는 토지의 몰수였다가 이후 토지가격의 절반을 추징하는 것으로 완화되었다. 사적 수조권의 소멸과 토지 매매의 허용은 실질적인 토지사유제를 발전시켰으며 이러한 제도는 명문(明文), 문기(文記), 입안(立案) 등 공사(公私) 문서관행의 발전을 통해서 정착되었다.

토지사유제가 발전할 수 있었던 이유 중의 하나는 고려 말에서 조선 초에 집중적으로 이루어진 양전(量田), 즉 토지조사사업이다. 양전은 위화도 회군 직후인 1388년에서 1389년 사이에 일차로 행해졌고, 건국 이후에는 1405년(태종 5년)에 남부 6도에 대해서, 1413년(태종 13년)에 양계(兩界) 지역, 그리고 1419년(세종 1년)에는 제주 지방에 대해 이루어졌다. 이 시기의 양전의 결과물인 양안(量案)은 현존하지 않는다. 그러나 양안 작성의 가장 중요한 목적이 세금을 거두는 것

---

27 매매의 법적인 승인과 토지사유의 제도화 이전에도 토지의 매매가 전혀 없었던 것은 아니다. 조선 초기 토지 매매의 사례들은 이병희(1991, 52), 조선 초기 토지매매의 제도화 과정과 토지 사적 소유 및 거래의 구체적인 내용에 대해서는 이영훈(2016, 325~330), 이경식(2012, 39~48), 이헌창(2015, 14~27) 참조.

28 "경기 감사가 계하기를, '무릇 전지(田地)를 방매(放賣)한 사람은 혹 부모의 상장(喪葬)이나, 혹 숙채(宿債)의 상환이나, 혹 집이 가난해서 살아갈 수 없으므로 인하여 모두 어찌할 수 없는 사정인데, 그 값을 모두 관에서 몰수하니 원통하고 억울함이 적지 아니합니다. 또 서울 안에서는 주택을 건축할 기지(基地)와 채전(菜田)은 방매를 허가하면서 유독 외방에 있는 전지(田地)의 매매는 금하는 것은 옳지 못한 일이니, 청컨대 매매를 금하지 말도록 할 것이며, 그 가운데에 국세도 청산하지 않고 관청 수속도 없이 처리된 것만 율에 의하여 시행하소서.' 하니, 율문에 의하여 시행하라고 하고, 그 밖에 연한을 두고 방매한 전택(田宅)은 명문(明文)에 따라 결급(決給)하라고 명하였다." (『세종실록』 6년 3월 23일)

이므로 양안에 구획된 각 토지 단위에는 그 토지에 결부된 납세 의무자가 명시되어 있었을 것이다. 이 납세의무자를 지칭하기 위해 '전주(田主)'라는 표현이 사용되었다고 한다(이영훈 1994, 86; 이병희 1991, 53). 수조권이 소멸되고 매매가 허용되면서, 양안상의 경작자이자 납세의무자가 토지의 '소유권자'로 정착해 나갔을 것이다.

　문제는 토지의 사유화가 어떻게 지배층의 경제적 토대를 제공하게 되었는가이다. 앞의 양성지의 상소에서도 드러나듯이 과전을 폐지하는 것은 사대부의 경제적 기반에 대한 상당한 위협이었다. 토지사유제가 사대부층을 지탱하기 위해서는 과전이 폐기되고 토지의 사유권이 확립되는 과정에서 일반 농민들이 아니라 사대부층에 토지가 집중되어야 한다. 사대부층이 그 지위를 유지하기 위해서는 자급자족을 위해 필요한 것보다 훨씬 많은 토지가 필요했다.[29] 물론 경작권이 소유권으로 진화하면서 적은 규모의 토지를 소유하고 생계를 유지하는 농민층이 등장하였을 것이지만 이는 제도의 목적이라기보다는 부산물(副産物)이다.

　결과적으로 사대부층은 농장(農莊)을 소유함으로써 자신들의 경제적 기반을 마련할 수 있었다. 고려시대부터 가업으로 이어져 내려오던 농장을 인정받은 경우도 있었을 것인데 이 경우는 자신이 실질적으로 농장을 경영하고 있던 땅에 수조권을 받고[30] 이후 과전제가 폐기되

29　"양반 사대부에게 토지는 노비와 더불어 門戶保全(문호보전)의 요소라는 점에서 중요성이 각별하였다." "양반사족이 門戶를 보존하는 일은 쉬운 것이 아니었다. 그것은 보통 민인 1가호의 생계유지가 아니었다. 양반의 門地(문지)는 규모 있는 각종 행사와 상당수의 族屬(족속)으로 유지되고 있어 그만한 살림 규모를 자급자족할 수 있을 만한 토지와 노비가 필요하였다." (이경식 1998, 231-232)

30　이러한 가능성에 대해서는 『신편한국사 24』 62~63쪽 참조. 중소규모 토지에 대한 소유권 진화의 한 경로는 조선 초에 군인전에서 자기가 전주로 등록된 토지에 수조권을 지급받아 수조권과 경작권이 합해져 총체적 소유권이 되는 경로를 생각할 수 있다.

면서 농장 전체가 사유지가 되었을 것이다. 즉 과전제의 시행과 양전의 과정에서 경작권과 수조권이 통합된 종합적 토지소유와 이를 바탕으로 한 농업경영이 이미 진화하고 있었던 것으로 볼 수 있다. 과전은 경기도에 설정되었으므로 그 이외의 지역에서는 고려시대부터 이미 농장이 상당한 규모로 존재하였다. 조선 건국세력의 사전혁파 구호에도 불구하고 건국세력과 적대적이지 않은 세력의 농장은 현실적인 지배를 인정받았을 가능성이 높다.

사대부 토지지배의 확장은 합법적 매매와 개간(開墾), 대부(貸付), 불법적인 탈점(奪占) 등을 통해서도 이루어졌다. 토지소유권의 확립은 지배계층과 농민경작자들에게 동일한 기회를 제공한 것은 아니었다. 일반 농민들이 개간을 통해 대농장을 짓는 것은 불가능했고, 토지를 매입하여 대규모로 집적하는 것은 매우 어려운 일이었다.

조선 전기 토지집적의 요인으로 매득(買得), 개간, 그리고 탈점 등을 들 수 있다(이재룡 1999, 47). 세금을 내지 못하거나, 빌린 돈을 갚지 못하여 곤란에 처한 농민으로부터 땅을 사들이는 것이 매득인데 이러한 매득의 기회가 일반 농민과 사대부 사이에 공평하게 존재했다고 볼 수는 없다. 또한 탈점, 즉 적절한 대가를 지불하지 않고 땅의 소유권을 이전하는 것은 정치적인 권력을 가진 사대부 지배층이 토지를 집적하는 유력한 방법이다.

기존에 농사를 짓지 않던 곳에 노동력을 투여하여 농사를 지을 수 있도록 바꾸는 개간은 상당한 부와 노동 동원력을 가지지 않으면 행하기 어렵다. 개간 그 자체는 장려되었고 개간자의 소유권은 인정되었으나, 개간을 위해서 농민을 강제로 동원하는 것은 불법이었다. 권력자들에 의해서 이러한 불법이 종종 자행되었으나 그에 대한 처벌은 엄격하지 않았다. 개국공신 하윤(河崙)이 지방관의 도움으로 민정(民丁)

7백여 명을 동원하여 제방을 쌓은 일이 문제가 된 적이 있었다. 태종은 그 지방관을 해임하였으나 하윤에 대해서 "본래 곡식을 심고자 하였으니 나라에 무슨 해가 되느냐?"며 죄를 묻지 않았다. 하윤 자신도 "제방을 쌓아서 물을 막고 비옥한 전지를 만든다면 나라에 이익이 되는데 무슨 혐의스러움이 있겠는가?"라며 스스로를 정당화하였다.[31] 불법적 개간도 그것이 공공재를 창출하여 국가를 이롭게 한다는 이유로 용인되었던 것이다. 이때 개간된 땅이 농민에게 주어졌을 것 같지는 않다. 아마도 하윤의 농장이 되었을 것이다.

매득이나 개간, 상속, 증여 등을 통해서 소유할 수 있는 토지의 규모에 대한 제한은 없었다. 24종의 16세기 상속문서를 분석한 이영훈 (1987)에 의하면 가장 많은 토지를 소유한 양반은 그 토지의 규모가 2,312두락, 오늘날의 계산법으로 약 40~50만 평에 이르렀다.[32] 결국 토지사유의 제도화는 지배층으로의 토지 집중을 원활하게 하고 집적된 토지의 소유권을 보호하는 역할을 한 것이다.[33] 공적인 수조권을 바탕으로 한 자원의 배분은 토지의 사유, 특히 사대부 농장(農莊)의 확장으로 대체되었다. 이러한 과정은 지배연합 구성원들을 전국적으로 분포시켰다.[34] 유력 가문들은 전국에 걸쳐 농장을 소유하였다.[35]

---

31  『태종실록』 14년 5월 18.
32  평(坪)으로의 전환은 대략 1두락을 200평 내외로 잡아서 필자가 계산한 것이다. 이 내용은 이영훈(2016, 369~371)에 소개되어 있다.
33  주로 조선왕조 실록에 등장하는 개간과 탈점의 사례들에 대해서는 이경식(2012, 143~187), 이재룡(1999, 46~53) 참조.
34  문인(文人)적 정체성을 가진 사대부가 전국에 농장을 가지고 분포하게 되고 그들이 과거(科擧)를 통해서 중앙정치에 참여하게 된 것이 "중앙군을 중추로 한 군사공동체"(이영훈 2016, 222)인 고려 국가와 근본적으로 다른 성격의 국가가 조직되는 토대였을 것이다.
35  15세기 유력 사대부의 농장 소유 형태에 대한 간접적인 자료는 정치적 숙청과 함께 몰수된 토지에 대한 실록의 기록들이다. "세조 원년(1455)과 그 이듬해, 그리고 예종 원년

토지의 사적 소유가 제도화되면서 농민의 경작권도 소유권으로 진화하였다. 농민도 토지를 매매할 수 있게 되었으나 그 토지의 많은 부분이 지배층에 합법적으로 귀속되었다. 역설적으로 이는 과전법 하의 경지 매매 금지가 농민을 보호하기 위한 측면도 있었음을 보여 준다(이헌창 2015, 10). 조선 초기 신분사회의 맥락에서 토지 사적 소유제의 확립은 결국 사대부의 대농장을 포함한 대규모 토지 소유형태를 인정하고 그러한 방향의 전개를 가속화하는 효과를 지녔던 것이다.

토지사유제는 정치와 무관한 사회·경제적 진화의 결과로 나타난 것이 아니라 의식적으로 선택된 것이다. 따라서 무엇이 선택되지 않았는가, 또는 어떠한 경로의 발전이 제외되었는가를 볼 필요가 있다. 봉건제는 전근대 국가를 조직화하는 유력한 방법이지만, 고려 말에 진행되던 토지의 봉건적 영지화는 조선의 건국세력이 분명하게 저지하고자 한 경향이었다. 조선의 건국세력은 최소한 봉건화의 저지에 있어서는 성공적이었다. 과전제의 포기는 수조권 분급을 통한 지배연합의 조직화 시도가 실패하였음을 의미한다. 전국 토지의 더 많은 부분을 수조권 분급의 대상으로 설정하여 수조권 분쟁을 완화하는 방안을 생각해 볼 수 있다. 그러한 경우 그 수조권이, 일본의 사무라이들에게 주어진 것처럼, 세습적이면서도 분할상속(分割相續)이 불가능한 것으로 설정되지 않으면 감당할 수 없는 거래비용이 초래될 수밖에 없다. 이는 경기지방을 중심으로 한 부분적인 수조권 분급조차 제대로 수행할 수 없었던 것을 통해서 방증(傍證)된다. 그러나 세습적이면서 분할불가능

(1469)에 적몰된 錦城大君瑜, 鄭悰, 成三問부자, 朴彭年부자, 尹令孫 등이 소유했던 농장만 하여도 경기도 18군현, 충청도 15군현, 전라도 7군현, 황해도 6군현에 걸쳐 1인당 8~14지역에 걸쳐 산재해 있었다."(『신편한국사 25』, 228). 예를 들어 성삼문의 적몰된 전지는 당진(唐津), 양주(楊州), 함열(咸悅), 예산(禮山), 고양(高陽) 등에 분포되어 있었다(『세조실록』 3년 3월 23일).

한 수조권은 봉건적 분권화로 귀결될 가능성이 매우 높다. 이 역시 조선 건국세력이 경계했던 바이다.

그리하여 결국 지배층을 중심으로 한 토지의 사적소유가 대안으로 남았는데, 이는 농장의 확산을 통해서 고려말부터 진행되고 있던 경향이 질서정연하게 안착할 수 있도록 제도화 한 것이다. 조선초기 지배층의 대토지 소유는 토지의 사적 소유이며 따라서 봉건적, 수조권적 토지권은 아니었으나, 다른 한편 엄밀한 의미에서의 상업적(商業的) 소유도 아니었다. 토지소유의 기회가 지배층에 집중되고 이것이 경제적 논리가 아닌 정치적 권력의 차이에서 기인했기 때문이다. 또한 이 시기 대토지의 사적소유는 시장을 위한 생산을 주된 목적으로 하지 않았다는 점에서도 상업적인 소유와는 다른 것으로 볼 수 있다. 여기에 조선 초기 토지사유화의 특징이 있으며 또한 그것을 장기적으로 변형, 진화시키는 근본적인 긴장(緊張) 또는 모순(矛盾)이 있었다. 조선 초기 토지의 사적 소유는 봉건적 토지배분, 또는 세습적이며 분할불가능한 수조권 배분을 배제하여 문민적 중앙집권을 가능케 하였다. 토지사유제는 또한 비세습적, 제한적 수조권 배분이 그 당시 국가의 행정능력 하에서 초래할 수밖에 없었던 지배층 내부의 갈등과 높은 거래비용을 회피하면서도 지배층의 물적 기반을 제공하는 방안이었다. 즉 사대부의 문호를 보전하면서 그들 간의 갈등을 제어하고 그들이 문민적 정체성을 유지하면서 국가의 보전을 위한 집합행동에 이해관계를 함께 하도록 만드는 제도적 방안이었던 것이다.

조선 초기에 토지사유의 확립, 토지등록제, 국가에 의한 토지소유권의 보호, 상속과 매매의 허용은 지배계층의 물적 기반을 마련하고자 한 것이었음은 동시대에 진행된 노비제의 정비와 연관해서도 설명이 된다. 만약 일반 백성의 소유권을 인정하는 것이 목적이었다면 노비의 대규모 증대를 가져오는 방향으로의 신분제의 후퇴가 발생하지 않았을 것이다. 대농장의 고려 말에 이은 재출현과 그 경영의 필요성이 노비 증가의 가장 중요한 이유인지는 분명하지 않다. 그러나 상업과 노동시장의 발전하지 않은 조건에서 성장한 농장은 노비를 필요로 하였음은 분명하다.[36] 다음절에서는 노비인구 증가가 의식적인 제도적 선택의 결과였는지를 검토한다.


## IV. 조선 초기 노비제의 성격

앞 절에서는 여말선초 과전제가 구상되었다가 폐기되고 토지의 사적 소유가 제도화되는 과정을 국가지배체제의 선택이라는 관점에서 살펴보았다. 이 절에서는 국가지배체제의 다른 한 축을 이루는 노동에 대한 지배체제를 살펴본다.

전근대 사회에서 피지배 대중의 노동은 지배층 개별 구성원들 또는 그들의 집합행동 조직인 국가기관에 의해서 수취된다. 노동은 직접 수취되기도 하고, 토지와 결합되어 수취되기도 한다. 수취가 이루어지는 방식에 따라 피지배 대중의 처지는 달라진다. 노동에 대한 수취 형태의 한 극단에 존재하는 노예(奴隷)는 기본권을 가지지 못하고 매매

---

36  이헌창(2015, 11)은 조선 초기 과전제의 전개 자체에 이미 고려 말 조선 건국세력이 천명한 균전제(均田制)적 이상이 포기되고 대토지 소유를 허용하는 경향이 나타나고 있었다고 한다. "균전제로 나아가기 위해서는 다수의 노비 노동이나 작인에 의존하는 대토지 소유가 부정되어야 한다. 이들의 지대는 토지세 확보에 애로를 주고, 이들의 노비는 군사력에 활용되지 못하는 것이다. 그런데 과전법에서는 넓은 토지를 차지하여 노비나 작인으로 경작하는 행위를 금지하는 규정도 보호하는 규정도 없다." 과전제는 급사(急死)한 것이 아니라 서서히 죽어간 것이며 그 과정에서 이미 자신의 대안을 성장시키고 있었다.

와 상속의 대상이 된다. 농노(農奴)는 매매의 대상은 아니지만, 토지에 긴박(緊縛)되어 강제적이고 세습적으로 노동력을 수취당한다. 일반 농민은 몸을 속박당하지는 않으나 참정권이 없이 작은 토지만을 경작하면서 영주(領主)나 국가에 세금을 납부하고 때로는 무보수의 노동을 제공한다. 시장경제가 어느 정도 발전하면 피지배 대중의 일부가 농업에 종사하는 임금노동자로 토지와 결합되기도 한다.

조선 초기 피지배 대중은 양민(良民) 또는 노비(奴婢)의 신분을 가졌다. 양천제(良賤制)에서 양민은 사대부(士大夫)와 일반농민을 포함한다. 그러나 사대부는 일반 농민과 뚜렷이 구분되는 지배층으로 발전해 갔다. 사대부가 아닌 상민(常民)과 노비는 공히 지배층의 공유자원(共有資源)이었는데 다만 그 수취의 방식이 상이하였던 것으로 볼 수 있다. 조선 초기 국가는 사대부들과 국가기관의 필요에 따라 상민과 노비의 비율, 그리고 그 활용 방식을 조절해 나갔다.

한명회(韓明澮)는 도망 노비들이 많은 것에 대해서 "대저 백성은 전답(田畓)에는 세납이 있고, 몸에는 신역(身役)이 있는 법입니다. 지금 공사천구(公私賤口)들이 도망하여 누락되고 숨기어 허접(許接)한 것이 무려 1백 만이 되니… (夫民有田則有稅, 有身則有役。今者公私賤口, 逃漏隱接, 無慮百萬…)"[37]라고 한탄하였다. 이 언급에서 공사노비(公私奴婢)와 일반 농민의 차이는 중요하지 않다. 그들은 공히 세금과 신역을 바치는 백성일 뿐이다. 상민(常民)인 백성과 노비인 백성의 구분보다 중요한 것은 "사(士)와 농(農)이 각기 다르니, 만약 봉록을 먹지 않고 조세(租稅)를 먹지 않는다면 [사(士)는] 서민과 다름이 없을 것… [사(士)가] 서민과 다름이 없게 된다면 나라에 세신(世臣)이 없을

---

37　『성종실록』 15년 9월 29일.

것…"이라는 앞서 인용한 양성지의 말에서처럼 사대부와 백성의 구분이다. 사대부 지배층이야말로 세신(世臣), 즉 대를 이어 왕을 보좌하고 국가를 담당하는 사람들이기 때문이다.

주로 농업에 종사하면서 국가에 토지세와 공물을 납부하고 군역(軍役)과 요역(徭役)을 부담하는 상민은 전근대 국가가 생산 대중을 지배하는 일반적인 방식의 하나로 볼 수 있다.[38] 노동에 대한 지배방식으로서 조선에 독특한 점은 피지배 대중들 중 노비의 비율이 매우 높았다는 점이다. 여러 논자들은 조선 전기에 공사노비가 전체 인구의 1/3 이상이었다고 추산하고 있다(이영훈 2016, 377-379; 지승종 1995, iii; 『신편한국사 25』, 213 등). 노예제 연구의 권위자인 패터슨(Patterson)은 한반도를 "모든 민족과 모든 시기들 중에서" 대규모로 장기 지속된 가장 특별한 노예제 사회라고 보았다.[39] 팔레(Palais 1995, 414~418)는 한국인들이 과거의 노예제를 직시하기 회피하거나 심지어 정당화한다고 질타하였다.

이영훈은 일련의 저술을 통해서 조선 노비의 다수를 점했던 납공노비(納貢奴婢)가 노예와는 다름을 보였다. 또 고려나 조선 후기에 노비 인구의 규모는 크지 않았다는 점을 지적하였다(이영훈 2007; 2010; 李榮薰·梁東杰 1998). 그렇지만 조선 전기 대규모 노비 인구의 존재는 윤리적 판단의 대상으로 보고 세종(世宗)의 책임론을 제기하여 논쟁을

---

38　조선국가가 백성들에게 부과한 의무는 조용조(租庸調), 즉 토지세, 신역, 공물이다. 노비는 신역 중에서 군역을 면제받았고, 자신의 주인인 개인 또는 국가기관에 노동력 또는 공물을 제공했다.

39　"In fact, it is in the oriental state of Korea that we find one of the most extraordinary cases of economic dependence on slaves among all peoples and all periods. Large-scale slavery flourished there for over a thousand years up to the nineteenth century." (Patterson 1982, viii)

촉발하기도 하였다(이영훈 2018a, 2018b; 박현모 2018).

조선의 노비제는 조선의 지배층 자신들에 의해서도, 국역(國役)을 담당할 양민의 수가 줄어든다는 현실적 문제 때문만이 아니라, 인간에 대한 처우(處遇)라는 윤리적 관점에서도 문제로 인식되었다. 태종(太宗)은 "하늘이 백성을 낼 때에는 본래 천구(賤口)가 없었다"[40]라고 하였고, 세종(世宗) 역시 신하들과 노비제를 논하는 중에 아버지 태종의 말을 반복하였다.[41] 조선 후기에 공노비 제도의 폐지를 추진한 정조(正祖)는 "천하에 하소연할 곳 없는 매우 가긍한 자로는 우리나라의 사노비(寺奴婢)보다 더한 것이 없다"[42]라고 노비의 처지를 안타깝게 여겼다. 유형원(柳馨遠)과 이익(李瀷)을 비롯한 조선의 지식인들도 노비제를 윤리적 관점에서 비판하였다(Palais 1996, 252-257). 노비인구의 증가는 조선 건국세력의 공약(公約)과도 배치되는 것이었다.

왜 조선건국과 더불어 노비의 수가 급격하게 증가하였는가? 왜 조선의 지배층은 노비의 증가를 촉진하는 제도를 선택하였는가? 노비는 과연 어떠한 존재였는가? 조선 초기 노비제의 내용과 역사적 전개에 대해서는 비교적 많은 연구가 있으므로[43] 그 사실관계에 대해서는 간략하게 서술하고, 노비의 유형과 그 활용방식, 그리고 제도 선택의 과정에 대해서 살펴보도록 한다.

---

40  天之生民, 本無賤口. 『태종실록』 14년 6월 27일.

41  天之生民, 本無貴賤. 『세종실록』 14년 3월 25일.

42  天下之無告而切矜者, 莫過於我國寺奴婢. 『정조실록』 15년 3월 29일. 여기서 寺奴婢란 공노비의 일종으로서 중앙관청에 속한 노비를 의미한다. 노비의 처지에 대한 연민에도 불구하고 정조는 노비제 자체에 대해서는 그 필요성을 인정한다.

43  조선 전기 노비제에 대한 포괄적인 연구로는 지승종(1995)이 대표적이다. 『신편한국사 25 조선 초기의 사회와 신분구조』도 조선 전기 노비제 문제를 포괄적으로 서술하고 있다. 앞서 소개한 이영훈의 논문들은 조선노비의 비교사적 성격에 관한, 그리고 이성무 (1987)는 노비팽창의 제도적 배경과 관련하여 중요한 연구이다.

조선의 노비는 공(公)-사(私), 입역(入役)-납공(納貢)[44]의 두 축을 바탕으로 나눌 수 있다. 사노비(私奴婢)는 그 주인이 국가나 왕실(王室)이 아니라 사인(私人)인 노비이다. 사노비의 주인은 주로 양반이지만 상민 또는 노비일 경우도 있었다.

입역공노비는 다양한 관청에 소속되어 일하고 납공공노비는 국가기관에 신공(身貢)을 바친다. 공노비의 경우는 하급 기술관직을 가지는 경우도 있었고 입역공노비와 공신(功臣)에게 하사된 공노비에게는 봉족(奉足)이 배정되기도 하였다.[45]

〈표 1〉은 노비인구의 비율이 정점에 달했을 것으로 여겨지는 15세기 말~16세기 전반기에 각 유형 노비의 규모에 대한 가상(假想)이다. 가상이라고 하여도 상상(想像)에만 의존한 것은 아니고 사료와 문헌에서 제시된 부분적 근거를 바탕으로 하나의 가능한 분포를 그려본 것이다. 수치 산정의 근거는 『신편한국사 25』(208-226)의 다음과 같은 언급들인데, 이는 조선 노비제 연구에서 대체로 큰 이견이 없는 내용들이다. 이러한 가상을 굳이 제시하는 목적은 노비 유형과 상대적 규모를 알기 쉽게 보여주고 이어지는 노비 노동을 편재하고 활용한 방식에 대한 논의의 기초로 삼기 위해서이다.

---

44  정확하게 의미가 동일하지는 않으나 솔거(率居)-외거(外居)로 표현할 수도 있다.
45  "서울과 지방의 입역(立役)하는 노비는 신공(身貢)을 면제하고 봉족(奉足) 2구(口)를 급여한다. 호수(戶首)는 봉족(奉足)에게서 매 1년마다 면포(綿布), 정포(正布) 각 1필(匹)을 거둔다." "각 관사(官司)의 노(奴)로서 7품(七品) 이하를 수직(受職)하고 근무에서 물러난[除仕] 자는 본래의 역(役)에 되돌린다." "공신(功臣)의 구사(丘史) 및 그 구사(丘史)의 봉족(奉足)은 외거노비(外居奴婢)로써 주며, 공신(功臣)이 죽은 3년 후에 본역(本役)에 되돌린다."[『경국대전』「형전(刑典)」공천조(公賤條)]. '구사(丘史)'는 공신들의 시중을 들고 잡무를 수행하는 공노비이다. 봉족(奉足)은 역을 직접 수행하는 대신 역을 수행하는 사람을 경제적으로 지원하는 자들인데 주로 군역제도에서 잘 알려져 있다.

- "공노비 수는 성종 15년(1484) 추쇄도감(推刷都監)의 보고에 의하면 추쇄된 노비만 각사의 경외노비(京外奴婢) 211,984명, 각 고을의 역노비 90,581명으로 모두 35만여 명에 이르고 있었다."(208)
- "조선 초기의 사노비는 공노비에 비하여 그 수가 월등히 많았으며, 사노비 중에서는 솔거노비보다 전호적(佃戶的)인 외거노비가 월등히 많았다."(226)

**표 1.** 15세기 말 조선 노비 유형별 규모에 대한 가상

|  |  | 공-사 구분 | |
| --- | --- | --- | --- |
|  |  | 공노비 | 사노비 |
| 입역-납공 구분 | 입역/솔거 | 입역공노비 10만 | 솔거사노비 35만 |
|  | 납공/외거 | 납공공노비 25만 | 납공사노비 130만 |

　〈표 1〉의 노비 총수는 200만인데 당시 조선 인구를 6백만으로 잡으면 그 1/3이 된다. 한명회가 도망 공사노비가 100만이 넘는다 한 것이 조금 과장이 있었다 하더라도 전체 노비 인구는 최소한 200만은 되었을 것이다.[46]

　노비는 노예인가 아닌가라는 질문은 지나치게 단순화된 것이다. 노비의 본질을 논하기 전에 지배연합이 제 유형의 노비를 어떻게 활용하였는가를 보아야 한다. 그 이후에야 노비와 노예의 관계에 대한 대답에 다가갈 수 있을 것이다. 신분(身分)을 정하고 용도(用度)를 정하

---

46　『신편한국사 25』(208)에서는 15세기 말 "국가에서 파악한 인구"를 대략 340만으로 추정하는데, 누락된 인구를 합하면 훨씬 더 많았을 것이다. 이영훈(1998, 364–365)은 15세기 말 조선인구를 900만, 그 중 노비 인구를 40%로 본다. 그렇다면 노비 총인구는 360만 정도가 된다. 아마도 〈표 1〉은 노비 인구를 실제보다 적게 잡고 있을 가능성이 높다. 〈표 1〉의 의미는 정확한 숫자보다는 상대적 비중을 표현하는 데 있다.

는 것이 아니라 용도에 따라서 신분이 정해진다. 그 용도의 다양성 때문에 기존의 개념들을 적용하는 데 한계가 발생하기도 한다. 제 유형의 노비들의 지배층을 위한 용도를 본 다음에 그와 같은 용도를 규정한 제도가 어떠한 과정과 논란을 거쳐서 선택되었는지에 대한 검토로 나아가고자 한다.

공노비는 그 소속에 따라서 중앙정부의 여러 관청에 속한 각사(各司)노비, 왕실과 궁(宮)에 속한 내(內)노비, 지방관청에 속한 관(官)노비, 역(驛)에 소속된 역노비, 향교(鄕校)에 소속된 교노비 등이 있다.[47] 공노비의 대다수를 차지하는 각사경외(各司京外)노비, 즉 중앙의 제 관청에 소속되었으나 지방에 거주하는 노비는 일곱으로 나누어 차례로 번상(番上)하는 것을 원칙으로 하였다. 따라서 특정한 한 명의 공노비가 입역 또는 납공의 유형으로 고정되어 있는 것이 아니라, 번상을 하면 입역노비가 되고, 그렇지 않으면 납공노비가 된다. 공노비 소속 기관에 따라서 입역 기간의 비중이 달랐다. 각사경외노비가 아닌 다른 유형의 공노비들 중에는 입역상태에 있는 노비의 비중이 더 높았으므로 〈표 1〉에서는 35만을 신공 25만, 입역 10만으로 나누었다. 입역이 과대 추산되었을 가능성이 있으나, 최소한 5만은 되었을 것으로 보인다.

공노비의 규모나 활용방식을 보면 조선의 노비를 조선 '사회' 또는 '신분'의 관점에서만 다루는 것의 한계가 분명히 드러난다. 성인 인구의 1할을 중앙과 지방 제 국가기관의 노동력과 재정 확보를 위해 편재한 것은 국가의 조직화이지 국가 이전 또는 국가 아래 '사회'의 상태가 아닌 것이다. 조선 건국 한 세기 만에 고려와 매우 다른 모습의 국가

---

47　여기서 제시되는 설명은 매우 단순화된 것이다. 공노비의 유형, 각 유형의 정원, 지위와 의무는 『경국대전』 형전(刑典), 공천조(公賤條)에 자세히 규정되어 있으며 『신편한국사 25』 213-226쪽에 운용방식 및 그에 따른 문제점들에 대한 상세한 설명이 있다.

가 만들어졌음을 공노비의 수와 활용 방식을 통해서 알 수 있다. 국가 기관이 확장되었고 무엇보다 고려 때 1/3 정도의 군현(郡縣)에만 파견 되었던 지방관이 모든 군현에 파견되었다. 군현들은 수만 명 노비를 배정받아 노동력과 재정을 확보하였다. 수만 명의 공노비가 향교노비(鄕校奴婢)로 할당되었다는 것은 문민적 정체성의 지배층이 전국에 분포되었고 그들의 지방 조직이 준국가기관으로 간주되어 지원받았음을 의미한다. 노비가 사회의 신분으로 이미 존재하여 그들이 국가를 위해서 특정한 방식으로 활용된 것이 아니라, 국가 조직화의 의식적인 과정에서 과거로부터 내려오던 노비의 숫자를 늘리고 새롭게 편재한 것이다.

공노비 개인의 하루를 관찰해 본다면 그는 노예와는 매우 다른 존재이다. 입역하고 있는 공노비는 국가기관의 말단 노동력으로 보일 것이고,[48] 납공공노비는 땅을 경작하면서 세금을 내는 일반 농민과 다르지 않게 보일 것이다. 한명회가 '땅이 있으면 세금을 내고, 몸이 있으면 노동을 제공해야 한다'고 한 백성의 일부인 것이다. 그러나 시간의 범위를 조금 넓혀서 본다면 대부분의 공노비는 상민인 백성들보다 더 어려운 처지에 있었음을 알게 될 것이다. 한 번의 입역으로 수개월 농사를 돌보지 못하면 생활 기반이 완전히 파괴될 수 있었다. 서울에 가면 숙식이 제공되는 것도 아니어서 비참한 생활을 할 수밖에 없었을 것이다. 봉족이 배정되었으나 선상(選上)의 비용을 부담하기에는 턱없이 부족했다. 선상대립(選上代立), 즉 대가를 주고 타인에게 입역을 대신시키는 관행이 발전했으나 그 비용은 엄청난 것이었다.[49] 노비신분에 따른 사회적인 낙인(烙印), 자식에게 노비신분을 물려주어야 하는 세습적인 신분의 족쇄, 국가가 결정하면 어느 사대부에게 지급되어 사

---

48    심지어 그들 중 일부는 7품의 관직을 가지고 있다.
49    선상대립 관행의 진화 및 제도화와 그에 따른 문제들은 『신편한국사 25』 222~225쪽 참조.

노비가 될 수도 있다는 불안에 고통받는 존재일 것이다. 공노비의 신분은 상민과는 다르고 그 처지가 더 열악한, 가능하다면 탈출하고 싶은 상태임을 짐작하게 한다.

조선 중앙정부의 지방에 대한 침투력은 현대의 중앙정부에 비해서 매우 제한적이었음은 분명하다. 그러나 조선 '국가'는 조숙하게 비대하며 확장적이고 중앙집중적이었다. 시장경제, 화폐, 교통과 통신의 하부구조가 제한적인 상황에서 반세기가 조금 넘는 기간에 중앙집권적 국가의 조직화와 국가의 사회침투가 급격하게 진행된 것이다.[50] 공노비의 증가하는 수와 편재 및 활용의 방식은 그에 대한 증거이다.

사노비는 주인(主人)의 호(戶)에 속해 있는가 독립적인 호를 이루는가, 노동을 제공하는가 신공(身貢)을 바치는가 등의 기준으로 나눌 수 있다. 사노비를 하는 일, 거주지 등을 기준으로 노예에 가까운 유형으로부터 나열하자면 1) 가내사환(家內使喚) 노비, 2) 주인 직영지(直營地) 경작 노비, 3) 작개지(作介地)와 사경지(私耕地)경작 노비, 4) 주인의 외방농장(外方農莊) 경작 노비, 5) 신공(身貢)납부 노비 등이 있다. 작개지는 노비의 책임 하에서 경작되지만 그 산물은 주인에게 귀속된다. 사경지의 산물은 노비의 몫이다. 사경지는 작개를 하는 노비의 생계를 위해서 주어진다.[51]

---

50  중세유럽이나 일본과 비교해 본다면 조선 초기 국가의 문민성과 중앙집권적 성격이 두드러질 것이다. 중앙정부를 정점으로 한 국가네트워크의 재정과 노동에 대한 수요가 조선에서 매우 높았을 것이다. 게다가 조선은 중세의 유럽이나 일본에 비해 국내외의 시장경제, 화폐경제의 발전이 뒤떨어진 사회였다. 베버(Weber)는 화폐경제가 근대적 관료제가 발전하기 위한 필수 조건이라고 하였다. 조선 초기 국가는 화폐경제의 발전이 제한적인 조건에서 문민적·중앙집권적 관료국가를 건설하고자 하는 세계사적으로 예외적인 시도이다.

51  사노비가 하는 일과 그에 따른 사노비의 더욱 자세한 분류는 지승종(1995, 162~237), 임학성(2013, 82~87) 참조.

가내사환에 쓰이거나 직영지를 경작하는 노비들은 다 솔거노비이며 노예(奴隷)적 존재로 볼 수 있다. 작개와 사경을 겸하는 노비는 중세 유럽 봉건제 하에서의 농노(農奴)와 매우 유사하다. 주인의 외방농장에서 일하는 노비도 농노와 유사하다고 볼 수 있다. 조선의 지배층이 생산대중을 수취하는 특수한 형태는 외거납공노비이다. 사대부들 중에서는 수백 명 이상의 노비를 소유한 경우가 드물지 않았다. 그러한 경우 노비의 대부분은 전국 각지에 산재하며 납공을 하는 외거노비들이었다.

외거납공노비들은 신분이 세습되고 상속, 매매되며 양인에 비해 법적인 권리의 보호 수준이 낮았다. 그러나 노비를 포함한 재산을 소유할 수 있었고 드물게는 상당한 부를 축적하기도 하였으며, 자신의 거주 공동체에서는 다른 양민들과 복식, 권리, 대우, 사회적 인식 등에서 크게 구별되지 않았다(이영훈 2106, 390). 그렇다면 조선 노비들 중에서 가장 비중이 높았던 납공사노비는 패터슨(Patterson)이 사회학적으로 정의한 노예와는 상당히 다른 존재들이다. 패터슨은 노예제(slavery)를 "태생적으로 소외되고 일반적으로 불명예로운 사람들에 대한 영구적이고 폭력적인 지배"[52]라고 정의했다. 조선의 납공사노비는 공동체나 인격을 상실한 존재가 아니었으며 주인으로부터의 일상적인 폭력에 노출된 존재도 아니었던 것이다. 또한 노예에 대한 전형적인 경제적 정의, 예를 들어 "농업 또는 산업에서 생산의 도구로 사용되고 아무것도 소유하지 못하면서 주인으로부터 음식과 옷, 거주를 제공받는 주인의 동산(動産)"[53]으로 보기도 어렵다.

---

52  "the permanent, violent domination of natally alienated and generally dishonored persons"(Patterson 1982, 8).

53  "chattels of their masters, employed as instruments of production in agriculture or

　외거·납공노비에 대한 초기의 연구에서는 이들의 다수가 주인의
외방농장(外方農莊)을 경작하는 농노적인 존재였다는 견해가 지배적
이었다(『신편한국사 25』, 209-210). 그러나 이영훈(1987)의 연구에 의
해서 외거노비의 대부분은 주인 토지를 경작하는 것이 아니라 신공만
을 납부하였다는 것이 밝혀졌고 그에 대한 체계적은 반론은 없다. 그
렇다면 사노비의 대다수는 농노적인 존재도 아니었다는 것이 된다.

　납공사노비들은 보통 주인집에서 멀리 떨어진 곳에 거주하면서
면포(綿布)를 신공(身貢)으로 바쳤다. 노비는 군역(軍役)이 면제되고,
일반 양인들도 점차 군역을 면포로 대신하게 되면서 노비의 신공액(身
貢額)은 양인(良人)의 군포 납부액, 즉 1년에 포 2필로 정착하게 되었
다. 그렇다면 납공사노비는 국가에 대한 조용조(租庸調) 의무들 중 용
(庸), 그 중에서도 인두세로 변질된 군역의 의무를 지배층 개인에 대해
서 제공하는 존재들로 볼 수 있는 것이다.

　왜 많은 수의 납공사노비가 존재했을까? 15세기 전반기에 과전제
가 난항을 겪고 사대부의 농장이 확산하는 과정에서 농장의 개간(開
墾)이나 경영을 위한 노비의 수요가 많아졌다(김안숙·이호철 1986).
세종 14년(1432년) 종부법(從父法)이 폐지되고 실질적인 일천즉천(一
賤則賤)이 확립되었다. 15세기 후반기에 사노비가 증가하여 주인의 집
이나 땅에서 부릴 수 있는 규모를 넘게 되었을 것이다. 토지가 늘어나
는 것은 개인에게나 사회 전체적으로도 한계가 있다. 반면 노비의 증
가는 제도적인 제약이 풀리면 그 속도가 빨라질 수 있다. 이러한 상황
에서 주인집의 일이나 주인 토지의 경작을 위해 필요한 것보다 훨씬

industry, receiving food, clothing and shelter from the master and possessing noth-
ing"(Hilton 1969, 10).

많아진 노비들은 외거납공노비가 되었을 것이다.[54]

문민적(文民的) 지배를 위해서는 무인적(武人的) 지배를 위해 필
요한 것보다 지배연합의 규모가 더 클 수밖에 없다는 점 또한 고려되
어야 한다. 조선 전기에 노동에 종사하지 않고 학문과 정치에 전념하
는 사족(士族)은 전체 인구의 5~10%가량이었을 것으로 추정된다.[55]
한 명의 사족이 노동으로부터 자유로운 삶을 영위하고 지배층으로서
의 최소한의 위신을 지키기 위해서는 일정한 규모의 토지와 여러 명의
노비가 필요하였다. 사대부들 간의 좋은 풍속의 예로서 세종실록에 수
록된 임박(林樸) 가문의 경우를 보자.[56]

"고려의 승지 임박(林樸)이 그 부모가 죽고 끝의 누이동생이 시집가지
않았는데, 다만 여종[婢]이 셋만 있었다. 박이 그 동생 임근(林根)·임수
(林樹)·임주(林株) 등과 더불어 탄식하기를, "우리 형제는 비록 노비가
없을지라도 모두 아내가 있으니 반드시 손수 밥을 짓게는 되지 않을 것
이나, 누이는 지금 집에 있어서 만약 종이 없으면 누가 장가들려 하겠
는가. 마침내는 반드시 몸소 정구지역(井臼之役)을 해야 할 것이니 참으
로 가엾도다"하니, 동생들이 모두 그렇다고 말하고, 드디어 종과 재산
을 다 주어서 시사(侍史) 이우(李遇)에게 시집보냈더니, 이우가 말하기
를, "집에서 대대로 전해 내려온 종은 소중한 것인데 내가 어찌 홀로 차

---

54  이 추측은 외거납공사노비의 기원에 대한 것은 아니고, 그 급격한 증가의 한 경로에 대
    한 것이다. 조선의 납공사노비는 고려로부터 내려온 사원노비(寺院奴婢)가 속공(屬公)되
    어 납공노비가 되고, 그 중 일부가 다시 왕족과 공신들에게로 분급됨으로써 생겨나기
    시작했다는 것이 지배적인 견해이다(임영정 1973; 임승우 2003).

55  조선 전기의 사대부 인구를 추정할 자료는 부족하다. 지역별로 시계열의 호적대장 자료
    가 있는 대구부의 경우 양반인구는 1690년에 7.4%였으며, 단성현의 경우는 1729년에
    19.4%였다(이영훈 2016, 446).

56  『세종실록』 9년 12월 21일.

지하리오."하고 나누고자 하니, 박이 말하기를, "우리 집 일은 그대의
알 바가 아니다" 하여 마침내 나누지 아니하였다. 박이 죽으매 여종 셋
의 소생이 거의 30명이나 되었는지라, 그 누이동생이 남편과 의논하여
그 종의 자식들을 근과 수와 주에게 나누어 주고, 또 박의 아들 임가(林
稼)에게 주니, 가(稼)가 군이 사양하기를 우리 아버지의 뜻이 아니라 하
고 기어코 받지 않았다. 뒤에 가(稼)가 어떤 사건으로 직첩(職牒)을 회
수당하고 병을 얻어 곤궁히 살게 되니, 정부와 육조에서 가(稼)의 부자
가 한 일을 의롭게 여기고 특별히 직첩을 도로 주어서 풍속을 장려하기
를 아뢰어 청하니, 그대로 따랐다."

위의 기사에서는 사대부 집안에 노비가 없어서 부인이 직접 가사
노동을 해야 하는 상황을 몹시 '가여운' 것으로 묘사하고 있다. 친족
끼리 또는 사돈 사이에 노비를 나누어 서로 사대부의 위신을 지킬 수
있도록 하는 것은 미풍양속이었다. 한 가지 주목할 점은 한 세대 만에
노비가 열 배로 증식했다는 점이다. 또 한 세대가 지나서 노비가 더 늘
어났다면 그 노비들은 어떻게 사용되었을까? 가난한 일가친척에게 주
어지거나 다른 사대부들에게 팔려가기도 했을 것이다. 토지에 비해 노
비가 많으면 노비의 일부를 팔아서 전답을 늘렸을 것이다. 이 시기에
토지의 매매가 공식적으로 허용되기 시작하면서 이와 같이 생산요소
의 균형을 맞추는 것이 가능해졌을 것이다.[57] 제한된 토지에서 다 활용
할 수 없는 노비들은 외거납공노비가 되었을 것이다.

주인의 관점에서 외거납공노비의 장점은 노비에게 토지를 제공하
지 않고도, 또한 사대부들에게 금기시되어 있던 상업활동을 하지 않고

---

57  따라서 토지를 팔아서 노비를 사는 경우도 상상할 수 있다.

도, 추가적인 수입을 얻을 수 있다는 점이다. 유럽이나 일본의 중세와
는 달리 조선에서는 토지의 분할 상속이 가능했으며 따라서 사족 개인
별 토지의 규모는 점차 줄어들었을 것이다. 지배층의 수는 고려에 비
해서 늘어나고, 그들 중에서는 토지의 수입만으로 가문의 위신을 지키
기에 부족함을 느끼는 사람들이 많았을 것이다. 외거노비의 납공은 이
러한 사대부들의 중요한 수입원이었을 것으로 추측할 수 있다. 물론
수백이 넘는 노비를 소유한 사대부들에 적지 않았다는 기록이 있지만
이러한 소유형태만으로 외거납공노비를 다 설명할 수는 없다. 비교적
소수의 유력 가문들은 수백 이상의 노비를 소유하고 그 중 상당수가
외거납공노비였을 것이지만, 동시에 충분한 토지를 상속받지 못한 사
대부의 자손들도 외거납공노비의 신공에 경제생활의 일부를 의지했을
것으로 추측할 수 있다.

## V. 종부위량법(從父爲良法)의 폐기와 일천즉천(一賤則賤)의
   제도화

노비의 증가는 자연적인 과정이 아니라 지배층의 의식적 제도선택의
결과였다. 이러한 제도선택은 국가기구와 지배층 개인들의 물적 기
반 확보를 위해 건국공약에 반하여 진행되었다. 노비제도는 토지제
도와 더불어 조선 건국 초기의 가장 중요한 국가제도정비의 문제였
다. 조선왕조실록의 노비 관련 기사들의 빈도를 시기별로 살펴보자.
건국(1392)에서 15세기 말(1500)에 이르는 108년간 조선왕조실록에
"奴婢"는 2,502회, 연평균 25회가량 등장한다. 이 시기 전체 기사 수
98,681건의 2.54%에 해당한다. 노비관련 기사는 16세기(1501~1600)

에는 792건으로 전체 기사 87,705건의 0.9%로 줄어들며 이후 계속 줄어든다.

노비 관련 기사들을 보면 노비의 존재 자체에 대한 문제제기는 없다. 적절한 수의 공사노비가 존재해야 한다는 것은 사대부층의 공유된 인식(shared understanding)이었다. 하지만 사노비의 증가로 양민이 줄어들어 국가의 군사적·재정적 기반이 약화되는 데 대한 우려는 자주 표명되고 있다. 여말선초 노비제의 정비과정은 다음과 같은 네 가지의 주요 사건을 통해서 이해할 수 있다.

- 1392년(공양왕 4년) 조선 건국세력은 노비결송법(奴婢決訟法)을 제정하여 압량위천(壓良爲賤) 문제를 해결하고 노비인구의 증가를 억제하려 했다.
- 1414년(태종 14년) 종부위량법(從夫爲良法)으로 양인 남성과 노비 여성 사이의 자식들에게 양인의 신분을 부여하여 노비인구 증가를 억제하려 하였다.
- 1432년(세종 14년) 종부위량법(從父爲良法)이 폐지되고 양천교혼(良賤交婚) 자녀들이 노비의 신분을 세습하게 함으로써 이후 노비인구가 크게 증가하는 계기가 되었다.
- 1461년(세조 7년)『경국대전』형전에서 일천즉천(一賤則賤), 즉 부모 중 어느 한쪽이 노비이면 자식도 노비 신분을 가진다는 것이 확정된다.

1392년의 노비결송법은 노비의 증가를 억제하기 위한 여러 방안들을 담고 있다. "양인(良人)과 천인(賤人)이 서로 혼인하는 것은 지금부터 율(律)에 따라 금지한다. … 율을 어기고 서로 혼인하는 자는 주인과 노(奴)를 논죄하고 출생한 자식은 양인이 되는 것을 허락[한다].
… 노비를 내다 파는 것은 엄격하게 금지하되, … 부득이 한 자는 문
서[狀]를 갖추어 관청에 신고하면 매매하는 것을 허락[한다]."[58] 양천
교혼을 금지 · 처벌하고 그 소생(所生)이 양인의 신분을 가지게 하는 것
은 노비인구 증가를 막으려는 것이다. 노비의 매매와 증여를 금지한
데서는 권세가에 노비가 집중되는 것을 막고자 하는 의도가 보인다.

이러한 규칙들이 얼마나 엄격하게 적용되었는가는 불분명하다.
예를 들어 태종 1년(1401년) 권중화(權仲和)의 상소는 "흉포(凶暴)한
천구(賤口)가 많이 양녀(良女)에게 장가들어 소생은 모두 사천(私賤)
이 되니, 이 때문에 천구는 날로 늘고 양민(良民)은 날로 줄어서 나라
역사(役事)에 이바지할 자가 크게 감소"됨을 한탄하고 있는데,[59] 이것
이 사실이라면 양천교혼 소생을 양민이 되게 한다는 노비결송법의 규
정이 지켜지지 않고 있음을 의미한다. 이 시기 실록의 노비 관련 기사
들은 노비의 신분과 관련된 쟁송(爭訟), 사대부들 간에 노비의 소유권
과 관련된 분쟁 및 그 해결 방안에 대한 것들이 많다.

태종 14년(1414년)에 양인 남자와 천민 여자의 소생을 양인으로
한다는 규칙이 다시 제정되었다. 이때 태종은 "하늘이 백성을 낼 때
에는 본래 천구(賤口)가 없었다. 전조(前朝)의 노비(奴婢)의 법은 양천
(良賤)이 서로 혼인[한 경우 천인(賤人)의 수를 늘리는 것을] 우선으로
하여 천자(賤者)는 어미를 따랐기 때문에, 천구(賤口)는 날로 증가하
고 양민(良民)은 날로 줄어들었다. … 이후 공사 비자(公私婢子)가 양
부(良夫)에 시집가서 낳은 소생(所生)은 모두 종부법(從父法)에 따라

---

58  『高麗史』卷八十五 刑法二 奴婢. 공양왕(恭讓王) 4년(1392년).
59  『태종실록』1년 7월 27일.

양인(良人)을 만들"라고 하였다.[60] 재상(宰相)의 천첩(賤妾) 자식이 종모법(從母法)에 따라서 천민이 되는 것의 불편함에 대한 언급도 있으나, 양소천다(良少賤多)를 막고자 하는 분명한 의지가 더 두드러진다. 지승종(1995, 25)은 이날의 결정이 "가히 혁명적"이었다고 말한다. 그 다음해(1415년) 3월에는 보충군(補充軍)을 설치하고 양천교혼 소생이 보충군에 입대하여 군역을 마치면 양인이 되도록 하였는데[61] 이는 종부법 시행의 구체적인 방안을 마련한 것으로 볼 수 있다.

그러나 종부법은 얼마 가지 않아서 강한 저항에 부딪힌다. 노비의 수가 줄어듦에 따라 손해를 보게 된 사대부들과 사역을 시키고 신공을 받을 공노비의 감소로 어려움을 겪은 국가기관들이 종부법의 폐지를 추진한 것이다. 1424년 8월에 이조판서 허조(許稠)가 종부위량(從夫爲良), 즉 아비를 따라 양인이 되는 것을 허락하지 말 것을 청하였다. 세종은 이를 거부하였다.[62] 1425년에는 병조(兵曹)가 그리고 1426년(세종6년)에는 정역찰방(程驛察訪)이 계(啓)를 올려 종부위량에 따른 문제점들을 지적하고 대처방안을 제시하였다. 세종은 종부위량의 큰 틀을 변화시키지 않는 한도 내에서 천민 여성이 양인 남성과 혼인하기 위해서는 주인의 허가를 받게 한다든지, 역(驛) 소속 여자 노비가 양인 남자와 낳은 자식은 비록 양민이라도 별도의 신분으로 역에 소속되어 일할 수 있도록 하는 대안을 허락하였다. 이때 정역찰방에서 올린

---

60    『태종실록』 14년 6월 27일. 원문은 "天之生民, 本無賤口. 前朝奴婢之法, 良賤相婚, 深賤爲先, 賤者隨母, 故賤口日增, 良民日減. 自永樂十二年六月二十八日以後, 公私婢子嫁良夫所生, 竝皆從 父爲良"이다. 역사편찬위원회는 여기서 "深賤爲先"을 "천인을 몹시 하는 일을 우선으로 하여"라고 번역하였는데 '몹시 한다'는 의미가 불분명하다. '深'은 '수를 늘린다'로 번역 하는 것이 이 기사의 전체적 문맥에 어울린다.

61    보충군제도의 역사적 전개에 대해서는 지승종(1995, 25~33) 참조.

62    『세종실록』 6년 8월 10일.

건의를 보면 종부법으로 노비의 수가 감소하여 역(驛)의 노동력 확보가 어려워졌음을 알 수 있다.[63]

1428년에는 예조(禮曹)에서 양천교혼 소생을 속공(屬公)하자고, 즉 공노비로 만들자고 청원하였으나, 세종은 이를 거부하였다.[64] 1430년에 황해도 감사가 양천교혼(良賤交婚) 허가제를 청원하였다. 종부법 하에서 양천교혼을 허락할 주인은 거의 없을 것이다. 자기 소유 여자 노비의 자손이 양인이 되어 재산의 손실을 입게 되기 때문이다. 따라서 교혼허가제는 노비의 수가 줄어드는 것을 막고자 하는 의도로 볼 수 있다. 세종은 이를 허락하지 않았다. 같은 해 신포시(申包翅) 등은 상소를 올려 양민과 천민의 구분이 허물어지고 있음을 개탄하고 이는 정책의 실패임을 지적하였다.

1431년 1월에 의정부에서 여자 노비 자식의 아비가 양인인지 천인인지에 대한 다툼이 많다고 보고하였다. 이 보고에서는 종부법에 따른 문제를 "서로 다투어 거짓 꾸며대면서 부자(父子)를 바꾸고 있어, 다만 그 정위(情僞)만을 알기 어려울 뿐 아니라 윤상(倫常)을 상하게 하고 풍속을 무너[뜨리는 것]"으로[65] 제기하였다. 이후 이와 같은 윤리적 프레이밍이 신하들이 세종을 설득하는 전략이 된다. 1431년 1월에 경상도 감사가 각 고을 창기(娼妓)의 소생은 종부위량을 금지하자는 건의를 하였는데, 그 근거는 창기가 "누차 그 남편을 갈고, 양천(良賤)들이 서로 은밀히 간통"하므로 아비가 양인(良人)이라는 주장을 믿을 수 없다는 것이었다.[66] 이 또한 부자관계에 대한 윤리적 주장인데,

63  『세종실록』 7년 8월 18일. 『세종실록』 8년 5월 19일.
64  『태종실록』 10년 12월 9일.
65  『태종실록』 13년 1월 5일.
66  『세종실록』 13년 1월 10일.

세종은 이 말을 따랐다. 이 결정은 종부법 자체를 폐지하는 것은 아니었지만, 특정한 부류의 여자 노비에 대하여 종부법을 적용하지 않기로 한 것이며 종부법의 중요한 후퇴라고 할 수 있다.

드디어 1432년(세종 14년)에 종부법 자체의 존폐에 대한 본격적인 논의가 시작되었다. 조선왕조실록의 기사에는 3월에 세종이 먼저 종부법 폐지 여부를 논의 대상으로 삼은 것으로 나온다. 부자윤리(父子倫理)를 근거로 한 신하들의 문제제기가 통했던 것으로 보인다.

> "공사비(公私婢)로서 양민(良民)에게 시집가서 낳은 자녀(子女)는 양민으로 처리한다는 법은, 대신들이 그것의 옳지 않음을 말하는 이가 많았으나 내가 듣지 않았는데, 이제 다시 생각하니, 공·사의 천비(賤婢)가 자주 그 남편을 바꾸어 양민과 천민을 뒤섞기 때문에 어느 남편의 자식인지 분명히 가려내기가 어려운 경우가 있을 것이다. 이런 일로 인하여 제 아비를 아비로 하지 아니하는 윤상(倫常)을 패란(敗亂)하는 일이 생기게 될 것이니, 어떻게 하면 위로 태종께서 이루어 놓은 법에 위배되지 아니하고, 아래로 인륜(人倫)의 바른 길을 파괴하는 일이 없게 할 수 있을 것인지 각기 충분히 의논하여 보고하라."[67]

신하들은 이날 "천한 계집이 날마다 그 남편을 바꿔서 행위가 금수(禽獸)와 같으니" 어차피 그 자식의 아비가 누구인지 알 수 없고 따라서 그 자식은 종모(從母)하여 노비로 삼는 것이 옳다고 주장하였다. 세종은 더 생각해 보겠다고 대답했다. 열흘 뒤에 다시 신하들과 이 문제를 논하였는데 여자 노비가 양인 남자에게 시집갈 때 이정(里正)에

---

67    『세종실록』 14년 3월 15일.

게 신고하게 하는 방안, 양천교혼의 자식들을 속공(屬公)하는 방안 등 이 논의되었다. 신하들은 일관되게 윤리적 논거를 제시하며 종부법 폐지를 주장하였다. 이날의 논의에서 신하들은 "사내종이 양녀에게 장가들어 낳은 자녀도 또한 아비를 따라 천인(賤人)이 되게 하여 천륜(天倫)을 존중하게 하소서"라면서 아비의 신분을 따르는 법을 옹호하였으나, 여자 노비의 자식은 그 아비가 양인이라는 주장을 믿을 수 없음으로 노비로 삼아야 한다는 이중적인 태도를 보였다.[68]

결국 그 다음날인 1432년 3월 26일 세종과 신하들은 다시 모였고 여기서 종부법의 폐지가 결정되었다. 이날 신하들은 그 동안의 윤리적인 논거에 더하여 양천교혼을 금지하는 『당률소의(唐律疏議)』와 『대명률(大明律)』을 인용하면서 범법행위의 결과로 생산된 자식들을 양인으로 삼을 수 없다는 법률적 논거를 추가하였다. "동·서반의 품관과, 문과·무과의 출신자와, 생원·성중관·유음자손(有蔭子孫)," 즉 사대부가 여자 노비와의 사이에서 낳은 자식과 "백성으로서 나이가 40세에 이르도록 아들이 없어서 공·사 비녀에 장가든 자"의 자녀는 예외로 한다는 조항을 포함시켰다. 세종은 별다른 의견을 제시하지 않고 신하들의 말을 따랐다.[69]

이날의 결정은 양천교혼을 금지한다는 것과 그 소생을 노비로 한다는 두 가지 내용을 담고 있다. 형식적으로는 금하는 것이 주(主)이고, 소생을 노비로 한다는 것은 종(從)이다. 그러나 소생을 노비로 한다는 것 이외에 교혼에 대한 어떠한 처벌이나 방지책도 구상되지 않았다. 실질적으로 이날 결정의 핵심은 양천교혼의 자녀를 노비로 삼는다는 것이었다. 이날의 결정 이후 양천교혼은 주인에 의해서 장려되거나

68　『세종실록』 14년 3월 25일.
69　『세종실록』 14년 3월 26일.

강요되었고, 교혼자녀들이 노비의 신분으로 됨에 따라 노비인구는 급격히 증가하였다.

이후 『경국대전』 반포에 이르기까지 노비제도의 세부사항들에 대한 논의가 계속되었지만 신분규정과 관련한 일천즉천(一賤則賤)의 원칙은 변화하지 않았고 결국 『경국대전』 「형전(刑典)」에 수록되었다.[70] 「형전(刑典)」 사천조(私賤條)의 "노비를 전해 받은 자는 1년 안에 관(官)에 신고하여 입안(立案)을 받는다"든가 "무릇 노비를 매매할 때는 관(官)에 신고하여야 한다"는 조항은 재산의 등록에 관한 것으로서 노비분쟁을 관에서 해결할 때 필요한 문서적인 근거를 남기는 것이다. 국가의 필요에 의해 노비에 대한 재산권이 침해 받은 경우에 대한 보상 규정도 있다. "무릇 노비가 사공(事功)으로 양인(良人)이 되는 경우는 공천(公賤)으로 충당해 준다"는 규정은 공을 세운 노비를 국가가 면천할 경우 국가는 그 소유주에게 공노비를 보상으로 제공해야 한다는 것이다. 그 이외에 형전과 호전의 여러 조항들은 국가기관 또는 사인의 노비에 대한 소유권을 보호하고, 노비와 관련된 분쟁을 해결하는 규정들이 비교적 상세하게 서술되어 있다.

이러한 제도는 주로 양반인 노비 소유자들이 자기 소유 노비의 수를 늘리기 위해서, 자기 소유 노(奴)와 비(婢)의 혼인을 막고, 비를 양인과 혼인시켜 그 자손을 노비로 확보하는 관행을 발전시켰다.[71] 여자

---

70  일천즉천은 신분에 대한 규정이며 그 자체로 소생의 주인이 누구인가를 정하지는 않는다. 『경국대전』에서는 노비여자-노비남자, 노비여자-양민남자의 경우 그 소생은 어미를 따른다. 즉 어미의 주인이 그 소생의 주인이 되도록 규정하고 있다. 노비남자-양민여자의 경우 그 소생의 주인은 남자노비 소유자가 된다.

71  "지주들은 농장으로 투탁해 온 양인들과 자신들의 노비를 혼인시켜 노처와 비부를 양산했다. 양반들은 일종의 압량위천 행위라고 할 수 있는 양천교혼을 적극 권장했다. 자식들에게 양천교혼을 독려한 노비가 있을 경우 방역시켜주는 것에 더하여 … 심지어 … 전답을 나누어주기도 했다. … 양천교혼을 적극적으로 권장한 다음 일천즉천의 원칙을

노비가 양인 남자와 결혼하고, 남자 노비가 양인 여자와 혼인하여 낳은 자식들은 소유주의 노비가 되어 재산을 증식시키게 되는데, 만약 주인이 동일한 노와 비가 혼인하게 되면 그 증식의 속도는 반으로 줄어들게 되는 것이다. 조선의 양반들은 자기 소유의 노와 비가 혼인하는 것을 금하고 심지어 처벌하였다고 한다. 사노비의 증가는 의식적인 제도선택과 그러한 제도가 제공하는 인센티브의 결과였던 것이다. 사노비의 압도적 다수는 외거납공 사노비가 되어 지배층인 사대부에 신공을 바쳤다.

생산대중의 상당부분을 납공사노비로 만드는 것이 조선국가와 그 지배연합의 경제적 기반을 제공하는 유일한 방법이었을까? 납공사노비가 없는 조선 국가의 모습은 어떠하였을까? 국가지배체제의 제 측면들은 서로 연결되어 있으므로 한 요소를 변화시키면서 다른 요소들을 그대로 유지하는 것은 불가능했을 것이다. 100만을 훨씬 넘었을 납공사노비가 없는 조선 초기 국가는 어떠한 모습이었을까를 상상하는 것은 쉽지 않다. 그러나 군사적·봉건제적 국가조직화 방식이 고려되지 않고, 또 상업을 통한 국부의 축적이나, 노동시장을 통한 노동력의 확보가 어려운 조선 초기의 상황이 문민적 지배층으로 하여금 사노비를 절실히 필요하게 했던 배경이었음은 분명하다. 대부분의 사노비들을 양민으로 전환시키고 그들로부터 거두어들인 조세를 국가가 배분함으로써 지배층의 경제를 뒷받침하는 방법을 생각해 볼 수 있겠다. 이러한 방법은 국가조직 그 자체의 재정을 강화하기 위해서도 유력한 방법이다. 그러나 이 대안은 과전을 통해 수조권을 배분하는 것만큼이나 행정적인 거래비용이 크고, 지배층 간의 분쟁을 야기할 위험도 크

적용하여 그 자식들을 노비로 만들었다."(김건태 2004, 24~25)

다. 그 가능성 여부를 판단하는 것은 어려우나, 분명한 것은 조선 초기 국가에서 그러한 방법이 진지하게 고려되지 않았다는 점이다.

## VI. 결어

본 논문은 왜 조선 초기에 선진적인 토지사유제와 후진적인 노비제가 동시에 수립되었는가 그리고 왜 조선 초기 국가는 건국의 공약에 반해 그러한 제도들을 수립시켰는가라는 질문에 대한 답을 전근대국가의 지배체제 수립이라는 관점에서 시도하였다. 조선 건국세력은 과전제와 양천제를 바탕으로 문민적 중앙집권을 시도하였다. 그러나 과전제는 증가하는 사대부층을 경제적으로 뒷받침하지 못하였으며 그 실행과정에서 국가가 감당하기 힘든 거래비용을 발생시켰다. 노비의 수를 줄이고자 하는 건국 초기의 정책들은 확장하는 국가기관과 사대부층을 위한 노동과 재정의 확보에 상당한 곤란을 초래하였다. 토지사유제와 일천즉천의 노비제는 과전제와 양천제를 대신하는 국가지배체제로 선택되었으며 시장경제의 미발달과 제한적인 국가행정력에도 불구하고 문민적 중앙집권을 가능케 하였다.

　토지사유제는 양반의 대규모 토지소유, 특히 개간과 토지매득을 매개로 한 농장의 확산을 통해 높은 거래비용을 초래하지 않고 토지가 영지화되는 것을 막으면서 사대부의 경제적 기반을 마련하는 데 기여하였다. 노비인구를 증가시키는 일천즉천의 신분세습 규정은 확장하는 국가 기관들과 증가하는 사대부층을 위한 노동력과 재정을 제공하였다. 조선 초기의 노비제는 노예와 농노에서 인두세를 지배층 개인에게 납부하는 농민에 이르기까지 다양한 형태의 예속적 노동을 포괄하는 제도였다. 공노비들은 국가기관이 필요로 했던 노동력과 재정을 비시장적인 방식으로 제공하였다. 납공사노비는 국가 수용권(收庸權)의 일부를 지배층 개인에게 세습과 매매가 가능한 방식으로 배분한 결과로 성립하였다. 사노비의 납공은 인두세화한 국가에 대한 용(庸)의 의무가 지배층 개인에 대한 의무로 변질된 것이다. 지배층은 납공사노비의 신공으로 사유토지로부터의 수입을 보충하였다.

토지사유제와 노비제는 봉건제나 수조제와 대비되는 사유제(私有制)적 특성을 지니고 있다. 노스 등(2009)은 낮은 수준의 자연국가(basic natural state)에서는 정치권력의 필요에 따라 지배층 내에 자원의 재배분이 이루어진다고 하였다. 이에 비하면 사유제는 비인격적(impersonal) 규칙에 따른 자원의 재배분을 가능케 한다는 점에서 더 높은 수준의 지배체제라고 할 수 있다. 사유화는 엘리트의 군사화를 막고 국가의 행정적인 부담과 지배연합 내의 갈등을 줄이면서 지배층 개인들의 경제적 기반을 마련하는 방법이었다.

한반도에서 문민적 중앙집권국가는 조선 이전에도 시도되었으나 실현된 적은 없었다. 세계사적으로도 전근대 국가가 문민적 중앙집권의 형태로 조직된 사례는 드물다. 조선 초기 토지사유제와 노비제는 시장경제의 발전이 미미하여 문민 지배층이 재정 수단을 통해서 군사력을 유지하고 군인을 통제하기 어려운 조건에서 중앙집권적 국가를 건설하는 것을 가능케 하였다.

문민적 중앙집권 국가의 건설이라고 하는 목표를 국가지배체제 선택의 제약으로 본다면 조선 초기 토지사유제와 노비제를 대신할 제도적 대안은 무엇이었을까? 그러한 제도적 대안은 과연 가능성의 범위 내에 존재하였을까? 토지의 사유화는 당시의 조건에서 비교적 개연성이 높은 선택이고, 또 역사적으로도 진보적인 측면이 있으므로 크

게 문제시하지 않을 수 있다. 때문에 대규모 노비인구를 전제로 하지
않는 국가지배체제가 가능했을까를 중심으로 논한다.

　　정치적 봉건제는 문민적 중앙집권과 정반대의 대안이다. 봉건제
하에서는 농민의 상당 부분이 농노로 토지에 긴박되어 있으므로 굳이
사고팔 이유도 없고 영지에 결박된 노동을 사고팔 수도 없다. 봉건제
는 사회에 무력을 축적하고 토지와 노동을 지배층에 배분하는 방법으
로서는 효과적이다. 그러나 지배층 간의 무력적 충돌의 위험을 내포하
고 있다. 조선 건국세력은 고려 말에 진행된 토지의 영지화(領地化) 경
향을 경계하였고, 조선 국가체제의 건설을 통해서 이를 성공적으로 제
어하였다.

　　세습 가능하며 분할 불가능한 수조권을 지배층에 광범위하게 배
분하는 것도 하나의 대안으로 상상해 볼 수 있다. 이것은 문민적 지배
와 양립할 수 있고 또 대규모의 노비가 없이도 가능할 수 있다. 그러나
이 방법은 봉건제의 아류(亞流)라고 볼 수 있으며 전근대 국가가 이렇
게 조직된 사례는 없다.

　　수조권의 한시적인 지급 대상을 지배층의 대부분으로 확대하는
것도 고려해 볼 수 있다. 더 많은 토지를 과전으로 설정하고 지배층의
대부분이 수조권을 가질 수 있도록 하는 것이다. 이는 대규모의 노비
인구가 없이 문민적 중앙집권을 이루는 것과 양립 가능한 것으로 보인
다. 그러나 최소한 수만 명은 되어야 할 지배층에 한시적 수조권을 설
정하고 규칙에 따라서 재분급하는 것은 매우 높은 거래비용을 수반할
것이다. 당시에 제한적 수조권마저도 높은 행정비용 때문에 제대로 실
행할 수 없었으며 사대부들 간에 수조권 분쟁이 끊이지 않았다. 한시
적 수조권의 지급 대상을 지배층 전체로 확대하는 것은 현실적이지 않
았을 것으로 보인다.

남는 대안은 국가의 공적수조(公的收組)를 확대하고 시장제도와 계약관계를 활용하는 것이다. 노비를 줄이고 양민을 늘려 국가의 조세 수입을 늘린다. 양민으로부터 거두어들인 세금으로 국가기관의 재정 수요를 충당한다. 관리의 녹봉 수준을 높이고 국가기관의 말단에 고용된 양민들에게도 세금을 재원으로 하여 봉급을 지급한다. 병작계약 (竝作契約)이나 고공(雇工), 즉 고용된 노동으로 사대부의 토지를 경작 한다. 이러한 방향으로의 일정한 발전이 불가능하지는 않았음을 시사 (示唆)하는 몇 가지의 사실들이 있다. 당시 노비인구가 적은 북부지역 에서 고공의 고용이 흔했다. 병작(竝作)제도가 일반화되지는 않았지만 존재했다. 선상대립(選上代立)이라고 하는 유사(類似) 노동시장이 진 화했으며 국가가 관수관급(官收官給)으로 중계하기도 했다.

이를 일반화시킬 수는 없었을까? 아마도 국가는 더 커져야 하고 더 관료화되고 또 더 높은 수준의 행정집행 능력을 가져야 했을 것이 다. 당시 조선의 공사노비제는 피지배 대중의 노동력과 지배층 및 국 가 제 기관의 노동에 대한 요구를 직접 결합시키는 제도였다. 대부분 의 백성은 양민으로 두고, 조세와 공사(公私)의 계약을 통해 노동을 수 취하기 위해서는 더 강한 국가, 더 높은 수준의 시장경제와 화폐경제, 그리고 계약제도에 대한 국가의 뒷받침이 필요했을 것이다. 그 시도의 과정에서 어쩌면 조선의 국가, 사회, 경제 전체가 다른 모습으로 진화 했을 수도 있겠다. 결코 쉬운 대안은 아니었음을 이해할 수 있다. 국가 행정력을 강화하고 화폐경제를 활성화시키고 사대부·국가와 백성 간 에 계약을 통한 거래를 일반화하는 것은 쉽지 않았을 것이다. 게다가 노비를 소유하여 또는 선상대립의 실행과정에서 편리(便利)와 이득을 보고 있던 지배층의 상당한 저항에 직면하였을 것이다.

임진왜란으로 국방 공공재에 대한 수요가 증가했을 때, 또 소농경영과 시장경제가 더 성숙했을 때, 노비 인구는 자연적으로 또는 의식적 제도선택에 의해서 줄어들었다. 그러나 그 감소의 속도는 느렸고 조선 말에 이르기까지 많은 백성들은 노비의 처지에서 고통을 받았다. 노비의 수는 조건의 변화나 제도의 선택에 따라서 변할 수 있는 것이다. 그렇다면 조선 초기부터 노비가 없거나 적은 상태를 제약으로 설정하고 다른 제도들을 그에 적응하게 하는 것은 불가능했을까? 사대부 지배층의 이해관계와 제도의 관행을 뛰어넘는 이념과 상상력, 개혁의 지도력이 필요했을 것이다. 문민적 중앙집권국가를 생산대중의 대다수가 양민의 지위를 가지게 하는 것과 양립시키는 것은 당시의 상황에서 불가능했다고 단정할 수는 없으나 쉽지 않았을 경로이며 결국 선택되지 않은 경로였다.

# 참고문헌

『高麗史』『太祖實錄』『太宗實錄』『世宗實錄』『世祖實錄』『正祖實錄』
『經國大典』『신편한국사』

김건태. 2004. 『조선시대 양반가의 농업경영』. 역사비평사.
김안숙·이호철. 1986. "조선전기의 (朝鮮前期) 농장경영과 노비." 『경영사학』 1, 125-174.
김재호. 2011. "조선왕조 장기지속의 경제적 기원." 『경제학연구』 59(4), 53-117.
朴春植. 1987. "羅末麗初의 食邑에 對한 一考察: 甄萱과 金傅에게 賜給된 楊州와 慶州를
    中心으로." 『사총』 32, 33-96.
박현모. 2018. "세종은 정말 노비 폭증의 원흉인가?" 『주간조선』 2510호.
李景植. 1998. 『朝鮮前期 土地制度 硏究 II: 農業經營과 地主制』. 지식산업사.
_____. 2012. 『韓國中世土地制度史: 朝鮮前期』. 서울대학교 출판문화원.
이병희. 1991. "15세기 토지소유와 농민." 『역사와 현실』 5, 51-69.
李成茂. 1987. "朝鮮初期 奴婢의 從母法과 從父法." 『역사학보』 115, 43-71.
이재룡. 1999. 『조선전기 경제구조 연구』. 숭실대학교 출판부.
李榮薰. 1987. "古文書를 통해 본 朝鮮前期奴婢의 經濟的性格." 『韓國史學』 9.
_____. 1994. "朝鮮佃戶考." 『歷史學報』 142, 77-127.
_____. 1998. "한국사에 있어서 奴婢制의 추이와 성격." 역사학회편, 『노비·농노·노예 -
    隸屬民의 比較史』. 일조각.
_____. 1999. "高麗佃戶考." 『歷史學報』 161, 39-77.
이영훈. 2007. "한국사 연구에서 노비제가 던지는 몇 가지 문제." 『한국사 시민강좌』 40, 144-
    159.
_____. 2010. "제임스 팔래의 노예제사회설 검토." 『한국문화』 52, 339-350.
_____. 2016. 『한국경제사 I: 한국인의 역사적 전개』. 일조각.
_____. 2018a. 『세종은 과연 성군인가』. 백년동안.
_____. 2018b. "박현모 교수의 비판에 답한다." 『주간조선』 2512호.
李榮薰·梁東烋. 1998. "朝鮮 奴婢制와 美國 黑人奴隸制: 比較史的 考察." 『경제논집』 37, 293-
    336.
이헌창. 2015. "조선시대 경지소유권(耕地所有權)의 성장." 『경제사학』 58, 3-52.
_____. 2017. "조선왕조의 정치체제: 절대군주제 (absolutism)." 『경제사학』 65, 215- 272.
_____. 2018. "조선왕조의 통치원리: 민주국가 수립을 위한 정치사적 유산." 『한국정치연구』
    27(1), 69-123.
林承禹. 2003. "朝鮮前期 寺院奴婢의 革去와 처지 변화." 『청람사학』 7, 1-37.
임영정. 1973. "조선초기 공천에 대한 연구-외거노비의 성립을 중심으로." 『사학연구』 23,
    23-60.
임학성. 2013. "조선시대 奴婢制의 推移와 노비의 존재 양태." 『역사민속학』 41, 73-99.

池承鍾. 1995. 『朝鮮前期 奴婢 身分 研究』. 일조각.

崔貞煥. 1982. "朝鮮前期 祿俸制의 整備와 그 變動." 『慶北史學』 5, 33-84.

Barzel, Yoram. 1997. *Economic Analysis of Property Rights.* New York: Cambridge University Press.

Barzel, Yoram, and Edgar Kiser. 1997. "The Development and Decline of Medieval Voting Institutions: A Comparison of England and France." *Economic Inquiry* 35(2): 244-260.

Hilton, Rodney Howard. 1969. *The Decline of Serfdom in Medieval England.* Springer.

Kiser, Edgar, and Yoram Barzel. 1991. "The Origins of Democracy in England." *Rationality and Society* 3(4): 396-422.

North, Douglass C., and Robert Paul Thomas. 19173. *The Rise of the Western World: A New Economic History.* Cambridge University Press.

North, Douglass C., John Joseph Wallis, and Barry R. Weingast. 2009. *Violence and Social Orders: A Conceptual Framework for Interpreting Recorded Human History.* Cambridge University Press.

Olson, Mancur. 1993. "Dictatorship, Democracy, and Development." *American Political Science Review* 87(3): 567-576.

Ostrom, Elinor. 1990. *Governing the Commons: The Evolution of Institutions for Collective Action.* Cambridge, UK: Cambridge University Press.

Patterson, Orlando. 1982. *Slavery and Social Death.* Harvard University Press.

Palais, James B. 1995. "A Search for Korean Uniqueness." *Harvard Journal of Asiatic Studies* 55(2): 409-425.

_____. 1996. *Confucian Statecraft and Korean Institutions: Yu Hyongwon and the Late Choson Dynasty.* University of Washington Press.

Weber, Max. (Guenther Roth and Claus Wittich eds.) 1978. *Economy and Society.* University of Berkeley Press.

Young, Andrew T. 2016. "What Does it Take for a Roving Bandit Settle Down? Theory and an Illustrative History of the Visigoths." *Public Choice* 168: 75-102.

제2장

# 국문학 논쟁을 통해서 본 조선 후기의 국가, 사회, 행위자*

김영민

* 초고를 읽고 서면 논평을 해 준 임종태 선생님, 박진호 선생님, 미래국가론 세미나에서 토론해 준 선생님들, 관련 수업에 참여한 대학원생들 그리고 비공식적인 방식으로 평을 해 준 익명의 독자들께 감사드립니다. 이 논문은 『일본비평』 2018년 여름호에 게재된 원고입니다.

## I. 머리말

조선시대 국가에 대한 학술적 논의는 쉽지 않다. 그 원인은 조선시대 국가에 관련된 경험적 자료의 부족 혹은 그 자료에 대한 접근의 어려움에만 있지 않다. 이질적인 지적 전통에서 진화해 온 국가(the state)라는 개념을 얼마나 무리 없이 조선시대 역사에 적용할 수 있는가 하는 문제 역시 간단하지 않다. 그뿐 아니라 조선시대라는 말이 수백 년에 걸친 긴 역사를 지칭하느니만큼, 어떤 "국가"를 포착하든 그것은 복잡다단한 변화를 겪어왔을 가능성이 높기 때문에, 아마도 상수로 다루기보다는 개념적 변수로 다루는 것이 적합할 것이다.[1]

이러한 어려움 때문인지 조선시대 국가 문제를 명시적으로 다루는 저작조차 국가에 대한 최소한의 조작 정의(operational concept)조차 부여하지 않은 경우가 많다. 이를테면 조선시대 국가의 사회 지배 문제 연구사에서 이정표가 되는 저서인『조선은 지방을 어떻게 지배했는가』는 다음과 같이 서두를 시작한다. "국가의 지방지배를 연구하면서 가장 먼저 부딪치는 문제는 '국가란 무엇인가?'라는 대단히 복잡하고 어려운 질문이다. 그러나 여기에서는 '국가란 무엇인가?'를 둘러싼 다양한 이론적 검토는 일단 뒤로 미루고, 사료에 대한 실증적인 검토를 통해 '국가가 지방을 어떻게 지배하려 하였고 또 실제로 지배하였는가?'라는 정도의 의문에 대한 답을 모색하는 데 그치고자 한다" (한국역사연구회 2000, 13).

이러한 것이 연구 현황이라면, 조선시대 국가론이라는 범박한 담론 단위보다는 상대적으로 통제된 담론으로 범위를 좁혀서 조선시대

---

1    국가를 개념적 변수로 보는 관점에 대해서는 Nettl(1968) 참조.

국가에 대한 이해를 발전시켜 나가는 것이 바람직하다고 판단된다. 근래 국문학계에서 전개된 일련의 논쟁은 다음과 같은 점에서 그러한 통제된 연구담론을 제공하고 있다고 할 수 있다. 국문학자인 김명호, 박희병, 정병설, 류준경 등이 명시적으로 참여하고 있고, 간접적으로는 이윤석, 송호근 등도 연루된 최근의 국문학 논쟁은 다음과 같은 특징을 가지고 있다.

첫째, 복수의 논쟁이 별개로 진행되었으나 조선 후기 국가에 관련해서는 공통된 문제의식을 드러내고 있어서 상호 관련된 연구담론으로서 취급할 수 있다. 논쟁 참여자 대부분이 자신의 입장을 전개하는 과정에서 (자신의 국가와 사회 개념을 정교하게 발전시키지는 않고 있어도) 조선 후기의 국가를 호명하고 있으며, 그 국가의 모습은 상당히 일관된 것이어서 논의를 상대적으로 잘 통제할 수 있다. 그들이 공유하는 조선 국가 이해에 따르면, 조선시대 중앙의 정치권력은 관료기구와 지배이데올로기를 통해서 사회를 통제했고, 군주, 관료, 지배 이데올로기는 긴장 없이 하나의 지배구조를 이루고 있었다.

둘째, 논쟁에 참여하는 이들 대부분이 국문학자들인 만큼 모두 일정한 경험적 자료의 해석으로부터 논의를 시작한다. 동시에 그들은 국문학 작품에 대한 해석에 머무르지 않고 정치학 혹은 사회과학적인 논의를 하겠다고 명시적으로 천명하고 있다. 특히 논쟁의 핵심 당사자인 박희병과 정병설은 그러한 점을 특히 강조한다. 박희병은 이렇게 말한다. "이언진의 미학은 그 본질상 정치학이다." "저 근원적인 미학적이자 정치학적이자 사회학적인 성찰과 상상력." "사회적 의제를 새롭게 추가하고 있다고 할 만한다." "정치학적 견지에서 본다면"(박희병 2009, 34, 42, 150-151, 445). 정병설 역시 "사회과학 쪽에서 먼저 이 부분에 적극적인 의미를 부여했다"고 말하며, 자신의 논의가 국문학에 국한되지 않음을 분명히 한다(정병설 2016, 36).

셋째, 논쟁 참여자들은 자신의 연구의 함의가 다루는 조선 후기 특정 작품이나 문학 현상에 국한되지 않고 조선시대 전체에 걸쳐 있다고 주장한다. "이언진을 경유하면 박지원은 물론이거니와 조선 시대를 보는 새로운 눈을 얻게 된다"(박희병 2009, 8). 앞으로 살펴보겠듯이, 논자들은 종종 조선뿐 아니라 한국이 근대화의 도정으로 어떻게 나아가게 되었는지에 대해서도 논한다. 박희병은 여러 차례 "그것은 저 '근대'로 향한 길일 것이다"와 같은 취지의 발언을 한 바 있고(박희병 2010, 177), 정병설 역시 "조선은 근대 초입에 일본과 서양에 문호를 개방하기 전에 이미 소설을 통해 전국에 서적유통, 정보유통의 고속도로를 깔아놓고 있었다. …20세기 한국이 이룬 급속도의 근대화와 민주화의 동력 가운데, 이런 정보유통의 기반은 결코 무시할 수 없는 중요한 요소라고 할 수 있을 것이다."라고 말한다(정병설 2016, 140).

그렇다면 이 국문학 논쟁은 특정 시기 작품 해석이나 작품 유통에 대한 논의에 그치지 않고, 그러한 구체적인 논의에 기초하면서 한국사 전체에 대해 의견을 나누어 볼 수 있는 드문 기회를 제공한다고 할 수 있다. 그뿐 아니라, 논자들이 문학에서 출발하여 사회사 혹은 정치학까지 언급하니 만큼, 많은 이들이 그 필요성을 역설해온 다학제적 연구가 가능한 논의의 장이기도 하다. 이에 필자는 국문학계 해당 논쟁들을 비판적으로 검토함으로써 조선 후기 국가와 사회, 그리고 그 안을 살아가는 행위자의 이해에 한 발자국 다가가고자 한다. 그 과정에서 논쟁 과정에서 문제가 되었던 이슈들에 구체적으로 개입하지만, 이 글의 궁극적인 목적은 논쟁의 모든 사안을 검토하거나, 논쟁의 어느 한 축을 지지하려는 데 있지 않다. 그보다는, 문학에서 정치에 이르는 또 다른 경로, 보다 구체적으로는 텍스트의 독해에서 조선 후기의 정치적 동학의 이해에 이르는 대안적인 경로를 제안하는 데 있다.


## II. 국문학 논쟁의 구도


### 1. 이언진 논쟁

이언진은 근년에 여항문학과 사행문학에 대한 학계의 관심이 고조되면서 한층 더 주목을 받게 된 조선 후기의 문인이다.[2] 이언진의 문학에 대해서는 여러 학자들이 연구했지만, 그 중 가장 광범위한 연구를 진행한 학자는 해당 주제에 관련하여 두 권의 저서를 출판한 박희병이라고 할 수 있다.[3] 박희병은 특히 이언진의 시집을 유려한 한국어로 번역하여 많은 독자들이 상대적으로 쉽게 이언진의 시세계에 접근할 수 있는 길을 여는 업적을 이루었다. 박희병의 해석에 따르면, 이언진은 조선사회의 계급모순에 대해 첨예한 비판의식을 가지고 있었고, 그러한 비판의식을 백화(白話)가 섞인 혁신적인 시를 통해 표현했으나, 결국 자신의 작품은 시대와 심하게 불화한다고 판단하여 스스로 자신의 작품을 산삭해버린 이단이었다(박희병 2009, 27). 다시 말해서 이언진은 타협적이었던 박지원과는 달리 "문학적 사유 행위를 통해 조선 왕조의 틀을 부정하고 그 바깥으로 나가 버린" 인물이며(박희병 2017, 41) 이언진의 시집은 "우리 고전 시사詩史에서 유례가 없는 이 위대한 시집"이다(박희병 2009, 208). 이러던 차에 김명호가 최근에 "이언진과

---

2    이언진에 대한 연구사는 다음 두 박사논문을 참조하라. 이동순(2010); 서지원(2012). 그밖에 구지현(2011)도 참고가 된다.
3    박희병의 관련 저작으로는, 박희병(2009; 2010)이 있다.

『우상전』"이라는 논문을 통해 박희병의 해석을 정면으로 비판함에 따라 논쟁이 시작되었다. 김명호는 연암평전 집필 과정에서 이언진에 주목하게 되었음을 밝히고, 박지원이 지은 이언진 전기인  우상전 을 통해 박지원과 이언진의 관계를 바라볼 필요가 있음을 제안한다. 그리고 그러한 과정을 통하여 "선행 연구의 성과를 보완하고 나아가 그 한계를 넘어서고자 한다"는 분명한 의지를 천명한다(김명호 2015, 162).

김명호가 파악한 선행 연구의 한계 혹은 문제는 크게 세 가지이다. 첫째, 이른바 요절한 천재 이미지를 통해 이언진의 문학은 과대평가되었다. 둘째, 박희병의 연구에는 이언진 문학을 이해하기 위한 고증 작업이 부족하다. 박희병이 주장한 바와는 달리, 이언진이 시에 도입한 백화에는 혁명적인 의미가 없고, 이언진의 작품을 제대로 이해하려면 백화체보다는 작품이 의존하고 있는 전고를 밝힐 필요가 있다. 셋째, 이언진 문학에 미친 천주교의 영향에 대해 주목할 필요가 있다. 이러한 한계를 극복하고자 김명호는 치밀한 고증작업을 통해 이언진 문학이 과대평가된 부분과 계기를 밝히고, 기존에 이미 알려진 (이른바 "유교," 장자, 그리고) 양명학의 영향뿐 아니라 천주교가 미친 영향까지 상세히 논한다. 그 결과, 계급의식을 보여주는 사례로 거론되어온 이언진 작품의 상당수가 새로이 해석된다. 이를테면 동호거실 15수는 현세를 감옥으로 간주하는 표현을 담고 있기에, 박희병은 세계를 부정적으로 보는 계급적 불만을 보여주는 작품으로 해석했지만, 김명호는 그와 유사한 표현을 이미 담고 있는『천주실의』에서 이언진이 시상(詩想)을 취한 결과에 불과하다고 본다(김명호 2015, 187).

사상사가의 입장에서 보면, 이와 같은 고증 차원의 비판보다 더 흥미로운 것은, 이언진을 반체제적 사유를 펼친 이로 간주해 온 박희병의 해석을 김명호가 정면으로 반박한다는 사실이다. "『수호전』을 패러디

한 시 몇 편을 남겼다고 해서 그를 脫中世的, 反體制的 사상의 소유자로 간주하는 것은 과도한 해석이라 생각된다. 이언진은 출구를 찾지 못한 울분을 그와 같은 戲作으로 풀고자 했을 뿐이다"(김명호 2015, 188). 요 컨대, 이언진이 자신을 둘러싼 현실에 어떤 불만을 가지고 있었음은 분명하지만, 그 불만을 문재(文才)를 통해 표출하는 데 그쳤을 뿐, (박 지원의 『우상전』이 그렇게 평가한 것처럼) 기성 질서를 벗어나거나 기 성 질서와 대결할 만한 대단한 문인은 아니었다는 것이다. 김명호의 고증에 따르면, 박희병이 "조선 시대를 떠받치는 이념의 근간을 뒤흔 드는 발언"(박희병 2010, 185) 등으로 평가한 이언진의 언술들은 반체 제적이거나 혁신적이라기보다는, 대개 이미 존재하는 표현들을 차용 한 결과에 불과하다. 그리고 이언진이 스스로 삭제하고자 한 자신의 작품들도 불온하다고 여겨서 그러한 것이 아니라 "白話體 표현이 과다 해서 戲作에 가깝고 시로서 예술성이 부족하다고 보아" 그렇게 한 것 이다(김명호 2015, 188).

이와 같은 박희병과 김명호의 입장 차이가 가장 극명하게 드러나는 것 은 호동거실 제62수 해석에서이다. 박희병은 그 시를 "체제에 대한 부 정, 체제와의 투쟁으로 나아가야 한다는 주장을 사회의 가장 밑바닥 에 있는 천민인 노예를 내세워 펼친 것으로 볼 수 있다"(박희병 2010, 212)고 해석한 반면, 김명호는 "여항의 일개 거지를 온정적으로 노래 한 시를 지은 것이지, 반체제적인 불온한 시를 지은 것이 아니라고" 해석한다(김명호 2015, 189). 따라서 김명호가 보기에 양반사대부인 박지원과 중인 역관인 이언진이 바라보는 여항 세계에 대한 관점은 크 게 다르지 않다. "이언진과 박지원의 문학은 여항인들을 매우 온정적 인 시선으로 묘사하고 있는 점에서도 공통된다"(김명호 2015, 191).

이와 같은 김명호의 주장에 대해 박희병은 "『호동거실』의 반체제성"

이라는 논문에서 조목조목 재반박을 시도한다. 자신이 김명호가 제공한 고증과 해석에 왜 동의할 수 없는지를 상세히 밝힌 뒤, "필자의 종전 견해는 의연히 정당성을 갖는다고 할 것이다."라고 선언한다(박희병 2017, 87). 박희병의 반론에 따르면, 박지원의 『우상전』은 김명호가 생각하는 것만큼 훌륭한 작품이 아니며, 이언진은 박지원과 유사한 부류의 문인이 아니라, 근본적으로 반체세적이기에 박지원과 같은 세계에 속할 수 없다. 여기에서 한 걸음 더 나아가 박희병은 (김명호를 포함하는) 기존 조선시대 한문학연구 경향 전반을 문제 삼는다. 박희병에 따르면, 기존 조선시대 한문학 연구는 서얼, 중인, 서민의 문학을 내려다보는 사대부중심주의에 침윤되어 있으며, "고전문학 연구를 골동 연구로 전락"시키고 있을 뿐, "현재와 미래의 삶을 위한 고민"과 유리되어 있기에 "통절한 반성이 필요하다"(박희병 2017, 맺음말).[4]

## 2. 한글소설 유통 논쟁

근년에 정병설은 『조선 시대 소설의 생산과 유통』이라는 흥미로운 저서를 통해, 고전문학 작품 해석을 넘어, 조선 후기 인구통계, 문해율, 상업출판물의 가격, 소설의 내용, 소설의 생산과 소비, 전통과 근대화의 관계, 조선시대 국가성격 등 다양한 쟁점에 대한 자신의 견해를 과감하게 개진하였다(정병설 2016). 그 내용은 대략 다음과 같이 요약될 수 있다. 조선 후기 한글 소설은, 내용상 국가의 엄혹한 사상통제로 인해 천편일률적으로 "유교 지배이념"을 반영한 반면, 그 유통이라는

---

4    즉 김명호의 논문은 기존에 여러 저작을 통해 전개되어 온 박희병의 연구에 대한 비판이며, 박희병의 반론 역시 김명호의 과거 연암 연구뿐 아니라 출간을 예정하고 있는 연암 연구에 대한 사전 비판의 성격이 짙다.

점에서는 18~19세기에 이르러 전국적으로 소설이 수십만 권이 유통
되는 혁명적인 양상을 보여주었다. 그 결과, "소설을 통해 전국이 하
나의 지식망, 하나의 정보망으로 엮이면서 이념과 사상이 뿌리내"렸
고, 그 네트워크는 한국 근대화의 유통 인프라로서 작용하였다(정병설
2016, 39).[5]

이와 같은 정병설의 주장은 명시적으로는 송호근의 사회사 연구
를 비판하고, 묵시적으로는 이윤석의 선행 연구에 이견을 제시하는 것
이었다(송호근 2011; 이윤석 2016). 정병설에 따르면, 송호근은 『인민
의 탄생』에서 한글 소설 유통의 사회사적 의미에 주목하는 데는 성공
했으나, 전반적으로 그 의미를 과소평가하는 오류를 범했다. 특히, 송
호근은 조선 후기 한글 소설이 국지적으로만 유통되는 데 그쳤고 담론
장의 양적 수준이 낮았다고 보았으나, 사실 한글 소설은 전국적으로
유통되었으며, 담론장의 양적 수준은 결코 낮지 않았다고 정병설은 주
장한다. 그러한 정병설의 주장은 불과 몇 개월 전에 출간된 이윤석의
다음과 같은 연구결과와 정면으로 충돌하는 것이다.

"세책과 방각본으로 읽히던 춘향전은 1912년 이해조가 개작한 옥중화
가 나옴으로써 비로소 전국적으로 읽히는 소설이 된다. 고소설 유통의
중심에는 조선시대 상업출판물 제작자인 세책업자와 방각업자가 있다.
이들은 다양한 버전의 〈춘향전〉을 만들어서 이를 빌려주고 판매했으나,
세책과 방각본 시장이 서울과 전주 그리고 안성에 한정되었으므로, 세
군데 이외의 다른 지역까지 춘향전이 읽힌 것은 아니다. 물론 한두 권
의 소설이 다른 지역에서 읽힐 수는 있었겠지만, 전국적으로 유통된 것

---

5  그리고 정병설은 그러한 유통 인프라가 사전에 존재하지 않았다면, 1913년에 176명의
   행상이 30여 권의 기독교 서적을 판매하는 일 같은 것은 일어날 수 없다고 본다.

은 아니다. 고소설의 전국적 유통은 인쇄기술의 변화, 철도의 개통, 신
문의 판매 등과 관련이 있다…조선시대에 세책집은 서울에만 있었으므
로 서울 이외의 지역 사람들은 세책을 볼 수 없었고, 방각본도 간행지
역에서 멀리 떨어진 곳까지 유통된 것은 아니었다."(이윤석 2016, 168-
169)[6]

즉 한글 소설의 전국적인 유통은 조선 후기가 아니라 20세기에 들
어와서 비로소 가능해진 일이라고 이윤석은 주장한다. 그런데, 정병설
의 저서가 출간된 뒤에, 정병설의 주장을 명시적으로 비판한 것은 이
윤석이 아니라 류준경이다. "조선시대 소설유통의 '혁명성'"이라는 글
에 담긴 류준경의 비판은 한글 소설의 유통에 대한 것과 한글 소설의
내용에 대한 것으로 대별할 수 있다(류준경 2017).

첫째, 조선 후기 한글 소설의 유통은 혁명적인 수준에 도달하지
못했다. 류준경이 보기에, 정병설 주장의 가장 큰 난점은 뒷받침할 만
한 구체적인 자료의 부족에 있다. 소설의 혁신적인 유통을 증명하는
당대인의 기록도 적고, 장시 유통 물품에도 소설은 기록되어 있지 않
고, 정병설이 적극적으로 활용하는 규장각 소장의 「언문책목록」 역시
세책집의 대출목록으로 간주하기 어렵다. 이러한 자료의 한계는 정병
설의 주장의 설득력을 떨어뜨린다(류준경 2017, 498, 500, 506). 그리
고 류준경은 문해인구의 통계, 문맹률의 분포 등에 대해서도 정병설
과는 다른 견해를 제출한다. 본 논문의 목적에 비추어 보았을 때, 이와
같은 비판보다 흥미로운 것은, 한글 소설 내용에 관한 류준경의 비판

---

6    "1912년…활판본 고소설의 간행으로 고소설은 비로소 처음으로 전국적으로 읽히게 된
다."(이윤석 2016, 142): "공식적으로 민간의 상업출판에 대한 정부의 검열은 없었던 것
으로 보인다."(이윤석 2016, 44)

이다. 서적 출판과 정치권력 간의 관계에 관한 정병설의 주장에 분명한 이견을 제시하기 때문이다.

> "조선 후기 유교이념의 강화는 국가의 억압적 사상 통제만으로 나타난 현상이 아니다. 억압적인 통제에 따라 유교이념이 강화된 것만이 아니라 한편으로 전반적인 사회적 분위기 역시 유교이념을 강력한 사회이념으로 받아들였다…조선 후기에 들면 "유교적 이념"은 누구나 지향하는 사회적 가치와 같은 기능을 했다. "양반"으로 대표되는 유교적 가치는 누구나 바라는 사회적 자본과 같은 것이었다. 모두 유교를 중시하면서 그것을 하나의 사회적 자본으로 느낀 것이다. 실질적인 양반의 지위를 획득할 수는 없으나 관직을 사거나, 호적에 유학(儒學)으로 기재하거나, 혹은 족보에 이름을 올리려 노력한 것 등은 모두가 양반이라는 사회적 기호(자본)를 향유하고자 노력한 사례로 이해할 수 있다. 결국 고전소설의 내용이 유교적 지배이념에서 한 발짝도 벗어나지 못한 것은 검열을 둘 필요도 없었던 엄혹한 정치현실 때문이라기보다 유교적 지배 이념을 사회적 가치로 이해하고 '향유'하려던 당대 사회의 특징으로 이해하는 것이 더욱 타당하리라고 본다.(류준경 2017, 508)[7]

요컨대 한글 소설의 내용이 "유교적 지배이념에서 한 발짝도 벗어나지 못한 것"으로 보는 점에서는 정병설과 류준경의 견해가 일치하지만, 그렇게 된 원인에 대해서는 견해가 명확히 다르다. 조선 후기에는 신분상승을 위해 "유교"를 이용하고자 하는 흐름이 있었다고 주장한 미야지마 히로시, 권내현 등 사회사 연구자들의 견해에 류준경은

---

7    인용문에 나온 儒學이라는 표기는 인용된 원문을 그대로 살리기 위해 둔 것이다. 맥락상 儒學은 幼學으로 바뀌어야 할 것이다.

동의하는 것처럼 보인다(미야지미 히로시 2014; 권내현 2012). 한글 소설에서 보이는 "유교" 이념의 확산은 그러한 자발성에 기초한 것이지 국가의 이념통제에 원인이 있는 것이 아니다. 따라서 "출판이 융성하지 못하고, 소설의 내용이 유교적 이념을 벗어나지 못하는 것을 전제 왕조 체제의 억압적 사상통제라고 이해하기는 어려울 듯하다"(류준경 2017, 4).


## III. 국문학 논쟁 속의 국가론

별도로 진행된 이 논쟁들은 문학사 연구의 차원에서도 흥미롭지만, 본 논문의 목적 하에서는 경쟁하는 해석들이 상당히 유사한 국가론을 천명하고 있다는 면에서 더욱 흥미롭다. 그들이 지지하는 국가론을 비판하기에 앞서 그들이 공유하고 있는 국가론을 재구성해보기로 하자.

> "이것이 영조의 정치였고, 그것이 가능한 것이 조선의 정치였다. 최소한의 유교적 이념만 지키면 다른 것은 모두 용납되는, 사실상 군주의 전제적 독재가 이루어지는 국가였다…어떤 것이 어떤 이유로 어떤 처벌을 받을지 알 수 없는 불확실하고 불투명한 사회가 조선이었다."(정병설 2016, 84)

정병설의 저서에는 위와 유사한 언명이 많은데, 그 함의는 다음과 같이 분석할 수 있다. 첫째, 영조의 "전제적" 정치는 조선 정치사의 예외적 사례가 아니라 일반적인 특징과 관련하여 설명할 수 있는 현상이다. 둘째, "유교"는 군주의 "전제적 독재"를 지원하거나 용인하는 정치 이데올로기이다. 셋째, 조선의 규범은 공적 의지를 일관되게 실현하는 기능을 한다기보다, 그 모호성으로 인해 자의적인 권력행사를 허용하는 기능을 한다. 세 번째 함의는 검열제도와도 관련이 있다. 검열에 관한 엄격한 법 조항이 존재했기 때문이 아니라 부재했기 때문에 보다 강한 사상 통제가 이루어졌다고 정병설은 주장하고 있기 때문이다. 그렇다면 왜 검열제도는 존재하지 않았나? 정병설에 따르면, 이미 정치 환경이 너무 전제적이어서, 검열제도 자체가 불필요했다. "조선에서 개인 저술과 함께 출판까지 위축된 것은 검열 제도조차 둘 필요를 느끼지 못한 엄혹한 정치 환경 때문이다"(정병설 2016, 137).

이러한 정병설의 조선정치권력 이해는 기존 동양전제주의론의 일종으로 보인다.[8] 주지하다시피, 군주의 절대적 권력, 그것을 지원하는 "유교," 그리고 법에 제약받지 않는 자의적 권력행사라는 것들은 동양전제주의를 구성하는 요소들이다. "어떤 지식이 유용한 지식인지 위험한 지식인지에 대한 명확한 기준을 가지고 지식과 사상을 통제하지도 않으면서, 잘 유통되고 있던 책을 졸지에 위험한 것으로 만들어 극형을 가했다. 그 최종 결정자는 임금이었고, 판단 기준은 지배이념인 유교였다"(정병설 2016, 94). 이러한 전제국가로서의 조선의 정치권력 이해는, 정도의 차이는 있을지언정 정병설과 경쟁적인 주장을 내놓은 이윤석이나 송호근 역시 공유하는 것이다. 그들의 조선 국가 묘사는 일정한 가족 유사성(family resemblance)을 보여준다. 먼저 송호근의 조선 국가 묘사를 살펴보자.

"정부가 시장 형성을 억제해 온 사회, 그것도 19세기 중반에 이르기까

---

8    광의의 동양전제주의론에 대해서는 Curtis(2009) 참조.

지 억상책을 조금도 바꾸지 않았던 사회에서 이 장의 주제인 문학과 예능의 소비 시장이 확산될 리가 없다."(송호근 2011, 335-336)

"조선의 시장 통치 양식은 '관료제적 통제(bureaucratic control)'에서 한치도 벗어나지 않았다… 상업의 확대와 시장 발달에 따라 관료제적 통제를 조금씩 완화해가는 것이 조선 정부의 대응 정책이었다. 그러나 관료제적 통제를 완전히 소멸시키고 다른 원리로 대체한 것은 아니었다. 조선 정부는 관료제적 통제 외에 다른 수단을 창안할 생각이 없었으며, 조정의 능력이 회복되면 다시 그것을 강화할 생각을 갖고 있었던 것으로 보인다. 19세기 후반 고종이…'관료제적 통제'를 강화하려 했던 것이 그것을 입증한다. 관료제적 통제의 결과는 시장의 부재 혹은 시장의 저발전이었다."(송호근 2011, 333-334)

"18세기 초부터 한양에서 성행했던 세책업이 전주 지역 외에 다른 지역에 널리 확산되지 않았던 것도 시장 억제 정책 때문이었고, 상행위를 통한 이윤 추구를 비윤리적이고 타락한 행위로 간주했던 조선 특유의 유교 이념 때문이었다."(송호근 2011, 327)

첫 번째 인용문은 조선의 국가가 문학과 예능의 소비시장의 확산을 저지시킬 정도의 강한 억지력을 가지고 있었다는 주장을 담고 있다. 그리고 두 번째 인용문은 그러한 국가의 힘은 관료제적 통제 이외의 형태를 띤 적이 없기 때문에, 시기에 따라 그 통제력의 부침은 있었을지언정 국가 성격은 변한 적이 없다는 주장을 담고 있다. 세 번째 인용문은 그러한 국가의 힘은 이윤추구를 비윤리적인인 것으로 간주한 "조선 특유의 유교 이념"에 힘입어 더 강화되었음을 암시하고 있다.

그렇다면 이윤석은 조선의 국가를 어떻게 보고 있는가?

> "조선은 다른 어떤 나라보다도 정치중심의 획일적 사회였다. 중앙집권
> 적 정치구조 속에서 성리학의 이데올로기가 무차별적으로 관철되는 사
> 회가 갖는 경직성은 같은 시기 다른 나라에서는 찾아보기 어려운 것이
> 다."(이윤석 2016, 292)

이윤석 역시 조선을 중앙집권적인 정치구조로부터 벗어나기 어려
운 억압적인 공동체로 간주하고 있다. 그리고 "성리학의 이데올로기
가 무차별적으로 관철되는 사회"라는 표현은 국가의 지원을 받는 성
리학 이데올로기가 사회 기저부까지 강제력을 발휘하고 있음을 시사
하고 있다. 그리고 기층 민중이 신봉한 무속과 같은 것은 그러한 성리
학 이데올로기와 대척점에 있는 것으로 간주되고 있다. 비록 전제국가
라는 말을 쓰고 있지는 않지만 "무능한 지배층과 부패한 관리가 백성
의 삶을 짓밟고 있는 상황"이라는 표현은 정병설이 전제국가라는 표현
을 통해 묘사한 상황과 크게 다르지 않다. 그렇다면 별개의 논쟁의 지
형에 속해 있던 박희병은 어떤 국가론을 가지고 있는가?

> "'교룡'은 악덕 관리와 도저히 비교할 수 없을 정도로 지고지엄한 위치
> 에서 변화막측變化莫測의 권능을 행사하면서 백성을 수탈하고 착취하는
> 존재일 터이다. 이런 존재가 과연 누굴까. 국왕 말고는 달리 없다. 그렇
> 다면 이 시는 조선이라는 체제가 취하고 있던 수탈구조=지배구조 자
> 체를 정면으로 저주하며 부정하고 있다고 할 수 있을 터이다."(박희병
> 2009, 352-353)

위 인용문은 비록 사회과학적 용어를 써서 조선의 국가를 묘사하고 있지는 않다. 그러나 조선 국가의 특징을, 전제적인 권력을 휘두르는 국왕을 정점으로 하고, 그 정점에 저항하기는커녕 일조하고 있는 관리들로 이루어진 정치권력이 사회를 착취하고 있는 것으로 파악하고 있음은 분명하다.

이처럼 논자마다 묘사하거나 설명하는 방식은 달라도 진제적인 군주가 관료제와 결합하고, 그들이 "유교" 혹은 "성리학"이라고 부른 정치 이데올로기를 활용하여 사회를 억압하고 수탈하고 있는 것으로 조선의 국가를 이해하고 있다는 점에서는 공통점이 있다. 그런데 이들의 국가론이, 각기 조선 국가에 대한 독자적인 연구를 거쳐서 도달한 공통된 결론이라고 보기는 어렵다. 논자의 누구도 조선시대 국가에 대한 전문적인 연구를 수행하지 않았을 뿐 아니라, 관련된 연구사에 대한 입장을 제시한 바도 없기 때문이다. 아마도 그들이 주장하는 전제국가론 혹은 그와 유사한 관료국가론은, 그간 한국의 학술담론에서 전해 내려온 국가론의 한 자락을 이어받은 것일 가능성이 크다.[9]

## IV. 경험 연구의 재검토

그러면 이상에서 재구성한 국문학 논쟁의 중요 쟁점들과 국가론을 비판적으로 분석해보기로 하자. 먼저 그간 특히 논란이 되었던 작품의 재해석을 시도해본다. 특히, 이언진의 백화 사용은 그간 충분히 주목을 받은 만큼, 이언진의 작품 이해를 위해서 백화 못지않게 핵심적인

---

9　한국학술담론상의 전제주의 국가론에 대해서는 이헌창, "조선왕조의 정치체제와 통치원리"(미출간 원고)를 참조하라.

"경전의 전고"가 갖는 함의를 음미해보도록 하겠다. 그리고 그러한 재해석에 기초하여 대안적인 국가-사회관계 이해에 도달할 수 있는지 탐색해보도록 하겠다.

## 1. 이언진 관련 논쟁에서 문학작품의 재해석

| | |
|---|---|
| 재주는 관한경(關漢卿) 같으면 됐지 | 才則如關漢卿, |
| 사마천, 반고, 두보, 이백이 될 건 없지. | 不必遷固甫白. |
| 글은 수호전을 읽으면 됐지 | 文則讀水滸傳, |
| 시경서경중용대학을 읽을 건 없지. | 何須詩書庸學.(박희병 2009, 229) |

박희병에 따르면, "조선이라는 국가 체제는 사회적 · 정치적 · 이념적 · 문화적으로 유교 경전에 기초해" 있다. 그리고 위에서 인용한 제82수의 시는 바로 "반체제적인 내용이 포함되어 있는" 수호전을 읽으라고 권면함을 통해, 이언진이 "체제의 외부, 정전의 외부에서 진리를 인식하고" 있음을 나타낸다.[10] 그러한 "'외부성'의 사유야말로 이언진 진리인식의 핵심이다. 그 속에는 놀라운 혁명성이 깃들어 있다"(박희병 2010, 185). 요컨대, 82수의 시는 반체제성과 혁명성을 특징으로 하는 이언진의 세계를 극명하게 드러내고 있다.

그러나 김명호의 견해는 다르다. "제82수에서 수호전을 칭송한 말에 대해 '조선 시대를 떠받치는 이념의 근간을 뒤흔드는 발언'(나는 골목 길 부처다, 185면)이라고 했으나, 이는 김성탄이 第五才子書水滸傳 권1, 「序3」에서 한 말을 인용한 데 불과하다"(김명호 2015, 56). 즉, 기

---

10 수호전이 조선시대에 미친 영향에 대해서는 유춘동(2014)을 참조하라.

존의 전고를 활용한 데 불과한 시에 박희병이 무리하게 의미부여를 하고 있다고 김명호는 비판한다. 해당 작품의 전고를 밝혀냄을 통해 박희병의 해석이 그릇되거나 과도함을 비판하고자 하는 김명호의 일관된 입장을 여기서 다시 한번 확인할 수 있다.

　재반론에 나선 박희병은 이언진이 중국 명말청초의 문인 김성탄(金聖嘆)의 말을 인용했다는 사실은 인정한다. 그러나 박희병이 보기에, 그러한 전고의 존재는 이언진이 김성탄의 생각을 반복하고 있음을 뜻하지는 않는다. 각 발화의 맥락을 살펴볼 때, 김성탄은 수호전에서 배울 것 없다는 취지의 발언을 한 것인 반면, 이언진은 수호전으로부터 배울 것이 있다는 취지의 발언을 한 것이므로, 양자 간에는 큰 차이가 있다고 역설한다. 결국 박희병의 변함없는 입장은 다음과 같은 발언으로 요약 가능하다. "(이언진은) 정전과 비(非)정전을 맞세운 다음, 비정전 쪽을 옹호하고 있는 것이다. 자각적·의도적으로 정전 바깥의 진리성을 호출하고 있다고 말할 수 있을 터이다…정전 외부를 사유하고 정전 외부에서 진리를 발견함으로써 진리를 둘러싼 첨예한 전선이 형성되면서 심각한 투쟁이 벌어지기 시작한 것이다"(박희병 2010, 185).

　이와 같은 논쟁을 박희병의 언어를 빌려 정리해보자면, 김명호는 이언진의 세계가 경전의 "내부"에 있다고 보는 반면, 박희병은 경전의 "외부"에 있다고 보고 있다. 과연 이언진의 세계는 경전 혹은 경전이 뒷받침하고 있는 기성 지배 질서의 내부에 있는 것일까, 외부에 있는 것일까? 이 질문에 대답하기 위하여, 문제가 된 김성탄의 「서3」의 내용으로 가보자. 김성탄은 수호전과 사서를 비교하기 위해 먼저 사서에 대한 자신의 경험을 다음과 같이 이야기한다.

내 나이 10세가 되어 향숙에 들어가 해오던 방식대로 대학, 중용, 논어, 맹자 등의 책을 읽었으나, 정신이 멍했다.(吾年十歲方入鄕塾, 隨例讀大學中庸論語孟子, 意惛如也.)(金聖嘆 1985, 8)

이언진의 시 제82수와 위 인용문이 갖는 가장 명시적인 차이는, 김성탄은 사서(四書) 전체를 거론하고 있는 반면, 이언진은 김성탄이 거론하고 있는 경전 중에서 논어와 맹자를 빼고 있다는 사실이다. 박희병과 김명호가 이 사실을 거론하고 있지 않다는 것은 아마도 그들은 모두 대학과 중용이 사서 전체를 대표하고 있다고 보기 때문일 것이다. 그러나 필자가 보기에 이언진이 시 제82수에서 논어와 맹자를 제외하고 있는 것이 단순히 우연이나 운율상의 문제가 아니며, 경전에 대한 이언진 특유의 자세를 보여주는 증거이다. 즉 이언진은 경전 전체를 부정하거나 혹은 긍정하고자 한 것이 아니라, "선택적으로" 활용하고자 한다. 시 제82수는 문장에 관련된 것일 뿐, 경전 체계 전반을 논하는 것이 아니다. 이언진이 취하는 "선택적" 입장은 다음과 같은 이상황(李相璜, 1763~1841)의 시와 비교해보아도 알 수 있다.

文章誰最百家宗 문장 가운데 무엇이 백가(百家)의 으뜸인가
易禮書詩與孟庸 역, 예기, 서, 시와 맹자, 중용이라.(무악고소설자료연구회 2001b, 323)

즉 이언진은 경우에 따라 "역, 예기, 서, 시와 맹자, 중용을 읽을 건 없지"라고 말할 수도 있었겠지만, "시경서경중용대학을 읽을 건 없지, 何須詩書庸學"라고 일부러 말한 것이다. 여기에 논어나 맹자와 같은 경전은 빠져 있다. 실로 이언진은 논어 혹은 공자나 맹자로 대표되

는 "유교적" 상징을 부정한 적이 없다.[11] 이를테면, 일본통신사행에 참여하여 발표한 글들에서 "유교대신 불교를 신봉하는 일본인들을 중천에 뜬 해를 보지 못하는 장님"이라고 비난하였고(김명호 2015, 181), "나는 가함도 없고 불가함도 없으나 원하는 건 공자를 배우는 거라네"(吾無可無不可, 乃所願學仲尼)라고 말했다(박희병 2009, 316). 특히 맹자는 그가 경도된 양명학의 이론적 근거이기 때문에 자신의 시작(詩作)에서 매우 적극적으로 활용되고 있기조차 하다.[12] 이것은 곧 경전이 이언진에게 전면적인 부정이나 긍정의 대상이 아니라 선택과 전유(appropriation)의 대상이었음을 말해준다. 이언진은 경전(혹은 경전이 지탱하고 있는 기존 지배 질서)의 외부에서 사유하거나 내부에서 사유하는 것이 아니라, 경전을 "경유해서"(through) 사유한다.

이 점을 염두에 두면서 박희병이 이언진의 반사회성과 사대부 위정자들에 대한 혹독한 야유를 표현하고 있다고 간주한 시를 예로 들어 좀 더 살펴보자.

> 욕하거나 깔보면 받지 않으니
> 거지에게도 자존심이 있다.
> 대의에 맞게 훔쳐 공평하게 나누니
> 도둑에게도 어짊과 지혜가 있다.
> 呼不受蹴不食, 丐子豈無廉恥
> 取必宜分必均, 偸兒亦有仁智.

박희병의 해석에 따르면 위 시의 내용은 사회 하층민인 거지를 다

---

11    이언진의 공자, 혹은 "유교"에 관한 언급으로는 박희병(2009, 263, 306, 316-317) 참조.
12    예컨대, 박희병(2009) 87쪽에서 시 19, 104쪽에서 시 25.

루는 제1, 2구와 반사회적 존재인 도둑을 다루는 (그리하여 간접적으로 사대부 위정자를 다루는) 제3, 4구로 대별된다(박희병 2009, 96-97). 그에 따르면, 제1, 2구는 거지들에게도 부끄러움과 자존심이 있으니 그들을 무시하거나 모멸하지 말고 예의를 지켜야 한다는 주장을 담고 있다. 제3, 4구는 도둑조차도 대의에 맞게 도적질을 하여 장물을 공평하게 나눈다고 말하여, 대조적으로 공평하게 나누지 않는 당대의 사대부들을 야유하고 비판하는 내용을 담고 있다. 이와 같은 해석은 이언진이 하층민과 공감하고 사대부위정자들을 비판해왔다는 박희병의 호동 거실 일반에 대한 해석과 궤를 같이 하는 것이다.

그런데 이와 같은 해석을 제시하는 과정에서 박희병은 위 시의 의미망을 구성하는 전거를 제공하지 않을 뿐 아니라, 시에서 언급하지 않고 있는 사대부위정자라는 주제를 외삽하고 있다는 점에서, 박희병의 해석은 재고의 여지가 있다.[13] 필자가 보기에 위 시는 이언진이 맹자라는 경전을 "경유해서" 사유한 예 중의 하나이다.[14] 필자기 보기에, 위 시를 구성하고 있는 표현들은 거의 전적으로 맹자의 관련 전거들에 의존하고 있다. 그러기에 독자는 그 전거들이 모여서 만드는 의미의 연결망을 충분히 고려해야만 비로소 시가 전달하는 취지에 접근할 수 있다고 생각한다. 먼저 제1, 2구를 이해하기 위해서 아래와 같은 맹자의 관련 구절을 살펴보자.

맹자가 말했다: 물고기도 내가 원하는 바이고, 곰발바닥도 내가 원하는 바인데, 두 가지를 같이 얻을 수 없으면 물고기를 포기하고 곰발바닥을 취하겠다. 삶도 내가 원하는 바이고, 義도 내가 원하는 바인데, 두 가지

---

13  김명호는 이 시를 토론하지 않는다.
14  그 밖의 예로는, 시 no.25를 보라.

를 같이 얻을 수 없으면 삶을 포기하고 義를 취하겠다. 삶도 내가 원하는 바이지만, 원하는 바에 있어 삶보다 더한 것이 있기 때문에 구차히 얻고자 하지 않는다. 죽음도 내가 싫어하는 바이지만, 싫어하는 바에 있어 죽음보다 더한 것이 있기 때문에, 환란 중에 피하지 않는 바가 있는 것이다. 만약 사람이 원하는 바 중에 삶보다 더한 것이 없다면, 삶을 얻을 수 있는 것이라면 무슨 방법이든 쓰지 않겠으며, 사람이 싫어하는 바가 죽음보다 더한 것이 없다면, 환란을 피하는 것이라면 무슨 방법이든 쓰지 않겠는가? 이로 말미암기 때문에, (그 방법을 쓰면) 살 수 있는데도 쓰지 않는 경우가 있고, (그 방법을 쓰면) 환란을 피할 수 있는데도 쓰지 않는 경우가 있다. 이러한 이유로, 원하는 바가 삶보다 더한 것이 있고, 싫어하는 바가 죽음보다 더 한 것이 있는 것인데, 비단 현자만이 그러한 마음을 가지고 있는 것이 아니라, 사람이라면 모두 가지고 있다. 현자는 다만 그것을 잃지 않을 수 있을 뿐이다. 한 그릇 밥과 한 그릇 국을 얻으면 살 수 있고, 얻지 못하면 죽는 경우에 처해서도, 호통을 치면서 주면 길 가는 보통 사람도 받지 않으며, 걷어차면서 주면 걸인도 달갑게 여기지 않는다. 만종의 녹이면 사람들이 예의를 분별하지 않고 받곤 하는데, 만종의 녹이 나에게 무엇을 더해 주겠는가? 집의 아름다움, 처첩의 떠받듦, 알고지내는 가난한 자들이 나의 은혜를 감사하게 만드는 것 때문인가.(개인 모욕에는 민감하게 반응하다가 부귀에는 왜 그리 약한가) 지난번에는 (호통을 치며 주거나, 밟으며 줄 때는 기분 나빠서) 자신 위해서는 죽어도 받지 않다가 지금에 이르러서는 집의 아름다움을 위해서 그 일을 하고, 지난번에는 자신을 위해서 죽어도 받지 않다가 지금에 이르러서는 처첩의 떠받듦을 위해서 그 일을 하고, 지난번에는 자신을 위해서 죽어도 받지 않다가 지금에 이르러서는 알고 지내는 공핍한 자가 자기를 고마워하게끔 그 일을 하니, 이런 것은 관 둘 수 없는

가? 이를 일러 본심을 잃었다고 한다.[15]

인용문 전반부는 인간이 가진 두 가지 측면─食色이라고 일컬어
지는 생물일반이 갖는 욕망과 인간만이 가지는 도덕적 본성─을 거론
한다. 인간이라면 누구나 도덕적 본성을 가지고 있지만, 그렇다고 해
서 누구나 자동적으로 그 도덕적 본성을 실현하는 것은 아니다. 도덕
적 본성을 실현하기 위해서는, 다시 말해서 도덕적 주체가 되기 위해
서는 적극적인 선택이 필요하다. "두 가지를 같이 얻을 수 없으면 삶
을 포기하고 義를 취하겠다." 중반부에서는 그러한 도덕적 주체가 될
수 있는 길은 현인뿐 아니라 보통 사람 나아가 거지에 이르기까지 누
구에게나 열려 있다는 점을 역설한다. 그리고 후반부에서는 그럼에도
불구하고 자신의 도덕적 본성을 실현시키지 못하고 사는 이들을 개탄
한다.

그러면 위 단락과 이언진의 시와의 관계는 무엇인가? 이언진의
시에 나오는 "呼不受蹴不食, 丐子豈無廉恥"라는 표현은 맹자에 나오는
"嘑爾而與之, 行道之人弗受, 蹴爾而與之, 乞人不屑也"(호통을 치면서 주면
길 가는 보통 사람도 받지 않으며, 걷어차면서 주면 걸인도 달갑게 여기지
않는다)를 전고로 삼은 것이다. 따라서 이언진의 시에 나오는 呼不受蹴

---

15    孟子曰, 魚, 我所欲也; 熊掌, 亦我所欲也, 二者不可得兼, 舍魚而取熊掌者也. 生, 亦我所欲也;
      義, 亦我所欲也, 二者不可得兼, 舍生而取義者也. 生亦我所欲, 所欲有甚於生者, 故不爲苟得也;
      死亦我所惡, 所惡有甚於死者, 故患有所不辟也. 如使人之所欲莫甚於生, 則凡可以得生者, 何不用
      也? 使人之所惡莫甚於死者, 則凡可以辟患者, 何不爲也? 由是則生而有不用也, 由是則可以辟患
      而有不爲也. 是故所欲有甚於生者, 所惡有甚於死者, 非獨賢者有是心也, 人皆有之, 賢者能勿喪
      耳. 一簞食, 一豆羹, 得之則生, 弗得則死. 嘑爾而與之, 行道之人弗受; 蹴爾而與之, 乞人不屑也.
      萬鍾則不辨禮義而受之, 萬鍾於我何加焉? 爲宮室之美 妻妾之奉 所識窮乏者得我與? 鄕爲身死
      而不受, 今爲宮室之美爲之; 鄕爲身死而不受, 今爲妻妾之奉爲之; 鄕爲身死而不受, 今爲所識窮乏
      者得我而爲之, 是亦不可以已乎? 此之謂失其本心.

不食, 乞子豈無廉恥라는 구절은 "욕하거나 깔보면 받지 않으니 거지에게도 자존심이 있다"고 한 박희병의 번역과는 달리, "호통을 치면 받지 않고, 걷어차면 먹지 않으니 거지에게도 어찌 염치가 없으랴"라고 번역되는 것이 바람직하다. 그리고 맹자 해당 구절을 감안할 때, 호통을 치면서 주면 받지 않는 인물은 거지가 아니라 行道之人(보통 사람)이다. 그리고 蹴不食은 蹴爾而與之, 乞人不屑也의 축약형이다. 즉 발로 차면서 주면 받지 않는다는 상황은 보통사람이 아니라 거지에게만 해당된다. 물론 그 구절 전체를 호문(互文)으로 보아 嘑爾而與之와 蹴爾而與之가 行道之人과 乞人에게 모두 해당하는 것으로 볼 수도 있다. 호문으로 간주하지 않는다면, 이 구절은 보통사람에서 거지에 이르는 심화 과정, 그리고 호통을 치며 주는 것에서 발로 차면서 주는 것에 이르는 심화 과정을 나타내고 있는 것으로 볼 수 있다. 어떤 경우든, "욕하거나 깔보면 받지 않으니 거지에게도 자존심이 있다"는 번역은 시가 기반하고 있는 전고의 의미망을 충분히 표현하고 있다고 보기 어렵다.

그러면 과연 嘑不受蹴不食, 乞子豈無廉恥라는 구절이 (보통사람과) 거지에게도 자존심이 있으니, 무시하지 말자는 취지일까? 맹자의 원문을 감안하면, 이 구절이 전제하고 있는 것은 사람이 "한 그릇 밥과 한 그릇 국을 얻으면 살 수 있고, 얻지 못하면 죽는 경우"에 처해 있는 위급한 상황이다. 심지어 그러한 경우에서조차 사람들은 부당한 대우에 대한 반감을 가지고 도덕적 정서를 드러낸다는 것이다. 현자뿐 아니라 거지와 같은 이마저도 그럴진대, 우리가 과연 그러한 도덕적 본성을 잃어서는 되겠느냐는 강한 권면의 취지를 담고 있다. 다시 말해서 "호통을 치면서 주면 길 가는 보통 사람도 받지 않으며, 밟으면서 주면 걸인도 달갑게 여기지 않는다."는 것은 거지를 무시하지 말고 잘 해주자는 이야기가 아니다. 그런 식으로 보게 되면, 결국 거지에게 온정을 베풀자는 해석과 크게 다를 바가 없게 되고 만다. 위 구절은 객체로서의 거지를 어떻게 할 것인가의 문제를 다루는 것이 아니라, 거지조차도 가지고 있는 본성 혹은 본심을 왜 잃고 사느냐는 질의를 담고 있는 것이다. 요컨대, 이 시는 객체에 대한 문제가 아니라 (도덕적) 주체에 대한 논의이다. 맹자는 거지도 갖고 있는 (호통을 치고 발로 차는 것과 같은) 하대를 거부하는 도덕적 마음을 충분히 발전시키면, 이상적인 공동체를 실현할 수 있다고 믿는다. 그리하여, 위 시의 1, 2구는 맹자 盡心 下에 나오는 "사람이 하대를 받지 않으려는 실질을 채울 수 있으면 어디 간들 의를 행하지 않음이 없을 것이다."(人能充無受爾汝之實, 無所往而不爲義也.)의 논의와 연결된다.

　　그러면 이제 시 제3, 4구(대의에 맞게 훔쳐 공평하게 나누니, 도둑에게도 어짊과 지혜가 있다)를 이해하기 위해서 맹자의 다른 관련 전거를 검토해보자. 박희병은 제3, 4구에 나오는 "도둑"을 상위 계층인 사대부 위정자와 대비를 이루는 반사회적 존재로 해석한다. 그러나 이언진이 참고체계로 사용하는 맹자 텍스트의 관련 언명에 비추어 볼 때, 그러한 해석은 설득력이 부족하다.

　　맹자가 말했다: 닭이 울면 일어나 부지런히 선을 행하는 이는 순의 무리이다. 닭이 울면 일어나 부지런히 이익을 추구하는 이는 도척의 무리이다. 순과 도척의 구분을 알고자 한다면 다른 것이 없다. 이익과 선의 사이일 뿐이다.[16]

　　위 인용문은 도덕을 이익추구와 분리시키고자 한 맹자의 시도를

16　孟子曰, 雞鳴而起, 孶孶爲善者, 舜之徒也.　雞鳴而起, 孶孶爲利者, 蹠之徒也. 欲知舜與蹠之分, 無他, 利與善之間也.

나타낸다. 이 구절에서 거론하고 있는 순의 무리와 도척의 무리는 근면한 이들이라는 점에서는 공통점이 있다. 그들은 모두 근면하기에, 다른 사람들과는 달리, 일정한 결과를 산출한다. 그렇다고 해서 도척의 무리와 순의 무리 사이에 차이가 없는 것은 아니다. 순의 무리는 도덕을 추구하는 반면, 도척의 무리는 이익을 추구한다. 이익만을 추구한다고 해서 도척의 무리가 인간이 아닌 것은 아니다. 맹자는 인간이라면 모두 도덕적 본성의 맹아를 가지고 있다고 본다. 도척의 무리가 이익에만 골몰하게 된 것은 도덕적 본성을 결여하고 있어서가 아니라, 타고난 도덕적 본성을 제대로 발전시키지 못했기 때문이다. 그들은 수양의 부족, 혹은 적절한 환경의 결여로 인해 도덕적 잠재력의 실현이 난망해졌을 뿐이다. 요컨대, 맹자에게서 "도둑"이냐 아니냐는 지배세력이냐 피지배세력이냐 여부에 의해 결정되는 것이 아니라 타고난 도덕적 잠재력을 실현하느냐 여부에 의해 결정된다. 그런 점에서 맹자는 도덕적 잠재력에 어긋나는 존재는 그것이 국가 혹은 관리라고 할지라도 도둑에 비유한다.

> 대영지가 말했다: 십분지 일의 세금을 시행하고,[17] 관문과 시장의 세금을 없애는 것은, 금년에는 할 수는 없고 (세금을 가볍게 하는 정도로 현상유지하면서) 내년을 기다린 연후에 그만두려 하니, 어떻습니까? 맹자가 말했다: 누군가 이웃집 닭을 매일 훔치는 이가 있다고 해봅시다, 혹자가 그건 군자의 도가 아니오, 라고 말하자, 대답하기를, 줄여나가서, 한 달에 한 마리 씩 훔치다가 내년이 되기를 기다려 그만두겠습니다, 라는 것이다. 義가 아님을 알면 속히 그만두어야지 어찌 내년을 기다리

---

17    여기서 什一이 정전법을 의미하느냐 여부에 대해서는 논란이 있다.

는가?[18]

　　이 단락에서 알 수 있는 것은, 맹자가 과도한 세금을 부과하는 국가 혹은 가렴주구를 하는 관리에 대해서 도적의 비유를 사용한다는 사실이다. 그런데 그렇다고 해서 맹자가 국가 일반을 곧 도적에 비유하는 입장을 취한다는 것은 아니다. 맹자 萬章 下에서는 제자 만장이 맹자와 대화 중에 가렴주구에 골몰하는 위정자들을 강도에 비유하자, 맹자는 "夫謂非其有而取之者盜也, 充類至義之盡也"(자기 소유가 아닌 데도 취하는 것을 일반적으로 "도둑"이라고 이르는 것은 비슷한 부류를 다 채워 거론한 나머지, 그 뜻을 완전히 싸잡아 정의하고자 한 것일 뿐이다)라고 말한다. 즉 상대를 비판할 때에도 도적의 비유를 늘 사용할 수 있는 것이 아니라, 교화가능성을 차단할 때에만 도둑 혹은 강도라는 표현을 쓸 수 있음을 맹자는 강조한다. 즉 위정자들을 도둑이라고 비유할 수는 있지만, 그들의 현실적 교화가능성을 부정하고자 하는 수사적 맥락에서나 "도둑"이라고 부를 수 있다는 것이다. 요컨대 맹자의 수사법에서 도둑이란 도덕성을 실현하기 난망하게 되어버린 존재를 지칭하는 것이다. 이러한 점을 감안하면, 시의 3, 4구에 나오는 "도둑"은 위정자의 반대항에 있는 이를 지칭하는 것이 아니라, (위정자를 포함할 수도 있고 포함하지 않을 수도 있는) 도덕적인 발전과정을 제대로 거치지 못한 존재들을 지칭한다고 보아야 한다.

　　그렇다면 시의 3, 4구는 위정자를 비판하고 있는 것이 아니다. 실로 위정자는 시에서 등장하거나 암시되고 있지조차 않다. 시의 3, 4구

---

18　　戴盈之曰, 什一, 去關市之征, 今茲未能. 請輕之, 以待來年, 然後已, 何如. 孟子曰, 今有人日攘其鄰之雞者, 或告之曰, 是非君子之道, 曰, 請損之, 月攘一雞, 以待來年, 然後已, 如知其非義, 斯速已矣, 何待來年.

가 흥미로운 점이 있다면, 맹자가 거의 구제불능으로 간주한 그룹("도둑")마저도 그들 그룹 내부에서는 나름의 정의가 구현되고 있음을 지적하고 있다는 사실이다. 이는 맹자의 성선론을 보다 발전시켜, 실로 모든 이에게 그 나름의 도덕성이 있음을 강조하는 것이다. 다시 말해서, 시 3, 4구는 맹자에서 발원한 성선설을 극단까지 확장한 사유체계인 양명학의 취지를 반영한 것이다. 이와 같은 해석이 타당하다면, 위에서 인용한 이언진의 시는 박희병이 해석하는 것보다 훨씬 더 기존 사대부의 언어에 의존하고 있으며, 맹자라는 경전이 구성하고 있는 의미의 자장 안에 있다고 할 수 있다. 그리고 그 시의 주된 취지는 위정자를 비판하는 데 있거나 하층민을 온정적 시선으로 바라보는 데 있는 것이 아니라 하층민의 도덕적 잠재력을 인정하는 데 있다.

이 시를 섬세하게 해석하는 것이 중요한 것은, 박희병과 김명호의 논쟁에서 가장 첨예한 해석상의 갈등을 빚었던 또 다른 시의 해석과 관련이 있기 때문이다. 바로 그 시에서도 거지가 등장한다. 먼저 그 시의 두 가지 다른 번역을 비교해보자.

> 醜厮來醜厮來,
> 小兒拾礫投土.
> 吾聞一事頗怪,
> 路上遺劍還主.

박희병의 번역:
추한 종놈 온다! 추한 종놈 온다!
아이들 짱돌 줍고 흙을 던지네.
내 들으니 참 괴이한 일도 있지

길에 떨어진 칼을 주인에게 돌려주다니.

김명호의 번역:
못난이 온다, 못난이 와!
꼬마들 돌맹이 줍고 흙 던지지만
듣자 하니 참 괴이한 일도 다 있네
길에서 분실한 보검을 임자에게 돌려줬다지.

같은 시에 대한 이 두 가지 다른 번역은 해석상 두 가지 쟁점을 반영한 것이다. 첫째, 제일 처음에 등장하는 "추시(醜厮)"를 박희병은 "추한 종놈"이라고 번역하고, 예속된 인간을 나타내는 것으로 해석한데 반해, 김명호는 "못난이"라고 해석하고 거지를 나타내는 것으로 해석했다. 둘째, 맨 마지막에 등장하는 路上遺劍還主를 박희병은 이언진이 그 아이가 가진 노예근성을 개탄하는 것으로 해석하는 반면, 김명호는 그 아이가 가진 도덕성을 칭송한 것으로 해석한다(박희병 2017, 66-67). 이 사안을 차례로 살펴보자.

먼저, "추시"가 白話로 '못생긴 놈' 혹은 '더러운 놈'이라는 욕이기 때문에, 이 단어의 표면적 의미에 대해서는 박희병과 김명호 사이에 별 의견 차이가 없다. 관건은 그 더럽고 못생긴 놈이 예속된 인간으로서의 "종놈"을 가리키는 것으로 보느냐, 아니면 거지를 나타내는 것으로 볼 것이냐의 문제이다. 추시를 거지로 보는 데에는 상대적으로 명확한 전거가 있다. 논자들이 의식하고 있듯이, 이 '추시'라는 이름의 거지 아이를 노래한 소식(蘇軾)의 「劉醜厮詩(유추시시)」라는 오언고시가 있기 때문이다. 반면, 추시를 종놈으로 볼 만한 전거는 제시되지 않고 있다. 그래서 박희병 본인조차도 추시를 종놈으로 번역하는 과정에서 "비록 의역에 가까울지는 모르나"라는 단서를 달고 있다. 이어 박희병은 '추시'가 거지인가의 여부는 그리 중요하지 않다고 주장하며, 그 존재가 가진 예속성에 주목해야 한다고 말한다(박희병 2017, 69-71). 그러나 맹자의 전거와 연결을 상기하기 위해서는 추시가 거지라는 점은 중요하다.

다음으로, 路上遺劍還主 부분이 과연 박희병이 주장하는 대로 "노예의 무자각성, 노예의 '자기의식' 없음을 답답해하며, 그것을 참 이해하기 어렵다는 태도를 드러내고"있는 것일까? 아니면 김명호가 주장하는 바와 같이 "이런 거지조차 유교에서 역설한 '인간의 천부적인 도덕심'을 잃지 않고 있음을 예찬하고" 있는 것일까? 이 역시 전거는 김명호의 해석을 뒷받침하고 있다. "'분실한 보검'으로 번역한 '遺劍'은 후한서 「王烈傳」에서 유래한 고사성어"이며, "소도둑이 漢末의 이름난 선비 왕열에게 감화된 뒤로, 길에서 분실한 보검을 발견하고는 그 임자가 찾으러 올 때까지 지키고 있었다"는 내용을 담고 있다. 이리하여 "여항의 일개 거지를 온정적으로 노래한 시를 지은 것이지, 반체제적인 불온한 시를 지은 것이 아니라고" 김명호는 결론 내린다(김명호 2015, 190). 반면 박희병은 자신의 해석을 전거에 의해 정당화하기보다는, 이언진이 반체제적 시인이라는 전제 속에서 연역해낸다. 그리고 후한서의 전거는 지배층이 행하는 비지배층의 감화라는 차원 속에 있기 때문에, 반체제적인 이언진의 세계와는 양립할 수 없다고 본다.

그런데 김명호나 박희병이나 모두 위 시가 "못난이"의 도덕적인 가능성을 다루고 있다는 점에서는 의견을 같이 한다. 해석이 갈라지는 지점은 과연 그 도덕적인 가능성이 지배층의 체제 내적 시선에서 다루어지고 있느냐,[19] 아니면 반체제적 시선에서 다루어지고 있느냐 이다. 흥미로운 점은 이언진의 시 속에는 "도덕적 감화"라는 메시지뿐 아니라, 반체제적인 메시지 역시 표면에 드러나 있지 않다는 사실이다. 그렇다면 관건은, 맹자의 성선설 가설을 극단화한 양명학의 관점에서 시를 해석할 것인가, 아니면 이언진이 반체제적이었다는 전제 하에 이 시 역시 반체제적인 메시지를 전하고 있는 것으로 볼 것이냐의 문제가 남을 뿐이다.

지금까지 추적해 온 바가 맞다면, 위 시 역시 맹자 성선설의 재해석 체계 중 하나라고 할 수 있는 양명학적 맥락에서 해석되는 것이 타당할 것이다. 그런데 김명호는 이언진의 세계가 양명학적 자장 속에 있다는 것을 인정하면서도 위의 시가 온정적인 시각을 취하고 있다고 본다. 그러나 양명학의 세계는 하층민을 대상화하여 온정적인 시각을 취한다기보다는 그들을 도덕적 주체로 적극적으로 인정하는 입장이기에 "온정적"이라는 표현은 그다지 적절하지 않다.[20] 다른 한편, 위 시에서 양명학이 반체제적으로 해석되고 있다고 볼 근거도 희박하다. 박희병이 주장한 것처럼 시가 반체제적 메시지를 전달하고 있다고 하더라도, 적어도 그러한 메시지는 시의 전면에 드러나 있지 않다는 것은 분명하다. 그래서 김명호와 박희병처럼 오랫동안 한문학을 연구해온 이들 사이에도 해석이 크게 갈리게 되는 것이다. 이언진이 그토록 저항적이고 반체제적인 시인이었다면, 왜 그 반체제성을 충분히 전경화하지 않는 것일까?

필자는 박희병과 김명호 중 누구의 해석이 더 설득력 있는지를 판단하는 일 자체에는 큰 관심이 없다. 그보다는 지배층의 일원이 아니었던 이언진이 왜 반체제적 메시지를 전경화하지 않고, 기존의 전거에

---

19　김명호가 "온정적"이라는 표현을 사용하는 한, 이 시에서 관철되고 있는 시선을 김명호가 지배층의 그것으로 보고 있다고 할 수 있다.

20　이에 대해서는 Kim(2018, Ch.9) 참조.

의존하고, 그 전거들을 재배치하는 방식으로 시를 쓰고 있는지에 대해서 보다 더 관심이 있다. 이언진이 기존 전고와 경전에 기초해서 작품 활동을 했다는 것을 감안할 때, "박지원은 어쨌든 체제의 패러다임 안쪽에서 도를 관념하고 있었다면 이언진은 그 바깥에서 새롭게 도를 재구성하고 있었던 것"이라고 말하기 어렵다(박희병 2009, 436). 이언진이 체제의 패러다임 바깥에서 존재하며 기존 지배층 언어와는 전적으로 새로운 언어를 사용했다면, 그의 작품은 지배층에게 들리지 않게 되며, 억압된다기보다는 방치될 것이다. 이언진이 작품과 삶의 역정에서 보여주는 일정한 긴장과 불안정은 그가 자신이 처한 입지에 만족하지 않았음을 분명히 보여준다. 그러나 그가 자신의 목소리를 세상에 들리게 하고, 인정을 받고, 일정한 영향을 향유하고 싶어 하는 한, 이데올로기적 폐쇄성과 동일성을 특징으로 하는 조선 양반 사대부의 세계의 어느 한 측면으로나마 자발적으로 다가갈 수밖에 없다. 이언진이 맹자의 전고를 절묘하게 재배치해서 산출하는 의미들은 맹자의 전고에 익숙한 지배층이나 이해할 수 있을 것이다. 그렇다고 그러한 접근이 반드시 지배층의 세계를 기꺼이 받아들이고 그들과 동화된다는 것을 의미하는 것은 아니다. 그것은 미셸 세르토가 말한바, 지배층이 부과한 것을 전유하고 창의적으로 소비한 것에 가깝다(Certeau 2011, xiii). 맹자의 구절들로 이루어진 시를 "생산"한 것은 동시에 기존 지배적 언어를 "소비"한 것이기도 하다. 이러한 점을 보다 잘 음미하기 위해서는 조선 후기 국가 및 정치권력의 구조적 양상을 좀 더 논의할 필요가 있다.

## V. 국가론의 재검토

국문학계 논쟁에 참여하고 있는 이들이 전제하거나 활용하고 있는 국가론, 국가권력, 혹은 국가-사회 관계에 대한 이해가 개념적으로도 적실하고, 경험적으로도 충실한 근거를 갖는 것일까? 논자들은 예외 없이 군주가 얼마나 권력을 자의적으로 사용하는지 여부의 문제와 중앙의 권력기구가 자신의 의지를 사회에 관철해내는지 여부의 문제를 명백히 구분하지 않고 있다. 그로 인해 빚어지는 혼란이나 불명료함을 피하기 위해서, 필자는 국가 권력(state power)을 군주 개인의 전횡력 정도를 설명하는 전제 권력(despotic power)과 국가기구가 사회를 통제할 수 있는 제도적인 힘을 설명하는 기반 권력(infrastructure power)으로 구분한 마이클 만(Michael Mann)의 논의를 활용하기를 제안한다(Mann 1984).

### 1. 전제권력

국문학계 논쟁의 당사자들은 대부분 전제국가론 혹은 동양전제주의론으로 수렴되는 주장을 답습하고 있지만, 조선왕조의 정치현상에 그러한 전제주의론을 적용하는 일에 대한 반론은 꾸준히 제기되어 왔다. 따라서 조선시대 정치권력 "일반"에 대한 정병설이나 박희병의 과감한 주장이 성립하려면, 적어도 다음과 같은 경쟁적 주장들을 효과적으로 논박할 수 있어야 한다. 첫째, 흔히 군약신강(君弱臣強)으로 묘사할 정도로 조선왕조의 (특히 조선 후기의) 군주권은 대개 약했다. 둘째, 성리학이 사대부의 이해관계에 봉사함에 따라 군주권을 제약하는 기능을 했다. 셋째, 조선시대 규범은 군주의 자의적 권력 행사를 제약하는 입헌주의(constitutionalism)의 역할을 했다. 이러한 입론들의 존재는 국문학자들이 전제국가론을 학계의 정설처럼 받아들이기보다는, 어떤 근거에서 여러 경쟁적 주장에서 자신은 하필 전제주의론을 선택하고 있는지를 입증할 필요가 있음을 시사한다. 그리고 그 과정에서 1차 사료에서 나타나는 반례들을 설명할 수 있어야 한다. 국문학 논쟁에서 제기된 많은 주장들이 전제국가론을 기반으로 성립하므로, 그 기반을 잘 정초해야 논의 과정에서 순환논증을 피할 수 있다.

실로 숙종 이후 조선의 군주 중에서 "전제적"이라는 표현에 부합하는 압도적인 정치권력을 향유한 군주는 드물다. 조선시대 정치권력이 사회 통제 혹은 "검열 제도조차 둘 필요를 느끼지 못한 엄혹한 정치 환경"을 조성하는 데 실패하고 있음을 보여주는 1차 사료는 적지 않다(이하경 2018 참조). 이를테면, 조선 후기 군주 중에서 가장 강한 권력을 향유했다고 알려진 영조조차도, 조선 역사에서 가장 많은 역모 사건을 겪은 군주 중의 한 명으로 보인다. 조선 후기 역모사건을 취조한 기록인 추안급국안(推案及鞫案)은 영조재위 시기에는 83건의 역모가 발생했다고 기록하고 있다(이하경 2018, 37). 말년으로 갈수록 무소불위의 권력을 휘두른 것처럼 보이는 영조조차도 (추안급국안의 관점을 받아들인다면) 역모를 피할 수 없었거나, (추안급국안의 관점으로부터 거리를 둔다고 해도) 적어도 역모의 처단이라는 정치적 이벤트를 지속적으로 벌여야 했던 처지에 있었던 것이다. 그리고 그 과정에서 물리적인 전제력을 동원하여 탄압하는 경우에 못지않게 정치적 상징을 두고 서로의 정당성을 확보하고자 경합하는 경우가 많았다.[21] 정조 역시 자신의 뜻을 관철하기 어려웠기에, 여러 정치적 행위자의 반응을

---

21　이하경(2018)이 다룬 영조시기 사례 분석을 참조하라.

계산한 고도의 정치 게임을 벌여야 했다.[22] 그리고 정조 이후 조선의 군주들이 가졌던 정치권력의 취약함은 널리 알려져 있다. 이른바 전제국가론은 이러한 현상을 어떻게 설명할 것인가?

그럼에도 불구하고 국문학계의 논자들이 전제국가론 혹은 그와 유사한 입장을 고수하는 데는 특정 군주(이를테면 영조)가 때로 보여준 일견 무소불위적인 행태에 그 원인이 있는지 모른다. 그러나 그러한 사례로부터 곧바로 조선=전제국가의 주장으로 넘어가려는 시도에는 일반화의 위험이 따를 뿐 아니라, 에티엔 발라즈(Etienne Balazs)가 지적한 바 있는 군주-신하 관계에 대한 특징적인 동학을 무시하게 된다. 발라즈에 따르면, 군주가 특정 신하 개인에 대해 압도적인 권력을 행사할 수는 있어도 신하라는 집단 전체에 대해서는 그러한 관계를 맺을 수 없다(Balazs 1964, 6). 이러한 상황은 군주의 권력을 결과적으로 제약하게 된다.

그런데 군주의 권력이 예상보다 약했다고 해도 정병설이나 박희병의 주장이 아예 성립하지 않는 것은 아니다. 그들의 주장은, 군주와 신하 간의 갈등에 관한 것이라기보다는, 중앙정부와 중앙에서 파견한 공적 권력기구가 사회를 얼마나 통제하고 있었느냐의 사안에 주로 관계되기 때문이다. 비록 군주권이 약하다고 하더라도, 조선 후기의 군주와 관료들이 상호 이해관계를 일치시켜 사회를 일사불란하게 통제할 만한 기반권력을 창출하고 유지해나가고 있었다면, 여전히 그들의 논지는 성립될 가능성이 있다. 그러면 조선 후기의 기반 권력의 상태는 어떠했는가?

22   성균관대학교 동아시아학술원(2009) 참조.

## 2. 기반권력

정병설은 "왜 조선시대 소설들은 한결같이 유교이념을 강화하는 결말을 가지고 있는지"라고 질문을 제기한 뒤에(정병설 2016, 34), 한글 상업소설의 내용이 다양하지 못한 것은 전제국가의 엄혹한 통제 때문이라고 대답한다. "엄혹한 표현 제약 속에서 지배이념의 테두리를 조금도 벗어나지 못하는 이야기들이 활발히 생산, 향유되었던 것이다"(정병설 2016, 10). 아래 예문에서 정병설은 정치적 통제와 한글 상업소설내용 간에 명백한 인과관계를 설정하고 있는 것으로 보인다.

> "조선의 상황이 어떤 책을 출판할 뜻을 가지기 힘든 억압적 분위기였던 것이다…그렇다면 이렇게 엄격하고 가혹한 억압이 있었던 근본적인 이유는 무엇인가? 바로 전제적 왕조 국가라는 정치 체제 때문이다. 조선의 사상 통제는 극심했다."(정병설 2016, 94. 강조는 필자)

그런데 어떤 요인이 특정한 결과를 산출한다는 인과관계를 확립하기 위해서는 하나의 사례로는 불충분하다. 비교 가능한 다른 사례에서도 같은 인과관계가 성립하는지를 따져보아야 한다. 즉, 인과론을 수립하려면, 가능한 한 많은 사례를 집적하고, 그 사례 안에서 같은 종류의 독립변수-종속변수 관계가 성립하는지를 보여주어야 한다. 비교의 방법론을 천명하는 정병설은 다음과 같이 중국의 사례를 든다.

> "중국에서도 문자옥(文字獄)으로 불리는 필화 사건을 일으키며 표현의 자유를 아주 강하게 억압한 명나라 전기에 출판이 위축되었던 것처럼, 정치적 억압, 그것도 앞을 내다볼 수 없는 불투명한 체제는 사상의 빙

하기를 만들었다."(정병설 2016, 137)

그러나 명나라 주원장의 정치 통제는 시간이 흐르면서 유지되지 못했고, 15세기 후반부터는 훨씬 자유로운 흐름이 명대 사상문화계에 전개되게 된다(티모시 브룩 2014 참조). 즉 어떤 예외적으로 강한 정치 권력이 특정 시기에 존재했다고 해도, 그리고 그 권력이 높은 수준의 사회통제에 잠시 성공했다고 해도, 그것이 지속되기는 어렵다는 것을 명나라의 사례는 보여준다. 실로 동시대 조선보다 더 엄혹한 출판 통제(와 국가권력)의 역사를 가진 중국과 일본에서는 훨씬 다양한 내용을 가진 소설이 출간되고 매우 광범위하게 유통되었다.[23] 다시 말해서 정병설의 인과론으로는 왜 보다 다양한 내용의 소설이 출간될 수 있었는지를 설명할 수 없다.

국가 권력과 소설 내용 간의 인과관계 일반론을 떠나서, 조선이라는 하나의 경우만 살펴보더라도, 정병설이 주장하는 대로 국가의 강한 사회통제가 장기간에 걸쳐서 유지되었다고 보기는 어렵다(정병설 2016, 138). 정병설이 증거로 제공하는 것은 사전 검열같이 지속성을 가진 제도가 아니라, 『설공찬전』 필화 사건과 『명기집략(明紀緝略)』서화(書禍) 사건, 천주교 금서(禁書) 사건과 같은 개별 사건들이다.[24] 사회통제를 설명하기 위해서는 보다 제도적인 차원을 논의해야 한다. 지식사회학자들의 통찰에 따르면, 제도화는 여러 행위자의 습관화된 행위가 전형화될 때 일어나며, 그런 역사적 과정을 통해 성립한 제도는

---

23    일본 에도시대의 출판통제에 대해서는 佐藤至子(2017), 중국의 출판통제 사례에 대해서는 Tackett(2017, 25).

24    중국에서 (사전) 검열의 사례: 이노우에 스스무[(2013, 165-168, 227-229, 263(검열의 한계), 279-280, 363(책 불필요론-조선은?)].

그 자체로 곧 통제를 의미하게 된다. 즉, 제도가 존재한다는 것은 곧 여러 가지로 전개될 수 있는 상황을 하나의 방향으로 통제하고 있다는 것을 이미 의미한다. 처벌과 같은 부가적인 통제 조치는 제도화의 실패에서 나타나는 징후들이다. 이러한 관점에서 보자면, "인간의 성이 어떤 개인들을 참수함으로써 사회적으로 통제된다고 말하는 것은 그다지 타당하지 않다. 오히려 인간의 성은 문제가 되는 특별한 역사의 과정 안에서 성의 제도화에 의해 사회적으로 통제된다"(피터 버거·토마스 루크만 2013, 94). 요컨대 특정 내용을 가진 소설의 유통이 통제되고 있었느냐는 질문은, 장기간에 걸친 사료에서 산발적으로 드러나는 에피소드에 의해 답해질 수 있는 것이 아니라, 그 당시에 통제를 가능하게 하는 제도화의 수준이 유지되고 있었느냐의 여부에 의해 답해질 수 있는 것이다.

조선에 그러한 제도화를 가능케 할, 혹은 지속적인 탄압을 가능하게 할 기반(infrastructure)이 존재했을까? 정병설뿐 아니라, 정병설이 비판적으로 참조하는 송호근도 마치 조선에 강한 통제 인프라가 존재해 온 것처럼 말한다. "조선 시대를 일관하여 인민은 몇 겹의 감시와 통제망에 포박되어 있었다"(송호근 2011, 53-54). 그러나 18세기 중엽 지방 군현의 수는 332개인데, 당시 인구는 총 1,860만 정도로 간주된다. 즉 수령 1인당 인구의 수는 5~6만에 달했다(이영훈 2014, 377). 그리고 이 고독한 수령이 중앙의 의지관철에 실패하고 있음을 보여주는 전거는 매우 많다. 오가작통제의 실현 역시 제한적이었다(이수건 1989, 332-343).[25] "오가통제에 관한 절목이 거듭 반포된 것은 제도상의 미비와 운영상의 문제에서 기인된 것이지만 무엇보다 국가의 향촌

---

25 그 밖에 오가작통제 관한 연구로는 오영교(1991); 申正熙(1977); 李能和(1978); 오영교 (2001, 274); 鄭震英(1994) 참조.

지배가 어려운 위기에 직면했음을 보여주는 일면이기도 하다"(오영교 2001, 274).

그 뿐 아니라 조선 후기의 상당수 지식인들은 유통 인프라의 취약성에 대해서 자각하고 있었다(강명관 2017, 134-187, 235-240; 박제가 2013, 53). 그들에 따르면, 조선 후기 상업발달의 장애물은 단순히 "성리학" 때문이 아니라 나라 전체의 기반시설의 취약성과 관련이 있다. 유형원은 중국과 비교의 관점에서 다음과 같이 말한다. "평소에 도로와 교량을 수축하는 것은 왕정의 긴요한 사업의 하나이다. 그럼에도 불구하고 우리나라에서는 모든 일들을 되는대로 해버려 오직 생기 하나 없는 凋落의 일로를 걷고 있을 뿐이다. 사람이 할 사업을 하지 않고 지리조건에 구실을 붙이지만 중국인인들 어찌 계곡과 구릉이 없겠는가."[26] 중국 역시 원(元)나라 이후 정부에서는 도로의 건설과 유지에 적극적인 관심을 보이지 않아, 제국 전반에 걸쳐 국가 관할 하의 인프라는 쇠퇴한 것으로 보인다. 그리하여 19세기에 이르면, 국가가 건설했던 도로의 상당수가 사라졌으나 이것이 곧 제국 전반의 인프라 쇠퇴를 의미하는 것은 아니었다. 상인들이 사회영역에서 발달시킨 다양한 사적 인프라의 발달로 인해, 국가는 상인 네트워크와 협력하여 전국에 가까운 원거리 송금까지도 가능했다(Kim 2018, 174). 즉, 국가 주도의 인프라가 쇠퇴하는 만큼 혹은 그 이상으로 상인을 중심으로 한 사회영역이 주도하는 인프라가 성장한 것이 중국의 상황이었던 데 비해, 그에 비견할 만한 사회영역 주도의 인프라 성장은 조선 후기에 관찰되지 않는다.

이와 같은 국가의 기반권력 취약성과 관련 있는 것이, 조선시대에

---

26    유형원, 『磻溪隨錄』 권22, 兵制後錄, 兵車.

는 산촌과 도서를 중심으로 하여, 제임스 스콧이 말한 "조미아"에 비견할 만한, 국가 권력이 미치지 않는 사각지대가 상당히 많이 존재했다는 사실이다.[27] 그리고 정부의 통제를 벗어난 도적과 유민(流民) 역시 상존했다. 조선 후기 특정 시기 전역에 걸친 유민에 대한 통계는 물론 없지만, 1790년(정조 14년) 황해도 관찰사 이시수(李時秀)의 보고에 의하면, 황해도 유민의 수는 9,345명이다.[28] 그리고 1655년(효종 6년) 윤선도의 상소에 의하면, 호남 일대 도서의 유민은 1만 호-수만 명에 달한다.[29] 조선 후기에 수령이 더 파견되었어도 기존에 수령과 협력하여 통치를 도왔던 이른바 사족지배체제가 붕괴되어서, 결과적으로는 국가의 행정력은 강화되었다고 보기 어려운 측면이 많다.[30] 이러한 정황을 감안한다면, 정병설도 인정한 검열제도 부재의 원인은, 검열제도가 불필요해서가 아니라, (부분적으로) 상시적 검열제도를 운영할 자원과 의지가 부족한 데 있는 것은 아닐까?

실제로, 지배층은 청나라에서 강한 출판통제를 시행한 바 있음을 의식하고 있었던 것으로 보이며(무악고소설자료연구회 2001a, 228), 패관잡기류의 한문 소설책들을 진나라 때처럼 금지해서 분서해야 한다는 의견이 때로 존재했으나 실제로 시행하는 데는 실패하고 있다(무악고소설자료연구회 2001a, 215; 2001b, 55). 그렇다면, 피치자 생활 영

---

27  국가의 행정력으로부터 완전히 격리된 공간의 사례에 대해서는 강명관(2017, 235-240), 조미아에 대해서는 제임스 C. 스콧(2015) 참조.

28  정조실록 1790년 3월5일조

29  정조실록 1790년 3월5일조: 윤선도. 「시폐사조소」. pp.322-323; 그리고 조선 후기에 범람한 도적떼에 대해서는 정석종(1994, 70-71).

30  한국역사연구회(2000). 소위 사족지배체제의 붕괴 이후 수령 수의 증가를 통해 수령이 향주도 향촌지배체제가 성립했다는 주장이 있다. 그러나, 기존에 행정력 강화에 도움을 주던 사족지배가 약화되었다면, 단순히 수령의 수가 증가한 것이 곧 행정력 증진을 의미하기는 어렵다. 이 사안은 여전히 논쟁 중인데, 조선 후기에 관권의 지역 "침투"와 지역 "지배"는 개념적으로 구분될 필요가 있다.

역의 많은 부분, 그리고 한글 소설과 같은 하위문화는 통제되기보다는 대체로 방치되었던 것이 아닐까? 정조가 문체를 탄압할 때도 한글 소설은 고려대상이 아니었다(무악고소설자료연구회 2001b, 50, 55). 그리고 패관소설류 문체를 사용하는 경우에도, 한미한 사람은 심한 비판대상이 아니었으니(무악고소설자료연구회 2001b, 62), 사회 하층이나 당시 여성이 한글 소설을 읽는 것에 대해서는 적극적으로 금지하고자 하지 않았던 것도 이상할 것이 없다. 그것은 부녀자가 무식한 것은 나무랄 필요가 없다는 취지의 사대부 입장과 궤를 같이하는 것이다(무악고소설자료연구회 2001b, 115).

이와 같은 추정을 뒷받침할 만한 문서상의 전거를 좀 더 살펴보자. 먼저 조선왕조실록 1673년 현종(顯宗) 14년 2월의 기록을 보자.

"대개 《회전(會典)》 등의 책들은 우리나라의 《경국대전》과 같이, 천자와 제상, 학사들이 찬성(纂成)한 것으로 이런 책들에 실상과 어긋나는 말이 있다면 변론하여 고치지 않으면 안 됩니다. 그러나 《종신록》과 같은 책들의 경우는 모두 야사(野史), 소설(小說)로서 잘못 알려지고 전해지는 것을 한 사람이 기록한 것에 불과하니 어찌 일일이 고치기를 청하겠습니까? 이제 변무하는 일에 대해서 고쳐주기를 청한다고 할 때, 야사는 국가에서 아는 바가 아니며, 금해 주기를 청한다고 해도 저들의 야사를 우리나라가 금할 수 없습니다."[31]

---

31　盖會典之書, 如我國之經國大典, 天子與宰相學士纂成者也. 此而有爽實之言, 則固不可不陳辨而改之. 至如從信錄等書, 皆野史小說, 不過一人誤聞誤傳隨錄者, 何可一一請改乎? 今此辨誣之擧, 若請改也, 則野史固非國家之所知也. 若請禁也, 則彼之野史, 非我國所不可禁者也. 무악고소설자료연구회(2001a, 70-71). 같은 취지의 논의가 영조 15년(1739) 2월 실록에서도 반복된다(무악고소설자료연구회 2001b, 46-47).

위의 기록은 국가와 관계해야 할 전적과 관계하지 않는 전적을 대별하고 있으며, 소설은 후자이다. 한문 소설 및 야사도 국가가 개입할 영역이 아니라고 천명되고 있는데, 한글 소설의 경우는 말할 것도 없다. 그리고 야사 및 소설을 소비하는 사회 구성원들이 정부의 탄압 가능성에 공포를 느끼고 있음에 따라 개입의 필요가 사라지는 게 아니라 "일일이 고치기를" 시도하기 어려워서 그럴 것임을 추론할 수 있다. 이와 같은 추론은 중국에 관련된 변무 상황 뿐 아니라 국내에 대해서도 마찬가지로 적용될 수 있다. 조선 왕조 실록 정조 16년(1782) 11월 기록에 실려 있는 정조의 발언을 보자.

"비속하고 음란하면서도 그럴싸한 맛을 지닌 자질구레한 패관소품들을 입 가진 사람이면 다투어 한 마디씩 해보지만, 그것은 구자(龜玆)나 부여(夫餘)같이 작은 나라들이 제각기 나름대로 모양을 갖춘 듯 보여도 그저 모기 눈썹이나 달팽이 뿔 정도로 보잘 것 없는 것과 같다. 그런데 그것을 집집마다 찾아가서 그 오류를 바로잡고 사람마다 다 만나서 그 틀린 점을 고쳐 주려면 그 윗사람이 너무 힘들지 않겠는가."[32]

위의 발언을 통해 정조는 패관소품들이 하찮은 존재들이라는 경멸의 태도를 전시하는 동시에,

그에 관련하여 사회구성원들을 일일이 교화하거나 관련 행위를 금지하기에는 기반권력이 부족함을 시인하고 있다. 그렇다면 군주가 어렵다고 자인한 사회전반의 통제는 차치하고, 군주의 소재지로부터 지근거리 영역의 서적 통제 현황은 어떠한가? 규장각 내 잡서를 없

---

32    瑣瑣稗品, 鄙俚淫畦之蕘菲傍蔗, 喙喙爭鳴, 其視龜玆、夫餘之各具小成, 不翅若蚊睫蝸角, 而家家而正其謬, 人人而齊其舛, 爲其上者, 不已勞乎?(무악고소설자료연구회 2001b, 68-69).

애고자 하는 왕명이 있었음에 분명하나(무악고소설자료연구회 2001a, 56), 지근거리에 있는 장서각 서고를 불사르라고 한 조처마저도 제대로 이행되었는지, 그리고 그러한 조치의 실효를 거두었는지, 의심스럽다. 최헌중(崔獻重)은 다음과 같이 상소한 적이 있다.

> "장서각에 많이 쌓여있는 서적 중에서 거두어 들여야 할 기문(奇文)들이 없다고 하겠습니까? 연전에 그 책을 불사르라고 하신 법령은 어떠했습니까? 그러나 얼마 지나지 않아 오히려 시속(時俗)을 답습하고 있으니 전하의 법과 기강이 또한 확립되었다고 말할 수 있겠습니까?"[33]

이에 대해 정조는 답하기를,

> "규장각에 소장된 것 중에서, 무릇 패관소설(稗官小說)로 이름 붙여진 것들은 옛날 편적(編籍)에 들어 있던 것까지 아울러 서가에서 없애버리도록 한 지가 벌써 수십 년이 되었으니, 가까운 반열에 출입하던 사람들은 모두 듣고 보았을 것이다. 다만 개인적으로 소장하고 있는 것까지 거두어 모아 불태우게 하는 것은 혹 소요만 일으키고, 영(令)이 시행되지 않을 우려도 있다"[34]

"영(令)이 시행되지 않을 우려"가 있다는 것은 곧 군주의 권력에 대한 한계를 보여준다. 조선 후기 군주 중에서 상대적으로 정력적인

---

33  酉房充棟之貯, 安知無奇文之竝在收蓄耶? 年前火其書之令甲何如, 而曾未幾何, 猶復傳習, 則殿下之法紀, 亦可謂立乎?(무악고소설자료연구회 2001b, 72-73).

34  內府之藏 凡以稗官小說爲名, 則竝與舊在編籍, 祛之刀架之間者, 已爲數十年, 出入邇列之人, 莫不聞覩。但搜括私藏, 秉畀炎火, 恐或徒擾, 而 令不立矣。(무악고소설자료연구회 2001b, 73-74).

통치를 펼친 정조의 경우가 이러하다면, 한글 소설의 전성기로 간주되어오는 동시에 군주권력이 훨씬 약했던 것으로 보이는 19세기에는 상황이 어떠했을지 짐작할 수 있다.

## 3. 사회적 네트워크로서 장시

조선 후기 국가가 향유한 기반권력의 정황이 전술한 바와 같다면, 국가가 경우에 따라 이용할 수도 있고 이용하지 않을 수도 있는 사회의 인프라는 어떠했을까? 중국의 경우, 인구 대 지방관의 수가 갖는 불균형은 극심했지만, 폭넓은 상인 네트워크를 정부가 활용할 수 있었다. 그러한 상인 네트워크를 통해 변방까지 군수물자를 수송할 수 있었을 뿐 아니라, 전국적인 송금 또한 가능했다. 중국의 경우에는 6세기 중반부터 서점도 존재하기 시작하여 명청대에 이르러서는 광범위한 네트워크를 이루게 된다(이노우에 스스무 2013, 104). 대조적으로 조선에는 서점 네트워크가 대체로 부재했다. "서점은 19세기에 와서야 비로소 출현한다. 익종이 대리청정을 하고 있던 시기인 1829~1830년 조정에서 서울의 보은단동에 서점을 열게 하였으나 무뢰한들이 재상가에서 잃어버린 것을 찾는다는 구실을 대어 백주에 억지로 책을 빼앗아 가서 곧 문을 닫고 말았다고 한다. 이로써 서점이 출현한 때는 19세기 후반으로 짐작될 뿐이다"(강명관 2014). 그렇다면, 정병설이 주목한 것처럼, 한글 소설이 유통될 수 있는 주된 방법은 상설시장이나 서점이 아닌 장시였다고 할 수 있다. 정병설에 따르면, 조선 후기의 장시 네트워크의 발달은 혁명적이었다.

"조선시대 소설은 … 내용은 혁명적이지 않았지만 파급력은 혁명적이었다. …일반적으로는 조선의 유교이념은 유교 경전이나 교양 교훈서를 통해 뿌리를 내린 것으로 보지만, 그것은 씨를 뿌린 것이고 사실상 뿌리를 내린 것은 소설이라고 볼 수 있다. 소설을 통해 전국이 하나의 지식망, 하나의 정보망으로 엮이면서 이념과 사상이 뿌리내렸던 것이다."(정병설 2016, 6-7)

정병설은 장시에 관련된 연구사에 대해 입장을 밝히고 있지 않지만, 한국사 연구자들은 장시가 갖는 사회사적, 생활사적 의미에 대해 일찍부터 주목해왔다. "생산품을 매각하고 동시에 일용필수품을 구입하므로 생활의 거의 대부분을 그것에 의거해서 유지하고 있었다"(善生永助 1929, 5-6). 그런데 장시는 단순히 역사적 사실뿐 아니라, 한국사 내러티브(historiography)에서 정치적으로 민감한 주제이다. 장시는 상품화폐경제의 발달을 나타내는 지표로 간주되었고, 상품화폐경제발달은 조선사 발전 여부의 지표였기 때문이다.[35] 이를테면, 무라야마 지준(村山智順)은 장시를 조선 정체론의 상징으로 간주했다.[36] 근대화론자들은 장시가 근대화와 더불어 사라져야 할(상설시장으로 변모되어야 할) 것으로 간주했다(이재하·홍순완 1992, 101). 특히 1970년대의 정책입안자들은 유통근대화를 위해 상설시장이 장시를 대체해야 한다고 믿었다(박강수 1977, 88-89). 이헌창(1986)은 18세기 중엽에서 20세기 중반에 이르기까지의 한국경제사의 한 측면을 "정기시 체제의 장기적 지속"이라고 특징짓고, 그러한 특징의 원인은 원격지교역의 미발달이라고 설명했다. 이영훈(2000, 60-68)은 한국의 장시가 오랫동안 상설

---

35    장시의 연구사에 대해서는 허영란(2009).
36    무라야마 지준(村山智順)의 〈朝鮮場市の硏究〉는 1932~1933년경에 저술되었으나 당대에는 출판되지 않음(허영란 2009, 33).

화되지 못한 원인을 상인공동체의 부재에서 찾았다. 상인공동체를 형성할 만한 시장의 수요나 이윤의 독점이 이루어지지 못함에 따라 유통기구 역시 충분히 발달하지 못하고, "조직화되지 못한 대면거래의 양적집합에 불과한" 장시가 오랫동안 주된 유통방식으로 자리 잡았다고 보았다. 허영란(2009, 22-23)은 외견상 상설화되지 못했어도 장시의 이면에는 육로교통의 개편이나 새로운 중심지의 발달 같은 그 나름의 역동적 변화가 있었음을 강조했다.

그렇다면 장시는 양적인 차원에서 어떤 부침을 보였는가? 물자의 재분배의 세 축을 호혜(선물), (국가권력에 의한) 재분배, 시장이라고 볼 때, 조선 전기의 사족 생활은 선물에 크게 의존했고, 고려시대에 존재했던 정기시는 조선 초에 없어졌다. 그리하여 이헌창과 같은 경제사가는 조선 초의 상업은 통일신라기의 9세기보다도 비활성화 상태였다고 본다. 지방에 정기시=장시가 출현한 것은 15세기 후반이며, 선물보다는 시장교환이 성장해갔다. 그랬다고 하여도 전체적으로 보면 압도적으로 자급자족형 경제였던 것으로 보인다. 19세기 전반에도 농산물의 70%가 자급되고, 10%가 관으로 납부되고, 20%가 시장으로 나갔다고 추산된다(이헌창 2016, 102-110). 18세기 초까지는 장시가 관청소재지와 평야지방에 분포했으며, 산골짜기에는 그 이후에 신설되고 있었던 것으로 보인다(이헌창 2016, 124).

그런데 송호근은 『인민의 탄생』(34쪽)에서 "장시가 전국적으로 번성하는 성종대"라고 하고, 동시에 53쪽에서는 "조선의 시장인 장시(場市)는 중종 대에 전국에 형성되기 시작"했다고 말한다. 성종 재위기간(1469년~1494년)에 전국적으로 번성했던 장시가 중종 재위기간(1506~1544)에 새삼 형성되기 시작하기는 어려울 것이다. 전거나 통계의 불충분으로 인해 성종과 중종 시기의 장시 현황에 대해서는 구체적으로 확인하기 어렵다. 대다수의 연구자들은 농촌의 정기시장은 15세기 후반에 출현하여, 18세기에 와서 비로소 장시는 전국적으로 성장하며 5일장으로 정착했다고 보고 있다. 1770년에 간행된 『東國文獻備考』는 1천여 개의 장시가 개설되어 있었다고 했고, 19세기 초의 『萬機要覽 財用편』에서는 1,061개의 장시를 기록하고 있고, 1830년대에 편찬된 『임원경제지』 역시 그와 유사한 기록을 보여준다.[37] 조선 후기 장시 규모를 일러 천여 개로 간주한 정병설 역시 이러한 기록에 근거한다(정병설 2016, 61).[38]

그런데 정병설이 장시를 통한 한글 소설의 혁명적 유통이라는 주장을 통해, 송호근의 기존 주장을 충분히 비판할 수 있는지는 확실치 않다. 위에서 인용한 바와 같이 장시가 전국에 걸쳐 존재한다는 사실은 송호근도 인정하고 있기 때문이다. 그런데 동시에 송호근은 다음과 같이 말한다.

> "조선에서 향시, 장시, 장문(場門), 시사(市肆)로 불렸던 시장은 지역에 제한된 국지적 시장이었으며, 그 기능도 자급자족과 물자 교환에 그칠 정도로 소규모였다. 전국적 규모의 시장은 거의 형성되지 않았으며, 유일하고도 가장 중요한 유통 상품인 곡물을 사고파는 시장이 여러 지역을 아울러 조금씩 발달하던 때가 18세기 이후일 만큼 뒤늦은 것이었다."(송호근 2011, 328-329)

---

37  경기도 102개, 충청도 157, 강원도 68, 황해도 82, 전라도 214, 경상도 276, 평안도 134, 함경도 28개이다.

38  사료상의 이러한 기록들이 곧 실증적으로 확고한 사실을 의미하는 것은 아닐 수 있다. 19세기의 통계자료 상당수가 18세기의 상황을 전사하는 경우가 있을 수 있다. 그리고 조선에서 장시는 국가의 재분배체계에 일정정도 종속되어 있었고, 원칙상 국가의 허가 대상이었다.

이어서 송호근은 조선왕조가 물가에 무관심했음을 주장하는 이영훈과 박이택의 연구를 인용하고서 다음과 같이 말한다. "조선에 가장 중심적인 교역 대상이었던 쌀의 가격에 대한 기록이 전무하다는 것은 시장이 형성되지 않았음을 입증한다"(송호근 2011, 335). 이영훈과 박이택의 연구 결과가 얼마나 설득력 있는지에 대한 논의는 차치하고, 이들이 말하는 "전국적 시장"이란 단순히 장시가 전국에 걸쳐 존재했다는 사실을 지칭하는 것이 아니라 물가에 의해 그 통합성이 측정될 수 있는 수준의 "시장"을 의미하는 것임에 주목할 필요가 있다. 즉 물가 혹은 상응할 만한 지표를 제시하지 않는 한 이영훈, 박이택, 송호근의 주장을 충분히 논파하기는 어렵다.

물가라는 지표 없이 통합성의 수준을 측정하기는 어려움에도 불구하고, 정병설은 "훨씬 높은 수준의 전국적 시장의 통합성"이 존재했고, 그러한 시장 네트워크를 통해 소설이 전국적으로 유통되었음을 역설한다(정병설 2016, 66). 그러나 그러한 주장의 주된 근거는 대체로 한글 소설의 경판이나 완판이 간행지역을 넘어서서 유통되었다는 것이다(정병설 2016, 260-261). 간행지역을 넘어서 유통된 일부 사례가 존재한다고 해서 그것이 곧 높은 수준에서 통합된 시장 속의 "전국적" 유통을 의미하는 것일까? 앞서 잠시 언급했듯이, 정병설보다 몇 개월 전에 『조선시대 상업출판』이라는 저서를 간행한 이윤석의 견해는 정병설과 다르다.

"세책과 방각본 시장이 서울과 전주 그리고 안성에 한정되었으므로, 세 군데 이외의 다른 지역까지 〈춘향전〉이 읽힌 것은 아니다. 물론 한두 권의 소설이 다른 지역에서 읽힐 수는 있었겠지만, 전국적으로 유통된 것은 아니다. 고소설의 전국적 유통은 인쇄기술의 변화, 철도의 개통, 신

문의 판매 등과 관련이 있다⋯."(이윤석 2016, 168-169)

즉, (간행지) 역내 유통에 대해서는 상대적으로 확실한 증거와 합의가 존재하고, 역내를 넘어선 영역에 대해서는 그 증거의 불충분함으로 말미암아 다양한 이견이 존재하는 것이 학계 상황이라고 할 수 있다. 그렇다면, (간행지) 역내유통 대 전국유통의 이분법은 현상을 파악하기에 상당히 거친 틀로 보인다. 역내유통을 넘어서는 부분적 현상이 관찰된다고 할 때, 그것을 곧 전국유통으로 가정하기 위해서는 비약이 필요하기 때문이다. 이를테면, 간행지역을 넘어 유통되었지만 전국유통이라고까지는 부를 수는 없는 상대적으로 광역 유통 정도에 그치는 상황을 충분히 상상해볼 수 있다. 간행지역 내 유통 대 전국유통의 이분법을 넘어 보다 다차원적인 구분을 적용했을 때도, 정병설의 논의는 지지되는 것일까? 여러모로 조선의 상황은 명말에는 통합된 전국 책시장 네트워크를 갖추었던 중국의 경우와 대조되는 것으로 보인다.[39]

그렇다면 정확히 어느 정도 유통되어야 "전국유통"이라고 부를 수 있는 것일까? 이에 대한 정확한 대답은 아마도 향후 연구자들의 합의를 통해서만 주어질 수 있을 것이다. 지금 이 단계에서 거론할 수 있는 것은 한국사 역사서술(historiography)상에서 생길 수 있는 문제이다. 19세기 초에 다다른 것으로 보이는 장시의 확대를 일러 혁명적으로 평가하고 그 장시 인프라에 기초한 상품의 유통을 전국유통이라고 부르고 나면, 그리고 그 이후의 전개에 대해 "전국유통"이나 "혁명적"이라는 수사를 "질적으로" 넘어서는 평가를 부여하지 않을 경우, 한국사 전체를 보아 19세기 초의 상황이 가장 극적인 분기점으로 남게 된

---

39   명말 책시장의 상황에 대해서는 이노우에 스스무(2013, 302).

다. 그러나 19세기 초 이후의 장시 통계는 그러한 역사서술에 대해 의문을 제기하기에 충분해 보인다.

정병설의 연구는 조선시대를 다루고 있기에 장시의 역사를 거론할 때 식민지시기를 논하지 않고 있다. 정병설은 1911년 조선총독부 통계연보에 나온 1052개소의 기록까지만 언급한다(정병설 2016, 61). 그러나 조선 후기의 장시 발달을 "혁명적"이라고 평가하고 그것을 다시 근대화 테제와 연결시키고 있는 한 그 이후 장시의 역사를 고려하지 않을 수 없다. 그렇다면 식민지 시기 장시 현황은 어떠한가? 장시는 1940년에 2,600개소가량에 이른다. 대략 30년 사이에 장시는 약 1.5배 정도 늘어난 것이다. 특히 이 기간에는 장시 설치가 미비했던 북부지방에까지 장시 수가 비약적으로 증가한다(허영란 2009, 17, 40, 52, 61, 69, 304). 이후 남한의 장시 수는 1970년대 중반에 절정에 이르고(1950년에 668개소, 1960년에 826개소, 1970년에 994개소) 1980년대에부터 감소한다. 농촌 대중교통의 발달과 유통 산업의 발전이 장시의 위상을 약화시킨 1980년대 말에는 약 700여 개의 장시가 개설된 것으로 조사된다(이재하·홍순완 1992, 5).

이러한 통계는 18세기의 장시의 성장을 근대화의 인프라로 연결시키기 위해서는 보다 복잡한 매개 논의가 필요함을 알려준다. 일단 18세기의 장시성장은 괄목할 만하지만, 식민지 시기의 장시 성장 속도는 더 "혁명적"으로 보인다. 그렇다고 이것이 곧 일본 식민정부가 장시 성장을 장려했다는 말은 아니다. 식민정부는 대체로 "물물교환 시대의 유습"이라고 장시를 폄하하고 상설시장의 확대를 꾀했다(허영란 2009, 76). 그럼에도 불구하고 이 시기에 이르러 "혁명적"으로 성장한 장시의 규모는 근대화와 관련하여 무엇을 시사하는가? 이러한 상황과 질문은 정병설 논의가 보다 복합적이 되어야 할 필요를 시사한다.

## VI. 국가, 사회, 그리고 행위자

위에서 논한 바가 타당하다면, 조선의 국가는 전제권력의 면에서나 기 반권력의 면에서나 국문학 논쟁 주요 참여자들이 주장하는 것보다는 "최소 국가"(minimalist state)에 가까웠다고 할 수 있다.[40] 국가가 그토 록 약했다면, 어떻게 사회의 도전으로부터 그 존재를 그토록 오래 유 지할 수 있었는가? 이것은 이 논문에서 다룰 수 없을 정도로 큰 주제 이지만, 일단 국가가 최소 국가라고 개념화될 만큼 사회의 조직적 역 량이 충분히 약했기에 국가에 대한 강한 도전이 가능하지 않았다는 가 설을 수립할 수 있다.[41]

충분히 조직화된 사회 역량이 부재할 때, 국가에 비판적인 혹은 국가에 도전하고 싶은 (피지배층) 개인이 취할 수 있는 선택은 무엇인 가? 하나는, 국가의 권력이 전 사회를 통제할 만큼 크지 않으므로, 그 직접적 통제권 밖에 자신을 위치시키는 방법이 있을 수 있다. 다른 하 나는 그 국가권력 혹은 지배층이 향유하는 영역에 접근을 시도하면서, (그들의 세계를 전복시킬 만한 역량은 없으므로) 그들의 자원을 전유하 는 방법이 있을 수 있다. 크게 보아 이 두 가지 선택지밖에 없다는 것 은, 국가는 국가대로 개개인을 전면적으로 통제할 역량이 없고, 개인 은 개인대로 조직화된 역량으로서 국가에 정면 도전하기 어렵다는 것 을 함의한다.

---

40    "최소/최대국가"에 대해서는 Crone(1989, 47).
41    조선 후기 사회의 조직적 역량의 취약함에 대해서는 이영훈(2014, 368~427) 참조. 그런 데 조선 국가에 관한 한, 이영훈은 강한 국가가 존재했다고 보는 입장을 취한다

## 1. 국가가 방임하는 영역 속의 행위자

조선 후기의 국가가 "유교" 이념을 사회 기저층까지 확산시키고자 했으나 그다지 성공하지 못하였고, 정작 그것을 성공적으로 수행한 것은 국가기구가 아니라 한글 소설이었다는 취지의 주장을 정병설은 하였다. 한글 소설은 국가의 탄압에 의해 "유교" 이념을 담을 수밖에 없었지만, 널리 유통되었기에 결과적으로 국가가 원했음직한 효과를 내었다는 것이다. 그러한 주장이 불러일으키는 의문은, "유교" 이념을 전국적으로 하층까지 확산시키고자 하는 게 지배층 혹은 국가의 목표였다면, 그들은 그와 같은 기능을 효과적으로 해주는 소설을 성원하지는 못할망정 왜 탄압하려 들었을까, 하는 것이다. 중국의 경우, 섭성(葉盛, 1420-1474) 같은 지식인들은 충신효자의 고사만을 취하여 소설, 희곡, 연극을 통해 대중들에게 전달한다면 교화에 유익하다고 생각했다(오오키 야스시 2007, 68). 그런데 왜 조선 지식인들은 그러한 생각에 골몰하지 않았을까? 이러한 수수께끼를 풀 수 있는 가장 쉽지만, 보다 설득력 있는 방법은 국가가 한글 소설의 내용을 "적극적으로" 탄압할 의사와 기획 자체가 없었다고 보는 것이다.

정병설은 한글 소설에까지 이념적 순정함에 대한 국가의 통제가 미쳤다고 보지만, 그러한 이념적 순정함에 대한 강요는 양반 사대부층에 국한된 것이 아니었을까? 탄압은 군주권에 대한 명시적인 도전으로 여겨진 천주교 이슈 등 극히 일부 영역에 제한된 것은 아니었을까? 실로, 조선 후기에는 민간 상업출판 검열제도가 부재했을 뿐 아니라, 방대한 조선시대 공식문서에서 한글 소설에 대한 언급 자체를 찾기 쉽지 않다(이윤석 2016, 60, 161). 군주나 양반 사대부들이 한글 소설 자체를 논의한 사례 역시 많지 않은데, 그들이 한글 소설 혹은 그와 유관한 사안을 언급한 경우들 중 특히 흥미로운 사례들을 살펴보자.

> "적이 살펴보건대 요즘 부녀자들이 앞다투어 능사로 삼는 일이란 오로지 패설(稗說)을 숭상하는 것이다. 패설은 나날이 늘어나고 다달이 쌓여서 그 종류가 백가지 천가지에 이른다. 세책점에서는 패설을 깨끗하게 베껴서 책을 빌려 보려는 이가 나타나면 삯을 걷어 이익을 얻는다. 식견 없는 부녀자들이 비녀를 팔고 내어서 앞다퉈 빌려다 긴긴 낮을 보낸다. 술과 음식 만드는 일이나 길쌈할 책임도 나 몰라라 하며 너나없이 다들 그렇게 지낸다."(안대회 2017, 36-37)

위 글은 체제공의 작고한 부인 동복(同福) 오씨(吳氏)가 필사한 여사서(女四書)에 붙인 서문의 일부이다. 작고한 부인의 덕성을 강조하고자 한 의도가 분명히 있기에, 채제공이 대비되는 세상풍속으로 묘사하고 있는 한글 소설의 유행은 다소 과장되었을 가능성을 배제할 수는 없다. 그러나 한글 소설이 일정 정도 이상 유행하지 않았다면 저와 같은 언급 자체가 성립할 수 없었을 것이다. 보다 확실한 것은, 당시 한글 소설이란 양반 사대부가 접근하면 스스로 위신을 해치게 되는 하위문화였다는 사실이다. 요컨대 조선 후기 지배층은 한글 소설을 매우 천시했기에, 탄압하기보다는 무관심 속에 방치한 것으로, 언급조차 꺼린 것으로 보인다. 이 점은 명말에 이르러 소설류의 상업출판이 일류 문인이 간여해도 좋은 영역이 된 중국의 경우와 대조된다(오오키 야스시 2007, 193, 211, 215, 306). 중국에서도 물론, 방각본은 영리 출판물이고, 방각본을 얻을 수 있는 자격은 금전뿐이라는 점에서 소설의 상업출판은 지배층이 독점하는 영역이 아니었다(오오키 야스시 2007, 145). 동시에 명말의 중국 사대부들은 과거로 입사하는 것 이외에, 출판으로 명리를 얻는 길 역시 정당하다고 생각했다.

조선 후기 양반사대부 및 국가가 한글 소설을 천시한 나머지 방임했다는 전제를 받아들이고 나면, 관련된 많은 사실을 설명할 수 있다. 예컨대 1906년 『매일신보』에 이인직이 『혈의 누』를 연재하기 전까지는, (심지어 1920년대까지 상당한 정도로) 한글 소설의 작자가 알려지지 않은 것 역시 한글 소설을 천한 것으로 보았다는 전제로부터 설명할 수 있다(이윤석 2016, 163-168). 공문서에서 일체 한글 소설에 대한 언급을 찾아볼 수 있는 것 역시 당연하다(이윤석 2016, 60). 국가나 양반 사대부가 방각본의 제작과 유통에 관계하지 않았다는 것 역시 당연하다. 검열 제도가 없었다는 사실도 설명 가능하다(이윤석 2016, 44, 117). 요컨대 양반 사대부의 입장에서 볼 때, 양반 사대부의 세계와 하위 신분의 세계는 명백히 구분되는 것이었으며, 양반 사대부들은 대체로 자신들의 폐쇄적인 담론 세계에 자족했던 것이다. 이윤석의 표현을 빌리자면, "조선시대 한문 문집인 〈택당집〉과 한글 소설 〈홍길동전〉은 같은 장에서 만날 수 없는 책이다… 두 책은 서로 다른 세계에 속하는 책이었다"(이윤석 2016, 156-157).

이처럼 국가와 양반 사대부가 방임했던 세계 속에서 대다수의 피지배층 개인들은 자신의 생활을 도모하며 살아갔다. 때로 한글 소설에 열광하면서. 그러나 이처럼 지배층의 세계와 피지배층의 세계를 갈라 놓고 싶어 한 것은 대다수 양반 사대부의 열망이었을 뿐, 그보다 하위 신분의 사람들이 일제히 자신이 처한 사회적 위치에서 자족하기만 했던 것은 아니다. 이를테면, 박희병이 다룬 이언진은 자신이 처했던 위치에 만족할 수 없었던 이들 중의 하나였다고 할 수 있다. 그리고 한글 소설 향유자들 중에서도 자신이 처한 사회적 위치에 자족한 이들만 있었던 것은 아니다. 지배층의 세계로부터는 소외되었으나 자신에게 보

다 높은 가치를 부여하고자 하는 열망을 가진 이들에게 주어진 현실과
그 현실 속의 전략은 무엇이었을까? 과연 박희병이 주장하는 것처럼,
전면적인 저항과 이탈이었을까?

## 2. 억압과 저항의 이분법을 넘어서

국문학 논쟁에 연루된 학자들은 대체로 자신들의 연구대상이 당대의
지배적인 문화에 동화되어 있거나 혹은 전면적으로 저항(혹은 이탈)
하고 있다고 보는 이분법적 사고를 보여준다. 앞서 언급했듯이, 김명
호는 이언진의 작품을 지배적인 담론 내의 것으로 보는 반면, 박희병
은 이언진의 작품을 지배적인 담론 외부로 나가버린 것으로 간주한다.
정병설과 (그 비판자인) 류준경은 한글 소설의 내용이 천편일률적으로
유교적이라고 보는 반면,[42] 송호근은 그 전복적 가능성을 강조한다.[43]
이러한 이분법적 사고 속에서는 조선 후기 개인은 지배층의 철저히 동
화되거나 배제 혹은 저항하는 선택지밖에 남지 않는다. 실로 전제국가
론의 입장 그리고 동화와 배제/저항의 이분법이라는 입장 속에서는 그
개인은 국가가 뒷받침하고 있는 그 지배적인 세계와 정면충돌하거나,
혹은 철저히 예속적이 될 수밖에 없을 것이다. 그러나 필자처럼 전제국
가론에 동의하지 않는 이에게는, 동화와 배제의 이분법을 벗어날 때에

---

42    우리의 고전소설의 내용은 유교적 지배이념을 거의 벗어나지 못하였다. 대부분의 한글
      소설은 중국을 배경으로 유교이념을 적극적으로 드러낼 뿐 '지금, 여기'의 문제를 거론
      하지도, 개인의 욕망을 직접적으로 표출하지도 않았다. 『홍길동전』, 『전우치전』 정도의
      저항이나 『신미록』에서 민란을 다루는 소재의 현실성 정도가 조선시대 소설출판의 최대
      치를 보여주었다고 할 수 있다(류준경 2017, 503).

43    "언문 독해 능력을 갖춘 문해인민의 존재가 중요해지는 이유는 조선의 정통 이념에 대
      한 긍정적 혹은 이단적 시선을 언문 소설, 교리서, 통문(通文) 등을 통해 습득할 수 있는
      가능성 때문이다."(송호근 2011, 91).

비로소 그간 가려졌던 정치적 동학까지 포착할 수 있다고 여겨진다.

먼저 박희병에게 조선에서 가장 전복적인 문인으로 해석된 이언진의 경우를 살펴보자.

"주변부에 속한 인간, 혹은 주류사회로부터 '타자'로 간주된 인간이 택할 수 있는 길은 단 두 가지다. 하나는 묵종默從하는 것, 다른 하나는 기존의 규칙을 깨는 것. 이언진이 택한 길은 후자다."(박희병 2009, 68)

위 예문이 보여주듯이 박희병은 주류에서 벗어난 인간이 택할 수 있는 선택지는 묵종 아니면 저항밖에 없다고 본다. 그가 보기에, 대부분의 비주류가 묵종의 길을 따르는 현실 속에서 드물게 저항이라는 길을 선택했다는 점에서 이언진은 특별하다. 그러한 이언진의 길은 규범적인 타당성마저 갖추고 있다. "인간은 저항을 통해서만 정의에 이를 수 있으며, 좀 더 나은 삶과 좀 더 나은 세상을 만들어 갈 수 있다"(박희병 2009, 18). 이처럼 역사의 진보를 가리키는 인물인 이언진의 저항은 타협적인 성격을 띤 것이 아니다. "헤겔의 이른바 생사를 건 인정투쟁이다. 호동거실은 본질상 인정투쟁의 기록이다."[44] 과연 이언진의 작품과 행보가 "생사를 건 인정투쟁"이라는 표현에 값하는 것일까?

부인할 수 없는 사실은, 중인 출신 역관 문인 이언진이 기존 양반 문인들로부터 인정받고자 거듭 시도했다는 것이다. 1763년 일본을 왕래한 통신사행에서 이언진은 제술관과 서기들을 "**먼저** 찾아가 자신의 문학적 재능을 인정받고자 했고," 일본 중견 학자들에게도 자작시를 보내가며 자신을 소개했다(김명호 2015, 166. 강조는 필자). 박희병

---

44  위에서 인용한 것 이외에도, 박희병(2017, 54).

은 일본 학자들에게 이언진이 먼저 접근했다는 점에 대해서는 동의하지 않지만, 제술관과 서기들로부터 평가를 받고자 한 사실은 인정한다. 그리고 자신을 알아보아줄 것이라는 희망 속에서 박지원에게 거듭 사람을 보내어 시를 보여주고자 했다는 사실 역시 분명하다(김명호 2015, 171; 박희병 2010, 117). 그러한 이언진의 노력이 반드시 긍정적인 결과를 가져온 것은 아니었다. 이언진이 당시 상당한 영향력 있던 박지원에게 인정을 추구했을 때, 박지원은 "자질구레하여 진귀할 게 못된다"는 평가를 내린다(김명호 2015, 173).

이러한 일련의 과정은 "생사를 건 인정투쟁"으로 보기에는 충분히 비타협적이지 않다. 이언진이 비록 기존 문학과는 사뭇 구별되는 지향을 가졌다고 해도, 당시 지배적인 흐름으로부터 스스로를 고립시키지 않고 관계를 맺기 위해 권위자에게 인정을 추구한 행위 자체는 저항이라기보다는 어떤 식으로든 기성 권위를 "이용"하고자 든 것이라고 볼 수 있다. 그리고 대안적인 인정 체계가 부재한 상태에서는 그 방법 이외에는 달리 자신의 세계를 널리 알릴 방법이 없었을 것이다. 결국 이언진이 젊은 나이로 병사한 뒤에 세상에 널리 알려지는 데에는 박지원이 이언진의 문학을 소개한 『우상전』이 작지 않은 역할을 한 것으로 보인다(김명호 2015, 193; 박희병 2010, 118). 박지원은 여항문인과의 교류에 긍정적이었으며, 양반사대부의 문학이 과거시험공부로 타락한 데 비해서 여항문인들에게서는 오히려 고문의 전통이 살아 있다고 평가했던 것이다(김명호 2015, 175).

그리고 앞서 이언진의 시 세 편을 구체적으로 분석하는 데서 드러났듯이, 이언진의 작품 상당수는 기존의 권위적 텍스트 전통을 활용한 것이다. 기존 텍스트 전통을 상기시키면서, 그에 의존하여 글을 쓰다보면, 스스로 "번쇄하기가 경전주석에 비유할 만하다"(煩瑣譬如註脚,

호동거실 157수)라고 말하는 지경에 이를 수 있다. 이러한 발언은 이언
진이 자신의 글쓰기에 대하여 메타(meta)적인 의식을 가지고 있었음
을 보여준다. 그리고 "번쇄"라는 부정적인 함의의 표현은 그 메타적인
의식의 내용이 불편한 것이었음을 드러낸다. 다시 말해서 이언진은 불
편하다고 느끼면서도 기존의 권위적인 텍스트 전통에 의지했으며, 의
지했지만 그에 안주하지는 않았던 것이다. 달리 당시의 지배적인 흐름
에 접속할 방법이 없는 상황에서, 이언진이 기존 텍스트 전통에 대해
정면 대결하기보다는 그것을 자신의 목적을 위해 전유하고자 한 것은
충분히 이해할 수 있는 것이다. 그가 기존의 지배적인 텍스트 전통의
전유에 종사하는 한, 그는 "전연 다른 세계에 속한 사람"이라기보다는
기존 세계에 접목하고 있는 사람이고, 그의 세계는 기존 세계에 "적
대적" 성격을 표방하고 있기보다는 적대적인 성격을 "내장"하고 있는
것이다.[45]

그리고 이언진이 백화체를 자신의 문학작품에 적극적으로 도입한
사실조차도 얼마나 전복적인 것이라고 할 수 있는지 좀 더 검토를 요
한다. 이언진이 그러한 시도를 처음 한 것이 아니고, 당시에 이미 그것
은 선도적인 문인들에 의해 유행을 이루었고, 이언진은 그 유행에 참
여하되 한 발자국 더 나아간 경우로 볼 수 있다. 수호전의 문장에 대
한 상찬은 이언진의 스승 이용휴를 비롯하여 여러 사람이 이미 한 말
이며,[46] 당대의 문장가로 알려진 박지원 역시 연의(演義)류의 어투를
지닌 것으로 유명했다(무악고소설자료연구회 2001b, 188). 불교, 노자,
장자 등에 나오는 "이단"의 말이나 패관소설류의 표현을 사용하는 게

---

45  "전연 다른 세계에 속한 사람," "적대적" 등의 표현에 대해서는 박희병(2017, 54-55).
46  수호전 문장이 대단하다는 이용휴의 발언: 무악고소설자료연구회(2001b, 169). 그밖에
    다른 이의 언급으로는 무악고소설자료연구회(2001b, 183-184).

드문 일은 아니었다. 심지어 과거시험 답안에도 그러한 표현을 사용하는 경우들이 종종 있었다는 사실에서 확인된다.[47] 리고 성균관 시험지에도 패관잡기의 문체가 있었을 것으로, 규장각 문신들도 이런 문체를 구사한 것으로 언급된다(무악고소설자료연구회 2001b, 59-60). 이러한 사실을 감안하면, 이언진이 한 일이 그렇게까지 "혁명적인" 것은 아닌 셈이다.

미셸 드 세르토가 말한 바와 같이, 지배 문화의 대상이 되어버린 이들은 그저 수동적인 소비자에 그치는 것은 아니다. 그런 점에서 보자면, 김명호가 이언진을 박지원과 같은 세계의 사람으로 간주하고, 그의 작품에 드러난 전고의 "존재"에 주로 주목하는 것은 이언진의 작품에 담긴 정치적 동학을 포착하기에는 충분하지 않다. 미셸 드 세르토는 엘리트의 문학작품보다는 보다 하위주체들의 속담 같은 사례에 대해서 연구했지만, 부분적으로 그의 통찰은 이언진의 작품 이해에도 적용가능하다. 미셸 드 세르토는 기존의 속담 연구자들이 특정 집단의 속담을 모아서 그 집단의 정신적 지도를 추적해온 경향을 비판하였다(Certeau 2011, 20). 그러한 연구법은 속담을 현실에서 사용된 말이라기보다는 실험실 속 재료로 간주하게 되어, 속담이 실제로 작동한 "실천적" 맥락을 주목하기 어렵다. 마찬가지로 조선 후기의 한시가 문집의 형태로 정리되어 있기는 하지만, 그것을 실험실 속 재료처럼 정적인 대상으로 간주해서는 안 된다. 이언진이 백화 표현뿐 아니라 지배층 전유물인 전고를 적극 활용하여 창작한 작품들은 정리된 작품으로 물화되기 이전에, 어디까지나 특정 맥락에서 시를 짓고자 한 실천의

---

47  무악고소설자료연구회(2001b, 45). 今番二所入格擧子試券中, 多有佛語, 至有極樂世界, 八百羅漢等語, 而一所入格擧子試卷中, 有以西浦稗說, 爲頭說云.(숙종 36년, 1710년 5월) 그리고 성호사설에도 그러한 내용이 보인다(무악고소설자료연구회 2001b, 137).

흔적이기 때문이다. 따라서 이언진의 작품에 드러난 전고의 "존재"뿐
아니라 그가 왜 그리고 어떻게 특정 전고의 동원이라는 "소비" 했는가
라는 측면에도 주목해야 한다.

　다른 한편, 이언진의 작품에 비판적인 성격이 있다고 하여, 그것
으로 인해 "미적 행위를 통한 이언진의 저항으로 인해 조선의 정신사
精神史는 그 심부深部에 심각한 균열과 파열이 생기게 되었다"(박희병
2009, 18)고 평가하는 것 역시 지나치다. 이언진은 자신을 추종하고
제자를 둔 것도 아니고, 공적인 출판행위를 통해 폭넓은 독서대중에
게 자신의 비전을 호소한 것도 아니고, 조직적 사회운동에 연루된 것
도 아니다. 심지어 상호 유대하는 동인 집단이 있었던 것도 아니다.[48]
이언진은 극히 "개인적인" 삶의 태도를 보여주었던 것으로 보이며, 그
가 기존의 텍스트 전통에 의지한 것은 그는 달리 자신을 드러낼 수 없
는 약자였기 때문이다. 그의 무기는 약자의 무기(the weapons of the
weak)였다.[49] 그리고 약자의 무기가 갖는 특징은 기존 지배체계에 정
면도전하지는 않는다는 것이며, 따라서 그 체계의 함의가 달라질지언
정, 체계 자체는 온존된다. 과연 이언진의 작품을 일러 조선의 정신사
에 심각한 균열과 파열을 일으켰다고 평가하고, "이 균열과 파열은 차
별이 없는 평등한 사회, 억압과 수탈이 없는 세상을 향한 기나긴 도정
의 값진 출발점이다"라고 단언할 수 있을까(박희병 2009, 18).[50] 그것은

---

48　松石園詩社와 같은 중인층 문인들의 동인 조직의 출현은 이언진 사후 한세대 뒤의 일이
　　다(박희병 2009, 24-25).
49　"약자의 무기"라는 표현에 대해서는, Scott(1987) 참조.
50　유사한 표현으로 "이언진에게는 다소간 근대인의 모습이 없지 않다."(박희병 2010, 13);
　　"이언진은 이 시집을 통해 신분 해방과 인간 평등의 실현을 추구하고 있으며, 세습적 권
　　력과 지위, 일체의 억압과 지배에 대한 반대를 표명하고 있다."(박희병 2010, 115); "그
　　것은 저 '근대'로 향한 길일 것이다."(박희병 2010, 177); "이언진은 조선왕조의 '외부'
　　그것은 근대와 맞닿아 있다고 생각된다—를 혁명적으로 선취해냈다고 할 만하다."(박희

조선 후기 당대의 이언진의 모습이라기보다는, "출발점"이라는 표현이 암시하듯이 회고적(retrospective) 관점에 의해 조명된 이언진의 모습이다.

이언진의 작품에 과연 "차별이 없는 평등한 사회, 억압과 수탈이 없는 세상"을 분명히 표현한 것이 있을까? 김명호와 박희병처럼 한국 한문학 연구에 오래 종사해 온 전문가들마저 정반대의 해석을 내릴 만큼 그의 작품이 던지는 메시지는 충분히 모호하다.

> "이언진이 꿈꾼 혁명과 전복의 청사진 속에는 신분 차별의 부정, 지벌地閥, 학벌, 문벌이 아닌 재능에 따른 인재 등용, 사대부의 특권적 지위 철폐, 사상과 종교의 다원성 인정, 조선＝유교국가의 탈피 등이 그 주요 강령으로 포함되어 있었을 법하다……호동거실의 종결부에 이 시가 있음은 대단히 의미심장한 일이다. 단적으로 말해, 그것은 이언진의 시학과 미학이 정치학과 결코 분리되지 않는다는 것, 그리고 시학과 미학을 통해 제기된 주장이나 문제들은 결국 정치를 통해 최종적으로 해결되고 완성될 수밖에 없음을 보여주는 것으로 생각된다."(박희병 2009, 420-422. 강조는 필자)

이언진이 가졌던 전복적인 비전의 내용이라는 "신분 차별의 부정, 지벌地閥, 학벌, 문벌이 아닌 재능에 따른 인재 등용, 사대부의 특권적 지위 철폐, 사상과 종교의 다원성 인정, 조선＝유교국가의 탈피"는 이언진의 작품에서 명시적인 언어로 표현된 바 없다. 그러기에, 박희병은 "포함되어 있을 법하다"라는 추정의 어투를 사용할 수밖에 없

병 2010, 193)

다. 이언진에게 정치적인 것이 있다면, 그의 시학과 미학에 담겨져 있는 자세―기존 가치와 전통에 습합하면서 다른 방향으로 길을 트는 (channeling) 자세―그 자체이지, 표현되지 않은 정치적 청사진이 아니다. 그럼에도 불구하고 박희병이 이언진의 작품으로부터 정치적 청사진을 도출하기를 포기하지 않는 것은, 억압적인 국가와 그에 저항하는 영웅적인 개인이라는 그가 설정한 프레임웍 때문인 것으로 보인다. 그러한 프레임웍을 버릴 때조차도, 이언진은 과연 "당대 동아시아 문학의 최고봉"이자 "세계적 작가"가 되는 것일까(박희병 2009, 10).

양반 사대부 세계의 바로 아래에 있다고 할 수 있는 중인역관의 세계가 그러했다면, 그 밖의 다른 피지배층 인물이나 소수자들의 사정은 어떠했을까? 성리학의 주인으로 간주되지 않던 일련의 여성들이 성리학의 이념을 자신의 이해관계에 맞도록 전유해나갔다고 주장한 기존 연구가 이미 존재한다(김영민 2005, 5, 7-33). 그리고 조선시대에 가장 영향력이 컸던 한글 소설이라고 할 수 있는 춘향전의 세계 역시 하층신분을 가진 기생의 딸이 역시 당대의 성리학 이념을 자신의 이해관계에 맞도록 창조적으로 전유하고 소비했으며, 그것은 곧 새로운 정치 동학이기도 하다고 주장하기도 하였다(김영민 2007, 12, 27-46). 이러한 분석과 해석이 타당하다면, 이 일련의 "외부자들"은 당대의 성리학 이념 그리고 그것이 지지하는 기성질서에 정면으로 저항한 것도 아니고, 천편일률적으로 "유교적" 내용을 답습하고 있는 것도 아니고, 그것을 자신의 이해관계에 맞도록 전유하고 있었던 것이다.

이제 끝으로 조선에서 가장 하위의 신분이었다고 해도 과언이 아닌 무당의 경우를 살펴보자. 과연 무당과 "유교"의 관계를, "성리학 이외의 다른 이념이 발붙일 수 없고, 불교를 배척하게 되니 자연히 무속이 횡행하며, 높은 도덕적 이상을 구호로 설정했지만 무능한 지배층과 부패한 관리가 백성의 삶을 짓밟고 있는 상황에서 문화가 성장할 여지는 없었다."(이윤석 2016, 292)라는 맥락에서만 이해할 수 있는 것일까? 이 사안에 대해서는 보데인 왈라번(Boudewijn Walraven)의 연구가 시사적이다. 왈라번은 "Divine Territory: Shaman songs, elite culture and the nation"라는 논문을 통해서, 조선 후기 기층민중의 의식, 특히 민족국가 의식의 초기적 형태가 무가(巫歌)에서 어떻게 나타나는지 탐구한다(Walraven 2010, 42-57).[51] 흥미롭게도 조선 후기의 민중들의 생각을 담고 있는 것으로 판단되는 무가들은 조선이 가진 지리적 정체성뿐 아니라 독특한 역사적 정체성을 진술하기도 하고, 조선국(朝鮮國)이라고 구체적으로 지칭하면서 조선 행정구역 및 정치제도의 특징을 묘사하기도 하고, 소중화의 문화적 정체성까지 언급하는 등 엘리트의 시각에서 발원한 담론들을 다양하게 포함하고 있다(Walraven 2010, 46-49). 즉 무가 자료에는 중국과 같은 이웃나라와는 구별되면서 조선 내의 지역 차는 넘어서는 종류의 일정한 공동체에 대한 묘사가 광범위하게 발견된다. 이것은 근대 이전에 이미 민족 국가에 준하는 공동체 의식이 한반도에 널리 존재했음을 보여주는 증거라고 왈라번은 결론 내린다.

본 논문의 취지에서 볼 때 한층 더 흥미로운 점은, 하층민이 향유한 무가 자료들에 중국문화-지배층 엘리트 문화의 담론이 높은 정확성을 가지고 풍부하게 남아 있다는 사실이다. 무가나 한글 소설에서 발견되는 그러한 담론들은 삼강행실도의 유포나 그 밖의 방식에 의해서 국가에서 사회기층까지 퍼뜨리고 싶었던 내용들이기도 하다. 그렇다면 이것이 과연, 무당들이 국가의 압력에 굴복해서 혹은 계몽당해

---

51    1920-30년대에 채록된 무가가 어떻게 그리고 어느 정도 조선 후기 무가의 모습을 이어 받고 있느냐의 문제에 대해서는 같은 논문 p.46 참조.

서 국가와 민족에 대한 언술을 무가에 포함시킨 결과일까? 앞서 논한 바대로 국가의 기반 권력이 취약했다면, 국가의 검열 가능성은 "혹시 있을 수도 있는" 정도의 미약한 가능성에 머물게 된다. 그러한 미약한 가능성에 대비했을 가능성은 존재하지만, 그것만으로는 하위계층이 폭넓게 지배층 엘리트 문화의 담론을 수용한 것을 충분히 설명하기는 어렵다. 왈라번 교수의 연구에 따르면, 공식적인 국가기구보다는 정부에서 임명하지 않은 말단 관리, 광대, 무당, 기생, 판수 등 다양한 행위자들이 적극적으로 가담한 결과이다(Walraven 2010, 56). 국가가 주도한 삼강행실도의 출판 및 유포의 영향력이 제한적이었다는 것을 감안하면, 하위 주체들의 자발적이고 적극적인 가담 없이는 조선 후기의 "국가"의식이 혹은 "유교"가 그토록 널리 퍼질 수 없었을 것이다.

그렇다고 해서 무가에서 보이는 "유교"담론들이 엘리트 담론의 맥락에서와 마찬가지 의미를 갖고 있다는 것은 아니다. 무당들은 자신들의 이해관계에 맞게 소위 엘리트 문화를 자유롭게 전유하고 있었음을 왈라번의 연구는 보여준다. 즉 그들은 엘리트의 요구에 맞추기 위해 그 문화를 수용한 것이 아니라, 자신들의 이해관계에 맞게 (샤만적인 예식행위를 풍성하게 하고, 자신들의 발언의 권위를 높이기 위해) 다른 이질적 요소들과 더불어 선택적으로 ("유교"가 가진 세계시민적 요소 등은 탈각하고) 활용한 것이다. 이렇게 보았을 때, 조선 후기의 하층민들은 비록 당대의 지배층을 증오했을지는 모르지만, 그들이 가진 문화의 이용가치는 무시하지 않은 것이다. 국가의 힘을 벗어난 곳에서, 국가와 결합하지 않고 독립적으로 발달한 권위 체계가 드문 상태에서, 지배층의 언어는 무당이 가진 권위를 강화하는데 사용할 수 있는 드문 자원 중의 하나였을 가능성이 있다. 특히 현실에 영향력을 미치는 열쇠를 지배층이 쥐고 있다는 사실을 감안할 때, 그들이 이해할 수 있는

언어를 일정부분 포함하는 것이, 원하는 소원을 이룰 가능성을 높인다
는 차원에서, 지배층의 언설은 기복 행사에 효과적이었을 가능성이 있
다(Walraven 2010, 45).[52]

　끝으로, 그러면 왜 역관이고, 여성이고, 기생이고, 무당인가? 그
들이 가진 독특한 사회적 위치가 드물게 그들로 하여금 지배층이 아
니면서도 지배층의 언어를 활용할 수 있게끔 만들었다고 볼 수 있다.
먼저 무당의 경우를 생각해보자. 키스 토마스는 『종교와 마술, 그리고
마술의 쇠퇴』라는 저서에서 무녀와 같은 여성예언자들이 가진 정치적
함의에 대해서 통찰력 있는 진술을 한 바 있다. 그에 따르면, 17세기
유럽의 종교 예언자들 중에서 여성들이 약진하게 되는 것은, 여성들이
자신들의 말을 경청하도록 유일한 방법이 신성한 계시로 포장하는 것
이기 때문이었다(키스 토마스 2014, 298). 이러한 통찰은 부분적으로
조선의 무당에도 적용할 수 있다. 즉, 다른 경로가 거의 부재한 상황에
서 여성의 발언이 권위를 가질 수 있는 역할이 바로 무당이었으며, 빌
려올 수 있는 권위의 언어가 많지 않은 상태에서, 국가와 결합하여 지
배구조를 형성하고 있는 엘리트의 언어는 중요한 가용 자원이었던 것
이다.

　기생 역시 특별한 위치를 점한다. 조선 시대의 기생은 다른 사회
구성원과는 달리, 천한 신분과 높은 교양을 동시에 가지고 있는 존재
이다. 그러한 모순이 그들로 하여금 양반사대부의 성적 소비 대상이
되는 동시에 그들과 일정한 문화적 교류를 가능케 하였다. 그 결과, 일
부 기생들은 시문을 후대에 남길 수도 있었다(김영민 2007, 40). 그리

---

52　국가가 약했다 하더라도 그에 저항하는 사회가 대개 별도의 권위체계를 갖지 못했다는
　　점은 양반 사족들이 자치적 성격을 띤 운영원리인 향규(鄕規)를 만들어 운용하는 과정
　　에서도, 결국 관권의 우위를 전제했다는 데에서도 보인다(한국역사연구회 2000, 39).

하여 춘향이라는 캐릭터는 당시 엘리트의 언어를 전유할 수 있었다. 임윤지당이나 강정일당과 같은 여성 성리학자들 역시 독특한 위치에 있었다. 양반 가문에 속하여 엘리트의 교양에 접속할 수 있었던 동시에, 자식이 없었기 때문에 일정한 여가시간이 주어졌고, 결과적으로 학문에 집중할 수 있는 환경이 어느 정도 마련되었던 것이다.

그렇다면 이언진이 점했던 중인역관이라는 위치는 어떠한가? 박희병은 중인역관이 갖는 특징을 주로 계급적 관점에서 이해했다(박희병 2010, 16-18). 그런데 중인역관이라는 존재가 흥미로운 점은 그들이 가진 계급적 위상만이 아니다. 그들이 전문성을 가지고 향유할 수 있는 외부세계의 경험은 그들에게 독특한 입지를 선사했다. 조선처럼 (높은 수준의 폐쇄성을 보여주는) 사회 속에서 "일상생활의 실재는 실재로서 당연하게 받아들여진다. 그 실재는 단순한 현존을 넘어서는 그 이상의 부가적인 검증을 요구하지 않는다. 그것은 단지 그곳에, 자명하고 거부할 수 없는 사실성으로서 존재한다"(피터 버거·토마스 루크만 2013, 46). 그와 같은 사회 속에서 사는 일반 사람들의 체험에 비해, 역관의 해외체험은 다른 구성된 실재를 만날 수 있는 드문 기회를 제공한다. 그것은 단순히 "세상물정에 밝았"다라고 정리될 사안이 아니다(박희병 2010, 17). "대안적인 상징적 세계의 출현은 그 존재 자체만으로 자신의 세계가 반드시 필연적이지 않다는 것을 경험적으로 보여주기 때문에 위협을 품고 있다"(피터 버거·토마스 루크만 2013, 167). 그리고 그것은 자신이 원래 속해 있는 세계의 자명성에 의문을 제기하고, 정당화의 필요를 새삼 제기한다. 구성주의적 입장에서 본 실재 세계란, 비록 주체 밖에 독립적으로 존재하는 객관적 실체로 성립하고 있지만, 그것이 구성된 것이라는 점에서 본질적으로 변화의 계기를 갖고 있다. "모든 상징적 세계는 애초부터 문제적이다. 문제는 그것이 문제화되는 정도이다"(피터 버거·토마스 루크만 2013, 165). 즉 그것은 대안적인 실재로 재구성될 수 있다.

그런데 조선시대 역관의 체험이 곧 대안적인 실재로 번역될 수 있는 것은 아니다. 관건은 과연 재구성할 수 있는 지적인 능력이 있느냐, 그리고 그 대안적인 비전을 제도로 번역할 수 있는 조직적 역량이 있느냐, 해당사회의 사회화 과정을 좌우하는 권력을 탈취할 수 있는 기회가 오느냐이다. 박희병의 해석과는 달리, 필자가 보기에 이언진의 작품에서 그러한 능력의 존재를 확인할 수 있는 곳은 없다. 오히려 그러한 이론적 역량을 가지고 있었던 것은, 사대부의 지적 훈련과 해외 체험을 결합한 연암 박지원 쪽이다(김영민 2012). 하위 주체들에게 허여되었던 것은 새로운 비전의 구체화라기보다는 기존에 존재하는 지배층 언설의 전유였다. 미셸 세르토는 푸코가 강조한 규율권력이 창궐하는 국면에서조차 그것을 창의적으로 소비해내는 피지배자들에게 주목한 바 있다. 다른 파워에 비해 이데올로기 파워가 강했던 조선의 현실에서, 그리고 조직적 역량을 갖추지 못했던 피지배자들의 현실에서, 비판적 개인이 의지할 수 있었던 것은 권력에 정면으로 저항하는 일이라기보다는 권력을 때로는 우회하고 때로는 전유하는 일이었다.[53] 이언진도 기존 권위자에게 인정을 추구했던 정도만큼은, 그리고 기존 언어를 전유했던 정도만큼은, 그러한 현상의 예외라기보다는 일부이다. 그리고 당시의 현실과 그가 처해 있던 위치를 감안한다면, 그가 이단아가 아니라고 해서 그가 보여주었던 정치적 동학이 무가치해지는 것도 아니다.

---

53　조선 후기에 존재한 파워의 분류와 평가에 대해서는 김영민(2013, 9, 211-252).

## VII. 맺음말

지금까지 필자는 국문학계가 관심을 기울여 온 자료와 역사현상을 매개로 하여 조선 후기의 국가와 사회 일단을 살펴보고, 당시 피지배층 일부가 보여준 정치적 동학을 포착해보고자 하였다. 필자가 그러한 시도를 할 수 있었던 계기는 국문학자들이 협의의 국문학 연구 영역을 넘어서 과감한 질문을 제기하며 논쟁을 주도한 데서 왔다. 그러한 국문학계의 새로운 흐름은, 연구자들이 보다 활력 있는 연구를 위해서 기존 연구 관습을 넘어 주변 학문과의 적극적인 교류에 나서야 하는 상황에 처해 있음을 시사하는 것이 아닐까. 그러한 흐름에 부응하고자, 필자는 논지를 전개하는 과정에서 사회과학적 개념조작에 머물지 않고, 국문학 연구에서 초점을 맞추어 온 한문학 작품까지 다루어보고자 시도하였다.

그러한 시도를 통해 도달한 해석이 타당하다면, 이른바 전제주의 국가 담론은 조선 후기의 정치적 동학을 이해하는 데 도움이 된다기보다는 걸림돌이 된다고 할 수 있다. 마이클 만은 전근대 제국들은 제한적인 기반역량으로 말미암아 광대한 영토에 대해 효과적인 직접 통치를 실현할 수 없고, 강제성을 띤 협조(compulsive cooperation)에 의존한다고 말한 바 있다(Mann 1986, Ch.5). 본문에서 개진한 논지대로라면, 조선 (후기)에는 자신이 제국이 아님에도 불구하고 전근대 제국의 통치 양태를 보여주었던 국가가 출현했다고 할 수 있다. 그리고 그 국가를 둘러싸고, 여러 사회구성원들은 강제성을 띤 협조를 수행하는 데 그치지 않고 "자발적인" 엘리트 문화 전유에 나서고 있었다고 할 수 있다. 그 정치현상을 패트리샤 크론의 어휘를 사용해서 기술한다면, 전제국가의 정치라기보다는 최소 국가-최소 사회 결합의 정치라고 할 수 있을 것이다.

이러한 정치현상을 이해하기 위해서는, 정치 이데올로기란 고정된 함의를 갖는 것이 아니라, 변화하는 사회적인 맥락에 따라, 그리고 다른 파워 원천과의 관계에 따라, 다른 함의를 갖게 된다는 사실을 염두에 둘 필요가 있다(Zhao 2015, 43). 일정기간 동안 지배층 혹은 국가의 이해관계에만 봉사하는 것으로 보였던 이데올로기도 피지배층 혹은 사회일각의 다른 행위자들의 이해관계에 봉사하도록 전용되곤 하는 것이다. 그렇다면 흔히 "유교"라고 불려온 일련의 상징체계를 전제국가 정당화 이데올로기라고 단순화해서는 안 된다.

그러한 단순화를 넘어서, 지배 이데올로기를 전유하는 정치적 동학을 포착하기 위해서는, 관련 사료에서 조직적인 집단행동의 흔적이나, 혁명적인 사상의 기록이나, 영웅적인 비전을 발견하려고 노력하는 데 머물지 않고, 각 행위자들이 취한 미시적인 전략과 기존 가치의 창의적인 변용에 주목할 필요가 있다. 정치적인 것은 국가가 사회에 가하는 명시적인 통제나, 국가에 대한 사회의 조직적인 저항 또는 개인의 영웅적인 순교에만 있는 것은 아니다. 정치적인 것은 상대적으로 쉽게 드러나지 않는 미시적인 맥락 속에도 있다.

# 참고문헌

강명관. 2014.『조선시대 책과 지식의 역사』. 천년의 상상.

_____. 2017.『허생의 섬, 연암의 아나키즘』. 휴머니스트.

구지현. 2011.『1763 계미 통신사 사행문학 연구』. 보고사.

권내현. 2012. "양반을 향한 긴 여정: 조선 후기 어느 하천민 가계의 성장."『역사비평사』
　　2월호.

김명호. 2015. "이언진과『우상전』."『한국문화』70. 규장각한국학연구원.

김영민. 2005. "형용모순을 넘어서: 두 명의 조선시대 여성 성리학자."『哲學』83.

_____. 2007. "정치사상 텍스트로서의 춘향전."『한국정치학회보』41(4).

_____. 2012. "철학의 역사와 의미의 역사, 성리학자와 연암 박지원."『한국학논집』47.

_____. 2013. "조선중화주의의 재검토: 이론적 접근."『韓國史硏究』162.

류준경. 2017. "조선시대 소설유통의 '혁명성'."『인문논총』74(4).

李能和. 1978. "五家作統法의 沿革."『李能和全集 續集』. 永信아카데미 韓國學硏究所.

무악고소설자료연구회. 2001a.『한국고소설관련자료집』1. 태학사.

_____. 2001b.『한국고소설관련자료집』2. 태학사.

미야지미 히로시. 2014.『미야지마 히로시의 양반: 우리가 몰랐던 양반의 실체를 찾아서』.
　　노영구 역. 너머북스.

박강수. 1977.『한국재래시장연구』. 범학도서.

박제가. 2013.『북학의』. 안대회 역. 돌베개.

박희병. 2009.『저항과 아만』. 돌베개.

_____. 2010.『나는 골목길 부처다: 이언진 평전』. 돌베개.

_____. 2017. "『호동거실』의 반체제성."『민족문학사연구』63.

서지원. 2012. "이언진의 시문학연구." 숭실대학교 박사학위논문.

성균관대학교 동아시아학술원. 2009.『정조어찰첩』. 성균관대학교출판부.

송호근. 2011.『인민의 탄생: 공론장의 구조변동』. 민음사.

申正熙. 1977. "五家作統法小考."『大丘史學』12 · 13.

안대회. 2017.『이현일 편역: 한국산문선 7권』. 민음사.

오영교. 1991. "19세기 사회변동과 오가작통제의 전개 과정."『학림』13권.

_____. 2001.『조선후기 향촌지배정책 연구』. 혜안.

오오키 야스시. 2007.『명말 강남의 출판문화』. 노경희 역. 소명출판.

유춘동. 2014.『조선시대 수호전의 수용연구』. 보고사.

윤선도.「시폐사조소」.『고산유고』. 한국문집총간 a91.

이노우에 스스무. 2013.『중국 출판문화사』. 이동철 외 역. 민음사.

이동순. 2010. "이언진 문학연구." 고려대학교 박사학위논문.

이수건. 1989.『조선시대 지방행정사』. 민음사.

이영훈. 2000.『한국 시장경제와 민주주의의 역사적 특질』. 한국개발연구원.

_____. 2014. "한국사회의 역사적 특질: 한국형 시장경제체제의 비교제도적 토대." 이영훈 편.『한국형 시장경제체제』. 서울대학교출판문화원.

이윤석. 2016.『조선시대 상업출판: 서민의 독서, 지식과 오락의 대중화』. 민속원.

이재하·홍순완. 1992.『한국의 장시: 정기시장을 중심으로』. 민음사.

이하경. 2018. "추국장에서 만난 조선후기 국가: 영조와 정조시대『추안급국안(推案及鞫案)』을 중심으로." 서울대학교 박사학위논문.

이헌창. "조선왕조의 정치체제와 통치원리."(미출간 원고)

_____. 1986. "우리나라 근대경제사에서의 시장문제."『태동고전연구』제2집.

_____. 2016.『한국경제통사』. 해남.

정병설. 2016.『조선시대 소설의 생산과 유통』. 서울대학교출판문화원.

정석종. 1994.『조선 후기의 정치와 사상』. 한길사.

鄭震英. 1994. "조선 후기 국가의 對村落支配와 그 한계."『嶠南史學』4.

제임스 C. 스콧. 2015.『조미아, 지배받지 않는 사람들: 동남아시아 산악지대 아나키즘의 역사』. 이상국 역. 삼천리.

키스 토마스. 2014.『종교와 마술, 그리고 마술의 쇠퇴 1』. 이종흡 역. 나남.

티모시 브룩. 2014.『하버드 중국사 원.명: 곤경에 빠진 제국』. 조영헌 역. 너머북스.

피터 버거·토마스 루크만. 2013.『실재의 사회적 구성』. 하홍규 역. 문학과 지성사.

한국역사연구회 조선시기 사회연구반. 2000.『조선은 지방을 어떻게 지배했는가』. 아카넷.

허영란. 2009.『일제시기 장시연구: 5일장의 변동과 지역주민』. 역사비평사.

金聖嘆. 1985.『第五才子書施耐庵水滸傳』. 中州古籍出版社.

善生永助. 1929.『朝鮮の市場經濟』. 조선총독부.

佐藤至子. 2017.『江戸の出版統制: 弾圧に翻弄された戯作者たち』. 吉川弘文館.


Balazs, Etienne. 1964. *Chinese Civilization and Bureaucracy: Variations on a Theme.* Yale University Press.

Certeau, Michel de. 2011. *The Practice of Everyday Life.* 3rd edition. trans. Steven F. Rendall. University of California Press.

Crone, Patricia. 1989. *Pre-industrial Societies.* Basil Blackwell.

Curtis, Michael. 2009. *Orientalism and Islam: European Thinkers on Oriental Despotism in the Middle' East and India.* Cambridge University Press.

Kim, Youngmin. 2018. *A History of Chinese Political Thought.* Polity.

Mann, Michael. 1984. "The Autonomous Power of the State." European Sociology Archives 25(2) *politics* 20(4).

_____. 1986. *The Sources of Social Power, vol.1: A History of Power from the Beginning to A.D. 1760.* Cambridge University Press.

Nettl, J. P. 1968. "The state as a conceptual variable." *World politics* 20(4).

Scott, James C. 1987. *Weapons of the Weak: Everyday Forms of Peasant Resistance.* Yale University Press.

Tackett, Nicholas. 2017. *The Origins of the Chinese Nations.* Cambridge University

Press.

Walraven, Boudewijn. 2010. "Divine Territory : Shaman songs, elite culture and the nation." *Korean Histories* 2(2).

Zhao, Dingxin. 2015. *The Confucian-Legalist State: A New Theory of Chinese History Confucian-Legalist State.* Oxford University Press.

제3장

고대 아테네 민주주의에서 진실성 문제:
파르헤시아(진실발언)에 대한 플라톤의 철학적
검증을 중심으로

박성우

## I. 들어가며

2016년 브렉시트 결정과 트럼프 대통령의 당선은 현대정치가 이른바 "탈진실"(post-truth)에 의해서 주도되고 있는 것이 아닌가 하는 우려를 낳았다. 현실 정치에서 어느 정도의 거짓과 위선이 개입되는 것은 막을 수 없다. 그러나 최근의 정치현상에는 이전과는 다른 징후들이 나타나고 있다. 우선, 정치 영역에서 거짓과 허위가 부상하는 빈도가 유달리 높아졌고, 거짓의 내용도 극단적인 경우가 많아졌다.[1] 또 거짓 정보가 사회연결망을 통해 손쉽게 유포되고, 이 과정에서 다수의 사람들이 거짓의 확산에 참여하게 되면서 거짓에 기초한 정치적 결정이나 심의를 대수롭지 않게 여기는 경향도 생겨났다. 또한 의식적으로든 혹은 무의식적으로든 거짓의 생성에 참여한 이들은 내적으로 자기기만의 과정을 거치면서 좀처럼 거짓 정보를 교정하려 들지 않는다.[2]

　탈진실의 정치는 민주주의를 실현하고자 하는 현대 국가에 새로운 위기를 조성한다. 과거 민주주의의 위기가 대의제의 실패, 인민의 실질적 정치참여의 저조, 다수의 횡포 등에 기인한 것이었다면, 오늘날 탈진실의 정치에 의해 초래된 민주주의의 위기는 민주적 의사가 거짓정보나 가짜뉴스 등에 의해 왜곡되는 소위 허상 민주주의(illusory

---

1　예컨대 트럼프의 멕시코 국경에 대한 발언과 불법이민자들에 대한 코멘트 등은 기왕에 자유민주주의의 수호자 노릇을 해온 미국 정치 과정에서 행해진 정상적인 발언이라고 보기 어렵다. https://www.nytimes.com/2018/05/16/us/politics/trump-undocumented-immigrants-animals.html (검색일: 2019.02.12.)

2　브렉시트를 이끌어 낸 "이탈투표(Vote Leave)" 캠페인은 영국이 유럽연합을 탈퇴하면, 1주일에 3억 5천만 파운드 혹은 1년에 200억 파운드를 국민보건서비스(NHS)에 사용할 수 있다고 선전했지만, 이는 전형적인 거짓으로 드러났다. 한편 미국 정치인들의 발언에서 소위 "진실측정"("truth-o-meter")을 할 목적으로 설립된 폴리티팩트 프로젝트(PolitiFact.com)에 따르면, 대통령 후보로서 트럼프의 발언 중 "진실"로 측정된 것은 겨우 4%에 불과한 것으로 알려졌다(Rose 2017).

democracy)의 문제라고 할 수 있다(Fish 2016). 허위에 기초한 결정은 그 과정에서 다수의 시민이 적극적으로 참여했다고 하더라도 건전한 민주적 심의의 결과라고 보기 어렵다. 또한 허위에 기초한 정치과정은 그것이 아무리 형식적 절차를 준수했다고 하더라고 정당성을 갖췄다고 할 수 없다. 현대 국가의 민주적 심의가 정당성을 획득하기 위해서는 반드시 정치과정에서의 진실성이 전제되어야 한다(Markovits 2008).

그러나 정치과정에서 완벽한 진실성을 전제하기란 매우 어려운 일이다. 특히 오늘날과 같은 정보의 홍수 속에서 하루하루의 일상을 사는 일반인들이 거짓 정보를 가려내기는 매우 어렵다. 정치영역에서 절대적인 진실성만을 추구하는 것이 바람직하지 않다고 하는 오래된 편견 또한 존재한다. 주지하는 바와 같이 정치사상사의 전통 안에는 공공선의 달성이나 정치적 이상을 실현하기 위해서 어느 정도의 거짓은 허용될 수 있다라는 견해가 존재한다. 그렇다면 민주적 심의의 정당성을 얻기 위해서 민주주의는 과연 어느 정도의 진실성을 확보해야 하는가?

이 글은 이러한 문제의식을 출발점으로 최초로 민주주의를 창안한 고대 아테네 국가에서 민주주의와 진실성의 관계가 어떻게 이해되고 있는가를 검토하고자 한다. 특히 당시 아테네 민주주의가 대중에 대한 엘리트의 기만을 저지하기 위해서 고안한 파르헤시아(진실발언)라는 제도를 주목하여 아테네 민주주의와 진실성의 문제를 분석하고자 한다. 뒤에 자세히 설명하겠지만, 파르헤시아라는 제도는 아테네 대중이 민주정을 운영하는 지배자로서 진실성 문제를 어떻게 이해하고 있었는가를 가장 잘 드러내는 제도라고 할 수 있다. 재미있는 사실은 바로 이 제도를 매개로, 아테네 민주주의에 가장 비판적 입장을 견

지했던 것으로 알려져 있는 플라톤이 자신의 철학적 입장을 개진했다
는 것이다. 그러나 파르헤시아에 대한 플라톤의 관심은 단지 자신의
철학적 입장을 효과적으로 전달하기 위한 수단으로 그치지 않는다. 파
르헤시아에 대한 관심은 아테네 민주주의를 개선하기 위한 플라톤의
실천적 의지를 표명한 것이라고 할 수 있다. 사실 플라톤이 파르헤시
아에 관심을 두고 있었던 것은 지금까지 비교적 주목받지 못했던 일이
다(cf. Bourgault 2014; Dryberg 2014). 그러나 이 글은 플라톤의 저작
에서 발견되는 파르헤시아에 대한 코멘트를 중심으로 플라톤이 아테
네 민주주의의 쟁점 가운데 하나로 대두된 진실성 문제에 대하여 어떻
게 대응했는가를 검토해 보고자 한다.

　　이 글의 구성은 다음과 같다. 우선 2절은 아테네 민주주의의 맥락
에서 파르헤시아라는 제도가 어떤 방식으로 작동했는가를 검토할 것
이다. 특히 아테네 민주주의라는 구체적인 현실 속에서 파르헤시아라
는 제도가 애초의 취지와 달리 어떤 변형과 왜곡을 겪게 됐는가를 밝
힐 것이다. 두 번째로 이 글은 파르헤시아라는 제도가 아테네 민주주
의의 성공이라는 차원을 넘어, "정치에서 과연 진실성이 확보될 수 있
는가"라는 보다 근본적인 문제를 내포하고 있음을 주목할 것이다. 정
치와 진실성의 공존 가능성 문제는 다분히 철학적 문제로 인도된다.
이런 사실에 착안하여 이 글의 3절과 4절은 파르헤시아에 대한 플라
톤의 철학적 검토를 재조명할 것이다. 구체적으로 3절은 〈라케스〉라
는 대화편에서 플라톤이 정치적 파르헤시아와 구분되는 철학적 파르
헤시아를 제시하고 있음을 밝힐 것이며, 이어서 4절은 〈고르기아스〉에
서 소크라테스가 제시한 "진정한 정치가"의 의미를 재해석하면서, 근
본적인 정치 개혁에 대한 플라톤의 의지를 확인할 것이다. 마지막으로
이러한 플라톤의 의도가 현대 국가의 맥락에서 민주주의와 진실성의

관계에 관하여 어떤 함의를 제공하는가를 음미해 볼 것이다.


## II. 고대 아테네 민주주의에서 수사학과 파르헤시아

고대 아테네 민주주의는 일반적으로 설득의 기술로 알려져 있는 수사학(rhetorikē)의 영향력이 지배적인 것으로 평가받고 있다. 입법, 사법, 행정의 가장 핵심적인 제도라고 할 수 있는 민회(ekklesia), 배심원 법정(diskasterion), 위원회(boulē) 등은 모두 직접 민주제의 형태로 운영되고 있었으므로 다수 대중을 대상으로 하는 설득의 기술이 아테네 정치를 좌지우지했다고 해석하는 것은 무리가 아니다. 당시의 젊은이들이 대부분 수사학을 배워 정치적으로 영향력 있는 인물이 되기를 희망했고, 부자들은 그 기술을 가르치는 소피스트에게 거액을 지불하면서 자식들에게 수사학 교육을 시켰던 현실로 미루어 보더라도 아테네 민주주의가 수사학의 영향력 하에 있었다는 것은 엄연한 사실이다.

　그런데 아테네 민주주의에서 이렇게 수사학의 영향력이 막강하다는 사실은 소수의 엘리트 지배를 경계하고 데모스(demos, 민중)의 실질적인 지배를 실현하고자 했던 아테네 민주주의의 기본적 이념과 정면으로 배치된다. 사실 아테네 민주주의는 여러 제도들을 통해 가계혈통에 의한 귀족이나, 경제적 부를 기반으로 한 경제엘리트를 통제하고, 과두정을 저지하고자 했다.[3] 문제는 이러한 제도들도 결국 수사학

---

3　아테네의 데모스는 소위 "과두정의 철칙"(iron law of oligarchy)을 막고, 실질적으로 엘리트를 지배하기 위해서 다양한 제도적 장치를 만들었다. 추첨에 의해 공직자를 선출하고, 매년 도편추방(ostrakismos)할 엘리트를 지정하며, 부자들에게 군수물자(ex. 성벽과 삼중노선)와 제전(디오니시우스 제전이나 비극 상연)에 들어갈 비용을 충당하게 하는 공적 부조(liturgeia)를 부과하고, 꼭 선출직을 필요로 하는 경우(ex. 장군직)에는 자격

을 구사하는 정치엘리트의 영향력 하에 놓이게 된다면, 엘리트를 경계하고자 했던 모든 제도들은 무의미해진다는 것이다. 수사학을 구사하는 영향력 있는 정치엘리트들은 대부분 좋은 집안의 경제적으로 부유한 계층 출신이므로 이들의 지배는 사실상 과두정(oligarchia)과 다를 바 없기 때문이다. 따라서 아테네 민주주의가 말과 설득에 의존하는 한, 수사학에 능한 정치 엘리트의 영향력은 불가피하고, 이들 엘리트는 소위 데마고구(demagogue)로서[4] 데모스를 기만하고 데모스의 의사를 왜곡할지 모른다는 우려를 떨쳐낼 수 없었다. 수사학은 아테네 민주주의를 운영하기 위한 필수적인 요소이지만, 동시에 아테네 민주주의를 위협하는 요소로 여겨졌다. 이런 맥락에서 아테네 민주주의는 수사학에 대한 우려를 불식시키기 위한 기발한 제도를 고안해 냈는데, 그것이 바로 파르헤시아(parrhesia, 진실발언)라는 것이다.

파르헤시아는 pan(모두)과 rhesis/rhema(말, 연설)의 합성에서 온 것이다. 문자 그대로 옮기면 "모두 말하기"의 관행이라고 할 수 있다. 이는 아테네 정치 제도에 참여하는 모든 시민이 누구에 관해서든, 무엇에 관해서든, 모두 발언할 수 있는 기회를 갖는다는 언론의 자유를 의미한다(Momigliano 1973). 파르헤시아는 기본적으로 자신이 진실이라고 "판단"한 것은 무엇이든 말할 수 있다는 원칙이다. 따라서

---

검증(dokimasia)을 실시했던 것은 모두 아테네 민주주의가 소수의 엘리트를 상대로 데모스의 지배를 확고히 하고자 했던 의도를 반영한 제도들이다(Ober 1989, 68–103).

4    데마고구는 문자 그대로는 데모스의 지도자(dēmagōgoi, leaders of people)라는 의미를 갖고 있다. 일반적으로 데마고구란 아테네 민주주의에서 정치 엘리트가 민중의 의사를 왜곡하고 조작할 때 이들을 비난하는 논조로 일컫는 말이다(Ober 1998). 혹자는 소위 데마고구라는 용어의 존재를 들어 아테네 민주주의가 사실상 엘리트의 지배 하에 놓여 있었다고 주장하지만, 이들이 데모스를 완벽하게 지배했다고 단정하기는 어렵다. 핀리에 따르면, 무엇이 데모스의 의사를 왜곡한 것인지에 대한 명백한 기준이 없는 한 데마고구를 중립적인 단어로 해석하는 것이 낫다고 제안한다(Finley 1962).

파르헤시아에 따른 발언은 종종 타인에 대한 비난과 고발을 포함했다. 아테네의 데모스 입장에서 파르헤시아는 엘리트에 의한 수사학적 기만과 조작을 제어할 수 있는 안전장치였다. 이런 맥락에서 파르헤시아는 상대적으로 정보력이 미약한 데모스가 엘리트에 의해 쉽게 기만당하는 것을 막을 수 있는 좋은 기제였다고 할 수 있다. 그러나 파르헤시아가 아테네 민주주의에 긍정적인 방식으로만 기능했던 것은 아니다. 파르헤시아가 작동하기 위해서는 몇 가지 요건들이 충족되어야 하는데, 이 과정에서 민주적 원리에 반하는 요소도 발견되기 때문이다. 파르헤시아가 실제로 어떻게 작동했는가를 좀 더 구체적으로 살펴볼 필요가 있다.

우선, 파르헤시아가 작동하기 위해서는 엘레우세리아(eleutheria, 자유)가 확보되어야 한다는 사실에 주목할 필요가 있다.[5] 엘레우세리아는 노예가 아닌 시민으로서 자유롭게 정치에 참여할 수 있는 시민적 권리를 의미한다. 아테네 민주주의의 여러 정치 기구에서 파르헤시아가 작동하기 위해서 정치적 참여가 보장되어야 한다는 것은 당연한 일이다. 파르헤시아는 또한 빈부 격차와 무관하게 동등하게 발언할 수 있는 권리, 즉 이세고리아(esegoria, 평등 발언)가 보장되어야 한다. 이런 맥락에서 파르헤시아, 엘레우세리아, 이세고리아는 모두, 시민의 발언과 설득을 중심으로 운영되는 아테네 민주주의에서 거의 하나로 융합된 제도라고 볼 수 있다. 특히 이세고리아는 입법과 사법 기구에서 누구나 평등하게 발언할 수 있다는 원칙이므로 파르헤시아와 거의 유사한 것으로 취급되는 경향이 있었다. 이세고리아가 시민이면 "누구나" 발언할 수 있다는 것에 강조점이 있었다면, 파르헤시아는 "무엇

5    그리스에서 엘레우세리아의 관행에 대해서는 Halliwell(1991)을 참조(Aischines 2.70. cf. Arist. NE 1124b; Demokritos 18, 43; Euripides, Hippolytos 421-23; Plat. Gor. 492d, 521a).

이든"(빠뜨리지 않고 모두) 발언할 수 있다는 것에 강조점이 있었다는 차이를 보일 뿐이다(Monoson, 2000).[6] 여기까지는 파르헤시아가 아테네 민주주의에 긍정적으로 기능하는 부분이다라고 할 수 있다.

그러나 여기서 한 가지 주목할 것은 무엇이든 솔직하게 발언할 수 있는 자유는 근대적 의미의 면책특권이 부여되는 개인적인 권리는 아니라는 사실이다. 아테네 민주주의에서 파르헤시아는 일견 언론의 자유를 의미하는 듯하지만, 파르헤시아를 실행함으로써 초래되는 반발과 위험은 고스란히 발언자가 스스로 책임져야 했다. 파르헤시아를 실행한다는 것은 민회나 법정에서 유력자의 부정, 무능, 부도덕함, 어리석은 자문 등을 지적하는 경우가 많았다. 이에 따라 발언자는 그 상대자가 제기하는 인신공격을 포함하는 온갖 반격과 처벌(무고로 드러난 것에 대한 벌금형)을 감수해야 했다(Saxonhouse 2006, 87). 또 정치적 라이벌끼리의 파르헤시아는 어떤 점잖지 못한 내용까지도 발설해야 하는 경우도 생기는데, 이 경우 발설자가 비열하고 염치(aidos) 없는 사람이라는 비난을 받을 수도 있었다.[7]

6    이런 맥락에서 모노손은 파르헤시아를 자유 발언(free speech)이 아니라, 솔직 발언(frank speech)으로 번역하는 것이 옳다고 주장하고, 이는 어느 정도 설득력이 있다(Monoson 2000: 52, fn. 5). 그러나 뒤에 설명하겠지만, 파르헤시아는 단순히 화자의 솔직성만을 관여하는 것이 아니라, 발언 내용의 진실성도 관련한다. 진실성은 솔직성을 포함한다. 이런 맥락에서 필자는 파르헤시아를 진실발언으로 번역했다.

7    일견 파르헤시아는 처벌이나 비난을 두려워하지 않는 용기를 수반해야 한다고도 말할 수 있다. 푸코는 파르헤시아가 용기를 수반해야 한다는 점을 강조하여 파르헤시아가 덕성의 함양에 긍정적 기여를 한다는 점을 지적한다. 기본적으로 푸코에게 파르헤시아는 민주정치의 요소로서가 아니라, 아테네 문화에 내재해 있는 보편적 관행으로 이해된다. 사실 희극과 법정연설문에서 파르헤시아의 관행이 널리 퍼져 있었던 것은 사실이다. 사적인 영역에서는 파르헤시아는 특히 친구들(philoi) 사이에서 서로 반박할 수 있음을 의미한다(Isocrates, 2.3). 희극 극장에서는 누구나 알 수 있는 특정 인물에 대해서도 파르헤시아가 허용됐다. 예컨대 아리스토파네스 〈구름〉에서 묘사되는 소크라테스를 보라(Halliwell 1991). 푸코는 이러한 문화적 관행으로서의 파르헤시아를 소크라테스가 개인

　　파르헤시아가 이처럼 물리적 위험과 심리적 압박을 수반한다는 사실은 파르헤시아의 실행이 사실상 어려운 일이라는 것을 반영할 뿐 아니라, 결과적으로 민주주의에 악영향을 미칠 가능성을 시사한다. 가장 큰 문제는 파르헤시아가 그것이 수반하는 위험성을 능히 극복할 수 있는 유력자에게만 유용한 제도로 전락할 수 있다는 것이다. 대중적 인기나 재력이 취약한 쪽은 파르헤시아의 실행을 주저하고, 상대적으로 우세한 쪽은 오히려 파르헤시아를 무기 삼아 상대를 압박할 수 있다. 사정이 이렇다면, 파르헤시아라는 제도는 유력자에게 유리한 진실만을 부각하고, 그에게 불리한 거짓은 감출 가능성이 있다. 수사학에 능한 소수 엘리트의 지배를 견제할 목적으로 고안된 파르헤시아가 오히려 이들의 권력을 강화시킬 가능성이 있다는 것이다. 민주적 심의 과정에서 거짓을 폭로하고 진실성을 확보하기 위해서 고안된 파르헤시아가 권력 관계의 불균형으로 인해 오히려 거짓을 고착시키는 결과를 초래할 수 있다는 것이다(Markvits 2008).

　　파르헤시아의 실행에 있어서 또 다른 문제점은 그 발언의 진실성을 담보할 수 없다는 점이다. 누구든 자신의 견해에 대한 무오류성을 주장할 수는 없으므로 자신의 판단을 진리로 단정할 수는 없다. 따라서 파르헤시아는 "자신이 보기에" 진실이라고 믿는 바를 발언하는 수밖에 없다. 이런 맥락에서 파르헤시아는 기본적으로 적어도 자기 자신을 속이지 않는 진정성(sincerity)과 정직성(integrity)을 전제로 한다. 그러나 진정성과 정직성을 가졌다고 해서 곧바로 객관적인 진실성

의 자아(혹은 영혼)를 개선하는 데 활용했다고 본다. 푸코에 따르면 소크라테스는 자신의 영혼을 개선하기 위해서는 자신에 대해서 무엇이든, 그것이 수치스런 것이라도, 말할 수 있는 용기가 있어야 한다고 한다. 푸코에게 이러한 목적의 파르헤시아는 몰염치를 긍정적인 덕성으로 전환시킨 것이라고 해석된다(Foucault 2001; Dryberg 2014).

(truthfulness)이 확보되는 것은 아니다. 정직성이 객관적인 진리에 가까워지기 위해서는 화자가 자신의 발언과 관련된 내용을 제대로 이해할 수 있는 지적 능력을 갖춰야 한다. 만일 발언의 내용이 자신이 직접적으로 경험한 것이 아니라, 남의 말을 옮기는 것이라면 그것이 진실이라고 판단할 만한 근거를 스스로 댈 수 있을 정도의 지적 능력을 갖추고 있어야 한다(Monoson 2000: 53). 이렇게 볼 때, 파르헤시아는 발언자의 진정성 그리고 발언 내용의 진실성을 모두 관여하며, 둘 중 어느 하나가 결핍된다면 파르헤시아의 의의는 치명적으로 훼손된다고 할 수 있다. 자신의 발언의 진정성만을 내세우며, 진실성에 주의를 기울이지 않는다면, 파르헤시아는 제 기능을 할 수 없다. 반대로 진실성의 기준을 지나치게 높게 설정하여 진정성을 고려하지 않는다면, 무엇이든 말 할 수 있는 파르헤시아의 의의는 상실된다. 요컨대 파르헤시아가 제도적으로 성공하기 위해서는 진정성과 진실성의 적절한 균형이 이뤄져야 한다.

실제로 파르헤시아를 민주적 관행으로 이해하고, 이를 실행했던 아테네인들이 파르헤시아를 둘러싼 위와 같은 문제들을 얼마나 이해하고 있었는가는 미지수이다. 아테네의 데모스는 사실, 파르헤시아가 위험을 초래할 수 있으므로 용기를 수반해야 한다는 것, 그리고 아무리 진정성이 있더라도 진실성을 담보해야 한다는 것에 대해서 제대로 의식하지 못했을 가능성이 크다. 적어도 당시의 문헌에서 아테네 데모스가 파르헤시아 제도의 왜곡을 우려했다는 증거를 찾기는 어렵다. 아마도 아테네 데모스는 파르헤시아에 큰 기대를 걸었다기보다 여러 민주적 관행 중 하나로 간주한 듯하다.

뜻밖에도 파르헤시아에 대하여 비판적인 검토를 시도한 이는 플라톤이었다. 아테네 민주주의에 대해 부정적인 평가를 내린 것으로 잘 알려져있는 플라톤이 파르헤시아에 관심을 표명했다는 것은 매우 흥미로운 사실이다.[8] 물론 플라톤의 관심은 아테네 민주주의의 현실적인 문제와 다소 거리를 두고 있다. 플라톤의 파르헤시아에 대한 관심은 일차적으로 철학적 탐구를 진행하는 과정에서 발생했기 때문이다. 그러나 플라톤은 파르헤시아가 아테네 민주주의의 관행으로서 얼마나 핵심적인 역할을 담당하고 있는가를 잘 알고 있었다. 따라서 플라톤이 파르헤시아를 중심으로 자신의 철학적 논지를 전개하고 있다는 것은, 표면적으로 보이는 철학적 의도 이외에 정치적 의도를 갖고 있었다고 가정할 만하다. 이제 이러한 가정을 바탕으로, 플라톤이 파르헤시아에 대해서 관심을 보인 〈라케스〉와 〈고르기아스〉를 살펴 볼 것이다. 이를 통해 이 글은, 플라톤의 파르헤시아에 대한 관심은 그의 철학적 의도와 정치적 의도를 모두 성사시키기 위한 방편이었고, 특히 그의 정치적 의도는 기존의 플라톤 해석과 달리, 아테네 민주주의를 단순히 부정하는 것이 아니라, 문제점을 개선함으로써 아테네 민주주의를 건전하게 유지하기 위함이었다는 것을 밝힐 것이다.


## III. 플라톤의 〈라케스〉와 철학적 파르헤시아의 발견

〈라케스〉는 "용기란 무엇인가"라는 주제를 다루는 플라톤의 초기 대화편 가운데 하나이다. 대화의 출발점은 이제 노년으로 접어든 리시마

---

8   모노손은 플라톤의 대화편 가운데 파르헤시아가 등장하는 대목을 열거하고 있다(Monoson 2000, 154-155). 그녀에 따르면, 〈라케스〉 178a, 179c, 189a；〈고르기아스〉 487a, 487b, 487d, 491e, 492d, 521a, 〈국가〉 557b에서 파르헤시아가 각각 다른 맥락에서 다뤄지고 있다.

코스와 멜레토스가 그들의 아들들이 훌륭한 사람이 되도록 하기 위해 어떤 교육이 필요한가를 니키아스와 라케스 두 장군에게 묻는 것에서 시작한다. 흥미로운 것은 이 맥락에서 리시마코스는 이제 자신은 두 장군에게 파르헤시아를 행하겠다고, 즉 자유롭고 솔직하게 모든 것을 말하겠노라(parrhesiazesthai)고 선언한다는 점이다(178a). 이어서 리시마코스는 자신뿐만 아니라 두 장군도 파르헤시아를 행해 줄 것을 부탁한다.

> "이런 것들(즉 파르헤시아)에 대해서 어떤 이들은 비웃고, 누군가가 이들과 상의라도 하게 되면, 자기들이 생각하는 바는 말하려 하지 않고, 상의하는 사람의 생각을 넘겨짚고서는, 자신들의 생각과는 어긋나게 다른 것들을 말하니까요. 하지만 우리는 두 분께서 충분히 아시기도 하고, 자신들의 생각을 솔직히 말씀해 주실 것이라 여기고서, 우리가 조언을 구하고자 하는 것들과 관련된 상의를 위해 이처럼 초대했습니다."
> (179b)

리시마코스의 발언은 원론적이긴 하지만, 무엇인가 알고자 할 때, 파르헤시아가 전제되어야 함을 지적한 것이다. 자신의 아들에게 어떤 교육이 필요한가를 진정으로 알고 싶다면, 우선 자신의 무지를 솔직하게 인정해야 하고, 또 상대가 어떤 대답을 내놓든 수용할 자세가 되어 있어야 한다. 일반화시켜서 얘기하자면, 무엇인가 알고자 하는 자는, 스스로 파르헤시아를 행하고, 또 상대의 파르헤시아를 수용할 필요가 있다. 이러한 태도는 소크라테스가 철학적 삶을 시작했던 계기가 자신이 알지 못한다는 것을 솔직하게 받아들였기 때문이라는 사실을 상기시킨다. 소크라테스의 무지(無知)의 지(知)(알지 못한다는 것을 아는 것)는 자신의 상태를 솔직히 인정하는 일종의 파르헤시아 단계라고 할 수 있다. 이런 맥락에서 리시마코스의 발언은 파르헤시아라는 아테네 민주주의의 관행을 철학과 연결시키려는 플라톤의 의도가 담겨 있다고 할 수 있다.

플라톤의 〈라케스〉에서 라케스의 발언은 보다 직접적으로 파르헤시아와 철학 간의 연결고리를 지적한다. 라케스는 소크라테스를 향해 그야말로 "훌륭한 말들에 걸맞으며, 무슨 말이든 할 자격이 있는(axion onta logōn kalōn kai pases parrēsias) 사람"이라고 칭한다(188e). 라케스의 진술은 소크라테스가 단지 파르헤시아를 행하고 있다는 것만이 아니라, 소크라테스야말로 파르헤시아를 행할 자격이 있다는 것을 의미한다. 이는 진정한 파르헤시아는 소크라테스의 경우처럼 그 발언의 내용 안에 진실성을 담고 있어야 한다는 것을 강조한 것이다. 앞서 라이시마코스가 철학은 적어도 그 출발선에서 파르헤시아의 지원을 받아야 한다는 사실을 지적했다면, 라케스는 역으로 파르헤시아의 존재 의의가 살아나기 위해서는 철학의 지원을 받아야 한다는 것을 강조한 것이다.

소크라테스는 이보다 앞서 리시마코스가 아들 교육 문제와 관련하여 다수의 의견을 좇았던 것을 힐책한 바 있다(184e). 다수의 의견을 좇는다는 것은 철학적 탐구를 거부하는 것과 마찬가지다. 물론 다수는 교육은 어떻게 해야 하고, 용기가 무엇인가에 대한 견해를 가질 수 있다. 그러나 다수는 교육이 '무엇'이고, 용기가 '무엇'인가에 관한 진실성을 얻기 위해 끝까지 검토하지 않는다. 이 때문에 이들은 일치된 견해를 가질 수도 없다(cf. 〈알키비아데스〉 112a). 소크라테스는 리시마코스가 다수의 의견을 좇음으로써 철학적 탐구에서 멀어져 있었음을 지적한 것이며, 리시마코스의 파르헤시아가 성과를 거두려면 적어도 철학적 태도를 견지해야 한다는 점을 확인한 것이라고 할 수 있다.

〈라케스〉에서 파르헤시아 논의는 정치적 맥락에서 벗어나 아들 교육이라는 주제를 중심으로 전개되고 있다. 그러나 오히려 이 때문에 파르헤시아의 근본적인 목적과 의의가 정치적 편견에서 벗어나 새롭게 점검되는 계기가 마련됐다. 리시마코스가 정치적 맥락, 즉 아테네 민주주의의 맥락에서만 파르헤시아를 접근했다면, 다수의 의견을 좇은 것을 비난하는 소크라테스의 의견을 순순히 받아들이기 어려웠을 것이다. 아테네 민주주의의 이데올로기는 적어도 정치적 문제와 관련하여 늘 다수의 의견을 신봉했기 때문이다. 플라톤은 고도로 정치적인 함의를 갖고 있는 파르헤시아를 정치적 맥락에서 분리시킴으로써 파르헤시아의 근본 문제에 접근할 수 있었다. 일차적으로 철학을 위해 파르헤시아가 필요하지만, 파르헤시아를 위해서도 철학이 필요하다는 것이 밝혀진 것이다.

따라서, 〈라케스〉에서 제기된 파르헤시아는 정치적 파르헤시아가 아닌 철학적 파르헤시아를 의미한다. 그럼에도 불구하고, 철학적 파르헤시아는 정치적 파르헤시아의 근본 문제를 되짚어 볼 가능성을 열어놓았다. 앞 절에서 우리는 파르헤시아라는 제도가 민주적 효과를 거두기 위해서는 진정성과 진실성이 균형을 이뤄야 한다는 점을 지적한 바 있다. 그러나 아테네 민주주의의 맥락에서 진실성을 거론한다는 것은 다수의 의견을 거스르는 일이다. 정치적 파르헤시아의 관행 안에 엄연히 문제가 내재해 있음에도 불구하고 아테네 민주주의의 이데올로기는 그 문제를 지적하는 것 자체를 허용하지 않았다. 이런 맥락에서 플라톤은 정치적 파르헤시아의 문제점을 교육의 문제로 우회하여 지적한 것이라고 할 수 있다. 진정한 교육을 위해 파르헤시아뿐 아니라, 전문가의 지식, 나아가 철학적 태도가 필요한 것이라면, 진정한 정치를 위해서도 파르헤시아뿐 아니라, 전문가와 철학이 필요한 것이 아닌가라고 생각해 볼 수 있다. 〈라케스〉는 이런 견해를 암시하고 있으나 아직 직접적으로 드러내고 있지는 않다. 반면, 다음 절에서 검토할 〈고르기아스〉는 보다 직접적으로 이와 관련한 플라톤의 입장을 드러낸다. 이제 다음 절에서는 〈고르기아스〉에 나타난 파르헤시아를 분석하면서, 플라톤이 아테네 민주주의에 제기하고자 했던 건설적인 비판과 그의 정치철학적 의도가 어떻게 맞물려 있는가를 검토하고자 한다.

## IV. 플라톤의 〈고르기아스〉와 진정한 정치의 모색

플라톤의 〈고르기아스〉는 아테네에서 정치적으로 성공하고자 하는 이들에게 각광받고 있던 수사학의 본질을 재검토한 대화편이다. 수사학의 본질에 대한 검토는 결국 세상에서 권세를 누리며 쾌락을 좇는 삶을 살 것인지, 진정으로 자신을 돌아보며 절제있는 삶을 살 것인지로 이어진다. 즉 좋은 삶에 대한 철학적 탐구를 촉구한다. 흥미로운 것은 이 과정에서 또다시 파르헤시아가 결정적인 역할을 한다는 점이다. 사실 〈고르기아스〉에서 파르헤시아의 역할은 매우 복잡하게 얽혀 있다 (Benardete 1991; Stauffer 2009; Tarnopolsky 2010). 개괄하자면, 플라톤은 〈고르기아스〉에서 철학적 파르헤시아가 성공하기 위해서는 역설적으로 파르헤시아와 가장 대조적인 진술방식이라고 할 수 있는 아이러니(eironeia)가 필요하다고 보았다. 플라톤은 파르헤시아와 아이러니가 결합하는 것이 철학적 파르헤시아의 성공뿐 아니라, 정치적 파르헤시아의 성공을 위해서도 반드시 필요하다고 보았다. 좀 더 구체적으로 그 내용을 살펴보자.

〈고르기아스〉에서 처음으로 파르헤시아를 떠올릴 만한 장면은 소크라테스와 폴로스의 대화가 시작되는 지점이다. 수사학의 전수자인 폴로스는 그의 스승 격인 고르기아스가 소크라테스에게 논박당하는 것을 보고, 그 원인을 소크라테스가 고르기아스의 수치심(aidos)을 활용하여 그의 입장을 모순되게 만들었기 때문이라고 지적한다. 소크라테스는 폴로스의 개입을 허용하지만, 한 가지 약속, 즉 "길게 말하지 않을 것"을 지켜 달라고 요청한다. 이에 대해 폴로스는 "뭐라고요 제가 원하는 만큼 길게 말할 수 없다는 겁니까?"(ouk exestai moi legen hoposa an boulōmai, 461d)라고 반문한다. 폴로스는 여기서 파르헤시아라는 단어를 사용하고 있진 않지만, 그의 의중은 '소크라테스 당신은 감히 아테네에서 모든 것을 말할 수 있는 자유, 즉 파르헤시아를 금하겠다고 선언하는 것이냐'라고 묻는 것이라고 할 수 있다(Monoson 2000). 소크라테스도 폴로스의 의중을 알아차렸을 것이다. 그러나 소크라테스는 뜻을 굽히지 않고 오히려 자신의 대화법을 이어가야겠는 입장을 고수한다. 다소 길지만, 소크라테스의 대답을 인용할 필요가 있다.

"그리스에서 말하는 자유가 가장 많은 아테네에 와서 자네만 이곳에서 그 기회를 얻지 못한다면 실로 끔찍한 일을 겪는 걸 테지. 하지만 상대편 입장에서 생각해 보게. 자네가 길게 말하면서 질문 받는 것에 대답하려 하지 않을 경우에 이번에는 내가 끔찍한 일을 겪지 않겠나? 자네가 하는 말을 듣지 않고 가 버릴 자유가 내게 허락되지 않는다면 말일세. 그러나 우리가 했던 논의에서 자네가 꺼림칙하게 여기는 데가 있고 그것을 다시 바로잡기 원한다면, 방금 내가 말했듯이, 자네가 무르는 것이 좋겠다고 생각하는 것은 무르기로 하고, 나와 고르기아스 선생이

했던 것처럼 번갈아 가며 질문을 주고받는 방식으로 논박하고 논박 받
도록 하게."(461e~462a).

소크라테스는 아테네가 파르헤시아에 익숙해 있다는 것을 알면
서도, 이 방식을 폴로스에게 허용하지 않겠다는 입장을 밝힌 것이다
(Euben 1997). 폴로스가 주장하는 파르헤시아는 이미 자신이 정해 놓
은 입장을 설득하기 위한 것이다. 폴로스의 입장은 수사학은 중립적인
도구로서 그것을 사용하는 사람은 누구든지 자신이 원하는 것을 얻을
수 있다는 것이다. 따라서 폴로스의 파르헤시아는 거기에 진실이 담겨
있는가 여부에 관심이 없다. 소크라테스는 이런 파르헤시아를 거부한
것이다. 대신 진실을 담보할 수 있는 파르헤시아가 되기 위해서는 문
답을 통한 논박이 필요하다고 역설한 것이다.

진리를 찾기 위해 수사학적인 긴 연설을 거부하고 문답(di-
alegesthai)을 통해 서로 논박(elenchus)하고 아포리아에 이르기 전까
지는 서로 한 단계씩 의견을 일치시켜 나가야 한다는 것이 역사적 소
크라테스의 입장이라는 것은 익히 알려진 사실이다. 여기서 플라톤은
단순히 역사적 소크라테스의 입장을 그대로 반복한 것이 아니라 파르
헤시아의 재검토를 시도한 것이라고 할 수 있다. 플라톤은 폴로스가
보여준 정치적 파르헤시아가 진실성을 외면하고 있다는 것을 지적하
고 싶었던 것이다. 앞 절에서 살펴본 바와 같이 정치적 파르헤시아는
진실성에 관심을 기울이는 철학적 파르헤시아의 지원을 받아야 한다.
그러기 위해서는 기왕의 정치적 파르헤시아의 관점에서는 낯선 소크
라테스의 문답법이나 논박을 수용해야 한다. 철학적 파르헤시아를 위
해서는 말하는 형식이 중요하지 않다. 소크라테스가 긴 연설보다 문답
법과 논박을 선호한 이유는 긴 연설 자체를 싫어했기 때문이 아니라,

긴 연설은 어디까지 진실을 담고 있는지 바로 바로 확인할 수 없기 때문이었다.

〈고르기아스〉에는 철학적 파르헤시아를 이끌어 내기 위해서 플라톤이 활용하려고 했던 또 하나의 기제가 있다. 바로 아이러니(eironeia)라는 것이다. 아이러니 역시 논박법과 더불어 역사적 소크라테스가 철학적 탐구를 위해서 즐겨 사용한 수단이라고 알려져 있다(Vlastos 1991). 일반적으로 아이러니는 화자가 실제로 말한 것과 반대의, 혹은 어떤 다른 뜻을 갖고 있는 경우를 의미한다. 이런 아이러니 상황은, 말하여진 것이 자명한 역설(paradoxa)을 포함하고 있거나, 당연히 어떤 반응이 기대되는 상황에서 예기치 않은 침묵이 존재할 때 발생한다. 아이러니는 결국 듣는 이를 기만하거나 조롱하기 위함이다. 이런 특징을 갖는 아이러니는 자신의 생각을 있는 그대로 솔직하게 말하는 것을 원칙으로 하는 파르헤시아와 정면으로 배치된다. 그러나 앞서 살펴 본 바와 같이 아테네의 민주적 관행으로 사용되어 온 파르헤시아는 진정성(sincerity)만을 가장한 허위 주장인 경우가 많다. 그 예는 폴로스가 자신의 입장이 진실성(truthfulness)을 갖고 있는가에 주의를 기울이지 않고 무작정 파르헤시아를 주장한 것에서 잘 드러난다. 그럼에도 불구하고 플라톤은 파르헤시아를 완전히 배제하지 않았다. 대신 플라톤은 아이러니를 통해서 정치적 파르헤시아의 한계를 지적하고, 철학적 파르헤시아로 향하게 하는 방안을 모색한 것이다.

소크라테스가 아이러니를 통해 철학적 파르헤시아를 시도한 것은 칼리클레스와의 대화의 도입부에 잘 드러난다. 칼리클레스는 전형적인 소피스트로서 수사학이 가져 오는 권력의 가치를 의심하지 않으며, 쾌락적 삶을 가장 훌륭한 삶으로 제시한 인물이다. 또한 그는 누구보다 소크라테스를 경멸하고 조롱했던 태도를 보인 인물이다. 이런 칼리클레스에 대해서 소크라테스는 그가 지식(epistemē)과 호의(eunoia) 뿐 아니라 파르헤시아를 가졌다고 칭찬한다(487a~d). 소크라테스는 특히 칼리클레스가 무엇을 인정했다면 그것은 "지혜가 모자라서도 아니고, 부끄러움이 지나쳐서도 아니며, 더구나 소크라테스를 속이려고" 인정했을 리 없다고 하면서, 칼리클레스가 논의의 진위를 판별할 수 있는 시금석이 될 수 있다고 지적한다(487e).

이런 소크라테스의 지적은 다분히 아이러니를 담고 있다. 소크라테스는 칼리클레스의 지식에 대해서, 그가 교육을 충분히 받았고 아테네인들로부터 그런 평판이 있다는 것을 지적하지만(487c), 사실 소크라테스가 줄곧 견지해 온 태도는 누군가 지식이 있는가 여부는 그것을 검증하기 전에는 단정할 수 없다라는 것이었다. 그럼에도 불구하고 소크라테스는 아직 검증한 바 없는 칼리클레스의 지식을 칭찬한 것이다.

칼리클레스가 소크라테스에게 호의를 갖고 있다는 것은 더욱 아이러니다. 칼리클레스는 소크라테스가 폴로스와의 대화를 통해 이르게 된 결론인, '부정의를 행하는 것보다 부정의를 당하는 것이 더 낫고, 부정의를 행한 경우에 처벌을 회피하는 것보다 처벌을 받는 것이 더 낫다'는 도덕적 입장(480c~481b)을 들었을 때, 소크라테스를 조롱하며, "소크라테스 선생이 이 말을 진지하게 하고 있습니까, 아니면 농담으로 하고 있습니까?… 만약 진지하게 말씀을 하고 있고, 하시는 말씀이 맞다면, 우리 인간들의 삶은 뒤엎어져 있고 우리는 모든 것을 마땅히 해야 할 바와는 정반대로 하고 있지 않겠습니까?"라고 반문한 바 있다. 도대체 소크라테스의 결론을 받아들일 수 없다는 얘기다. 이어서 칼리클레스는 나이가 들어서도 철학을 계속하고 있는 소크라테스를 빗대어 "성인 남자가 웅얼거리는 소리를 듣거나 장난하는 것을 누가 보게 되면 우스꽝스럽고 사내답지 못하며 맞아도 싸다는 인상을 받게 된다고"(485c) 말하는가 하면, 소크라테스가 "도시의 중심지와 시장을 피해 움츠러든 채 서너 명의 청소년들과 구석에서 쑥덕공론이나 하며 여생을 보낸"다고 비아냥거린 적도 있다(485d). 또 소크라테스의 미래를 예견하기라도 하듯이, 이렇게 철학적 활동만으로 여생을 보낸 자는 누군가 그를 거짓으로 기소하더라도 법정에서 "현기증을 일으키며 무슨 말을 해야 할지 몰라" 결국 사형선고를 받게 될 것이라고까지 말한 적도 있다(486a~b). 이런 칼리클레스가 소크라테스에게 호의를 갖고 있다고 말하는 것은 아이러니가 아닐 수 없다.

　마지막으로 칼리클레스가 누구보다 파르헤시아를 실행할 수 있다라는 소크라테스의 칭찬은 이중적인 기능을 수행한다고 볼 수 있다. 한편으로, 칼리클레스가 폴로스나 고르기아스가 가졌던 수치심의 제약을 받지 않는 파르헤시아를 갖고 있어서 자신이 생각한 바를 그대로 말하는 긍정적인 측면이 있다고 할 수 있다. 동물이든 인간이든 국제 관계든 강자가 약자보다 더 많이 가져야 하며(pleonexia), 그것이 자연의 정의이고 자연법이라고 하는 칼리클레스의 자연주의(483c~d)가 있는 그대로 드러나기 위해서는, 그런 입장이 사실상 노모스를 무시하고 있다는 수치심으로부터 벗어나야 하는데, 칼리클레스의 파르헤시아는 이런 수치심에서 벗어나는 데 유용하다는 것이다. 칼리클레스의 파르헤시아는 분명히 그의 입장을 일관성 있게 보이도록 하는 데 일조한 측면이 있다. 그러나 소크라테스가 칼리클레스에게 기대한 파르헤시아는 단순히 수치심에서 벗어나기 위해서 수치심에 무감각해지는 뻔뻔스러움(shamlessness)은 아니다. 소크라테스가 기대하는 파르헤시아는 있는 그대로 밝히는 것이 수치스러운 일임에도 불구하고 그것이 진실이기 때문에 밝힐 수밖에 없는 철학적 파르헤시아이다. 이러한 철학적 파르헤시아는 결코 수치심에 무감각해지는 것이 아니라, 수치심에 민감하며, 그럼에도 불구하고 이를 극복하는 용기를 필요로 하는 것이다. 칼리클레스의 파르헤시아에는 이러한 용기가 필요 없다. 칼리클레스의 파르헤시아는 처음부터 진실에 대한 고려가 없었기 때문이다.

그 증거는 칼리클레스가 결정적으로 수치심을 일으키는 질문을 만났을 때, 그의 입장을 유지하지 못하는 것에서 찾을 수 있다. 소크라테스는 칼리클레스의 자연주의, 그리고 그것과 맞물려 있는 쾌락주의를 접하고서, 그의 쾌락주의가 "가려운 데가 있는 사람이 긁고 싶어서 마음껏 긁는다고 할 때, 평생을 이렇게 긁으면서 행복하게 살았다"고 말할 수 있는지, 나아가 쾌락을 추구하는 절정에 있다고 여겨지는 "비역질 하는 자들"(kinaidos – 남성 동성애에서 수동적인 역할을 하는 자)을 행복하다고 주장할 수 있는지를 묻는데, 칼리클레스는 결국 이 대목에서 자신의 입장을 유지하는 것을 포기하게 된다. 이런 것까지 인정하는 수치심을 극복하지 못한 것인데, 이것은 칼리클레스의 파르헤시아가 진실을 추구할 목적으로 용기를 수반한 파르헤시아가 아니었다는 것을 반증한다. 단순히 수치심에 무감각한 방식으로 실행된 파르헤시아는 더 큰 수치심을 제시하면 그 앞에서 무너지기 마련이다. 칼리클레스는 이 지점부터 소크라테스의 물음에 소크라테스가 원하는 대로 대답해 주겠노라고, 즉 파르헤시아를 포기하는 태도를 보인다 (495a).

결국 소크라테스가 처음에 칭찬해 준 칼리클레스의 파르헤시아는 애초부터 허위에 기반한 것임이 드러났다. 칼리클레스는 파르헤시아를 구실로 손쉽게 수치심으로부터 해방되어 마음껏 아테네의 법을 조롱하고 소크라테스의 철학을 경멸했다. 그러나 이제 더 이상 수치심을 감당하지 못하게 되자 자신의 이전 입장은 아랑곳하지 않고 파르헤시아를 내던져 버린다. 따라서 소크라테스가 칼리클레스의 파르헤시아를 칭찬한 것은 처음부터 아이러니의 연출이었다고 할 수 있다.

논의가 다소 길어졌지만, 플라톤은 소크라테스와 칼리클레스와의 대화를 통해서 파르헤시아와 아이러니의 결합을 시도한 것이라 할 수 있다. 대화편 내의 관점에서 보자면, 소크라테스의 아이러니 활용은, 칼리클레스를 적어도 어느 정도는 파르헤시아를 가진 대화상대자로 유지할 수 있었다는 이점이 있다. [비역질 질문(494c)이 나오기 전까지는 아마도 칼리클레스는 자신의 파르헤시아가 유지될 수 있을 거라고 믿었을 것이다.] 소크라테스의 아이러니의 더욱 중요한 역할은 결국 칼리클레스의 파르헤시아가 결정적인 한계를 내포하고 있다는 점을 밝힌 것이다.

칼리클레스의 파르헤시아는 자신의 입장에서 유리한 것만 드러내겠다는 기왕의 정치적 파르헤시아와 다를 바 없다. 칼리클레스의 파르헤시아의 한계는 정치적 파르헤시아가 내포하고 있는 문제와 동일하다. 파르헤시아가 진실에 주의를 기울이지 않고, 수치심에 무감각하고 혹은 가벼운 진정성에만 호소할 때, 파르헤시아는 유력자가 권세를 부릴 수단에 지나지 않는다.

마지막으로 플라톤이 파르헤시아와 아이러니를 결합하여 자신의 정치철학적 입장을 가장 구체적으로 개진한 예로서, 소크라테스만이 아테네에서 거의 유일하게 진정한 정치술을 시도하며(epicheirein tē hōs alēthōs politikē technē), 요즘 사람들 중에는 유일하게 정치를 시행하는 정치인(prattein ta politika monos tōn nun)이라고 하는 주장(521d)을 살펴볼 필요가 있다. 기본적으로 이 주장은 대단히 아이러니한 주장이다. 이 대화편 안에서 이미 여러 번 소크라테스는 아테네 정치에서 무기력한 낙오자가 될 것이라는 것을 확인한 바 있다

(486a~b). 바로 다음에 이어지는 소크라테스의 가상의 법정 상황, 즉 의사가 요리사의 고발을 받아 아이들 앞에서 재판을 받는 상황을 연상시킨 것도 소크라테스의 주장이 아이러니라는 것을 뒷받침한다. 소크라테스는 의술을 갖춘 의사라고 하더라도 그에게 판결을 내릴 사람들은 요리사가 베푸는 호화스런 잔치에 쉽게 넘어가 버릴 어린 아이들이다(521e~522a). 이런 어린 아이들에게 소크라테스가 진정한 정치술을 시도한들 무슨 효과가 있겠는가. 더구나 그가 현존하는 정치가들 중에서 유일하게 정치를 시행하는 자라는 것은 더욱 아이러니한 주장이다. 소크라테스가 일상적인 의미의 정치에 참여한 바가 없다는 것은 이미 잘 알려진 사실이기 때문이다.

그러나 만일 이전에 소크라테스가 밝힌 바 있는 정치의 목적을 받아들인다면, 자신만이 유일하게 정치술을 가졌다는 소크라테스의 주장은 일종의 파르헤시아로 해석할 여지가 있다. 소크라테스는 앞에서 사리사욕을 채우는 정치인뿐 아니라, 일찍이 아테인들의 칭송을 받아 온 테미스토클레스, 키몬, 페리클레스와 같은, 공공선을 우선시했던 정치인조차 인정하지 않았다(515d~515e). 이들이 아테네 시민들 중 누구 하나도 좀 더 나은 상태로 만들었다는 증거를 찾을 수 없기 때문이다(516a). 이런 소크라테스의 입장은 곧 정치의 목적이 시민을 좀 더 훌륭하게 만드는 것에 있어야 한다는 것을 확인한 것이다. 여전히 소크라테스가 제시한 정치의 목적은 쉽게 받아들여지지 않을 것이다. 그럼에도 불구하고, 소크라테스는 자신이 생각한 정치의 목적에 진실이 있음을 이미 앞에서 논증했고, 이제 파르헤시아를 발휘하여 그것을 솔직하게 발언한 것이다.

이런 맥락에서 소크라테스가 자신이 진정한 정치가라고 밝힌 것은 한편으로는 아이러니이지만, 다른 한편으로는 소크라테스적인 파르헤시아라고 할 수 있다. 아이러니와 파르헤시아가 병존할 수 있는 가? 소크라테스의 아이러니를 "복합적(complex) 아이러니"로 해석하는 블라스토스의 주장을 빌려오면, 소크라테스의 주장이 아이러니와 파르헤시아를 모두 내포하고 있음을 이해할 수 있다. 블라스토스에 따르면, 소크라테스의 아이러니는 일률적으로 말하여진 것과 반대의 의미를 갖는 것이 아니라, 한편으로는 반대의 의미를 갖지만, 다른 한편으로는 말한 그대로의 의미를 갖는다는 것이다. 대표적으로 소크라테스가 "모른다"고 할 때, 한편으로는 말 그대로를 의미하지만 다른 한편으로는 모르는 것을 앎(knowledge of ignorance)을 의미하기도 한다는 것이다(Vlastos 1991: 21-44). 이제 이런 해석을 적용하면, 소크라테스가 진정한 정치가라는 주장은 현실의 여건상으로는 아이러니이지만, 정치의 본질이 시민을 "좀 더 낫게 만들어야 한다"는 것을 환기시키는 의미에서는 진실이라고 해석할 수 있다.

소크라테스의 파르헤시아는 좋은 삶에 대한 진정한 앎을 추구한다는 측면에서 분명 철학적 파르헤시아이다. 그러나 이 철학적 파르헤시아는 단순히 칼리클레스라는 개인에게 어떻게 살 것인가만을 가르치는 비정치적인 파르헤시아는 아니다. 아이러니를 불러일으키며 굳이 자신만이 진정한 정치인이라고 선언한 것은 플라톤이 아테네 정치를 근본적으로 개혁하고자 하는 의도를 갖고 있었다고 해석할 여지가 있다. 이러한 플라톤의 의도는 대화편 안에서 직접적으로 실현됐다고 볼 수 없다. 소크라테스의 철학적 파르헤시아는 결국 칼리클레스를 설득시키지 못했고, 소크라테스의 미래의 운명도 비극적으로 묘사되어 있기 때문이다. 그러나 플라톤이 시도한 아이러니와 파르헤시아의 결합은 적어도 아테네 정치에 새로운 가능성을 제시했다고 할 수 있다. 자신만만했던 칼리클레스가 무너지는 것을 보고 아테네 시민들은 (사실 〈고르기아스〉 대화편에는 고르기아스의 수사학 강연을 듣기 위해 칼리클레스 집에 모여 있던 많은 청중이 있었고, 이들이 바로 플라톤이 궁극적으로 설정한 설득의 대상이었던 아테네 시민들이라고 할 수 있다.) 정치적 파르헤시아가 진실에 주의를 기울이지 않을 때 어떤 결과가 초래되는가를 깨달았을 것이다. 어찌보면 소크라테스는 아테네 시민들에게 정치적 파르헤시아가 초래할 수 있는 문제에 대해 예방주사를 놔준 셈이다. 또 소크라테스의 파르헤시아가 죽음을 무릅쓰고 정치의 본질을 밝히는 것을 보고, 정치의 본질이 무엇인가를 재고하는 계기를 갖게 됐을 것이다.

## V. 나가며

지금까지 플라톤이 아테네 민주주의의 관행이었던 파르헤시아를 중심으로 자신의 정치철학적 입장을 개진한 내용을 살펴보았다. 파르헤시아에 대한 플라톤의 대응은 탈진실의 정치에 직면해 있는 오늘날 어떤 시사점을 주는가? 일면, 모든 것을 말할 수 있는 파르헤시아는 시대를 막론하고 민주주의가 성립하기 위한 필수적인 요건으로 보인다. 그러나 파르헤시아를 내세우면서도 내용적인 진실성에는 주의를 기울이지 않고 형식적인 측면만을 강조한다면, 파르헤시아는 오로지 권력자에게만 유리한 도구가 될 가능성 또한 존재한다. 현대 정치에서는 언론의 자유나 표현의 자유가 보장되어 있으므로 고대 아테네와 달리 파르헤시아로부터 오는 피해를 개인이 방어하지 않아도 된다고 할지 모르지만, 법적인 처벌만이 아니라 공동체에서 제기되는 도덕적 비난과 사회적 지위의 훼손까지 고려하면 여전히 파르헤시아는 능히 상대를 제압할 자신이 있는 유력자에게만 유리한 것이 될 가능성이 있다.

플라톤은 정치적 파르헤시아의 근본적인 한계를 지적함과 동시에 철학적 파르헤시아를 통해 정치적 파르헤시아의 개선 가능성을 제시했다. 정치적 파르헤시아는 민주주의를 유지하기 위해 존재하는 제도이지만, 파르헤시아의 궁극적인 목적을 따져 보면 정치과정에서 진실을 추구하고자 하는 의도가 깔려 있음을 간과할 수 없다. 만일 정치에서는 어차피 거짓이 횡행할 수밖에 없다고 자포자기하며, 적당한 수준의 파르헤시아에 만족하려는 사람이 있다면, 플라톤은 자식을 교육시키는 경우에도 그와 같은 태도를 보일 것인지를 되물을 것이다. 교육을 위해서 적당히 오류와 거짓이 섞여 있는 상태가 아니라, 진실을 확보하기 위한 철학적 파르헤시아를 개진하는 것은 당연하다. 시민 전체가 좀 더 나아지는 것을 목적으로 해야 하는 정치 역시 교육만큼 중요하기 않은가. 정치영역에서도 철학적 파르헤시아의 태도를 견지할 필요성을 부인할 수 없다. 정치적 파르헤시아가 보다 진실성을 확보할 수 있도록 철학적 파르헤시아에 좀 더 주의를 기울여야 한다는 것이다.

플라톤은 대화법적 논박과 아이러니를 사용함으로써 철학적 파르헤시아가 어떻게 기능할 수 있는가를 보여 줬다. 플라톤은 사적인 관계에서만 철학적 파르헤시아의 성취 과정을 예시한 것으로 보이지만, 앞서 살펴 본 바와 같이 궁극적으로는 아테네인들이 정치의 목적을 달리 생각하도록 하는 정치적 개혁을 시도했다고 해석할 수 있다(Allen 2010). 성급한 얘기일 수 있지만 이러한 플라톤의 구상을 오늘날 민주주의와 진실성의 관계에 적용하면 어떠할까? 민주적 심의를 해야 하는 시민의 입장에서 대화법적 논박을 정치적 파르헤시아에 적용한다는 것은 단편적인 사실들을 기준으로 판단을 확정하지 말고 일련의 과정을 침착하게 지켜 본 후에 정치적 견해를 가질 필요가 있음을 시사한다. 예나 지금이나 대중은 자극적이고 감성을 불러일으키는 사실들의 폭로에 쉽게 영향을 받게 된다는 점을 부인할 수 없다. 소위 "팩트들"이 일련의 논박 과정을 거친 것이 아니라면 즉각적인 반응을 보이는 것을 자제할 필요가 있다. 이를 위해서 누군가는 아이러니를 활용해 대중의 즉자적인 반응을 유보시키고, 궁극적으로 철학적 파르헤시아의 태도를 갖도록 유도하는 역할을 해줄 필요가 있다. 현대 사회에서 그런 역할을 해줄 소크라테스와 같은 철학자를 기대하긴 어렵다. 지나친 비약으로 들릴 수 있겠지만 지식인 사회, 특히 교수 사회가 정치적 파르헤시아를 위해 목소리를 높이기보다는 자신의 자리에서 철학적 파르헤시아를 고수하기 위해 애써야 한다. 아울러 대학교육이 소크라테스적 아이러니의 정치적 효과를 양산하는 사회적 기능을 담당해야 한다. 지식의 실용성만을 강요하고 대학교육을 직업교육으로 전락시켜 버린 오늘날의 한국 사회가 얼마나 이러한 요구에 부응할지는 미지수이지만.

# 참고문헌

Allen, Danielle S. 2010. *Why Plato Wrote*. Oxford: Wiley-Blackwell.

Benardete, Seth. 1991. *The Rhetoric of Morality and Philosophy: Plato's Gorgias and Phaedrus*. Princeton: Princeton University Press.

Bourgault, Sophie. 2014. "The Unbridled Tongue: Plato, Parrhesia, and Philosophy." *Interpretation: A Journal of Political Philosophy*. Vol. 41 Issue 2/3.

Dryberg, Torben Bech. 2014. *Foucault on the Politics of Parrhesia* (Spinger, 2014), Ch. 13 The Nature of Parrhesia: Political Truth-Telling in Relation to Power, Knowledge and Ethics.

Euben, Peter. 1997. "The Gorgias, Socratic Dialectic, and the Education of Democratic Citizens." in *Corrupting Youth: Political Education, Democratic Culture, and Political Theory*. Princeton. Princeton University Press.

Finley, M. I. 1962. "Athenian Demagoguges." *Past & Present*. No. 21 (April).

Fish, Will. 2016. "Post-Truth Politics and Illusory Democracy." *Psychotherapy and Politics International*. Vol. 14, No. 3.

Foucault, Michel. 2001. *Fearless Speech*. Los Angels: Semiotext.

Halliwell, Stephen. 1991. "Comic Satire and Freedom of Speech in Classical Athens." *Journal of Hellenic Studies*. III. 1991.

Markovits, Elizabeth. 2008. *The Politics of Sincerity*. University Park: Penn State University Press.

Momigliano, Arnold. 1973. "Freedom of Speech in Antiquity." In *Dictionary of the History of Ideas: Studies of Selected Pivotal Ideas*, ed. Philip Weiner, 252-63. New York: Scribner's.

Monoson, S. Sara. 2000. *Plato's Democratic Entanglements*. Princeton: Princeton University Press.

Ober, Joshia. 1989. *Mass and Elite in Democratic Athens: Rhetoric, Ideology, and the Power of the People*. Princeton: Princeton University Press.

_____. 1999. *The Athenian Revolution: Essays on Ancient Greek Democracy and Political Theory*. Princeton: Princeton University Press.

Plato, 1997. *Complete Works*. Ed. John M. Cooper. Indianapolis: Hackett.

Rose, Jonathan. 2017. "Brexit, Trump, and Post-Truth Politics." *Public Integrity*. Vol. 19. No. 6.

Saxonhouse, Arlene. 2006. *Free Speech and Democracy in Ancient Athens*. Cambridge: Cambridge University Press.

Stauffer, Devin. 2009. *The Unity of Plato's Gorgias: Rhetoric, Justice, and the Philosophical Life*. Cambridge: Cambridge University Press.

Tarnopolsky, Christina H. 2010. *Prudes, Perverts, and Tyrants: Plato's Gorgias and the Politics of Shame*. Princeton: Princeton University Press.

Vlastos, Gregory. 1991. *Socrates, Ironist and Moral Philosopher*. Cornell: Cornell University Press.

# 제2부

# 비교정치론의 시각

제4장

# 국가모델로서 연방과 연합: 미합중국과 유럽연합의 사례[*]

이옥연

[*] 이 연구는 "연방주의 비교 연구를 토대로 한 연방주의화의 조작적 정의: 미합중국과 유럽 연합 사례를 중심으로" 『미국학』 41권 1호(2018)를 편집 방향에 맞춰 보완한 결과물임.

## I. 국가모델로서 연방주의 사례 비교

미합중국은 1860년 대선 과정과 그 결과가 도화선이 된 남북전쟁을 치르며 국가 해체까지 초래할 수 있는 위기를 경험했다. 또한 내전 종료 이후부터 20세기 초까지 지속된 영토 확장 과정에서 노예제의 존속을 둘러싼 남북 간 갈등 틀을 근본적으로 벗어나지 못했다.[1] 또한 미합중국이 헌법상 단일한 체제이나, 엄격하게 말하면 원래 독립적으로 존치하던 완벽한 주권 체제인 주정부 간 통합에 의해 연방주의라는 맹약을 명기한 지역통합 체계로 볼 수 있다. 따라서 국가 건립 과정에서 구성원들은 개인주의와 자유주의에 근거해 국가나 정부의 개입을 최소로 만드는 제도와 과정을 수립하려는 노력을 경주했다. 그러나 동시에 법제도적으로 명기한 권한분산의 최종 결과물이 반드시 균등한 수혜로 구현되지 않았다는 사실을 인정하고 정부의 시정 조치도 수용한 복합성을 보인다(이옥연 2008, 150; Tarr 2015, 84). 그 결과 정부 역할에 대한 분리·통합의 상이한 구현상(像)은 주요 공공정책 주체를 둘러싼 논란으로 이어져 현재까지도 지속된다.

　미합중국과 대조적으로 유럽연합에는 엄격하게 말하면 단일 헌법이 부재하다. 대신 유럽연합법 체계를 기본 조약에 의거해 정립하고 정치권력 구조를 운용했다. 따라서 반복되는 조약 개정으로 인해 정치 체제 유지와 관련된 각종 문제점이 발생하자 유럽헌법조약 제정을 시도했다. 그러나 유럽연합 헌법조약 비준은 불발탄으로 끝났고, 대신 2007년에 유럽연합 회원국 정상들은 "유럽연합조약(TEU)과 유럽

---

[1]　연방은 각 주의 동의하에 성립된 연합체이며, 나아가 연방이 성립될 때 각 주는 주권을 연방에 헌납하지 않았다는 주장에 근거해 연방이 주 우위가 될 수 없다는 주 주권론은 남부 패전에도 불구하고 건재하다.

공동체설립조약(TFEU)을 개정하는 리스본 조약"을 유럽이사회(European Council)에서 채택해 2009년에 발효시켰다.[2] 결국 리스본 조약은 유럽헌법조약 비준에 대한 무기한 연기로 인한 혼란과 공백을 해소하는 데 성공했으나, 다층 정치 체제와 다층 거버넌스의 실험작인 유럽연합의 국가 정체성과 헌법조약의 헌법성에 대한 쟁점을 재점화시켰다고 볼 수 있다(조소영 2008, 328; Christiansen and Reh 2009, 273).

미합중국의 경우, 사회기반의 계층화와 주권분립이 직접적으로 연관되지 않은 천혜의 행운을 타고 났다. 그러나 민족이 상정되지 않은 민족국가에 준하는 국가 정체성을 인위적으로 정립하는 과정에서 내전을 겪은 불행도 경험했다는 사실을 간과할 수 없다. 미합중국에서는 상위정부에 해당하는 연방정부 창설 이전부터 주정부가 독립 주권체로서 존립했다(이옥연 2015b, 300). 그 결과 주권분립 공방은 내전 종식 이후에도 치열하게 전개되는 중이다. 한편 유럽연합은 다시 세계대전을 반복하지 않겠다는 정치적 의지가 결집되어 국가 간 지역통합이 출범하면서 구축되었다. 그러나 이 유럽 지역통합은 국가주권을 우위에 두려는 간헐적 반발로 인해 점진적으로 추진되었다. 따라서 유럽의 단일한 정체성을 지향하는 정치적 노력은 보조성의 원칙에 근거해 공동체와 협의체로 양분된 상태로 발전했다(이옥연 2018).

본 연구는 규모, 자원 등 상이한 기반으로 구성된 정치적 공동체의 운용 과정에서 중앙과 비중앙 간 수직적 관계가 대칭적으로 적용되지 않거나 불필요할 수도 있고, 또는 대칭적 적용을 거부할 가능성에 주목한다. 구체적으로 미합중국과 유럽연합이 과연 강압적 통제를 사용하지 않고 인위적으로 창출한 복합 정치체를 성공적으로 보존하는

---

2  '강한 유럽'이 요구하는 '단일한 유럽'에 반발한 프랑스와 네덜란드는 국민투표에서 유럽헌법 비준을 부결시켰고, 영국은 국민투표를 무한 연기하기로 선언했다.

지 또는 그 과정에서 제도와 과정 간 간극을 어떻게 해소하는지 검토
하고자 한다. 이에 본 연구는 분리를 통합의 상극으로 상정하는 세력
과 분리와 통합을 연속선에 전제하려는 세력 간 팽팽한 대결이 반복되
는 연방주의 관점을 적용해 국가모델로서 미합중국과 유럽연합 사례
를 비교하고자 한다. 또한 본 연구는 미합중국과 유럽연합의 구성 단
위체가 상호 주체성을 수용하며 공유 주권을 보장하는지 여부를 건립
과정과 헌정 구상에 초점을 맞춰 평가하고자 한다.

## II. 비교 연방주의 이론: 분리와 통합의 역학

한 사회나 체제는 권한분산을 법-제도적으로 정비해 거버넌스의 난관
을 극복할 수도 있으나, 반대로 권한분산을 내재화한 법-제도로 인해
거버넌스 문제가 악화될 수도 있다(McIntyre 2003, 17-36). 원칙적으
로 법-제도상 권력 소재지를 분산시키면, 이익 대표 과정도 그에 비례
해서 분산되어야 한다. 따라서 권한분산과 정책 유동성 간 정비례관
계를 상정할 수 있다.[3] 그러나 자유민주주의 체제에서도 수혜 대상이
나 범위가 편중되는 이율배반적 현상은 빈번하다. 결국 역설적으로 공
권력의 개입을 통해 균등한 재분배를 통해서만 다원주의가 구현되기
도 한다. 이 역설적 현상, 즉 권력집중 패러독스(power concentration
paradox)에 근거해 권한분산과 정책 유동성 간 반비례 관계도 상정할
수 있다. 즉, 권한분산이 커질수록 정책 유동성이 증가하나 만약 결정
권이 극심하게 파편화되면, 복잡한 정책 변동으로 인해 총괄 정책에

---

3    결정권이 극심하게 편중되면, 정권 교체로 인한 연속성이 결여된 거버넌스 문제가 심화
     되기 때문에 권한분산과 정책 유동성은 정비례한다고 볼 수 있다.

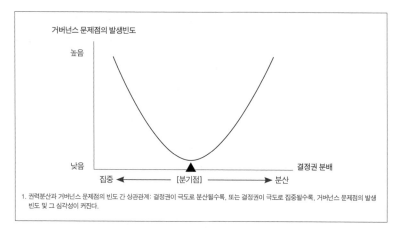

거버넌스 문제점의 발생빈도

높음

낮음                                          결정권 분배
집중 ◀━━━━━  [분기점]  ━━━━━▶ 분산

1. 권력분산과 거버넌스 문제점의 빈도 간 상관관계: 결정권이 극도로 분산될수록, 또는 결정권이 극도로 집중될수록, 거버넌스 문제점의 발생 빈도 및 그 심각성이 커진다.

출처: 이옥연(2014, 34)을 편집함.

**그림 1.** 권력집중 패러독스

대한 헌신 또는 기여(commitment)를 기대하기 어려워지는 거버넌스 문제가 다시 심각해진다. 결국 문제점 발생빈도와 정책결정권의 분산 정도는 양 극단에서 거버넌스 문제를 악화시키는 U자 도형으로 나타난다.

〈그림 1〉에서 권력집중 패러독스 이론은 권한분산과 정책 거버넌스 문제점 발생 빈도 간 관계가 정비례로부터 반비례로 전환되는 분기점을 보여준다. 즉, 결정권이 극도로 파편화되거나 극도의 소수에게 집중된 경우 모두에서 관찰되는 문제점을 규명하고 이에 대한 해법을 제시하려는 시도로서 분리와 통합의 역학을 상정할 수 있다(이옥연 2014, 34).[4] 본 연구에서는 복수의 층위에서 작동하는 권한의 집중과 권한의 분산을 각기 통합과 분리로 재조명하고, 나아가 분리와 통합은

4    다만 맥킨타이어는 권한의 집중과 분산에 초점을 맞춰 법-제도가 안정적으로 정비된 선진국과 과도기에 놓여 있는 동아시아 국가를 대조하는 데 그친다.

최종 결과물일 뿐 아니라 그 결과물에 도달하는 반복되는 행위가 관찰되는 과정이라는 점을 강조하고자 한다. 결국 권한분산에 관한 맥킨타이어의 역설이 헌법상 하나의 사회나 체제에 국한된 단면적 이론이라면, 지역통합 이론은 정치공동체 간 복수의 층위에서 설정되는 다층적 관계를 설명하는 역학에 주력한다. 이에 본 연구에서는 미합중국도 유럽연합과 마찬가지로 단일한 정치체제로 상정하기보다 의지로 만든 복합 정치체제로 재조명하고자 한다.

　　본 연구에서는 이 분리·통합 역학에 있어서 관찰되는 복합성의 원천을 우선 정치 체제의 건립 역사와 전개 과정에서 규명하고자 한다. 권한집중을 전제한 절대주권과 달리, 주권공유는 권한을 다층으로 분산시킴으로써 책임 소재지를 다원화할 뿐 아니라 복수의 정부단계 간 등가성을 제도화해 궁극적으로 구성 정체(政體)와 각 정체의 구성원인 국민을 동시에 대변하는 정치체 구축을 지향한다. 그런데 주권공유를 표방하는 연방주의 원칙을 천명하더라도, 과도한 중앙 집중이나 과도한 탈중앙 분산을 야기할 위험 부담을 완전하게 면하기 어렵다(이옥연 2015a, 55-56). 이에 왜 이러한 상반된 양상으로 연방주의가 극도로 치닫는지 이해하기 위해서 연방주의가 제도화되는 정립 과정과 대조할 필요가 있다.

　　우선 공동체가 형성되고 유지되기 위해서 구성원들은 중심으로 결집하려는 구심력과 중심으로부터 멀어지려는 원심력의 두 가지 상반된 힘이 작동하는 균형점에 관한 공동체 내 공감대를 선택해야 한다. 만약 구성원들이 이 공감대를 선택하는 절차에 정당성을 부여하지 않거나 정당성을 부여할 필요를 느끼지 않는다면, 원칙과 실재 또는 제도와 과정 간 간극이 발생할 것이다. 전자의 경우 공감대 선택 결과에 불복해 선택 절차 자체를 부인하기 때문에 간극이 발생한다면,

후자의 경우 공감대 선택 절차에 대한 명확한 규정이 없거나 있더라도 불충분하기 때문에 간극이 발생할 것이다. 흥미로운 점은 상반되는 방향으로 구심력과 원심력이 작동하며 상충되는 효과를 창출함에도 불구하고 구심력의 이완이 반드시 탈중앙화의 심화로 이어지지는 않으며 마찬가지로 원심력이 약화된다고 반드시 중앙 주도로 응집되지 않는다는 사실이다(이옥연 2008, 36-45). 즉, "구심력 증가로 인한 응집성과 원심력 증가로 인한 자율성을 완전한 상호 반비례 관계로 규정하기는 힘들다"는 추론이 가능하다(이옥연 2008, 27).

그렇다면, 권력 책임소재지 분산과 통치 거버넌스 난이도 간 상관관계는 조건에 따라 응집성과 자율성 간 영합(零合)적 관계를 정합(定合)적 관계로 전환될 수 있다는 추론이 가능하다. 또한 이러한 전환을 가능하게 하는 조건이 구비된다면, 통합을 우선시하는 국가 정체성과 분리를 강조하는 연대성이 반드시 상치하지 않는다는 신뢰를 구축할 수 있다. 왜냐하면 국가 정체성이 연대성과 상치한다고 간주할 수 있는 여지가 크면, 분리를 명분으로 내세우는 정치 구성원들의 불안을 키워 수직적 관계뿐 아니라 수평적 관계에서 생존을 위한 방어막에 집착할 수 있기 때문이다(Bednar 2009, 78).[5] 만약 안위에 대한 위협이 가중된다고 판단할 경우, 국가 정체성에 도전하는 대가를 불사하더라도 통합을 거부해 정국 불안정까지 초래할 수도 있다. 따라서 연방주의는 정치체 해체를 제어하는 복수의 차단장치를 필요로 한다.

다층 정치 체제로서 연방제를 판단하는 준거는 크게 헌법 명시, 제도적 권한분산 경로와 절차 구비, 재정적 책임 소재지의 분배 실현, 그리고 연방주의에 대한 연방대법원의 유권해석 권한 수긍 여부에서

---

5    베드나는 다층 정치 체제와 다층 거버넌스를 전제한 연방주의에서 기회주의는 "내재적 (inherent)"이라고 지적한다.

찾아볼 수 있다. 이에 반해 다층 거버넌스로서 연방주의를 판단하는 준거는 복합적이다. 물론 연방주의를 제도화한 연방국가의 권력구조를 포함한 정부 조직이나 그 구성원 채용 방식과 운영 방식을 외형상으로 분류할 수는 있다. 문제는 어떤 경로로 외형상 분류와 실질적 유형 사이에 간극이 발생하는지 설명하기 위해 요구되는 준거를 규정하기가 어렵다는 데 있다. 이 제한을 극복하는 초반 작업으로서 본 연구에서는 독특한 형태로 발전한 대조적 사례로서 미합중국과 유럽연합을 비교하고자 하다. 이어  분리와 통합을 조화롭게 구현할 수 있다고 표명하는 연방주의가 국정운영의 잠재적 가능성을 제시하기 때문에 복합 사회에 적합한 국가모델이라는 점을 결론에서 강조하고자 한다.


## III. 미합중국의 건립 과정과 헌정 구상

### 1. 미합중국의 건립 과정

연방주의 원칙에 근거해 다층 정치 체제를 수립하고 다층 거버넌스를 구현하는 방식에 관한 한, 미합중국 내에는 상반된 주장이 공존한다. 첫째, 연방정부의 권한에 관해 주 주권론은 주정부가 일부 권한을 연방정부에게 양도해 연방정부를 수립했다고 주장하는 반면, 국가 주권론은 국민이 주정부와 연방정부에게 동시에 통치권한을 위임했기 때문에 주정부의 연방정부에 대한 권한 이양은 불가능하다고 주장한다. 둘째, 수직적 관계에 관해 주 주권론은 주정부를 위해 연방정부가 운용되므로 연방정부는 주정부를 대체하기보다 보완한다고 주장하는 반면, 국가 주권론은 연방정부는 주정부에 예속되어 있지 않다고 반박한다. 셋

째, 국민 대표성에 관해 주 주권론은 국민에게 지정학적으로 근접해 소
재한 주정부가 국민의 수요를 면밀하게 이해한다고 주장하는 반면, 국
가 주권론은 거주지와 상관 없이 연방정부는 국토 거주민 모두를 대표
한다고 주장한다. 넷째, 위헌 여부를 가리는 유권해석을 가능하게 하는
사법심사권에 관해 주 주권론은 협의의 엄격한 유권해석에 근거한 사
법 자제주의를 옹호하는 반면, 국가 주권론은 광의의 유연한 유권해석
에 근거한 사법 행동주의를 옹호한다. 무엇보다 이러한 이견은 공공정
책의 주체를 설정하는 데 있어 주 주권론은 주정부와 지방정부의 독자
영역이라고 주장하는 반면, 국가 주권론은 연방정부가 효율성과 민주
성에 있어 우월하다고 반박하는 대립 양상으로 이어진다.

국가 폭정이 권력 집중에 기인한다는 논리에 근거해 건국 시조들
은 권한분산 원칙과 권력분립 원칙을 정부 조직의 지침으로 수용했다
(김봉중 2013; 이옥연 2014, 211). 다만 초기에는 국가원수로서 대통령
을 추대하되, 주가 전권대사 격으로 선출한 주 대변인으로 구성된 연
합의회가 국가 최고 의결기관이었다. 또한 폭정의 온상인 중앙정부의
행정부나 사법부를 별도로 설립하지 않고, 모든 주를 병렬한 연합헌장
체제를 채택했다. 그 결과 각 주의 독자성을 보장하며 주 대표들의 의
견을 반영하는 데 주력했다. 또한 주권이 각 주에 소재하므로, 연합의
회는 협의체이기 때문에 주정부의 상위기관이 아니었다.[6] 따라서 연합
의회에서 제정된 법률은 주정부가 반발하면 강제할 수도 없었다. 물론
독립된 주권국가라면 당연히 누리는 권한이 주정부에게 부분적으로
제한되었다.[7] 그러나 연합의회가 상설 국민정부로서 위정활동을 하는

---

6　이 느슨한 연합헌장체제는 국가연합(confederation)에 준하는 형태로 독립선언부터 연
　방헌법이 제정되기까지 10여 년간 지속했다.
7　연합헌장 제2조는 "각 주가 주권, 자유 및 독립을 보유하며, 이 연합에 의거해 별도로

데 법제도적 제약이 컸을 뿐 아니라 권한 행사에도 주정부 동의를 반
드시 확보해야 했기 때문에, 실질적 국내외 통치는 거의 불가능했다.

이에 국가 차원의 관할권을 소지한 강한 연방정부를 주창하는 요
구가 커져 헌법회의가 소집되었다. 연방주의파는 소규모 영토에 기반
을 두는 주 의회는 다수분파의 폭정에 노출되는데, "광활한 공화국"
에 기반을 두는 연방의회는 다양한 이해관계 조정과 분파의 해악을 통
제할 수 있기 때문에 국민의 자유를 보장해주므로 우월하다고 강조했
다.[8] 반면에 반연방주의파는 공화국이란 본질적으로 소규모의 영토에
서만 가능하고, 통합에 주력하는 연방정부의 등장은 주 권한을 침해할
뿐 아니라 국민의 자유도 침해할 수 있다며 반박했다. 결국 연방주의
파와 반연방주의판 간 극적인 타협이 이뤄지며 연방의회가 출범하면
서 연방정부의 위상에 변화가 왔다(Wood 1969, 562). 이들 간 대립은
결국 1788년 연방헌법 비준으로 결론지어졌지만, 연방주의 해석을 둘
러싼 상반된 의견대립은 여전히 계속된다고 볼 수 있다.[9]

한편으로 미합중국은 초기 연맹체계에서 연방체계로 전환한 이후
부터 오랜 기간 동안 기본적으로 헌정체계가 급격하게 변화하지 않은

---

연합의회에 명시적으로 이전되지 않은 권력, 관할권 및 권리를 보유한다"고 명시했다.
그럼에도 연합헌장 제6조는 주정부는 연합의회와 외국 간 체결된 조약에 반하는 관세를
부과할 수 없고, 각 주의 방위와 교역을 위해 필요하다고 연합의회가 인정하는 범위를
초월해 전함과 병력을 보유할 수 없고, 적의 침공을 받은 경우 등 예외적 상황을 제외하
고 연합의회 동의 없이 전쟁을 수행할 수 없다고 명시했다. 또한 주 간 조약이나 동맹은
연합의회의 동의를 의무화했다.

8    매디슨(Madison)은 연방체계에서는 주정부 간 다툼으로 공공재 공급에 차질이 생기는
문제가 해결될 수 있다고 주장했다(Beer 1993, 245).

9    연방헌법은 연방의회에게 주정부 통제를 벗어나 독자적 국가 권력기관으로 실질적 통치
를 수행할 수 있는 주권체로 명시했다. 그러나 동시에 이러한 권한 강화는 권력비대에
대한 방어 기제가 필요하다는 반발의 근거가 되어, 결국 헌법 차원의 보호 장치로서 권
리장전 내 수정헌법 제10조가 제정되었다.

천운을 누렸다고 볼 수 있다. 이는 국정문제를 해결하기 위해 단방 대신 연방을 표명하며 국정운영 실험을 시도하다 실패한 국가들과 대조적이다. 그러나 다른 한편으로 강력한 중앙정부의 등장은 연방과 주가 동시에 정책분야에 대한 최종적 권한을 행사할 수 있다고 규정한 이중주권(dual sovereignty) 논리를 강화시켜, 수직적 관계가 긴장 속에 유지된다는 사실은 아이러니다. 이 아이러니의 근원은 궁극적으로 미합중국의 복합성에 있으며, 영토 확장 과정에서 주를 연방의 구성원으로 비준할 때 분리·통합이 따로 또 같이, 동시에 또는 순차적으로 발생하는 경로를 밟았다는 특이성에서 찾을 수 있다. 〈표 1〉은 미국 50개 주의 지위를 획득한 연도와 연방으로부터 탈퇴한 남부(Confederacy) 주의 경우, 1861년 전후 여부 및 연방에 존속한 북부(Union) 주의 경우 노예제를 유지했는지 폐지했는지 여부를 보여준다. 또한 1861년 당시 영토(territory) 지위를 지닌 13개 영토의 북부 또는 남부 지지 성향을 대조한다.

연방헌법체제 전환에 참여했으나, 북부(Union)에 동조한 9개 주와 남부(Confederacy)에 동조한 4개 주로 나뉘었다. 또한 북부에 동조한 9개 주 중 델라웨어 주와 메릴랜드 주는 노예제를 유지한 채 북부의 일원으로 남북전쟁에 참전했다. 아울러 메릴랜드 주 헌법은 1867년 남북전쟁 종료 직후 4차 개헌 형태로, 델라웨어 주 헌법은 이보다 훨씬 뒤 1897년에 4차 개헌 형태로 현재까지 지속된다(이옥연 2014, 부록 2). 이러한 복합성은 건국 당시부터 분리와 통합 간 양자택일을 강요하는 영합적(zero-sum) 관계에 떠밀려 정합적(positive-sum) 관계를 유보한 탓이라고 볼 수 있다.[10] 따라서 이중주권에 관한 해석을

---

10  특히 캔자스와 네브래스카 영토를 설립하고 주민투표에 의해 노예제 허용 여부를 결정하게 규정한 1854년 캔자스-네브래스카 법(Kansas-Nebraska Act)은 연방정부를 통제해

둘러싼 이견이 첨예화되어 발발한 남북전쟁을 분리·통합의 균형점을 찾으려는 법제도와 정치 과정의 간극이 커진 부산물로 재조명할 수 있다. 결과적으로 연방헌법체제 출범이나 비극적 내전에도 불구하고, 수직적 권력분립에 대한 토론 자체가 종식되지 않고 오히려 분리-통합 균형점 선택은 정합적이며 비단선적이라는 공감대가 형성되는 시발점이 마련되었다고 평가할 수 있다. 다만 수직적 관계를 설정하는 주도권 싸움에서 통합을 주창하면 분리에 반대하거나 아니면 분리를 주창하면 통합에 저항한다는 상호배제적 투쟁이 충돌로 가시화되는 경우, 타협은 생존 자체를 위협한다는 불신으로 인해 정면대결로 치달을 수 있다는 역사적 선례도 남겼다는 사실도 주목해야 한다.

## 2. 미합중국의 헌정 구상

미국헌법이 연방정부와 주정부 단계로 책임 소재지를 분산하는 방식에 대해 구체적으로 언급하지 않으며 심지어 '연방주의'를 직접 언급하지도 않는다는 점은 흥미로운 사실이다. 단지 주 주권론의 헌법적 근거로 수정헌법 10조가 인용되는 반면, 국가 주권론의 헌법적 근거로 헌법 1조 8항의 통상 구절과 유연성 구절, 그리고 헌법 6조의 최고성 구절이 인용될 뿐이다. 이는 동일한 연방헌법이 미합중국의 기원과 발전 과정에서 상반되는 연방과 주 간 관계를 옹호하는 관점의 근거를 동시에 명시한다는 의미이기도 하다. 그렇다면 미합중국 연방헌법은 어떻게 구성되어 있는가. 우선 헌법 1, 2, 3조는 각각 연방의회, 대통령, 연방대법원 순으로 연방정부의 권한과 선출 방식을 명시함으로

야 노예제 존속 여부를 장악할 수 있다는 내분을 심화시켜 "1854년 대실책"이라고 평가된다.

**표 1.** 미국 주(州) 지위 획득 연도와 1861년 전후 상황

| 주[1] | 연도[2] | 지위 획득 / 1861년 전후 | 주[1] | 연도[2] | 지위 획득 / 1861년 전후 |
|---|---|---|---|---|---|
| 델라웨어 | 1790[8] | 1787년 / 노예제 존속 | 미시간 | 1790[8] | 1837년 / 노예제 폐지 |
| 펜실베이니아 | | 1787년 / 노예제 폐지 | 플로리다[3] | 1820 | 1845년 / 이전 탈퇴 |
| 뉴저지 | | 1787년 / 노예제 폐지 | 텍사스[3] | | 1845년 / 이전 탈퇴 |
| 조지아[3] | | 1788년 / 이전 탈퇴 | 아이오와 | 1830 | 1846년 / 노예제 폐지 |
| 코네티컷 | | 1788년 / 노예제 폐지 | 위스콘신 | 1820 | 1848년 / 노예제 폐지 |
| 매사추세츠 | | 1788년 / 예제 폐지 | 캘리포니아 | 1830 | 1850년 / 노예제 폐지 |
| 메릴랜드 | | 1788년 / 노예제 존속 | 미네소타 | | 1858년 / 노예제 폐지 |
| 사우스캐롤라이나[3] | | 1788년 / 이전 탈퇴 | 오리건 | 1850 | 1859년 / 노예제 폐지 |
| 뉴햄프셔 | | 1788년 / 노예제 폐지 | 캔자스 | | 1861년 / 노예제 폐지 |
| 버지니아[6] | | 1788년 / 이후 탈퇴 | 웨스트버지니아[4][5] | 1860 | 1863년 / 노예제 존속 |
| 뉴욕 | | 1788년 / 노예제 폐지 | 네바다 | | 1864년 / 북부 지지 |
| 노스캐롤라이나[6] | | 1789년 / 이후 탈퇴 | 네브래스카 | 1850 | 1867년 / 북부 지지 |
| 로드아일랜드 | | 1790년 / 노예제 폐지 | 콜로라도 | 1860 | 1876년 / 북부 지지 |
| 버몬트 | | 1791년 / 노예제 폐지 | 노스다코타 | 1870 | 1889년 / 북부 지지 |
| 켄터키[4] | | 1792년 / 노예제 존속 | 사우스다코타 | | 1889년 / 북부 지지 |
| 테네시[6] | | 1796년 / 이후 탈퇴 | 몬태나 | 1860 | 1889년 / 북부 지지 |

| 오하이오 | 1790[8] | 1803년 / 노예제 폐지 | 워싱턴 | 1860 | 1889년 / 북부 지지 |
|---|---|---|---|---|---|
| 루이지애나[3] | | 1812년 / 이전 탈퇴 | 아이다호 | | 1890년 / 북부 지지 |
| 인디애나 | | 1816년 / 노예제 폐지 | 와이오밍 | 1870 | 1890년 / 북부 지지 |
| 미시시피[3] | | 1817년 / 이전 탈퇴 | 유타 | 1850 | 1896년 / 북부 지지 |
| 일리노이 | | 1818년 / 노예제 폐지 | 오클라호마[7] | 1860 | 1907년 / 남부 지지 |
| 앨라배마[3] | | 1819년 / 이전 탈퇴 | 뉴멕시코[7] | 1840 | 1912년 / 남부 지지 |
| 메인 | | 1820년 / 노예제 폐지 | 애리조나[7] | 1830 | 1912년 / 남부 지지 |
| 미주리[4] | | 1821년 / 노예제 존속 | 알래스카 | 1800 | 1959년 / 영토 아님 |
| 아칸소[6] | 1810 | 1836년 / 이후 탈퇴 | 하와이 | 1840 | 1959년 / 영토 아님 |

출처: 이옥연 (2014, 307-308)의 표 2를 편집해 인용함

1. 주(州) 지위 획득 연도순으로 50개 주를 표기함
2. 주(州)별 최초 인구조사가 실시된 연도
3. 1861년 링컨대통령 취임 이전 2월 4일에 조지아, 사우스캐롤라이나, 루이지애나, 미시시피, 앨라배마, 플로리다, 텍사스 주가 미합중국을 탈퇴해 미연맹국(Confederate States of America)을 창설함
4. 켄터키, 미주리, 웨스트버지니아 주는 북부(Union)를 지지하는 동시에 노예제가 존속한 경계 주(州)임
5. 웨스트버지니아 주는 남북전쟁 중 1863년 의회 승인 하에 버지니아 주로부터 탈퇴하였으나 노예제를 존속시킴
6. 1861년 4월 15일 링컨행정부가 자원군 소집령을 발령하자, 버지니아, 노스캐롤라이나, 테네시, 아칸소 주도 미합중국을 탈퇴하고 미연맹국에 합류함
7. 1861년 당시 13개 영토(territory) 중 남부(Confederacy)를 지지한 오클라호마, 뉴멕시코, 애리조나 주는 20세기 초에야 미합중국 주(州)로 승격됨
8. 1776년 당시 연합헌장체제에 참여한 13개 주를 포함해 1790년 최초 인구조사는 버몬트 주 이외 남서부 영토(Southwest Territory)를 대상으로 실시됨

써 정치 권력구조를 규정한다. 더불어 헌법 6조는 연방대법원에게 사법심사를 통해 헌법에 대한 유권해석 권한을 부여함으로써 다층 정치체제와 다층 거버넌스 간 연계의 합헌성 여부를 판단하도록 규정한다. 이와 동시에 수정헌법 1조부터 10조에 이르는 권리장전은 연방정부에

게 특정 권한을 금지해 연합헌정체제와 비교해 강력한 연방정부의 권한을 통제할 수 있는 헌법적 근거를 제공한다.

특히 수정헌법 9조는 헌법에 열거되지 않은 권한이라도 국민에게 유보된다고 명시하고, 수정헌법 10조는 연방정부에게 위임되지 않고 주정부에게 금지되지 않은 잔여권한을 모두 주정부나 국민에게 부여한다고 명시한다. 또한 수정헌법 11조는 3조 2절 1항에 명기된 연방사법부의 고유 사법권을 일부 철회하여, 주 거주민이든 외국 시민이든 연방사법부에 주정부를 제소할 수 없도록 규정함으로써 주 주권 면책 (state sovereign immunity)이라는 사법 원칙의 헌법적 근거를 제공한다.[11] 이러한 수직적 주권분립과 더불어 미국 연방헌법은 4조에서 주정부 간 법령, 채무 계약, 사법 처벌 등 사법 결정을 상호 존중하도록 강제한다. 왜냐하면 주정부가 반드시 상호 협조할 필요는 없으나, 수직적 연방–주 관계 정립을 위해서 수평적 주정부 간 관계 정립은 필수적이고 바람직하기 때문이다(Stephens and Wikstrom 2007, 73). 더불어 미국 연방헌법은 4조 4절에서 주정부에게 대의민주주의 통치 체계를 강제하고, 주정부에 대한 외국 침공이나 내적 봉기를 진압할 책무를 명시한다. 또한 4조 3절에서 주 영토 경계선을 보장하는 궁극적 책임 소재지를 연방의회라고 명시한다. 이는 연맹 대신 연방으로 체제 전환을 완성하기 위해서, 주가 완벽한 독립 주권국가 대신 단일한 정치 체제의 구성원 지위를 일정 영역에서 수용해야만 가능하기 때문이다.[12]

〈표 2〉는 수직적 주권분립과 더불어 수평적 주 간 관계 및 국가와

11   주 주권 면책 원칙에 의하면, 연방의회가 제정한 법률을 위반했다는 근거에서 주정부를 연방사법부에 제소할 수 없다.
12   건국 시조들은 주 간 분쟁에 연방정부가 개입하기보다 주 간 협약을 통해 해결하거나 나아가 분쟁을 미연에 방지하는 결사체 민주주의를 구상했다.

**표 2.** 미합중국 정부 간 관계에 관한 헌법 본문과 수정헌법 조항

| 조문 | 목적 | 수정 | 목적 및 발의/승인연도 |
|---|---|---|---|
| 1조 8절 [명시권한] | • 통상(commerce) 구절: 외국과의 통상, 주 간 통상, 원주민과의 통상에 대한 규제 권한 규정<br>• 화폐주조, 육해군 설립 및 유지, 조약 인준, 우편제도 설립 및 유지 | IX | • 권리장전의 일부 (1795년)<br>• 중앙의 권한 제한: 중앙정부에게 명시되지 않은 잔여권한은 주나 국민에게 귀속한다고 규정 |
| 1조 8절 18항 | • 유연성(elastic) 구절: "필요하고 적절하다"고 판단하는 경우 의회의 법령 제정 권한 규정.[암시권한] | X [보존권한] | • 권리장전의 일부 (1795년)<br>• 주내 통상 규제, 지방정부체계 수립 및 유지, 연방선거 관리, 공공의료-복지-규범 보호 |
| 1조 9절, 10절 [부인권한] | • 주 수출품 관세 징수, 주 의회 동의 없이 주 영토 변경, 공직자에 대한 종교 통관시험 부과, 권리장전과 상충하는 법령 제정 금지<br>• 대외교역 관세 징수, 화폐주조, 외국과 조약 체결, 계약 이행 방해, 연방의회 동의 없이 주 간 협약 체결, 권리장전과 상충하는 법령 제정 금지 | XI | • 주에 관한 사법권에 대해 연방사법부의 관할권 제한 (1794/1798년) |
| 3조 1절 | • 연방대법원 이하 연방사법부 조직 신설 | XIII | • 노예제를 포함해 사람에 대한 소유 재산권 폐지 (1865년) |
| 4조 3절, 4절 → 수평관계 | • 새로운 주 영합 또는 기존 주의 영토를 분할하거나 기존 주 다수가 병합하여 새로운 주를 형성하려면, 연방의회와 주 의회 승인이 모두 필요하다고 규정<br>• 공화국 유지, 외침이나 내란으로부터 주의 공화국 유지 보장 | XIV | • 권리장전을 개인뿐 아니라 주에도 적용 (1866/1868년) |
| | | XVI | • 연방소득세 정립 (1909/1913년) |
| 6조 | • 최고성(supremacy) 구절: 헌법, 연방법, 그리고 조약이 국가의 최고법이며 모든 주의 판사들은 이를 준수할 의무가 있다고 규정<br>• 2항: 국민정부 권한 행사 [내재권한] | XXVII | • 의회가 스스로 의원 급여를 인상하는 것을 제한 (1789/1992년) |
| 동시권한 | 조세 징수/차관 유치, 일반 공공복지 지출, 은행 설립, 사법부 수립, 법령 제정 및 집행 | | |

출처: 이옥연(2014, 304)의 표 1을 인용함.

국민 간 관계를 총괄해 분리-통합을 명시한 헌법 및 수정헌법 조문을 보여준다. 연방정부와 주정부에게 각각 독자적 권한을 부여하는 수직적 주권분립은 연방정부에게 헌법에 근거한 명시적, 암시적, 또는 내재적 권한을 위임함으로써, 궁극적으로 정치적 해법을 모색하도록 권고한다. 더불어 연방정부와 주정부에게 각각 금지된 권한을 명기함으로써, 국민국가의 근간을 흔들 수도 있는 분쟁을 미연에 방지하도록 강제한다. 이와 대조적으로 연방정부에 위임되지 않고 동시에 주정부에 금지되지 않은 모든 권한을 주정부에게 부여한 잔여권한으로 규정한다. 그런데 특이하게 연방주의 원칙을 근간으로 수직적 주권분립을 표명하면서도, 법령 제정 및 집행 권한과 사법부체계 수립 및 운영 권한, 나아가 조세징수 및 차관유치, 일반복지 지출 권한 등을 연방정부와 주정부에게 동시권한으로 남겨두어 잠재적 주권 간 분쟁 소지를 제공한다. 이는 분리-통합 역학을 풀어내는 단서를 헌법을 기반으로 법제도와 과정을 총괄해 찾으라는 의미이기도 하다(Rodden 2006; Griffin 2007, 56-61).

엄격하게 말하자면, 이러한 복합적 헌정 구상은 건국 초기에 강력한 연방정부를 주창한 연방파와 이를 우려한 반연방파 간 정치적으로 타협한 역사적 산물이라고 볼 수 있다. 이후 한편으로 수직적 주권분립의 정치 시장에서 정치과정을 통해, 통합을 우선시하는 중앙 집중과 분리를 강조하는 탈중앙 압력을 조합해 자신에게 유리한 균형점을 선점하려는 연방정부와 주정부 간의 끊임없는 탐색전이 전개되는 현상을 관찰할 수 있다. 왜냐하면 정부 단계 간 독립적으로 치르는 선거 경합을 거치면, 최소한 차기 선거까지 한시적으로 수직적 관계의 적정 균형점에 대해 승자든 패자든 원칙적으로 합법적 합의를 수용하도록 요구할 수 있는 이점이 있기 때문이다. 다른 한편으로 수직적 관계에

서 분리-통합에 관한 유권해석 권한이 인정된 연방대법원은 권한남용
을 자제하며 중재 역할에 충실한 일관성을 견지하였기 때문에 연방주
의 수호자로서 권위를 공고하게 만든 사실을 확인할 수 있다. 물론 헌
법적 근거에 대한 논란이 종식되지 않은 탓에 사법심사권과 그로 인한
정책적 파급효과에 대한 반발이 거센 점도 있으나, 연방대법원은 엄격
한 사법심사권 발동 기준을 설정함으로써 법적 구속력과 정치적 설득
력을 겸비했기 때문에 가능하다고 평가할 수 있다.[13] 특히 시대에 따라
경우에 따라 수직적 관계에 대한 연방대법원의 유권해석이 심지어 반
전한 사실을 보건대, 이는 경이로운 위업이다.

물론 모든 연방대법원장이 항시 재계, 정치계, 심지어 여론 압
력으로부터 완벽하게 독립성을 유지하지 않았다.[14] 예컨대 제9대 화
이트(White) 연방대법원장은 이중연방주의의 연장선에서 주 주권
론을 옹호했고, 제10대 태프트(Taft) 연방대법원장은 제27대 미합중
국 대통령을 역임했음에도 불구하고 연방정부 역할을 최소한으로 규
정하는 데 주력했다. 이중연방주의에 대한 지지를 철회한 11대 휴즈
(Hughes) 연방대법원장도 사법심사권을 제어했다가, 이후 제32대 루
즈벨트 대통령이 주도한 뉴딜 정책 프로그램을 지지하는 방향으로 선
회했다. 또한 제12대 스톤(Stone), 제13대 빈슨(Vinson) 연방대법원
장도 전시체제라는 특수한 여건을 감안한 정부 규제를 수용하기도 했
다. 그러나 이러한 개별 연방대법원장의 사법 행동주의가 만약 시대
요구에 부응하는 유권해석이 요구된다는 근거에서 사법심리권을 행사

13    구체적으로 정치적 분쟁이라고 판단하는 경우, 연방대법원을 포함해 연방사법부는 사법
      심사 자체를 유보하고 대신 당사자 간 정치적 해결을 촉구함으로써 연방사법부의 독립
      성과 권위를 확립했다.
14    네이절은 미합중국이 권한분산 원칙, 권력분립 원칙과 더불어 "명확하게 규정된, 제한
      된(defined and limited)" 정부를 구현한다는 주장의 허구성을 비판한다(Nagel 2001, 16).

한 결과였다면, 사법 행동주의는 비록 각종 압력에서 벗어나지 못한 태생적 한계를 지니더라도 역설적으로 연방사법부 독립성을 다지는 데 기여했다고 볼 수 있다.

무엇보다 연방대법원은 사법심사권에 의존해, 미합중국의 영원한 과제인 상반된 구심력과 원심력 간 균형점을 찾는 과정에서 분리와 통합이 반드시 영합적이지 않으며 나아가 분리·통합 관계가 영구하지 않고 유동적이라는 신뢰를 구축하는 데 기여했다. 그 결과 연방사법부 독립성이 확고해졌고, 연방사법부 판결은 국정 운영의 방향 설정에 중대한 영향을 끼칠 수 있는 토대가 만들어졌다. 이러한 맥락에서 미합중국에서는 다층 정부의 선출직을 확정하는 정치 과정과 더불어 수직적 관계에 대한 유권해석을 내리는 연방대법원이 통치 이념인 연방주의를 통치 체계인 연방국가로 구현하는 행위 기제 또는 주체라고 결론을 내릴 수 있다. 따라서 법적 구속력과 정치적 설득력을 정치과정과 사법심리를 통해 확보한 미합중국을 견고하면서도 유연한 국가모델 사례로 평가할 수 있다. 그렇다면 미합중국과 유사한 맥락에서 다층 정치 체제와 다층 거버넌스를 운영체계로 채택한 유럽연합은 어떠한 국가모델일까? 다음 소절에서는 미합중국과 대조되는 유럽연합의 건립 과정과 헌정 구상을 조명하고자 한다.


## IV. 유럽연합의 건립 과정과 헌정 구상

### 1. 유럽연합의 건립 과정

유럽연합은 1983년 단일유럽의정서(SEA)와 1993년 마스트리히트 조약이 체결되면서 다층 구조의 통치 체계를 기반으로 단일 국가에 준하는 입법, 행정, 사법 등 정부 기능을 수행하는 기관들과 정부 운영에 필수적 기관인 유럽중앙은행과 감사원을 갖추었다. 이러한 심화와 더불어 유럽연합에게 통치 합법성을 제공하는 민의 대변기관인 유럽의회도 1973년부터 2013년까지 점진적으로 확대되었다.[15] 또한 유럽의회 의원도 1979년부터 직접 선출하기 시작해 유럽연합 시민의 정치참여와 유럽연합에 대한 정책 책임을 추궁할 수 있는 창구가 마련되었다. 더불어 〈표 3〉에서 보듯이, 유럽연합을 지탱하는 기제로 관세동맹, 쉥겐 지역, 유로존 등 정식 기구도 점진적으로 확장했다. 그렇다면 기존 회원국은 이렇게 점진적으로 반세기 넘어 확대를 거듭하면서 기존 회원국에게 차등을 두며 의석을 재조정한 결과, 유럽연합 내 특정 회원국의 정치적 영향력에 타격을 주었을 수도 있는 상황을 어떻게 받아들였을까? 나아가 점진적으로 장기간에 걸쳐 유럽연합을 진정한 민주적 조직으로 공고하게 정립하고 대외적으로는 통합적 창구를 제시함으로써 경제적 통합을 넘어 정치적 통합으로 완결하려던 실험이 성공했다고 평가할 수 있을까?

유럽연합에는 일국 체계보다 국제기구에 근접한 통치구조와 의결과정이 잔존하면서도 일국 체계에 준하는 국가성을 구축하려는 실험이 진행 중이라고 볼 수 있다. 따라서 유럽연합에게 복합적 국가 정체성에 대한 헌법적 근거와 정치적 매력을 구비하고 추동해야 할 부담이 크다. 이 부담은 점진적 확대로 인해 복잡하게 얽어진 조약 개

---

15  1979년 유럽의회 직선이 채택되기 이전에 실행된 1차 확대와 직선제 실시 이후 진행된 2, 3차 확대는 기존 회원국의 의석 재조정을 동반하지는 않았다. 1994년 암스테르담 조약에서 12개 회원국 의석 총수를 증가해 회원국 의석을 재배정하면서 기존 회원국 간 의석 증감에 차이가 보였다. 이어 4, 5차 확대, 2009년 니스 조약, 5, 6, 7차 확대로 28개 회원국에게 의석을 재배정할 때에도 마찬가지로 기존 회원국 간 차등을 두었다.

**표 3.** 유럽연합 회원국 가입 현황

| 국가명 | EU[1] | 솅겐 지역[2] (체결/발효) | 유로존[3] (가입) | EU 관세동맹[4] | EFTA[5] (가입/탈퇴) | 유럽평의회/ NATO[6] |
|---|---|---|---|---|---|---|
| 프랑스 | 1951 | 1985/1995 | 1999 | 1958 | | 1949/1949 |
| 독일 | 1951/1990 | 1985/1995 | 1999 | 1958 | | 1950/1955 |
| 이탈리아 | 1951 | 1990/1997 | 1999 | 1958 | | 1949/1949 |
| 벨기에 | 1951 | 1985/1995 | 1999 | 1958 | | 1949/1949 |
| 네덜란드 | 1951 | 1985/1995 | 1999 | 1958 | | 1949/1949 |
| 룩셈부르크 | 1951 | 1985/1995 | 1999 | 1958 | | 1949/1949 |
| 영국 | 1973 | 1999/2004 | 유보 | 1973 | 1960/1973 | 1949/1949 |
| 덴마크 | 1973 | 1996/2001 | 유보 | 1973 | 1960/1973 | 1949/1949 |
| 아일랜드 | 1973 | 2002/유보 | 1999 | 1973 | | 1949/불참 |
| 그리스 | 1981 | 1992/2000 | 2001 | 1981 | | 1949/1952 |
| 스페인 | 1986 | 1992/1995 | 1999 | 1986 | | 1977/1982 |
| 포르투갈 | 1986 | 1992/1995 | 1999 | 1986 | 1960/1986 | 1976/1949 |
| 오스트리아 | 1995 | 1995/1997 | 1999 | 1995 | 1960/1995 | 1956/불참 |
| 핀란드 | 1995 | 1996/2001 | 1999 | 1995 | 1986/1995 | 1989/불참 |
| 스웨덴 | 1995 | 1996/2001 | 유보 | 1995 | 1960/1995 | 1949/불참 |
| 키프로스 | 2004 | 2004/보류 | 2008 | 2004 | | 1961/불참 |
| 라트비아 | 2004 | 2004/2007 | 2014 | 2004 | | 1995/2004 |
| 에스토니아 | 2004 | 2004/2007 | 2011 | 2004 | | 1993/2004 |
| 리투아니아 | 2004 | 2004/2007 | 2015 | 2004 | | 1993/2004 |
| 몰타 | 2004 | 2004/2007 | 2008 | 2004 | | 1965/불참 |
| 폴란드 | 2004 | 2004/2007 | | 2004 | | 1991/1999 |
| 슬로바키아 | 2004 | 2004/2007 | 2009 | 2004 | | 1993/2004 |
| 슬로베니아 | 2004 | 2004/2007 | 2007 | 2004 | | 1993/2004 |
| 체코 | 2004 | 2004/2007 | | 2004 | | 1993/1999 |
| 헝가리 | 2004 | 2004/2007 | | 2004 | | 1990/1999 |

| 불가리아 | 2007 | 2007/보류 | 2007 | 1992/2004 |
|---|---|---|---|---|
| 루마니아 | 2007 | 2007/보류 | 2007 | 1993/2004 |
| 크로아티아 | 2013 | 2013/보류 | | 1996/2009 |

출처: 이옥연(2011, 283-285)의 부록 표 2.2.를 편집해 인용함

1. 유럽연합(EU): 2016년 영국 주민투표에서 유럽연합 탈퇴가 채택되어 2017년 유럽연합 집행위원회에 상정됨. 유럽연합 회원국의 속령도 유럽연합의 일부임. 스페인의 카나리아 제도, 세우타와 멜리야 (아프리카), 포르투갈의 아조레스 제도와 마데이라 제도(아프리카), 프랑스의 과들루프(서인도 제도 – 소앤틸리스 제도), 레위니옹(아프리카), 마요트(남아프리카), 마르티니크(서인도 제도 – 소앤틸리스 제도), 프랑스령 기아나(남아메리카) 등
2. 쉥겐 지역(Schengen Area): 영국(1999년, 이후 2004년 복귀), 아일랜드(2002년 이후 현재까지)가 참여 유보함. 마스트리히트조약 이후 유럽연합 회원국은 자동적으로 가입함. 키프로스, 불가리아, 루마니아, 크로아티아는 실시 보류됨
3. 유로존(Euro Zone): 영국, 덴마크, 스웨덴(2002년 이후 현재까지)이 참여 유보함. 불가리아, 체코, 헝가리, 크로아티아, 폴란드, 루마니아는 불참함
4. EU관세동맹(EU Customs Union): 1958년 출범한 유럽경제공동체(EEC)에서 주요 항목으로 채택하여 EEC 또는 EU 회원국은 자동적으로 가입함
5. 유럽 자유무역연합(EFTA): 유럽경제공동체(EEC) 창립 6개국에 반발해 1960년 스톡홀름 회의 당시 창립국가 중 영국, 덴마크, 포르투갈, 오스트리아, 스웨덴과 1986년에 정식 가입한 핀란드는 이후 EEC 또는 EU에 가입하면서 EFTA로부터 탈퇴함. 창립국가 중 노르웨이와 스위스는 현재까지 남아 있음. 이후 1970년에 아이슬란드, 1991년에 리히텐슈타인이 회원국으로 가입함. 현재 EFTA 4개 회원국 중 스위스만 유일하게 EU와 양자협정을 체결함
6. NATO(북대서양조약기구)는 EU기구가 아님. 유럽평의회(Council of Europe)는 47개 회원국으로 구성되어 공식적 EU기구가 아니나 유럽지역통합을 제고하려는 목적으로 창설된 국제기구임. 1949년 5월 5일에 10개국(프랑스, 이탈리아, 벨기에, 네덜란드, 룩셈부르크, 영국, 덴마크, 아일랜드, 스웨덴, 노르웨이)이 유럽평의회를 창설함. 1949년 8월 9일에 그리스와 터키가 가입함. 그리스는 이후 1967년까지 탈퇴했다가 1974년에 복귀함. 서독은 1949년 5월 23일 건립 후 입회국으로 참여한 후 1950년에 회원국으로 가입했고, 동독은 정식으로 가입하지 않았으나 1990년 독일 통일 후 서독에 편입되며 유럽평의회에 참여함

정 내역을 단일한 문서로 정비해 헌법을 제정하고 성공적으로 회원국의 인준을 확보함으로써, 유럽연합과 회원국이 공유하는 권한을 행사하는 보조성 원칙이 준수되는지 여부를 판단할 헌법적 근거를 확립해야 하는 과제로 제시되었다(Harmsen and Spiering 2005; 김면회·김재길 2015). 더불어 유럽헌법조약이 모든 회원국의 비준 절차를 무사히 통과하기까지 회원국으로부터 유럽연합으로 이양된 권한에 대한 합의가 회원국의 정치과정에서 선거 쟁점으로 부각되어 공방을 받더라도 살아남을 수 있을 만큼 정치적 매력을 전파해야 하는 과제로 제시되었

다. 헌법적 근거를 마련하는 전초작업은 2004년 유럽헌법조약으로 외면상 성공했다. 그러나 이후 '강한 유럽'이 요구하는 '단일한 유럽'에 반발한 프랑스와 네덜란드는 국민투표에서 비준을 부결시켰고, 영국은 국민투표를 무기한 연기하기로 선언한 결과 좌초되었다. 비록 그로 인한 법적, 정치적 혼란을 줄이기 위해 리스본 조약이 체결되었으나, 이마저 아일랜드 국민투표에서 부결되고 급작스럽게 비준 절차를 변경해 간신히 체면을 유지한 상태다.

특히 점진적 확대에 따른 유럽의회 의석 재조정이 기존 회원국 간 차등을 두면서, 정치적 물물교환에 준하는 의석 배분에 대한 불만과 불신이 고조되었다. 일찍이 유럽의회는 2011년 '캠브리지 의석조정회의'를 주관해 주먹구구식 대신 지속적이고 투명하며 특히 정치편향성을 배제한 공식인 "캠브리지 타협안"을 제시했다.[16] 더구나 백만 명 유럽연합 유권자가 서명해 발안하면 그를 집행위원회가 제안하도록 요구할 수 있는 시민발의도 제도화되었다. 그 결과 2014년부터 "체감적(degressive) 비례대표성"에 의거해 유럽의회 의석을 재조정하기 시작했다. 그러나 이러한 일련의 노력에도 불구하고 결과적으로 인구 규모가 큰 회원국에게 상대적으로 불리하게 유럽의회 의석이 배정된 데 대한 불만이 증폭되었다. 무엇보다 아일랜드 국민투표 부결로 인해 모든 회원국에게 집행위원직이 균등하게 배정된 종전 방식으로 환원한 유럽연합의 난치병인 동맥경화증이 도졌다는 비방이 그치지 않았다. 게

---

16    모든 회원국에게 기본 5개 의석을 우선 배정한 후, 인구에 비례해 의석을 최소 6석부터 최대 96석까지 추가 배정하는 방식이다[European Parliament, Directorate-General for International Policies, Citizens' Rights and Constitutional Affairs, 2011, "The allocation between the EU Member States of the seats in the European Parliament." http://www.statslab.cam.ac.uk/~grg/papers/cam-report-final2.pdf(검색일: 2018. 3. 20)].

다가 유럽연합의 비효율성을 비판하던 대중영합주의 노선은 유럽연합의 무효용 가치를 부각시켜 유럽연합을 희생양으로 전락시키는 데 주저하지 않는 양상을 보인다.

그 결과 건립 과정에서 유럽연합과 회원국 간 수직적 관계를 규정하는 보조성 원칙과 회원국 간 수평적 관계를 규정하는 비례대표성 원칙 간 조합이 그다지 조화롭지 않은 불운까지 겹쳤다. 예컨대 후보 회원국이 유럽연합의 공식적 또는 비공식적 기구에 가입 의사를 표명한 시점과 가입 승인이 이뤄진 시점 간 격차가 클수록, 유럽연합에 대한 불만과 불신이 유럽회의주의로 심화되는 경향을 관찰할 수 있다. 또한 유럽연합은 정부 간 협약에 의거해 지역통합을 추진했기 때문에, 지역통합 이전에 미처 완수하지 못한 과제는 지역통합 이후에도 보조성 원칙을 어떻게 해석하느냐에 따라 정부로서 유럽연합의 정당성을 강화시키기도 또는 약화시키기도 한다(Elliott and Atkinson 2016, 17-28). 만약 회원국의 권한 일부를 유럽연합에게 양도하는 정당성에 대해 회의적이라면, 통치 체계 정비를 목적으로 설정된 리스본 조약의 권한 분류도 지역통합의 현실에 부합하지 않는다는 반발을 불러일으킬 가능성이 크다(Christiansen 2009, 69-82). 심지어 헌법적 근거로 구비된 권한영역 분류가 개별 회원국의 특수성을 고려하지 않는다는 비관론으로 이어질 수도 있다.

이는 리스본 조약 체결 이전에 유럽연합의 심화와 확대 과정에서 공식적 경로보다 연성 프로그램, 비공식적 규정 변형, 심지어 비공식적 내부 거래(kitchen politics) 등에 의존한 탓에 의결과정의 투명성과 공명성에 대한 의구심을 야기했기 때문이다(Sweet, Sandholtz, and Fligstein 2001; Medrano 2009). 더욱이 헌법적 근거가 부재한 상태에서 비선출 전문직으로 파견된 재판관으로 구성된 유럽사법재판소의 판결은 관료가 소지한 규정 해석 재량권 전횡으로 이어지곤 했다. 물론 이러한 민주주의 결핍을 해소하고자 앞서 언급한 유럽의회의 의석 재배정을 포함한 일련의 제도 개혁도 시도했다. 그러나 오히려 유럽화에 대한 반발은 더욱 거세져, 일부 회원국은 유럽연합의 개혁 시도를 제살 깎아먹기로 인식한 반면, 다른 일부 회원국은 유럽연합에게 권한 이양이 진전되면서 오히려 유럽연합의 회원국으로서 수혜가 줄어들까 불안해했다(Zowislo-Grünewald 2009, 15; 김미경 2016). 영국의 유럽연합 탈퇴 선언은 전자에 해당하고, 난민 의무 수용 할당을 거부한 헝가리, 슬로바키아, 폴란드, 체코는 후자에 해당한다. 결국 미합중국과 마찬가지로 유럽연합에서도 수직적 권력분립에 대한 토론 자체가 종식되지 않고 분리-통합 균형점을 유리하게 선점하려는 주도권 다툼이 계속되어 타협 대신 정면대결로 귀결되는 양상이 나타난다. 그러나 미합중국과 달리 유럽연합에서는 분리와 통합 중 양자택일을 강요하는 영합성이 회원국과 수직적 관계를 여전히 지배한다. 이 차이를 다음 소절에서 헌정 구상을 분석하며 규명하고자 한다.

## 2. 유럽연합의 헌정 구상

산통 속에 정비된 리스본 조약은 단일한 제도, 정책, 시장, 화폐를 통해 단일한 유럽을 형상화시키는 초석을 제공했다고 볼 수 있다. 구체적으로 이전의 3개 기둥(pillar) 체제로 분화된 통치 체계 대신 단일한 통치 체계를 채택해, 역외정책, 역내 의결과정, 인권헌장, 그리고 수정 절차 등 피드백 창구에서 제도 개혁을 통한 통치 체계의 헌법적 근거를 마련했다. 첫째, 역외정책 분야에서 유럽연합조약(TEU)과 유럽연합기능조약(TFEU)을 결합해 유럽연합에게 조약 체결을 포함한 독자

적 입법권을 부여했다. 또한 상원에 해당하는 유럽연합이사회로부터
회원국 정상회의에 해당하는 유럽평의회를 분리하고, 종전 6개월 임
기 순환직이던 유럽평의회장을 2.5년 임기 선출직으로 전환해 기능상
분권을 도모했다. 더불어 종전 공동외교안보정책 고위대표와 대외문
제 집행위원을 통합해 유럽연합 외교안보정책 고위대표를 신설해 외
교대표직을 단일화하고, 유럽대외관계청을 신설해 회원국 외교부, 유
럽연합이사회, 집행위원회 사무총장 관련부처 등과 공조하는 단일 창
구를 제공함으로써, 유럽연합에게 명실상부한 글로벌 행위자로서 지
위를 부여했고 동시에 집행위원회 부위원장을 겸임해 정책결정과정에
서 영향력을 발휘할 수 있는 지위를 더했다.

둘째, 역내 의결과정에서 유럽평의회와 유럽연합이사회에서 공통
으로 이중 다수결에 의거한 법안 통과 절차를 일반 입법절차로 규정함
으로써, 민주적이고 투명한 입법과정을 제고했다.[17] 이는 앞서 니스 조
약에서 채택된 의결 방식을 회원국의 인구 비례를 감안해 재조정한 결
과다. 새로운 의결방식이 정착하기까지 과도기를 설정했으나, 동시에
과도기 동안 만약 회원국이 종전 의결방식 환원을 요청하면 수용할 수
있는 여지도 남겼다. 또한 조세, 사회보장, 외교, 국방, 경찰작전 협조
등 일부 제한된 정책 분야에는 만장일치 방식을 유보했다. 반면 〈표 4〉
에서 보듯이, 유럽의회와 유럽연합이사회 간 공동결정절차를 유럽연
합이사회의 가중 다수결 방식을 법무, 내부 등에 확대함으로써 일반입
법절차로 전환시켰다. 더불어 앞서 언급한 '체감적 비례대표성'에 의

---

17  55%의 회원국, 즉 15개국과 65%의 유럽연합 회원국 유권자가 찬성하는 조건을 충족해
    야 법이 제정되는 의결 방식을 가리킨다. 입법과정 중단은 4개국과 35% 유권자의 반대
    를 요한다. 다만 집행위원회나 유럽연합 외무안보정책 고위대표 발안이 없는 유럽연합
    이사회 발안의 경우, 72%의 회원국, 즉 19개국과 65%의 유럽연합 회원국 유권자 찬성
    이 필요하다.

**표 4.** 리스본 조약의 관할권 영역, 권한 행사, 법적 근거 조항

| | 배타적 관할권 | 공동관할권 | 행동관할권 |
|---|---|---|---|
| 역<br>할 | 유럽연합의 독자적 입법권,<br>단 회원국에 권한 부여 가능 | 유럽연합과 회원국 간 공동<br>권한 | 회원국 우위, 즉 유럽연합의<br>회원국 법률 행위에 대한 지<br>원, 조정, 보완 |
| 근<br>거 | TFEU 제2조 1항 | TFEU 제2조 2항 | TFEU 제2조 5항 |
| | TFEU 제3조 | TFEU 제4조 | TFEU 제5조 & 제6조 |
| 조<br>항<br>/<br>정<br>책<br>영<br>역 | • 관세 동맹<br>• 역내시장 운영에 관한 경<br>합 수칙 수립<br>• 유로존 국가 통화정책<br>• 공동어업정책과 관련된<br>해양생물자원 보존<br>• 공동 통상정책 | • 역내시장<br>• 사회정책<br>• 경제-사회-영토 결집<br>• 해양생물자원 보존 이외<br>농업, 수산업<br>• 환경<br>• 소비자 보호<br>• 교통<br>• 범유럽 연결망<br>• 에너지<br>• 자유, 안보, 사법 분야<br>• 공공보건과 연관된 안전<br>사안 | • 시민 건강 증진과 보호<br>• 산업<br>• 문화<br>• 관광(TFEU 제195조 2항)<br>• 교육, 청소년, 스포츠, 직<br>업훈련<br>• 시민보호/재앙방지<br>(TFEU 제196조 2항)<br>• 행정 협조(TFEU 제197조<br>2항) |
| 행<br>사<br>제<br>한 | • 비례성 원칙(TEU 제5조 4항): 유럽연합 공동정책은 조약 상 규정된 목적 달성에 제한해<br>최소로 함 | | |
| | • 보조성 원칙(TEU 제5조 3항): 공동 또는 행동관할권의 경우에도 유럽연합은 회원국보<br>다 효율적으로 추진할 수 있는 분야와 시점에 한해 공동정책을 시행함 | | |
| 입<br>법<br>절<br>차 | • 유럽이사회와 유럽의회 간 공동결정절차(co-decision) → 유럽이사회의 가중투표 확대<br>로 일반입법절차(ordinary legislative procedure)로 전환됨(TEU 제16조 3항, TFEU 제<br>294조)<br>• 농업, 수산업, 공동 통상정책, 구조조정기금, 교통 정책영역 대상 | | |
| | • 유럽이사회의 만장일치 또는 유럽의회와 협의, 동의를 요하는 특별입법절차<br>• 조세(TFEU 제113조), 사회보장 및 이민자 사회 보호(TFEU 제21조 3항) 적용 | | |
| 회<br>원<br>국 | • yellow card: 집행위원회 발안이 보조성 원칙을 위반하면 재고를 강제함<br>orange card: 집행위원회가 발안 강행 시 유럽연합이사회와 유럽의회에 보고함(TEU<br>제12조)<br>• 보조성 원칙 위반 여부를 유럽사법재판소에 제소함(TEU 제230조) | | |

출처: 이옥연(2011, 238)의 표 7.1.을 편집해 인용함
1. 리스본 조약은 기존 법체계에서 유럽연합의 관할권을 비례성 원칙과 보조성 원칙에 의해 제한한 점을
   재확인함
2. TFEU 제352조는 기존 관할권의 법적 근거를 확인함
3. 신규 관할권은 해당 영역에 표기함

4.  의약품 및 의료기기 품질-안전 기준(TFEU 제168조 4항 c), 경제-사회의 기존 결집 영역에 영토 추가(Title 18), R&D 영역에 우주 추가(Title 19) 등 기존 정책영역을 확장함.
5.  일반입법절차 대상 정책영역이 확대되면서 유럽의회의 입법 관여가 늘거나 특별입법절차에서 유럽의회 동의가 필요함(TFEU 제19조 1항, 제352조).
6.  유럽연합의 법규는 규정(regulation), 지침(directive), 결정(decision), 권고(recommendation), 의견(opinion)으로 나뉘며, 입법행위와 비입법행위 모두에서 채택될 수 있음.
7.  입법행위는 일반입법절차와 특별입법절차를 통해 채택될 수 있음(TFEU 제289조).

거해 인구 규모가 큰 회원국에 상대적으로 불리하게 유럽의회 의석을 재조정하고, 집행위원직도 회원국당 배분하는 대신 총수를 줄이기로 결정하는 데 성공했으나 실행 단계에서 무산되었다. 이는 결국 보조성 지향이 극대화되는 경우, 유럽연합과 회원국에게 동시에 위해를 가할 수 있는 양날의 칼이라는 점을 보여준다.

셋째, 수정 절차, 회원국 의회 기능, 시민발의, 회원국의 참여 유보(opt out), 그리고 탈퇴를 명시함으로써, 민주주의 결핍을 보완하고자 했다. 수정 절차를 일반 절차와 간편 절차로 나눠, 회원국, 유럽의회, 집행위원회가 유럽연합이사회에게 수정안을 제출하면 이를 유럽평의회에게 제출해 심의하도록 규정했다.[18] 또한 회원국 의회 기능을 강화해 국가주권을 방어할 수 있는 창구로서 역할을 수행하며, 특히 보조성 원칙에 위배된다고 판단하는 경우 유럽사법재판소에 제소할 수 있도록 규정했다.[19] 심지어 일부 회원국에게 유럽연합 인권헌장 참여 유보를 허용함으로써, 궁극적으로 리스본 조약에 구비된 헌법적 근

---

18    http://www.lisbon-treaty.org/wcm/the-lisbon-treaty/treaty-on-european-union-and-comments/title-6-final-provisions/135-article-48.html(최종검색일: 2018. 3. 20).

19    만약 1/3 또는 법무나 내무정책 분야인 경우 1/4이 상정된 법안에 반대하면, 집행위원회가 반드시 재검토하도록 강제했다. 더불어 만약 1/2 이상이 공동결정절차에 반대하면, 유럽의회 과반수 또는 유럽연합이사회 55% 이상이 입법화 여부 자체에 대한 찬반투표를 하도록 강제했다.

거가 제대로 유럽연합이 표명하는 입헌주의를 구현하는지에 대한 논란까지 야기했다(Walker 2007, 48). 특히 회원국이나 회원국 속령 또는 자치령이 유럽연합으로부터 탈퇴하는 절차를 간소화하고 시민발의를 도입해 입헌주의에 입각한 다층 정치 체제에서 정부 권력 행사를 저지할 수 있는 위협 기제로 변모할 수 있는 이중성도 드러났다.

그렇다면, 민주주의 결핍을 보완하기 위해 제도화시킨 보조성 원칙은 비례대표성 원칙과 왜 상반된 경향만 보이는가? 우선 정부 기능 측면에서 보면, 유럽연합은 의결기구로서 태생적 한계를 지니고 건립되었다. 단일한 유럽을 제도화하는 과정에서 주요 정책 분야에서 분할된 형태와 방식으로 통합이 추진되면서 분절된 결과물을 양산함으로써 분리 욕구를 증폭시켰다고 볼 수 있다. 예컨대 안보 정책 분야에서 냉전 시대 산물인 북대서양조약기구(NATO)를 지역통합으로 내재화시킨다는 명분으로 유럽연합과 북대서양조약기구에 대한 공식적 가입이 때로는 중첩되고 때로는 분산되어 진행되었다.[20] 경제 정책 분야의 경우, 분할된 통합으로 인한 분절 폭이 안보 정책 분야와 비교해 상대적으로 작았으나, 마찬가지로 참여 유보 등 불참을 가능하게 하는 연성 절차를 제공한 결과 이득 추구 경향이 첨예화되었다고 볼 수 있다.[21]

다음으로 초국가적 조직을 갖추었으나 국가 간 이해관계에 충실한 채 실무를 처리해야 하는 단계에서 유럽연합의 태생적 한계가 지속

20 덴마크는 NATO 창설 회원국이나, 마스트리히트조약에 명기된 참여 유보를 채택해 유럽안보방위정책(ESDP)에 불참했다.

21 쉥겐 지역(Schengen Area)을 확립해 국경통제를 폐기하거나, 유로존(Euro Zone)을 설정해 금융·화폐통합을 제도화하는 데 성공했다. 또한 마스트리히트조약이 유럽연합조약(TEU) 체계로 편입되면서 쉥겐 지역도 수용한 결과, 2009년부터 신규 유럽연합 가입국은 자동적으로 쉥겐 지역 가입 대상이다. 반면 유럽연합 회원국으로 가입하지 않은 채 스위스는 2010년부터 쉥겐 지역에 참여해 국경 통제 폐기의 수혜를 받았다.

된다고 볼 수 있다. 예컨대 앞서 언급한 참여 유보나 회원국 의회의 조건부 거부권 행사를 허용해 지역통합의 장애물을 제거하기보다 우회하는 방식에 의존한 결과, 분리와 통합의 역학에서 영합적 관계가 고착되었다. 또한 사안별 타결 대신 일괄 타결안을 채택해 역내 단일시장을 출범시키는 데 성공한 단일의정서와 같은 쾌거도 이루어내었으나, 유럽연합은 근본적으로 회원국 동의로 성립된 출생의 비밀로부터 자유롭지 못한 숙명을 지닌다고 평가할 수 있다(이옥연 2018). 결국 회원국으로부터 일부 권한을 유럽연합으로 이양하는 정당성을 부여한 지역통합 초기와 대조적으로, 보조성 원칙은 지역통합이 심화되고 확대되면서 회원국 권한을 우선시하고 유럽연합의 정부 기능을 보조적이나 부수적으로 제한하는 근거로 활용되었다. 특히 주권국가의 핵심 기제인 조세결정권과 예산권도 상당히 유럽연합에 이양되었기 때문에, 그 의결과정에서 영향력을 늘리기 위해 주요 행위자로서 초국가기구 구성원의 소속 회원국 정체성에 초점을 맞추거나 회원국 의회의 역할이 강조되는 경우를 빈번하게 관찰할 수 있다.

헌법적 근거를 구비해 통합을 완결하려는 의지와 정치적 설득력을 확보해 통합에 대한 지지 기반을 구축하려는 의지 사이에 괴리가 커지면서, 유럽연합도 미합중국과 마찬가지로 정치적 타협의 결과물로 헌법적 근거를 정립했다. 그러나 수혜를 극대화할 수 있는 정책 분야에 주력해, 유럽연합은 분리를 강조하는 회원국을 상대로 이견 조정을 통해 공식적 합의를 도출하기보다 비공식적 창구나 연성 절차를 통해 타협안을 양산한다. 그 결과 명분상으로만 통합을 내세워 회원국의 반발을 무마하는 선에서 타협하기 때문에 미합중국과 달리, 유럽연합에서는 분리와 통합의 역학이 정합적 관계로 전환하지 못하는 답보상태라고 평가할 수 있다. 즉, 유럽연합이 헌법적 근거로 인용하는 리스본 조약은 정부 권력구조, 구성원 선출 방식, 권한 영역 등 외형상 헌법에 준하는 공문서로서 최소한 요건을 갖추었음에도 불구하고, 유럽연합 회원국의 준수나 헌신을 강제할 수 없다는 취약점을 드러낸다 (Keil and Bransden 2015). 게다가 회원국 정치과정에서 영향력이 미미한 정치 세력이더라도 유럽회의주의를 부각시켜 유럽연합과 그 정책에 대한 불만과 불신을 자극하는 데 성공하면, 유럽 차원 의결과정에 참여해 의사진행 방해 공작에 의존할 창구가 열려 민주주의 현시를 우려하는 상황이다(Ludlow 2010). 즉, 유럽연합은 분리와 통합의 역학에서 임계점이 실재로 드러난 사례라고 볼 수 있다.

## V. 국가모델로서 연합과 연방 간 비교

연방주의를 구현한 다층 정치 체제는 거대하고 강력한 연방정부와 아담하면서 제대로 기능하는 주정부의 이점을 모두 취할 수 있다. 연방주의를 통치 원칙으로 삼은 다층 거버넌스는 연방정부와 주정부가 공치(shared rule)와 자치(self-rule) 간 균형점을 설정하는 제도화를 폭력이나 강압에 의하지 않고 성취할 수 있다. 수직적 관계와 수평적 관계에서 권한분산을 통해 시민의 자유를 극대화하는 정부를 수립하려는 의지는 미합중국과 유럽연합에 공통된다. 또한 통합을 통해 연방주의를 다층 정치 체제로 구현한 미합중국이나 유럽연합은 공통적으로 연방 또는 연합보다 선행한 주 또는 회원국이 선점한 권한을 제어하고 일부 권한을 중앙으로 양도하도록 유도해야 하는 영구적 과제를 안고 있다. 따라서 미합중국과 유럽연합은 공통적으로 중앙을 주축으로 인위적 국가 정체성을 구축하고 그에 대한 정당성이 축적되어 시민이 그 국가 정체성을 수용하기까지 오랜 시간이 소요되고 그 과정에서 국가 해체 위협까지 감수해야 한다. 그럼에도 불구하고 정치, 경제, 사회적 갈등이 첨예화되어 국가 정체성에 도전하는 심각한 위기가 발생하는 경우, 중앙의 권한증대가 정치적 설득력을 얻어 개헌이나 새로운 법률 제정 등 법제도 개혁의 헌법적 근거가 되는 기회의 창을 열 수 있는 공통점도 보인다(Lindahl 2007).

　구체적으로 미합중국의 경우, 공화당 내부에서도 이단아로 홀대를 받던 트럼프가 제45대 대통령에 당선되자, 내부 결속을 위해 외연 확대를 적대시하는 국수주의적 분위기 속에서 보조성을 우선시하는 편협한 연대성이 보조성을 압도하는 방식으로 분리와 통합의 역학이 작동한다. 예컨대 연방 차원에서 이민법 규제가 근본적으로 추구하는 결과를 얻지 못한다고 판단한 애리조나 주는 주 이민법 4개 조항을 법률로 통과시켰다. 그러나 미국 대법원은 이 4개의 조항 중 불법체류자로 의심되면 영장 없이 체포할 수 있게 한 조항, 불법체류자를 형사상 범죄자로 취급하고 합법체류자라도 증명서 지참을 요구한 조항, 불법체류 신분으로 취업하려다 단속될 경우 범죄자로 처벌할 수 있는 규정 등 3개 조항에 대해 찬성 5 대 반대 3으로 나뉘어 위헌이라고 판결했다. 결과적으로 비록 "연방정부는 이민을 규제할 상당한 권한을 가진다"는 이유로 "애리조나 주는 연방법을 침해하는 정책을 추구할 수 없다"고 판결했음에도 불구하고, 동시에 경찰이 이민자 신분 여부를 확인할 수 있는 조항은 합헌이라고 판결해 이민에 관한 주정부의 공유 권한을 확인시켰다.[22] 이는 연방과 주 간 등가성을 제고하기 위해 공유

---

권한을 구현하는 경우, 연방주의화 역학이 원칙과 실재 간 괴리를 낳
고 더불어 그로 인해 헌정 체제의 근간도 흔들 위험부담이 크다는 점
을 보여준다.

마찬가지로 유럽연합의 경우, 외연 확대가 유로존 사태에 더해 이
민자 급증으로 내부 결속을 위협한다는 불안감을 자극하면서, 이민문
제를 정치쟁점으로 부각시키는 데 성공한 극우정당과 그에 직간접적
으로 공조하는 반이민정서가 전파되는 폐단을 차단하기 위해 유럽화
를 가속화하려는 일방 통합으로 나타나곤 한다. 그 결과 프랑스, 네덜
란드, 이탈리아 등 서유럽 국가와 폴란드, 그리스, 헝가리 등에서 인
종 또는 종족 차별주의적 정당이 집권하고 나아가 차별주의적 법안을
통과시키곤 한다(Hrbek 2015; 최진우 2016). 결국 연방주의화 역학에
서 조우(遭遇) 방식과 방향이 완전히 반대로 작동해, 민주주의적 절차
에 충실한 정치 과정을 통해 반민주주의적 결과물이 양산되는 모순으
로 드러난다. 특히 유럽회의주의가 유럽연합에 결여된 견제 기능보다
반대를 위한 반대로 남용되는 악순환으로 천착되기도 한다. 문제는 이
악순환의 고리를 끊을 단서가 원칙과 실재 간 간극을 창발하는 방식이
나 방향을 합치시켜야 비로소 작동한다는 데 있다.

본 연구에서는 미합중국이나 유럽연합이 극대화된 위기감 상황에
서 상호 주체성을 수용하며 공유 주권을 보장하는 데 성공하는지 여부
를 대조했다. 구체적으로 미합중국의 경우, 상이한 규모나 자원을 기
반으로 구성된 정치적 공동체에서 중앙과 비중앙 간 대칭적 적용을 거
부하려는 시도가 지속되는 과정에 공유 주권이 구현되는 연방주의화
역학을 관찰할 수 있다. 이와 대조적으로 유럽연합의 경우, 비대칭적
적용을 시정하고자 강압적 통제에 의존해 인위적으로 복합 정치체를
창출하는 데 성공했으나, 보존하는 과정에서 제도와 과정 간 간극이

극대화된 결과, 표명한 연방주의화 역학이 정반대 결과를 도출한 현상을 목격할 수 있다. 이에 본 연구에서는 미합중국과 유럽연합의 차이점에도 불구하고 분리를 통합의 상극으로 상정하는 세력이 분리와 통합을 연속선에 전제하려는 세력을 굴복시키는 정치 시장 전개과정을 재구성하는 연방주의화의 조작적 정의를 정립한 기초 작업을 수행했다. 후속 연구에서는 다른 연방국가 사례에 보편적으로 적용되기 위해 정치 체제를 건립하는 과정과 통치 질서를 구상하는 헌정 질서 이외 다른 전제 조건을 규명할 필요가 있음을 덧붙이며 맺고자 한다.

# 참고문헌

김면회·김재길. 2015. "유럽통합에서 나타난 보조성 원칙 연구."『EU연구』제27호. 67-93.

김미경. 2016. "유로존 경제위기의 정치적 기원에 대해: 역사적 제도주의 시각에서."
『현대정치연구』제9권 1호. 5-39.

김봉중. 2013.『역사 속 미국의 정체성 읽기: 오늘의 미국을 만든 미국사』역사의 아침.

김학노. 2016. "남북한 관계에 대한 국제통합이론의 적실성 문제."『한국정치연구』제25집 제
3호. 31-56.

이선필. 2014. "유럽통합의 심화가 유럽회의주의의 증가에 미치는 영향에 관한 연구."
『EU연구』제38호. 3-22.

이옥연. 2008.『통합과 분권의 연방주의 거버넌스』오름.

_____. 2011. "유럽의 종교, 정치, 그리고 정체성." 이옥연 외.『유럽의 정체』, 231-276.
서울대학교 출판문화원.

_____. 2014.『만화경(萬華鏡) 속 미국 민주주의: 법·제도·과정을 통한 미국 정부와 정치
분석』오름.

_____. 2015a. "연방제도 다양성과 통일한국 연방제도의 함의."『한국정치연구』제24집 제
1호. 55-81.

_____. 2015b. "미국: 복합공화국(compound republic)의 기원과 발전." 분리통합연구회 편.
『분단·통일에서 분리·통합으로』, 296-332. 사회평론.

_____. 2018. "미래 국가모델과 유럽연합의 실험." 국제문제연구소 편.『한국 국제정치학,
미래 백년의 설계』, 387-419. 사회평론.

조소영. 2008. "EU 헌법(The European Constitution)에 대한 '헌법'적 분석."
『유럽헌법학회연구논집』제4호. 327-345.

최진우. 2016. "난민위기와 유럽통합."『문화와 정치』제3권 1호. 110-136.


Bednar, Jenna. 2009. *The Robust Federation: Principles of Design*. New York:
Cambridge University Press.

Christiansen, Thomas, and Christine Reh. 2009. *Constitutionalizing the European
Union*. New York: Palsgrave Macmillan.

Dyzenhaus, David. 2007. "The Politics of the Question of Constituent Power." In Martin
Loughlin and Neil Walker, eds. *The Paradox of Constitutionalism: Constituent
Power and Constitutional Form*, 129-146. Oxford, UK/New York: Oxford
University Press.

Griffin, Stephen. 2007. "Constituent Power and Constitutional Change in American
Constitutionalism." In Martin Loughlin and Neil Walker, eds. *The Paradox of
Constitutionalism: Constituent Power and Constitutional Form*, 49-66. Oxford,
UK/New York: Oxford University Press.

Harmsen, Robert, and Menno Spiering. 2005. "Introduction: Euroscepticism and the Evolution of European Political Debate." In Robert Harmsen and Menno Spiering, eds. *Euroscepticism: Party Politics, National Identity and European Integration*, 13–35. Amsterdam, the Netherlands/New York: Rodopi.

Hrbek, Rudolf. 2015. "'Federal Europe': Unfinished and Incomplete, but Growing and Further Evolving." In Alain-G. Gagnon, Soeren Keil, and Sean Mueller, eds. *Understanding Federalism and Federation*, 69–85. Burlington: Ashgate Publishing Co.

Hynková-Dvoranová, Jana. 2009. "The Lisbon Treaty and the Future of EU Enlargement." In Anca M. Pusca, ed. *Rejecting the EU Constitution?: From the Constitutional Treaty to the Treaty of Lisbon*, 71–87. New York: IDEBATE Press.

Keil, Soeren, and Simon Brandsden. 2015. "The European Union as a Federal Project." In Alain-G. Gagnon, Soeren Keil, and Sean Mueller, eds. *Understanding Federalism and Federation*, 69–85. Burlington: Ashgate Publishing Co.

Lindahl, Hans. 2007. "Constituent Power and Reflexive Identity: Towards an Ontology of Collective Selfhood." In Martin Loughlin and Neil Walker, eds. *The Paradox of Constitutionalism: Constituent Power and Constitutional Form*, 9–24. Oxford, UK/New York: Oxford University Press.

Ludlow, N. Piers. 2010. "Governing Europe: Charting the Development of a Supranational Political System." In Wolfram Kaiser and Antonio Varsori, eds. *European Union History: Themes and Debates*, 109–127. New York: Palgrave Mcmillan.

McIntyre, Andrew. 2003. *The Power of Institutions: Political Architecture and Governance*. Ithaca: Cornell University Press.

Medrano, Juan D. 2009. "The Public Sphere and the European Union's Political Identity." In Jeffrey Checkel and Peter Katzenstein, eds. *European Identity*. Cambridge: Cambridge University Press.

Morse, Ann. "Arizona's Immigration Enforcement Laws." NCSL. http://www.ncsl.org/research/immigration/analysis-of-arizonas-immigration-law.aspx (검색일: 2018. 8. 12).

Sweet, Alec Stone, Wayne Sandholtz, and Neil Fligstein. 2001. "The Institutionalization of European Space." In Alec Stone Sweet, Wayne Sandholtz, and Neil Fligstein, eds. *The Institutionalization of Europe*. Oxford, UK/New York: Oxford University Press.

Tarr, G. Alan. 2015. "In Search of Constitutional Federalism: American Perspectives." In Alain-G. Gagnon, Soeren Keil, and Sean Mueller, eds. *Understanding Federalism and Federation*, 69–85. Burlington: Ashgate Publishing Co.

Walker, Neil. 2007. "Post-Constituent Constitutionalism? The Case of the European Union." In Martin Loughlin and Neil Walker, eds. *The Paradox of*

*Constitutionalism: Constituent Power and Constitutional Form*, 247–267. Oxford, UK/New York: Oxford University Press.

제5장

# 세계화 시대 국가의 역할: 한국의 경험을 중심으로[*]

권형기

[*] 이 글은 Politics and Society 2017년 12월에 출판된 "The State's Role in Globaliza-tion: Korea's Experience from a Comparative Perspective" 논문을 공동저자 김경미의 동의에 기초하여 수정 보완한 글이다.

국제적인 상품 시장의 경쟁이 심화됨에 따라 각국 주력산업의 대표 기업들은 저임금과 해외 부품업체, 현지 시장과 규제 환경 등 다양한 해외 현지생산의 이점을 이용하기 위해 국경을 넘어 가치사슬을 재조직해왔다. 예를 들어 미국을 비롯한 전 세계 시장에 팔리는 애플의 아이팟(iPod)은 미국에서 설계되고 개발되지만 디램(SDRAM)과 비디오 프로세서(video processors), 디스플레이 드라이버(display drivers) 등 주요 부품은 한국과 대만, 일본 등에서 공급되며 최종 조립은 중국에서 이루어진다(Dicken 2011, 13-74; Nanto 2010, 4-8). 문제는 기업들의 이러한 세계화가 국내생산의 공동화와 기존 기업 간 관계의 해체 등 국민경제의 변화에 영향을 미친다는 데 있다.

신자유주의적 세계화주의자들은 국민경제 주요 기업들의 해외아웃소싱(offshoring)으로 인한 탈산업화(deindustrialization)에 대한 우려가 기우라고 주장한다. 그들에 따르면 세계화는 "국내생산의 약점보다는 강점의 징후"다(Ramaswamy and Rowthorn 2000). 해외아웃소싱은 저비용을 낳고 이로 인해 창출된 잉여 이윤은 경쟁력을 갖춘 새로운 분야에 대한 투자로 이어질 수 있으며 이는 다시 국민경제의 성장과 새로운 일자리의 창출을 가져온다는 것이다(Friedman 2007; Farrell et al. 2003; Sirkin et al. 2011; Ramaswamy and Rowthorn 2000; Bhagwati 2010). 그러나 신자유주의적 낙관론과 달리 주요 기업들의 세계화 과정에서 모든 국가가 다 좋은 결과를 얻게 되는 것은 아니다. 어떤 나라들은 세계화의 과정에서 산업 경쟁력을 더 강화하는 데 성공하는 반면 다른 나라들은 그렇지 못하다. 그렇다면 왜 어떤 나라들은 주요 기업들의 세계화 과정에서 산업 경쟁력을 업그레이드하는 데 성공하는 반면 다른 나라들은 실패하는가? 신자유주의자들의 윈-윈 시나리오(win-win scenario)는 어떻게 실현 가능한 대안이 될

수 있는가? 한국은 주요 기업들의 세계화 과정에서 어떻게 국내 산업
의 역량을 더 증대시킬 수 있었는가?

이 글은 주요 기업들의 세계화에 대한 한국의 적응 과정을 미국과
대별시켜 비교함으로써 세계화가 반드시 국내생산의 공동화를 낳지는
않으며 또한 신자유주의자들의 주장처럼 반드시 자동적인 산업 역량
강화를 낳지도 않음을 주장한다. 미국은 주요 기업들의 세계화 과정에
서 '산업공공재'(industrial commons)[1]의 많은 요소들을 잃어버린 반
면 한국은 기업들의 해외생산 증대에도 불구하고 국내에 새로운 기술
혁신적 산업생태계를 수립하는 데 성공해왔다. 이 글은 심화하는 세계
화 시대에 국내의 산업공공재를 유지하기 위해서는 협력적 네트워크와
혁신능력의 개선에 초점을 둔 새로운 발전주의 국가가 자유시장(free
market)이나 고전적 발전주의 국가보다 더 효율적일 수 있음을 주장
한다. 나중에 살펴보겠지만 한국은 물리적 자본의 동원과 선별적 투입
에 초점을 두었던 전통적인 발전주의 방식을 포괄적인 혁신네트워크
의 수립에 초점을 둔 새로운 발전주의 국가로 대체함으로써 세계화에
도 불구하고 국내 산업 경쟁력의 지속적인 개선에 성공할 수 있었다.

이 글은 한국의 주력 수출산업, 특히 전자산업과 자동차산업의 세
계화 과정을 미국과 비교해서 분석한다. 세계화의 효과를 살펴보기 위
해 산업 전체가 아니라 주력 산업에 초점을 두는 이유는 두 가지다. 우
선 방직산업 같은 쇠퇴산업은 세계화 과정 없이도 고부가가치 산업으

---

[1]    산업공공재는 산업생태계 내 공유된 능력(capabilities)을 의미하고 이는 하청업체(sup-
pliers), 원청업체(customers), 협력업체(partners), 기술 인력(skilled workers), 대학, 연
구기관 등을 포함하며 보완적 능력(complementary capabilities)으로 기능한다. 많은 기
업들은 새로운 아이디어를 창출하고 그 아이디어를 새로운 시장의 상품으로 만들어내는
과정에서 이러한 산업공공재에 의존한다. 따라서 산업공공재는 산업 경쟁력을 위한 핵
심적인 원천이다(Pisano and Shih 2012b; Berger 2013).

로의 이행이 이루어질 수 있다. 또 주력 산업은 국민경제에 미치는 영향이 훨씬 크다. 이 글의 주요한 근거 자료는 한국 자동차산업과 전자산업의 주요 기업들과 부품업체들, 산업협회 관계자들, 그리고 전현직 정부 관료들과의 면담조사에 기초한다. 면담조사는 2010년 5월부터 2011년 3월까지 이루어진 예비면담조사와 2013년 4월부터 2016년 6월까지 실시된 추가적인 심층면담조사를 포함한다. 면담조사에는 28명의 정부 및 정부 출연 연구기관 관계자들, 27명의 기업 관계자들, 17명의 산업협회, 노동조합 관계자들이 참여했다. 면담조사 외에도 본 연구는 한국과 미국의 세계화 과정을 추적하기 위해 한국과 미국의 신문자료, OECD 데이터베이스 등 국제적인 통계자료, 한국 및 국제 기관들에 의해 수행된 조사자료(surveys)를 참고했다.

　본문에서는 먼저 생산 세계화와 관련된 기존 이론들을 비판적으로 검토하고 이론적 대안을 제시한다. 다음으로는 한국 주력 산업의 세계화가 미국과 어떻게 얼마나 다른지를 살펴본다. 마지막으로 이 글은 한국이 세계화의 과정에서 어떻게 전통적인 산업구조를 변화시키고 어떻게 산업 경쟁력을 질적으로 개선할 수 있었는지, 그 전환의 정치를 추적할 것이다.


# I. 기존 이론과 이론적 대안

이 글은 주요 기업들의 세계화가 국민경제에 미치는 영향에 대한 지배적인 세 가지 관점, 즉 민족주의(nationalism)의 비관론과 신자유주의의 낙관론, 신발전주의론(new developmentalism)을 비판적으로 검토하고 국내 산업공공재의 질적 개선을 위한 국가의 역할에 초점을 둔

이론적 대안을 제시한다.

　미국과 독일, 일본, 한국과 같은 선진 산업국들에서 세계화는 산업공동화에 대한 노동의 우려를 심화시켜왔다. 실제로 한국, 미국, 독일 등지에서 기업들은 종종 생산기지의 해외 이전을 무기로 노동과 정부를 위협한다(Story 2012; 세계일보 2003/06/27; 매일경제 2004/03/23). 기업들의 이러한 해외 이전 위협에 대해 일부에서는 보호주의적 무역정책과 같은 과거 방식의 민족주의 정책을 제안한다(Prestowitz 2010). 예를 들어 미국의 몇몇 주들에서는 기업들의 지나친 해외아웃소싱을 제한하는 입법을 통과시키기도 했다(Hira and Hira 2005, 180). 그러나 문제는 이러한 과거 방식의 민족주의가 현실에서 더 이상 유효하게 작동할 수 없다는 데 있다. 오늘날 해외생산네트워크(global production networks)는 과거의 일국적 생산체제보다 훨씬 더 효율적이고 혁신적인 성과를 창출한다. 1990년대 초 한국 전자회사들이 해외생산을 확대할 수밖에 없었던 이유도 먼저 동남아 등지에 생산기지를 이전하고 고기술과 저임금 노동을 결합하여 상품 경쟁력을 높인 일본 전자회사들과의 경쟁에서 밀리기 시작했기 때문이었다. 이제 고립된 보호주의는 비용이 많이 들 뿐만 아니라 빠른 기술혁신의 속도를 따라가기도 힘들게 되었다.

　이에 비해 신자유주의적 글로벌리즘(neoliberal globalism)은 다양한 자원과 빠르게 변화하는 기술을 세계적으로 결합할 기회를 전제함으로써 산업의 발전에 더 유리한 것처럼 보인다. 신자유주의자들은 비교우위이론(comparative advantage theory)에 기초해서 기업들의 세계화가 국민경제에는 물론 해외현지국가(host countries)에도 이득이 된다고 주장한다(Friedman 2007; Farrell et al. 2003; Sirkin et al. 2011; Ramaswamy and Rowthorn 2000; Bhagwati 2010). 이들에 따르

면 인도와 같은 개발도상국에게 선진국 기업들의 해외아웃소싱은 일
자리 증가와 인적 자원의 역량 개선 기회를 제공한다. 반면 선진국들
의 입장에서는 주요 기업들의 해외아웃소싱이 비용 절감을 통한 이윤
증대를 가져오고 이는 새로운 고부가가치 산업으로의 투자를 낳음으
로써 새로운 일자리를 창출할 수 있는 기회를 제공한다. 신자유주의자
들에게 세계화 과정에서의 전통 산업 일자리 손실은 일종의 창조적 파
괴의 과정인 것이다. 그리고 이러한 세계화 과정의 역동적 비교우위
(dynamic advantage)를 최적화(optimization)하기 위해서는 자원의
배분이 오로지 시장의 작동을 통해서만 이루어져야 하고 국가의 개입
은 최소화할수록 좋다고 주장한다(Pack and Saggi 2006, 276).

　　그러나 저부가가치 경제에서 고부가가치 경제로의 이행이 반드시
자유로운 시장에 의해 자동적으로 이루어지는 것은 아니다. 예를 들어
미국에서는 주요 기업들의 세계화 과정에서 창출된 잉여 이윤이 국내
산업의 업그레이드를 위해 재투자되지 않았다. 활발한 세계화가 진행
된 1990년대 이후 하이테크 산업에서 미국의 무역수지는 1990년 350
억 달러 흑자에서 2013년 810억 달러 적자로 심각하게 악화되었다.
그레고리 태세이(Gregory Tassey)는 이러한 무역적자 심화가 미국 기
업들의 연구개발 지출이 해외에서는 증가한 반면 국내에서는 감소하
였기 때문이라고 지적한다(Tassey 2010, 283-333). 또한 미국 내 연구
개발의 감소는 세계화 과정에서 부품업체, 고숙련 노동과 같은 산업공
공재가 소실된 것과 관련이 있다(Berger 2013, 20, 204-205).

　　신자유주의자들은 산업의 체계적 연계의 효과를 간과한다. 재그
디쉬 바그와티(Jagdish Bhagwati)와 같은 신자유주의자는 동일한 이
윤과 동일한 임금을 얻을 수 있다면 포테이토칩 산업이든 마이크로
칩 산업이든 상관이 없다는 입장이다(Bhagwati 2010). 그러나 학습

(learning)과 혁신(innovation)은 많은 경우 아이디어(idea) 설계(design)와 시제품(prototype) 단계를 넘어 상품화 단계로 옮기는 과정에서 발생한다. 또한 산업의 체계적 역량은 연구소의 연구원들과 디자이너들, 엔지니어들, 숙련공들이 여러 공정 단계의 다양한 테스트 센터와 부품업체들에서 상호작용하는 과정에서 강화된다. 그러나 미국은 해외아웃소싱의 과정에서 개별 인적 자원의 역량 약화뿐만 아니라 전체적인 산업 체계 자체의 실패에 직면했다. 즉 새로운 아이디어를 상품화시키는 데 필요한 산업공공재―기술훈련체계, 지역금융체계, 유능한 부품업체 등―의 유실을 막지 못한 것이다. 문제는 이러한 산업공공재의 손실이 추가적인 학습과 혁신을 위한 잠재적 역량을 약화시켰다는 데 있다(Pisano and Shih 2012a; Pisano and Shih 2012b; Berger 2013; Porter and Rivkin 2012; Kochan 2012). 피사노와 쉬(Pisano and Shih)에 따르면 현재 미국에서는 디지털카메라 분야의 뛰어난 연구자가 혁신적인 아이디어를 떠올린다 해도 이를 상용 가능한 기술로 구현하는 데 어려움을 겪는다. 디지털카메라와 관련된 설계와 부품생산 공정 중 많은 부분이 해외로 이전되었기 때문이다(Pisano and Shih 2012b, 71-72).

다른 한편, 미국과 대조적으로 한국에서는 2000년대 이후 주요 기업들의 해외생산이 크게 증대했음에도 불구하고 하이테크산업의 무역흑자와 고용이 증가해왔다. 더 중요하게는 한국이 전통적인 요소투입형 경제(input-driven economy)에서 지식집약적 경제(knowledge-intensive economy)로의 전환을 통해 산업의 체계적 역량을 크게 개선해왔다는 것이다.

이 글은 산업생태계의 집단적 역량(collective capabilities)으로서 "산업공공재"에 초점을 둔다. 산업공공재는 국민경제 경쟁력의 핵심

원천이다. 문제는 국민경제 주요 기업들의 세계화 과정에서 산업공공
재를 어떻게 새롭게 조직하고 질적으로 개선할 것인가에 있다. 이 글
은 새로운 유형의 발전주의 국가가 세계화 과정에서 산업공공재를 업
그레이드하는 데 중요한 역할을 할 수 있다고 주장한다. 반면에 국내
집단적 혁신역량의 재생산에 대한 고려 없이 기업들이 개별적인 단기
이윤의 증대를 목적으로 해외로 이전하는 것을 내버려두는 자유시장
(free markets)은 산업공공재의 손실을 낳을 수 있다고 본다. 한국이
주요 기업들의 해외생산 확대에도 불구하고 산업 경쟁력을 개선시킬
수 있었던 것은 바로 소수의 기업에게 대규모 자본을 투입하는 방식의
고전적 발전주의로부터 광범위한 협력네트워크에 기초한 새로운 발전
주의로 전환함으로써 집단적 학습과 혁신의 역량을 높일 수 있었기 때
문이다. 이러한 변화 없이 자유시장의 자동적인 적응의 결과만으로는
산업공공재의 업그레이드가 불가능했을 것이다. 전통적으로 한국의
조립 대기업들(OEMs)은 국내 부품업체들과 협력하는 데 관심이 없었
고 해외 특히 일본 수입부품을 이용하는 데 더 큰 선호를 가지고 있었
기 때문이다.

이 글은 세계화 과정에서 국가의 역할을 강조하는 반면 기존의 21
세기 발전국가론(the theory of the twenty-first-century developmen-
tal state)과는 다소 다른 입장을 취한다. 21세기 발전국가론은 산업의
체계적 연계나 산업공공재보다는 개별 인적 자원의 역량 개선과 교
육에 초점을 두기 때문이다(Williams 2014; Stiglitz et al. 2013; Evans
2010; Evans 2008; Evans and Heller 2015). 21세기 발전국가론은 경
제성장의 방식이 대규모 자본 축적으로부터 개별 인적 역량 중심의 혁
신으로 전환되어야 함을 강조한다. 이 관점에 따르면 1990년대 이후
의 경제성장은 자본과 노동 등 생산요소의 투입에 의해서가 아니라 혁

신적 아이디어와 정보를 창출하는 새로운 방식을 통해 이루어져왔다. 또 이 새로운 방식에서는 시민들의 개인적 역량이 경제성장을 위해서 무엇보다 가장 중요한 요소라는 것이다. 따라서 21세기 발전주의론에서는 시민들의 역량을 증대하기 위한 사회적 지원과 교육, 민주적 제도 등이 강조된다.

　　이 글은 경제성장을 위한 추동력이 물리적 자본 축적에서 지식과 역량 확대로 전환되었다고 본다는 점에서는 21세기 발전주의론과 동일한 입장에 있지만 개별 시민의 역량 강화와 경제성장 간에 단순한 인과관계가 성립한다고 보지 않는다. 예를 들어, 세계화 과정에서 미국의 산업경쟁력 감퇴는 미국 교육의 후퇴나 미국 시민들의 새로운 아이디어 감소 때문이 아니다. 오히려 미국인들이 어려움을 겪는 부분은 새로운 아이디어를 실현하고 상업화하는 과정에 있다. 교육에 투자되는 많은 돈이 반드시 경제성장과 산업역량의 강화로 전환된다고 할 수 없는 것이다(Evans 2014, 37). 또한 사회적 지원의 증대와 시민들의 역량 강화 간의 인과관계를 전제하는 것도 다소 성급하다. 프랑스와 일본에서 국가는 과거 발전주의 모델로부터의 전환을 꾀하는 과정에서 산업정책에 쓰였던 예산을 사회정책으로 돌리고 연구개발에 대한 공적 지원을 감소시켰는데 이는 두 국가를 "사회적 불능 국가"(social anesthesia state)로 만들면서 장기적 경제침체에 빠뜨렸다(Levy 2015, 402-403). 대조적으로 스웨덴과 덴마크 등 북유럽 국가들은 전통적인 복지정책을 강화함으로써가 아니라 공적 투자를 통해 혁신 능력을 증대함으로써 경제의 재도약에 성공할 수 있었다(Huo and Stephens 2015, 410-25; Eliasson 2007, 214-279). 개인의 역량 강화를 위한 사회적 지원과 교육은 전체 산업의 역량을 개선하는 데 중요하다. 그러나 세계화 과정에서 더 중요한 것은 다양한 산업 역량을 어떻게 재구성하고 체계 수준에서의 학습 역량을 어떻게 개선할 것인가에 있다.


## II. 세계화의 결과: 한국과 미국 사례 비교

세계화의 과정에 나타나는 탈산업화나 국민경제의 질적 성장은 둘 다 잠재적 가능성일 뿐 자동적이거나 불가피한 결과가 아니다. 자동차, 전자 등 한국 주력 산업의 세계화는 미국과 달리 국내 산업의 공동화를 낳지 않았다. 이러한 차이는 기업들의 세계화 과정에서 국민경제의 산업공공재가 업그레이드될 수 있느냐에 달려 있다. 이 절에서는 한국 기업들의 세계화가 국민경제에 미친 영향이 미국과 비교할 때 얼마나 다른지를 보여줄 것이다.

　　우선 한국 자동차산업과 전자산업의 생산 세계화는 미국 해당 산업의 탈산업화 경향과 달리 오히려 고용의 증대를 낳았다. 한국의 전자산업과 자동차산업은 1990년대 중반 이후 한국 기업들의 해외생산 증대를 이끌었다. 두 산업의 해외직접투자는 1992년 1억 1천만 달러에서 2008년 25억 7천만 달러로 증가했다. 이는 같은 기간 의류 및 신발 산업을 포함하는 노동집약적 산업의 해외직접투자가 1억 8천만 달러에서 4억 6천만 달러로 증가한 데 그친 것에 비해 압도적인 증가세다(한국수출입은행). 그러나 이러한 해외직접투자의 증가에도 불구하고 한국 자동차산업, 전자산업의 고용은 오히려 증가했다. 1995년부터 2015년의 기간 동안 자동차산업의 고용은 59%, 전자산업의 고용은 100%나 증가했다. 이는 같은 기간 미국의 자동차산업과 전자산업의 고용이 각각 23%, 34% 감소한 것과는 크게 대비된다(한국통계포털; US Bureau of Labor Statistics). 뿐만 아니라 더 주목할 만한 차이는 하이테크산업의 무역수지 추세에 있다. 2000년부터 2010년 기간 동안 한국 하이테크산업[2]의 무역수지는 110억 달러에서 520억 달러로 3.7배 증가한 데 비해 같은 기간 미국 하이테크산업의 무역수지는 300억 달러에서 1800억 달러로 적자폭만 5배 증가했다(UN Comtrade Database).

　무엇이 이러한 차이를 만드는가? 차이는 세계화 과정에서 국내의 산업 혁신능력을 업그레이드할 수 있느냐에 달려 있다. 미국 MIT와 Harvard Business School의 연구진들에 의하면 미국에서는 기업들이 개별적인 세계화를 진행함에 따라 국내 산업 생태계에 많은 빈틈(holes)이 생겼다. 이로 인해 반도체, 평판디스플레이(flat-panel displays), 발광다이오드(LEDs), 광학 코팅(optical coating), 차세대배터리(advanced batteries), 정밀베어링(precision bearing), 광전자(optoelectronics), 풍력터빈(wind turbines), 초대형 단조품(ultra-heavy forgings) 분야의 많은 혁신적인 아이디어들이 미국에서 개발되었지만 지금은 미국에서 사라지고 있다. 혁신적인 아이디어들을 제품화하는 데까지 필요한 많은 산업공공재들이 세계화 과정에서 유실되었기 때문이다(Pisano and Shih 2012a; Pisano and Shih 2012b, 8-13; Berger 2013; Porter and Rivkin 2012; Kochan 2012).

　아이디어 단계의 시제품을 상업화 가능한 양산품으로 만들기 위해서는 필수적인 보완적 역량들, 특히 유능한 부품업체들과 훈련기관, 다양한 시험센터들을 필요로 한다. 그러나 MIT 연구팀의 조사에 따르

---

2　UN무역통계(UN Comtrade Database) 분류에 따르면 하이테크산업(high-tech industries)은 항공우주산업(aerospace), 전자 및 통신산업(electronics and telecommunications), 약학산업(pharmacy), 과학기기산업(scientific instruments), 비전기기계산업(nonelectrical machinery)을 포함한다.

면 실리콘밸리와 텍사스 오스틴, 캠브리지의 많은 벤처기업들(start-ups)은 새로운 아이디어를 창출하는 데는 뛰어나지만 그 아이디어를 상품화하는 데는 어려움을 겪고 있다. 상품화 과정까지 요구되는 생산 기술과 부품회사들, 장기적 투자 자본 등을 결여하고 있기 때문이다. 이 때문에 미국의 벤처기업들은 스스로 상장기업이 되는 것보다는 인수합병(M&A)을 통해 기술을 파는 것을 선호한다. 더 큰 문제는 산업 공공재의 유실이 미국의 혁신 능력 자체를 약화시키고 있다는 것이다. 혁신그룹의 외부에 있는 대부분의 많은 기업들은 새로운 부품을 개발하는 데 필요한 어떠한 도움도 얻지 못하고 있기 때문이다. 이들은 일부의 자금 지원을 제외하면 지역 대학과의 연계나 산업협회로부터의 도움, 연구개발 컨소시엄 등 산업생태계 내에 존재하는 혁신네트워크를 찾는 데 어려움을 겪고 있다(Berger 2013, 13).

이에 반해 한국은 산업생태계의 학습 및 혁신 능력을 질적으로 개선해왔다. 그리고 이는 자유시장(free market)의 작동을 통해서가 아니라 산업생태계를 업그레이드하고자 하는 국가의 노력을 통해서 가능했다.

2000년대 이후 하이테크산업에서의 주목할 만한 성과에서 알 수 있듯이 한국은 성공적으로 과거의 요소투입형 경제에서 기술집약적 혁신 경제로 이행해왔다. 산업연구원의 보고서에 따르면 한국은 1970년대까지만 해도 자본 및 노동 투입이 경제성장률에 기여하는 정도가 91.5%에 달했던 반면 기술혁신과 관련된 총요소생산성이 경제성장률에 기여하는 정도는 8.5%에 지나지 않았다. 그러나 2000년대 이후 (2001년~2006년)에는 총요소생산성의 경제성장률에 대한 기여도가 61.7%로 증가한 반면 자본 및 노동 투입에 의한 경제 성장은 38.3%로 감소했다(산업연구원 2008, 3).

한국 정부는 1990년대, 특히 1997년 경제위기를 전후로 요소투입형 성장전략의 한계를 인식하고 규모의 경제 실현을 위해 소수 대기업에 대한 자본 집중에 기초한 방식에서 혁신 능력에 우선성을 둔 산업생태계 수립으로 정책의 우선성을 전환했다. 이를 위해 한국 정부는 2000년대 이후 민간기업에 대한 연구개발 지원을 대폭 증대하고 더 중요하게는 개별 기업에 대한 지원보다 혁신 생태계의 수립에 정책의 초점을 두기 시작했다(김기완 2007, 267). 나중에 살펴보겠지만 한국 정부의 연구개발 지원은 여러 혁신 주체가 참여하는 기술개발 컨소시엄 수립을 장려했다. 이 컨소시엄에서 정부는 과거처럼 외부에서 기업들을 이끌고 독려하는 역할만 하기보다는 자동차부품연구원(KAT-ECH)이나 전자통신연구원(ETRI), 생산기술연구원(KITECH)과 같은 정부 출연 연구기관들을 통해 직접 연구개발의 주체로 참여하여 기초연구를 담당하기도 하고 대기업들과 중소 부품기업들의 연구개발 협력을 조정(coordination)하기도 하는 등 보다 적극적인 역할을 수행한다. 이처럼 연구개발 컨소시엄을 통해 산업생태계의 연계와 네트워크를 확대, 강화하는 한국의 연구개발 정책은 개별 기업에 대한 조세 혜택과 보조금 지원에 초점을 둔 미국의 연구개발 정책과 구별된다.

한국 정부의 고전적 발전주의(classical developmentalism)로부터 포괄적 발전주의(inclusive developmentalism)로의 전환은 부품소재산업의 성장과 집단적 역량의 강화를 가져왔다. 전통적으로 한국 부품산업의 경쟁력은 대기업에 비해 현저히 낮았다. 예를 들어 1990년대 중반만 해도 한국 자동차산업 부품기업의 수출 경쟁력은 −27.7%로 완성차회사의 수출 경쟁력 92.9%에 비해 훨씬 더 낮았다.[3] 그러나

---

3    수출경쟁력 = {(수출 − 수입)/(수출 + 수입)} × 100. (박준구·김홍석 1997. 30)

2000년대 이후 한국 중소 부품기업의 성장은 대기업에 비해 두드러진다. 경제개혁연구소의 조사에 따르면 2000년부터 2011년 기간 동안 중소기업의 매출액과 자산 규모 성장률이 대기업에 비해 각각 1.4배, 2.3배 더 높다(위평량 2011). 중소기업의 연구개발 능력도 증가했다. 기술연구소를 갖춘 중소기업의 수는 1990년 100개 미만에서 2015년 33,454개로 증가했고 중소기업의 연구개발 인력도 1990년 거의 전무한 상태에서 2015년에는 14만 명 이상으로 증가했다. 이는 민간 연구개발 인력의 48%를 점하는 수준으로 대기업과 중소기업의 연구인력 비율이 비슷해졌음을 알 수 있다(한국과학기술기획평가원 2015). 또 부품산업의 양적, 질적 성장도 인상적이다. 예를 들어 한국 자동차 부품업체 중 종업원 100인 이상 사업장은 1995년 8%에 지나지 않았지만 2009년에는 거의 49%로 증가했다(자동차산업협동조합 2011, 27). 규모의 증대와 함께 전문성도 강화되었는데 전체 매출에서 자동차 부품이 차지하는 비율이 50% 이상인 기업이 2002년 483개에서 2010년에는 3,353개로 크게 증가했다(KIET 2012, 27).

한국 기업들의 세계화가 탈산업화를 낳지 않은 것은 이와 같은 국내 산업생태계의 역량 강화 때문이다. 미국 기업들과 달리 한국 기업들의 생산 세계화 방식은 해외생산과 국내생산의 긴밀한 연계에 기초해 있다. 한국 OEM들도 해외투자 초기에는 국내 부품업체와의 연계 없이 독자적인 진출을 모색했다. 그러나 국내 부품업체들의 역량이 성장하면서 한국 OEM들은 국내 부품업체들과의 동반 진출을 확대했다. 완성차회사들과 동반 진출한 국내 부품업체들의 수는 2011년 기준 430개에 달한다(Hyundai Motor Group 2015). 한국 전자산업 OEM들은 자동차산업보다 더 빨리 1990년대 중반부터 국내 부품업체와의 동반진출을 시작했다(서울신문 1995/11/25).

국내에서의 거래관계에 기초한 해외 동반 진출로 인해 한국 기업들의 해외생산은 국내생산과 긴밀하게 연계되어 있다. 한국 완성차회사들과 1차 부품업체들은 국내에서 거래하는 부품업체들과 동반 진출하는 한편 여전히 많은 부품을 한국으로부터 조달함으로써 한국 부품의 수출 확대를 가져왔다. 예를 들면, 2006년 북경현대는 부품의 80%를 현지 조달했다. 그러나 89개의 현지 부품 조달업체 중 65개는 현대와 동반 진출한 한국 부품업체들이었고 이들은 부품의 50%를 한국으로부터 수입했다(정성춘·이형근 2007, 171-173).

많은 한국 부품업체들은 해외생산 확대에도 불구하고 국내생산 규모를 감소시키기보다는 오히려 증가시켜왔다. 한국 부품업체들은 국내에서는 고기술이 필요한 핵심 부품을 생산하고 해외공장에는 상대적으로 단순한 부품을 만들거나 국내에서 조달한 부품들을 조립하는 공정만 진행하는 경향이 강하다(자동차 엔진부품 업체들 면담조사 2010/06/23; 중국 진출 자동차 부품업체 면담조사 2011/07/12). 한국 부품업체들이 해외생산 확대에도 불구하고 국내생산을 유지하면서 기술적 업그레이드를 추구하는 이유는 자신들의 경쟁력이 국내의 혁신네트워크, 즉 고객사는 물론이고 부품 공급업체(sub-tier suppliers), 국내 연구기관과의 긴밀한 관계에 있다고 믿기 때문이다.

우리가 해외생산 확대에도 불구하고 국내생산을 유지하는 이유는 우리 경쟁력이 여기 있기 때문이다. 경쟁력을 위해서는 기술적 역량이 중요하다. (그러나) 우리가 해외생산을 하고 있는 현지 국가들은 우리가 원하는 양질의 하부구조를 갖추지 못하고 있다. 내가 20개 이상의 국가에 대한 직접 현지조사를 했다. 그러나 소재, 부품, 조립 등을 위한 모든 기반을 충분히 갖춘 나라는 거의 없더라. 예를 들어, 중국은 인

공위성을 만들 수 있다고 스스로 자랑스러워할지 모르지만 우리 자동
차시트를 만드는 데 필요한 특정한 강도의 볼트(bolt)를 만드는 기술
은 가지고 있지 않다. (또) 정전기방지 시트 소재라든지 여러 가지 많
은 부분들을 가지고 있지 않다(자동차시트 제조업체 부사장과의 인터뷰
2010/07/06).

결과적으로 한국 기업들의 생산 세계화는 미국과 달리 탈산업화
를 낳지 않았다. 그리고 이는 한국이 세계화의 과정에서 산업공공재를
지속적으로 업그레이드할 수 있었기 때문에 가능했다.


## III. 전환의 정치

한국은 세계화에도 불구하고 어떻게 산업의 체계적 역량을 강화할 수
있었는가? 한국은 전통적으로 적대적이고 착취적인 기업 간 관계를
가지고 있었다. 이러한 관계는 국내 부품업체들의 영세성과 기술적 취
약성에 기초해 있었다. 또 이 때문에 세계화 초기 한국 대기업들은 독
자적인 해외 진출에 나섰다. 그러나 2000년대 이후 본격적인 세계화
확대기에 그들은 국내 부품업체들과의 협력에 기초해서 혁신 역량을
강화했다. 이는 한국 대기업과 부품업체, 연구기관, 국가를 포함하는
한국 경제의 주요 행위자들이 세계화의 과정에서 한국의 산업 역량을
질적으로 개선할 수 있었기 때문이다. 미국과 대별되는 한국 세계화의
이러한 결과는 어떻게 가능할 수 있었는가?
　　이 글은 한국의 산업 역량 강화와 관련된 국가의 역할에 주목한
다. 한국 세계화의 과정에서 산업공공재가 유실되기보다 강화될 수 있

었던 것은 사적 기업의 자유로운 선택의 결과가 아니라 산업 역량을 강화하고자 하는 국가의 의도적인 노력과 함께 이에 대한 민간 행위자들의 적응(adaptation)의 결과였다. 이 절에서는 국가와 민간 기업들을 포함하는 한국 경제 주요 행위자들의 상호작용의 정치에 주목한다. 한국 경제 주요 행위자들은 세계화의 과정에서 그들의 이익(interests)을 재해석하고 전략을 재구성했다. 이 절에서는 먼저 한국의 전통적인 발전주의 모델의 특징이 무엇인지를 간략히 살펴보고 그것이 세계화의 과정에서 어떻게 변화해왔는지를 주요 행위자들의 담론 정치를 통해 살펴보고자 한다.

## 1. 전통적인 성장 전략: 수입 부품에 의존한 조립 완제품 수출

알려진 바와 같이 전통적으로 한국의 기업 간 관계는 협력적이기보다 적대적이다. 일본 대기업들과 달리 한국 대기업들은 국내 부품업체들과 협력하여 부품을 개발하는 데 거의 관심이 없었다. 그래서 대기업들의 자유로운 이윤추구 활동이 기업 간 협력적 관계의 발전을 자연스럽게 가져오기는 힘든 구조였다. 한국의 전통적인 하청관계는 왜 적대적이었는가?

　한국 대기업들은 국내 부품업체와 거래하기보다 해외, 특히 일본 업체들로부터 거의 대부분의 핵심 부품을 수입했다. 부품 수입에 기초한 수출 지향 전략은 부품 및 중간재 산업의 저발전에 기인했다. 이는 한국의 산업화가 일본과 달리 최종재와 중간재의 병행 발전 없이 이루어진 것이었기 때문이다. 일본은 산업화 과정에서 대기업들이 국내 부품업체들로부터 중간재를 조달하면서 최종재와 중간재 산업이 함께 성장하였다. 한 조사에 따르면 전 산업 생산에 투여된 수입 요소의 비중이 1985년 기준 한국은 28.1%에 달했지만 일본은 6.9%에 지나지 않았다(Song 1990, 121-122).

특히 한국은 전자산업, 자동차산업 같은 핵심 수출산업에서 수입 부품의 의존이 훨씬 심각했다(Song 1990, 119-122; 오원철 1996, 94-95, 109-115; 한국자동차산업협회 2005, 138-70). 그래서 수출이 증가하면 할수록 부품 수입도 거의 동일하게 증가하는 양상을 보였다. 예를 들어 1976년부터 1994년 기간 동안 한국 자동차산업의 수출 성장세는 일본으로부터의 부품 수입 증가세와 거의 평행선을 이룬다(UN Comtrade Database).

낮은 수준의 산업 간 연계와 해외부품에 대한 높은 의존을 특징으로 하는 전통적인 한국 산업구조는 수출 대기업을 육성하는 데 초점을 둔 한국 발전주의 국가의 산업정책에 기인했다. 한국 경제의 빠른 성장에서 재벌 대기업의 수출 증대가 핵심적인 역할을 한 것은 주지의 사실이다. 이러한 수출지향적 성장은 자유시장과 점진적 산업화에 의한 것이 아니라 정부의 공격적인 수출촉진 정책에 의해 이루어졌다. 한국 정부는 1960년대 중반 기존의 수입대체산업화 정책에서 수출지향 정책으로 성장 전략의 전환을 꾀했다. 반면 정부의 수출지향 정책으로의 전환 이전에 대기업들은 수입대체 산업들에서 훨씬 더 높은 이윤을 창출하고 있었고 이 때문에 그들은 새로운 수출산업으로 진출하는 것에 관심이 없었다(Kim 1994, 38-40). 정부는 수출시장에서 외국 기업들과 경쟁하고 규모의 경제를 갖출 수 있도록 소수 대기업들에게 자원을 집중시키는 방식으로 대기업들의 호응을 유인하고 수출산업을 육성하기 시작했다.

1960년대 중반 한국 정부가 대기업들의 비협조에도 불구하고 성장전략의 전환을 꾀했던 이유는 정치적 정당성의 취약함을 빠른 경제

성장으로 극복하고자 한 데 있다. 박정희 군사 정부는 출범 초기 수입 대체산업화 전략을 통해 경제발전을 꾀했지만 통하지 않자 작은 내수 시장의 규모를 문제의 원인으로 인식하고 수출지향 전략으로 정책을 전환했다. 한국 정부는 수출시장의 경쟁력을 위해 규모의 경제를 실현할 수 있는 대기업을 육성하는 데 무엇보다 우선성을 두었다(Song 1990, 121; Kim 1994, 1-40; Lim 1998, 113-114). 이를 위해 한국 정부는 직접 국내저축과 해외차관(foreign loans)을 동원하고 그것을 소수 대기업에게 낮은 금리로 제공했다. 한국의 고전적 발전주의 국가는 배타적 신용할당을 통해 수출 대기업을 육성했고 이는 중소 부품업체의 병행 발전을 저해했던 것이다(Kohama and Urata 1993, 149).

뿐만 아니라 한국 정부는 최종재 조립 대기업들에게 수출을 위한 부품 수입을 허용함으로써 국내 부품산업의 발전을 저해했다. 정부의 수출지향 정책에 대한 대응으로서 대기업들이 수출 상품 제조에 필요한 부품과 기계류의 자유로운 수입을 요구했기 때문이다. 당시 일본 부품은 국내 부품보다 값이 저렴하고 질은 훨씬 우수했기 때문에 한국 대기업들은 수입 부품을 선호했다. 정부는 수출을 위한 부품 및 기계류의 수입에 대해서는 면세 혜택까지 부여하여 수출 증대를 독려했다(Lim 1998, 112, 116-19).

한국 정부의 이러한 수출촉진정책은 국내 부품업체들과 협력관계를 구축하기보다는 수입 중간재를 선호하는 한국 대기업들의 성향을 더욱 부추겼다. 그리하여 나중에 정부가 무역수지 개선을 위해 국내 부품생산을 증대하려고 시도하자 조립 대기업들은 그 정책에 강하게 반대했다. 박정희 정부의 핵심 산업관료로서 1970년대 중화학공업화 정책을 주도했던 오원철에 따르면, 대표적으로 당시 자동차산업의 선두기업이었던 신진자동차만 해도 정부의 부품 국산화 정책에 강한 거부감을 표출했다.

> [신진자동차는 큰 이윤을 남기고 있었지만] 전체 자동차산업의 발
> 전에는 아무런 기여도 하지 않았다. 그들의 관심은 오로지 부품을
> SKD(semi-knockdown) 상태로 수입해서 조립, 판매하는 데만 있었다.
> … 상공부는 이런 상황을 내버려둘 수 없었다. 그래서 우리가 신진에
> 게 1967년까지 최소한 부품의 32%를 국산화하라고 요구했다. 그러나
> 신진은 이런저런 핑계를 대며 아무런 노력도 하지 않았다. 결국 신진은
> 23.6%의 부품만 국산화시키는 데 그쳤다. 그들은 부품 국산화에 전혀
> 관심이 없었던 것이다. 그들의 관심은 오로지 돈 버는 데만 있었다(오
> 원철 1996, 109-110).

현대와 아시아자동차 같은 자동차회사들뿐만 아니라 전자회사들
도 부품 국산화에는 관심이 없었고 수입부품을 조립해서 돈을 버는 데
만 빠져 있었다(오원철 1996, 112-113). 1990년대 초까지도 수입부품
에 의존한 조립 완제품 제조와 판매는 국내 부품을 이용해 독자 모델
을 개발하는 것보다 훨씬 이득이 되는 사업이었다. 수입부품에 의존한
완제품 수출산업의 육성이라는 한국의 과거 발전주의 정책은 국내 부
품산업의 발전을 저해하고 이는 다시 해외 부품에 대한 의존도를 높이
는 악순환을 낳았다. 이는 1990년대 초 삼성의 자동차산업 진출을 반
대하는 명분이기도 했다. 삼성은 전형적으로 수입 부품을 사용해서 자
동차 조립 완제품을 만드는 사업에만 관심이 있기 때문에 국내 부품산
업을 발전시키려는 노력을 저해할 것이라는 우려를 제기했던 것이다
(KAMA 2005, 209, 321).

요컨대 한국 중소 부품업체의 저발전은 한편으로는 소수의 수출

대기업에 대한 대규모 자본 집중 때문이기도 했을 뿐만 아니라 다른 한편으로는 국내 부품업체와의 협력적 거래관계를 수립하는 데 관심이 없었던 대기업의 이해 때문이기도 했다. 그 결과 한국의 전통적인 하청관계는 휘틀리가 지적하듯이 일본의 협력적 하청관계와 대조적으로 매우 적대적이고 착취적이었다(Whitley 2007, 15).

그러나 1990년대 중반 이후 외국 부품에 의존한 한국 산업구조는 변화하기 시작했다. 한국 주력산업 수출의 높은 증가세와는 대조적으로 부품 수입의 증가세는 확연히 둔화되기 시작한 것이다. 예를 들어 1995년에서 2015년 기간 동안 한국 자동차산업의 수출 증가세는 같은 기간 주요 부품 수입국이었던 일본 부품 수입 증가세의 63배에 달했다 (UN Comtrade Database). 더 주목할 만한 점은 2000년대 이후 본격적인 생산 세계화가 진행되는 과정에서 한국의 부품산업이 국제적인 경쟁력을 갖추게 되면서 수출이 크게 증가해 왔다는 데 있다. 이것이 어떻게 가능했는가?

## 2. 전환의 정치

한국은 어떻게 소수 대기업 육성에 초점을 둔 과거의 관행으로부터 포괄적인 협력 네트워크 수립 전략으로 전환함으로써 산업의 취약한 연계구조를 잘 발전된 산업생태계로 변화시킬 수 있었는가? 파편화된 개별 대기업들이 자신들의 사적 이익 추구에만 초점을 두는 자유시장 (free market)은 수입 부품의 조립(assembly)에 기초한 완제품 수출 시스템을 변화시키지 못했다. 변화에 시동을 건 것은 국가였고 시장의 반성적 행위자들(reflexive actors)은 상호작용의 과정에서 그들의 이익을 재설정함으로써 전면적인 변화를 구성하는 핵심적인 대리인

(agents)이 되어왔다.

1997년 아시아 금융위기 이후 한국이 신자유주의 체제로 변화했다는 일부 학자들의 주장은 받아들여지기 어렵다. 한국 정부는 산업정책을 폐기하지 않았기 때문이다. 1997년 산업발전법, 벤처기업특별법의 제정, 2003년 차세대성장동력육성정책의 수립 등에서 알 수 있듯이 한국 정부는 위기 이후에도 산업 경쟁력의 강화와 구조적 개선을 위한 전략적 산업정책을 지속적으로 추구해왔다(윤대엽 2012). 특히 2001년 10년 한시법으로 제정된 부품소재특별법은 2011년 성공적인 결과에 대한 평가를 바탕으로 2020년까지 10년 연장됨으로써 한국 산업정책의 장기적이고 지속적인 성격을 잘 보여준다.

그러나 한국 정부의 정책 우선성은 자본, 노동 등 물리적 요소의 양적 투입에서 포괄적인 협력네트워크 육성으로 그 초점이 바뀌었다. 살펴본 것처럼 과거 한국 정부는 수출 대기업의 규모의 경제 실현을 위해 모든 자원을 집중시켰다. 그러나 이러한 소수 대기업에 대한 직접적인 금융지원 방식은 더 이상 존재하지 않는다(지식경제부 전 차관 면담조사 2015/06/22). 대조적으로 한국 정부는 혁신적이고 기술집약적인 중소기업에 대한 금융 지원과 특히 부품소재 산업 분야 기업들의 R&D 활동에 대한 지원을 크게 확대해왔다. 예를 들어 한국 정부의 연구개발 투자는 2000년대 이후 연평균 10%씩 급격히 증가했다. 그리고 민간에 대한 정부 및 공공 지원 R&D 자금 중 중소기업에 대한 지원이 차지하는 비중은 1991년 15%에서 2009년 62%까지 증가했다. 같은 기간 대기업에 대한 지원 비중은 85%에서 39%로 오히려 감소했다(과학기술부 1992; 교육과학기술부 2010). 더 주목할 만한 점은 지원의 방식이 변화했다는 것이다. 새로운 유형의 한국 발전주의 국가는 미국처럼 개별 기업에 대한 R&D 조세 혜택이나 보조금 지급 방식을 택하기보다 기술개발 컨소시엄 구성을 통한 협력적 혁신 네트워크 수립을 촉진하고 있다(Story 2012).

왜 한국 정부는 산업정책의 우선성과 방식을 변화시켰는가? 1980년대 말부터 산업정책 입안 실무자들과 정치 지도자들은 중간재 부품의 수입과 완제품 조립 산업에 의존한 기존의 한국 경제 발전 방식이 심각한 한계에 도달하고 있다고 인식했다. 중간재 산업의 병행 발전 없는 조립 완제품의 수출은 심각한 수준의 무역수지 적자를 누적시키고 있었기 때문이다(김도훈 2014, 20). 게다가 한국 정부는 저임금, 저기술 노동과 자본 공급에 기초한 요소투입형 성장 전략의 한계를 동시에 인식하기 시작했다. 예를 들어 1980년대 한국 전자산업 수출품은 대부분 저임금 노동을 동원해 조립한 저기술 제품이 주류를 이루었다. 그러나 세계 시장 경쟁의 심화와 더불어 1987년 민주화 이후 국내 임금의 급격한 상승으로 인해 전자, 자동차와 같은 한국의 주력 산업은 심각한 문제에 직면했다. 게다가 중국과 동남아시아 국가들은 저임금의 풍부한 노동을 이용해 빠르게 한국을 쫓아오고 있었다. 이에 한국의 산업 전문가들은 보다 기술집약적인 고부가가치 산업으로의 이행이 절실함을 깨닫기 시작했다.

이처럼 고전적 발전주의의 문제에 대한 반성적 인식을 바탕으로 1990년대 한국 정부는 산업정책의 우선성을 후방산업의 연계적 발전을 통한 고부가가치 부문의 협력적 혁신 능력 강화에 두기 시작했다. 1980년대까지만 해도 한국 정부의 기술정책은 여전히 대기업 중심이었다. 삼성, 금성 등의 전자산업 대기업들이 참여했던 16M 디램 반도체 개발 사업이 대표적이다. 그러나 1990년대 들어 산업정책 입안자들은 부품소재 산업의 병행 발전 없이 조립 대기업만의 기술 능력 심화 전략만으로는 산업 경쟁력의 지속적인 성장이 어려움을 인식했다(Lim 1998, 132-33; 산업통상자원부 전현직 관료들 면담 조사 2015/04/10; 2015/05/26; 2015/06/17; 2015/05/22). 이러한 인식에 기초해서 한국 정부는 1990년대 말 금융위기에 직면했을 때 만성적인 대일 무역적자 극복만이 아니라 부품소재산업의 육성을 촉진함으로써 근본적인 산업구조의 변화를 모색했다.

또한 1980년대 말 90년대 초 일본 기업들의 본격적인 세계화는 한국 산업정책 전환의 필요성을 심화시켰다. 1980년대 말 이후 일본 주력 산업 기업들은 동남아시아로 해외생산을 확대하면서 그들의 고기술과 동남아의 저임금을 결합하여 세계시장 경쟁에 나섰고 이는 한국 기업들의 국제 경쟁력을 심각하게 훼손했다. 이는 일본 중간재 수입에 의존한 조립산업만으로는 국제 경쟁력을 유지할 수 없다는 한국 산업 관료들의 인식을 강화했다. 일본의 글로벌 생산네트워크와 경쟁하기 위해서 한국 기업들이 취할 수 있는 선택지는 해외 현지의 저임금 노동을 이용하기 위해 해외생산을 확대하든지 아니면 국내생산의 경쟁력을 향상시키든지 하는 정도 이외는 별로 없었다.

불균형적 성장 전략의 한계에 직면하여 한국 산업정책 입안가들은 산업 경쟁력의 회복을 위해서 국내 부품과 소재의 경쟁력을 향상시키는 것이 필수적이라고 인식했다. 그러나 그것은 자유시장(free market)의 자연스러운 적용으로는 성공하기 힘든 선택지였다. 산업통상자원부의 소재부품팀장에 따르면 한국 정부가 적극적으로 부품소재 개발과 육성에 초점을 두기 시작했던 이유는 시장에 맡겨둬서는 부품소재산업의 성장을 장담할 수 없다는 인식 때문이었다.

과거 우리 산업은 일본 기술과 부품에 의존해서 발전했다. 다시 말해 우리는 일본 기술을 이용하고 따라가면서 완제품 조립산업을 발전시켰다. 그런 완제품 조립 산업화의 한계는 이미 1970년대 말부터 나타나기 시작했다. 그때 이후 우리는 국산화 정책을 추진하기 시작했다. 이 정책은 1990년대까지 지속되었다. [그러나 그 정책은 부분적인 성과만을 남기고 한국 부품산업은 여전히 저발전 상태였다.] … 1990년대 말까지도 전통적인 국산화 정책은 상대적으로 주목받지 못했다. 우리는 만약 이대로 부품소재산업의 발전을 시장에 맡겨둔다면 그것은 매우 느리게 발전하여 일본 경쟁기업들을 따라잡지 못하게 될 것이라 생각했다. 중소기업은 독자적인 개발능력이 없고 조립 대기업들은 전혀 협조적이지 않았기 때문이다(산업통상자원부 소재부품정책과장 면담조사 2015/04/10).

중간재산업의 만성적 무역적자를 해소하고 산업경쟁력을 개선하기 위해 한국 산업 관료들은 기존의 조립산업 중심의 경제구조를 부품소재산업의 병행 발전에 기초한 혁신주도적 경제구조로 바꾸는 것이 필수적이라고 판단했다. 그리고 부품소재산업으로의 정책 우선성 전환은 1997년 아시아 금융위기의 극복 과정에서 당시 대통령의 관심과 지원을 얻어냄으로써 가능했다. 당시 산업자원부(산업통상자원부의 전신) 산업기획실 사무관으로서 1999년-2000년에 걸친 부품소재특별법의 입안 과정에 참여했던 산업부 관료(면담조사 당시 산업통상자원부 원전산업국장)에 따르면 부품소재산업으로의 정책 전환은 한국 산업정책의 전환점이었다.

금융위기에 직면해서 우리는 완제품 조립 대기업 중심의 기존 성장 모델이 문제라는 것을 심각하게 인식하기 시작했다. 물론 과거에도 대일 무역 적자에 대한 우려는 있었다. … [그러나] 과거에도 부품소재

산업을 육성해야 한다는 생각이 있었지만 그 아이디어가 그렇게 효과를 내지는 못했다. 그러나 위기의 과정에서 대통령의 지원을 얻으면서 그 문제에 대해 근본적으로 검토하기 시작했다. 그 법안의 초안에서 '패러다임 전환'이라는 표현을 사용했을 때 우리가 생각했던 것은 단순히 부품소재의 수입대체화가 아니라 이제 부품소재산업이 산업발전을 이끌어야 한다는 것이었다(산업통상자원부 원전산업국장과의 면담조사 2015/05/26).

1990년대 말 이후 한국 정부는 완제품 조립산업의 국민경제 대표기업(national champions)을 육성하는 것으로부터 혁신주도적 부품소재산업의 병행 발전으로 산업정책을 전환했다. 새로운 정책의 초점은 더 이상 물리적 자원의 동원이 아니라 무엇보다 연구개발 활동에 대한 지원 강화에 있었다. OECD 과학기술지표(OECD Main Science and Technology Indicators)에 따르면 한국의 GDP 대비 연구개발 지출은 1991년까지도 1.7%에 지나지 않았지만 2014년에는 4.3%로 증가했고 이는 OECD 국가 중 최고 수준이다. 반면 다른 주요 선진국들은 같은 기간 연구개발 지출 비중에 큰 변화가 없었다. 예를 들어 미국의 GDP 대비 연구개발 지출 비중은 1991년 2.6%에서 2014년 2.7%로 거의 변화가 없었고 독일의 연구개발 지출 비중은 같은 기간 2.4%에서 2.9%로 소폭 증가하는 데 그쳤다. 이는 90년대 이후 한국의 연구개발 지출이 다른 나라들에 비해 크게 증가해왔음을 보여준다.

이러한 한국 연구개발 지출 규모의 성장은 혁신주도형 산업체계를 수립하고자 한 정부의 정책 드라이브와 맥을 같이 한다. 주목할 만한 점은 정부의 연구개발 지원이 민간 연구개발활동을 대체하기보다는 유도했다는 데 있다. 많은 경험연구 조사에 따르면 정부 연구개발

비 지출의 증가와 함께 민간 연구개발비 지출도 크게 증가했다. 기업들은 정부의 연구개발 지원을 받기 위해서 자체 연구개발 시설과 인력에 대한 지출을 늘려야 했다(최대성 2014; 김기완 2007, 277). 정부 연구개발 과제에 참여하기 위해서는 예비적인 연구개발에 기초한 연구계획서를 만들어야 하고 또 연구계획서에 따른 연구개발을 실제로 진행할 수 있어야 하기 때문이다(반도체 부품기업 기획부장 면담조사 2015/11/19).

또한 한국 정부의 연구개발 지원은 발전주의적 전략에 기초해 있다는 점을 특징으로 한다. 이는 다른 국가의 연구개발 지원과 구별되는 지점이다. 실제 거의 모든 선진국 정부들은 연구개발활동에 대한 지원정책을 가지고 있다. 그러나 그 지원의 유형과 목표는 매우 다양하다. 예를 들면 2014년 한국 정부의 연구개발 예산 중 86.6%가 민간 연구개발을 위해 할당되었는데 이 중 경제개발 부문에 대한 지원이 50.7%를 차지했다. 그러나 미국의 경우는 같은 해 정부 연구개발 예산 중 민간 연구개발에 대한 지원이 48.8% 정도였는데 그 중 경제개발 부문에 할당된 예산은 10.3%에 불과하다. 일본과 독일은 민간 연구개발에 대한 지원 비중이 각각 95.6%, 93.4%로 한국보다 높지만 그 중 직접적인 경제개발에 할당된 예산은 각각 25.5%, 22.5%로 한국보다 훨씬 낮았다. 미국은 민간 연구개발 지원보다 국방 부문에 대한 연구개발 지원이 51.2%로 다른 나라들에 비해 훨씬 높고 일본과 독일은 민간 연구개발 지원 중에서도 대학의 기초연구 지원 비중이 각각 37.1%, 41.1%로 매우 높다(OECD Statistics Database). 이처럼 다른 나라와 비교할 때 한국 정부의 연구개발 지원은 직접적인 경제개발에 초점을 두고 있다는 점에서 발전주의적 특성을 드러낸다.

새로운 한국 산업정책에서 연구개발 활동에 대한 지원 규모보다 더 중요한 것은 집단적 역량(collective capabilities) 강화에 초점을 두고 있다는 것이다. 미국 정부의 연구개발 지원은 주로 연구개발 지출에 대한 조세혜택과 개별 연구자들에 대한 보조금 지원에 초점을 둔다. 미국의 주 정부, 시 정부들은 개별 기업의 고용을 보장하고 새로운 기업을 유치하기 위해 매년 800억 달러 이상을 사용하고 있다. 그러나 개별 기업에 대한 미국 정부의 연구개발 조세혜택과 보조금 지원은 산업 전체의 연계와 집단적 역량의 강화와는 거리가 있다. 개별 기업에 지원된 공적 자원은 때때로 공장의 폐쇄나 이전과 함께 아무것도 남기지 않은 채 사라지는 경향이 있다. 이는 앞서 살펴본 것처럼 미국에서 혁신적인 벤처기업들이 보완적인 산업공공재의 부재로 인해 종종 혁신적 아이디어를 상품화하는 데 어려움을 겪고 있는 것과 관련이 있다.

대조적으로 한국의 새로운 산업정책은 산업의 연계 강화와 협력적 혁신생태계를 수립하는 데 초점을 두고 있다. 이를 위해 한국 정부는 주로 정부출연 연구기관과 완제품 대기업, 부품기업, 대학 연구소 등이 공동으로 참여하는 연구개발 컨소시엄을 구성하기 위해 노력해 왔다. 이러한 연구개발 컨소시엄에서 정부와 정부출연 연구기관은 주로 주관기관으로 참여해서 조정자의 역할을 하고 기업은 실질적인 연구개발의 주체가 된다. 정부는 먼저 업계와 학계, 공공/민간 연구기관 연구자들을 대상으로 기술개발에 대한 수요조사를 실시하여 우선적으로 개발해야 할 기술을 선정한다. 수요조사의 과정에서는 다양한 산업협회들의 도움을 얻기도 한다. 기술개발 과제가 선정되면 생산기술연구원과 같은 정부 출연 연구기관들이 실질적인 정부 정책의 집행기관 역할을 한다. 이들은 기업과 공공, 민간 연구기관들을 대상으로 과제공모를 실시하여 참여 기업과 연구기관을 선정하고 연구가 진행되는 동안에는 지속적인 모니터링과 평가를 실시한다. 또한 정부출연 연구기관들은 스스로 정부과제에 참여하여 독자적인 기획 연구과제를 수행하기도 하고 기업들과 함께 컨소시엄을 구성해 정부과제를 수행하기도 한다(자동차부품연구원 면담조사 2010/05/31; 한국전자통신연구원 면담조사 2013/04/18; 한국산업기술진흥원 면담조사 2015/06/04; 한국기계산업진흥회 2015/06/24; 카메라 렌즈 제조업체 면담조사 2015/11/12).

예를 들어 2001년부터 시행에 들어간 부품소재특별법은 정부와 민간 전문가들이 법안의 수립 단계부터 함께 참여하였다. 부품소재특별법의 수립 과정은 당시 만성적인 무역적자와 부품소재 산업의 저발전에 대한 문제의식을 가지고 산업 관료들과 산업협회의 전문가들, 정부출연 연구기관, 대학의 연구자들이 공동으로 참여하여 국내에서 생산되는 주요 완제품의 가치사슬을 상세하게 분석하는 작업으로부터 시작했다. 이 분석 작업을 통해 그들은 하나의 수출 완제품이 생산되기까지 한국에서 발생하는 가치는 무엇이고 해외로부터 조달되는 가치는 무엇인지를 정확하게 파악하고자 했다. 그리고 그 다음 작업으로서 해외로부터 조달되는 가치 중 국산화가 필요한 것은 무엇인지, 또 해당 기술을 개발할 수 있는 잠재적인 대상 기업들은 어떤 기업들인지, 빠른 국산화를 위해 정부가 지원해줘야 할 것은 무엇인지에 대한 계획을 수립했다(한국기계산업진흥회 이사 면담조사 2015/06/24; 산업통상자원부 국장 면담조사 2015/05/26).

또한 한국 정부는 협력적 혁신생태계를 수립하기 위한 방편으로 수요 대기업과 부품 기업을 부품개발 단계부터 연계하는 '수요자 연계형 기술개발 프로그램'을 사용해왔다. 한국산업기술진흥원 부품소재 팀장에 따르면 수요자 연계형 프로그램은 2000년대 이후 한국 부품산업의 성장에 중요한 역할을 했다.

기본적으로 부품소재(의 성패)는 수요기업에 달려 있다. 2000년대 초반부터 수요기업 연계형 사업을 많이 했다. 그러니까 이 아이템을 개발하면 수요기업에서 사주겠다는 확약을 먼저 받는다. … 당시만 해도 수요에 대한 계획 없이 막 개발하는 경우가 많았다. 개발을 하고 나서 수요처를 찾는 상황이었다. 그런데 시장상황은 계속해서 바뀌기 때문에 수요처를 찾기 힘들어서 기술개발 한 게 아무 소용이 없게 되기도 하고 그런 경우가 많았다. 그래서 먼저 사주겠다는 기업을 찾아오라고 한 것이다. … [또 개발된 부품이 수요기업이 만족할 만한 시장성을 가질 수 있도록] 예를 들어 3년짜리 과제 같으면 매년 평가를 받으면서 시장상황의 변화에 맞춰 그 성과 목표(performance target)도 계속 바뀌는 것이다(산업기술진흥원 팀장 면담조사 2015/06/04). [괄호는 필자의 첨부].

실제로 수요자 연계형 프로젝트는 사업화 성공이라는 측면에서 연구개발 활동에 대한 단순한 금융 지원보다 훨씬 큰 성과를 거뒀다. 중소기업에 대한 정부 연구개발 지출의 일반적인 사업화 성공률은 대략 40% 정도인 반면 수요자 연계형 연구개발 프로젝트의 사업화 성공률은 78%에 달한다(서울경제 2010/02/02).

또한 컨소시엄 형태의 집단적 학습 및 혁신 역량 강화 방식은 미국식의 개별 R&D 조세 지원이나 보조금 지원 방식보다 지속적인 혁신에 훨씬 효과적인 것으로 보인다. 기업들, 특히 중소중견기업들에게 중요한 것은 단순히 정부의 금융 지원 규모가 아니라 컨소시엄 참여를 통해 형성된 협력네트워크 자체였다. 삼성전자 스마트폰에 렌즈를 공급하는 중견 부품업체 경영진에 따르면 기업의 입장에서 정부 지원 공동 연구개발 과제에 참여하는 것은 단지 금융지원뿐만 아니라 정부출연 연구기관, 수요 기업 등과 꾸준히 연계를 가질 수 있도록 하기 때문에 지속적인 기술개발에 중요하다.

> 우리가 정부 연구개발 프로젝트에 참여하는 이유는 단지 돈 때문이 아
> 니라 정부출연 연구기관, 수요기업 연구소 등과의 긴밀한 네트워크를
> 유지하는 데 있다. 일단 공동 프로젝트를 한 번 진행하고 나면 차후에
> 우리와 관련된 또 다른 프로젝트가 있을 때 제안이 올 수도 있기 때문
> 이다(스마트폰 카메라렌즈 제조업체 경영진 면담 2015/11/12).

실제로 이 기업은 1980년대 창립 이래 줄곧 전자제품 렌즈 제조
업체로 성장해왔지만 최근 현대모비스 등이 참여하는 새로운 국책과
제에 참여하면서 자동차 부품으로 사업영역을 확장할 수 있는 기회를
갖게 되었다. 이전에 휴대폰 렌즈를 개발하면서 여러 차례 정부 연구
개발 과제를 수행했던 경험 때문에 이 기업이 졸음방지카메라 렌즈 기
술을 가지고 있다는 정보를 정부가 알고 있었고 이 때문에 이 기술이
필요한 자동차 부품 개발에 참여할 수 있었던 것이다(휴대폰 카메라렌
즈 제조업체 경영진 면담 2015/11/12). 반도체회사들과 오랜 거래관계
에 있는 한 반도체 부품업체도 현재 정부가 추진하고 있는 대규모 국
책사업 중 하나인 세계일류소재(World Premium Materials) 개발 프로
젝트에 참여함으로써 고부가가치 분야로 사업 영역을 확대할 수 있는
기회를 마련했다. 이 기업 역시 반도체 부품 기술개발 과정에서 여러
차례 정부 연구개발 사업에 참여한 경험을 바탕으로 중견기업으로서
는 쉽지 않은 대규모 국책사업에 참여할 수 있는 기회를 얻을 수 있었
다(반도체 장비 및 부품 제조업체 기술이사 면담조사 2015/11/19).
　이처럼 한국 정부에 의해 지원되는 공식적인 혁신네트워크와 민
간 기업과 연구기관들 간의 비공식적 네트워크는 상호 시너지 효과를

통해 집단적 산업생태계와 산업공공재를 강화하고 증진시킨다. 공식/
비공식 네트워크를 통해 공유된 상호간의 정보가 빠른 혁신을 가능하
게 하고 잠재적인 혁신의 가능성을 높이고 있는 것이다. 혁신네트워크
를 통한 공동의 학습과 혁신 역량 강화에 초점을 둔 한국의 새로운 발
전주의 정책은 개별 기업에 대한 연구개발 조세 혜택이나 보조금 지원
에 초점을 둔 방식과 구별될 뿐만 아니라 대기업들의 생산 세계화 확
대에도 불구하고 국내생산기반을 토대로 혁신역량이 지속적으로 재생
산되는 데 중요한 역할을 하고 있다.

　　한편, 국가의 노력이 있다 하더라도 국민경제 주요 기업들의 관심
과 협조가 없다면 협력적인 산업생태계를 만든다는 것은 불가능하다.
그런데 앞서 살펴본 것처럼 전통적으로 해외 부품에 의존한 조립 완제
품 생산과 수출로 이윤을 추구해온 한국 대기업들은 국내 부품업체들
과 협력하는 데는 그다지 관심이 없었다. 그러나 2000년대 이후 한국
대기업들의 태도는 분명히 달라졌다. 국내 하청기업들을 육성하고 그
들과 협력하는 데 관심을 가지기 시작한 것이다. 어떻게 이러한 변화
가 가능했는가?

　　첫째, 한국 대기업들은 외국 특히 일본 부품업체에 대한 높은 의
존도 때문에 협상력에서 불이익을 얻고 있다는 데 불만을 가지고 있었
다. 그래서 한국 대기업들도 해외 선진 부품업체들과의 협상에서 우위
를 가지기 위해서는 독립적인 기술력이 필요하다는 인식을 가지고 있
었다는 것이다. 전 현대자동차 회장 정세영의 회고는 대기업들의 이런
이해를 잘 대변한다.

　　우리가 기계를 만들 줄 알면 고장이 나더라도 직접 고칠 수가 있다. 또
　　외국에서 사오던 부품을 우리가 직접 만들면 가격 경쟁력을 가질 수

있다. 실제로 외국에서 수입하던 부품을 국산화하면 가격이 30%에서 50%까지 떨어진다. 부품을 직접 만들어 보면 그 부품의 생산 비용을 알게 되고 그러면 외국기업들이 터무니없는 단가를 요구하는 걸 피할 수 있다. [부품을 국산화하면] 일석이조(一石二鳥)의 효과를 보는 것이다(정세영 2000, 278). [ ]는 필자의 첨부.

전자산업의 경우도 상황은 비슷했다. 한국전자정보통신산업진흥회(KEA) 임원진과의 면담조사에 따르면 전자산업 대기업들의 경우 특히나 일본 부품업체들에 대한 취약한 협상력 때문에 국내 부품업체 육성의 필요성을 절감하고 있었다.

물론 정부의 부품 국산화 정책도 있었다. 그러나 그게 다는 아니다. … 이제 그들도[대기업들도] 국내 부품업체들과의 협력적 관계가 필요함을 인식하고 있다. 우리 대기업, OEM의 입장에서는 일본 업체랑 독점적으로 거래를 하다 보니 그 일본 업체에 좌우되는 경향이 있다고 느끼고 있었다. [예를 들면 일본에서 수입하던 부품을] 우리 부품업체가 개발을 하면 일본 업체가 우리 업체의 시장 진입을 막으려고 가격을 낮춘다. 그러면 우리 부품업체가 1, 2년 만에 망해버리곤 했다. 그러자 일본 업체가 다시 가격을 올리는 것이었다. … 그래서 대기업들이 부품 공급을 이원화하는 쪽으로 나가기 시작했다(한국전자정보통신산업진흥회 상무이사, 전무이사 면담조사 2011/06/01). [ ]는 필자의 첨부.

한국 대기업들은 외국 부품업체들의 파워에 휘둘리는 것을 피하기 위해 처음에는 직접 부품을 개발하고 생산하는 내재화(internalizing) 전략을 선호했다. 그러나 산업화 초기 조립업체의 핵심부품 생산을 제한한 정부의 정책, 그리고 정부 지원을 통한 국내 부품업체의 역량 강화로 인해 대기업의 전략은 국내 부품업체들을 육성하고 그들과 협력하는 쪽으로 변화했다(현대자동차 구매기획팀장 면담조사 2010/08/24; 자동차부품연구원 기획감사실장, 연구관리실장 면담조사 2010/05/31).

게다가 세계화의 과정에서 한국 대기업들은 국내 부품업체들과의 협력을 더욱 강화했다. 세계화의 후발 주자로서 약점을 극복하기 위해 국내 부품업체들과 협력하는 것이 필요하다고 인식했기 때문이다. 해외생산 초기 국내 대기업들은 해외 현지에서 현지 부품업체들로 효율적이고 신뢰성 있는 부품조달 네트워크를 수립하는 데 어려움을 겪었다. 예를 들어 삼성, LG, 대우, 현대 등은 멕시코에서 현지 생산을 시작할 때 납기(delivery time), 조달 규모, 품질, 가격 등 모든 면에서 신뢰할 만한 현지 부품업체들을 구하는 데 어려움을 겪었다(매일경제 1997/05/30; 한국경제 1995/11/25).

뿐만 아니라 후발 주자로서 한국 기업들은 글로벌 부품업체들을 이용하는 데도 약점을 가지고 있었다. 한국 주력산업 기업들이 해외생산에 나섰을 때는 이미 일본, 미국, 독일 등 선진국 경쟁 기업들이 글로벌 부품업체들과 현지의 유능한 부품업체들을 장악한 상태였기 때문이다. 한국 기업들 입장에서는 해외 경쟁 기업들과 동일한 부품업체들을 이용해서는 경쟁력이 없다고 판단했다. 북아일랜드 산업발전청(Industrial Development Agent)의 보고서에 따르면 삼성, LG 같은 한국 기업들은 영국에서 부품조달 네트워크를 수립하는 데 어려움을 겪었다. 영국 전자 부품업체들은 이미 일본 기업들과 긴밀한 거래관계를 가지고 있었기 때문이었다. 그래서 한국 기업들은 영국 부품업체들과 부품조달 거래가 가능하다 하더라도 동일한 부품업체들을 가지고 일본을 비롯한 다른 선진국 기업들과 경쟁하는 건 승산이 없다고 느꼈다 (매일경제 1997/01/03). 현대자동차 구매기획팀장은 중국에서 현지 공장을 세울 때 국내에서 거래하던 부품업체들과 동반 진출을 통해 현지 부품조달 네트워크를 수립한 이유가 바로 국내 부품업체와의 협력만이 후발 주자로서 현대자동차가 선진 기업들과 경쟁할 수 있는 전략이라고 판단했기 때문이라고 말한다.

> 우리가 중국에 나갔을 때 글로벌 부품업체들이 많이 있었다. 그런데 우리는 전략적으로 우리 국내 협력업체들을 이용했다. 그게 우리가 경쟁할 수 있는 **차별화 전략**이었다. … 만약 우리가 경쟁 기업들이 이용하는 부품업체들을 똑같이 이용하면 아무런 차이가 없지 않은가. 올해 우리가 중국에서 100만 대를 생산한다. 그런데 폭스바겐은 이미 그때 400만 대-500만 대를 생산했다. 그래서 동일한 부품업체라 하더라도 우리랑 폭스바겐에 납품하는 가격이 다를 수밖에 없다. 우리가 가격 경쟁력을 가질 수 없는 상황이었다. 우리는 다른 경쟁 전략을 필요로 했던 것이다(현대자동차 구매기획팀장 면담조사 2010/08/24). [고딕체는 필자의 강조].

세계화의 후발 주자로서 한국 기업들은 무엇보다 규모 면에서 선발 주자들에게 현저히 뒤처져 있었기 때문에 동일한 글로벌 부품업체들을 이용할 경우 가격 경쟁력을 가질 수 없었던 것이다. 한국 기업들은 세계화 과정에서의 이러한 상대적 지위를 고려하면서 새로운 차별화 전략을 추구해야 했다. 한국 기업들이 세계화의 과정에서 국내 부품업체들을 더욱 육성하고 그들과의 협력을 강화하고자 했던 이유가 여기에 있다.

　한편 한국 부품업체들은 처음에는 국내 고객사(lead firms)와 함께 해외 동반 진출을 하는 것에 대해 주저했다. 중소 부품업체의 입장에서는 성공이 보장되지 않는 상황에서 해외에 대규모 투자를 한다는 것은 지나치게 모험적인 선택이었기 때문이다. 만약 실패한다면 회사가 망할 수도 있는 상황이었다. 그러나 모기업(lead firms)이 안정적인 생산 물량을 보장하고 기술 및 금융 지원을 제공하면서 이제는 점점 더 많은 부품업체들이 해외 동반 진출을 희망하고 있다(남양공업 영업재무본부장 면담조사 2011/07/26; 대원산업 부사장 면담조사 2010/07/06; 현대자동차 구매기획팀장 면담조사 2011/06/28/ 현대자동차 정책조정팀장 면담조사 2015/10/29).

　게다가 한국 부품업체들 역시 모기업과의 동반 진출을 통한 해외 생산 확대에도 불구하고 국내의 생산네트워크를 더욱 강화해왔다. 독자적인 연구개발 역량을 가지지 못한 한국 부품업체들로서는 국내에 수립된 정부 출연 연구소, 고객사, 대학 등과의 혁신네트워크가 지속적인 기술개발을 가능하게 하는 중요한 무형의 자산이었기 때문이다. 한국 부품업체들은 국내 혁신네트워크를 통해 고객사, 정부 출연 연구소 등을 비롯한 다양한 혁신 주체들과 일상적으로 접촉함으로써 정보를 공유하고 동시에 그것을 바탕으로 공식적인 연구개발 프로젝트에 참여하는 기회를 얻음으로써 질적인 성장을 거듭해왔다(휴대폰카메라 렌즈 제조업체 상무 면담조사 2015/11/12; 반도체 장비 및 부품 제조업체 기술이사 면담조사 2015/11/19).

## IV. 맺음말

심화되는 국제 경쟁의 시대에 산업의 세계화는 이제 불가피한 것처럼 보인다. 대부분의 선진 산업국가에서 국민경제 주요 기업들은 기존의 수직적 생산체계(vertically integrated production system)를 해체하고 국경을 넘어 생산의 요소를 재조직하고 있다. 그러나 신자유주의적 낙관론이나 민족주의적 비관론 등 세계화에 대한 기존의 주장들과 달리 세계화는 반드시 국내 산업의 고부가가치화를 낳지는 않으며 반드시 산업 공동화를 낳지도 않는다. 한국과 미국의 사례에서 보듯이 국민경제 주요 행위자들 간의 정치(politics)에 따라 세계화가 탈산업화를 낳을 수도 있고 국내 산업의 질적 개선을 가져올 수도 있다.

특히 이 글은 세계화의 과정에서 산업 생태계(industrial ecosystem)를 수립하는 국가의 역할이 중요하다고 주장한다. 세계화에도 불구하고 국내의 산업혁신 역량을 지속적으로 개선하기 위해서 기업과 개인은 고객사, 하청 부품업체, 공공/민간 연구기관, 기술 인력 등 다양한 보완적 능력(complementary capabilities), 즉 산업공공재(industrial commons)를 필요로 한다. 그러나 이러한 산업공공재는 신자유주의자들이 주장하는 것처럼 자유시장에 의해 자연스럽게 만들어지는 것이 아니다. 신자유주의적 낙관론과 대조적으로 해외아웃소싱(offshoring)으로 발생한 잉여 이윤은 자동적으로 국내 산업 역량의 강화에 재투자되지는 않기 때문이다. 미국의 사례에서 보듯이 기업들은 금융 이익(financial interests)을 위하여 세계화를 통해 얻은 잉여 이윤을 국내에 재투자하기보다 전 세계 다른 지역에 투자할 수도 있다. 이처럼 조정되지 않고 자유시장의 금융 지배적 논리에 따른 결정은 국내의 산업 연계와 산업공공재에 많은 손실을 낳을 수 있다. 그리고 이는 잠재적 혁신의 역량을 약화시킨다.

　미국과 대조적으로 한국의 사례는 국내 산업공공재를 강화하는 데 국가의 역할이 필요함을 잘 보여준다. 한국에서 과거 고전적 발전주의 국가는 소수 대기업에 대한 자본 투입을 통해 물리적 자산의 축적에만 초점을 두었다. 그러나 이제 한국 기업들은 더 이상 국가의 자본 투여 때문이 아니라 포괄적인 협력네트워크를 통한 공동의 학습과 혁신 역량 강화에 초점을 두는 새로운 발전주의 국가에 기초해 성공을 거두고 있다. 한국의 새로운 발전주 정책은 미국처럼 개별 기업에 대한 조세혜택이나 보조금 지급에 초점을 둔 일반적인 기업지원 정책과는 구별된다. 새로운 발전주의로의 전환이 없었다면 한국 기업들의 세계화 역시 국내 산업공공재의 많은 손실을 낳았을 것이다. 전통적으로 한국 대기업들은 국내 부품업체들을 이용하고 그들과 협력하는 데 관심이 없었기 때문이다. 이 글은 미국과 한국의 사례를 통해 세계화의 과정에서 국내 산업생태계를 질적으로 강화하기 위해서는 자유시장이 아니라 국가의 역할이 대단히 중요함을 강조한다. 국가는 과거의 물리적 자본 축적에 초점을 둔 고전적 방식을 통해서가 아니라 국내의 집단적 혁신 역량 강화에 초점을 둔 새로운 발전주의를 통해 세계화의 긍정적 효과를 극대화할 수 있다.

# 참고문헌

**통계자료**

한국수출입은행 데이터베이스. https://stats.koreaexim.go.kr/odisas.html
한국통계포털. http://kosis.kr/eng/statisticsList/statisticsList_01List.jsp
United States Bureau of Labor Statistics database. https://www.bls.gov/data/
UN Comtrade Database). https://comtrade.un.org/

**문헌자료**

과학기술부. 1992. 『연구개발활동 조사 보고서』. 서울: 과학기술부.
_____. 2010. 『연구개발활동 조사 보고서』. 서울: 과학기술부.
김기완. 2007. "정부 연구개발투자의 현황 진단과 효과적인 투자방향 모색."
   고영선·김광호·김기완·김현욱·연태훈 편. 『우리 경제의 선진화를 위한 정부역할의
   재정립』. 서울: KDI.
김도훈. 2014. "한국 산업발전과 향후 과제." 『한국경제포럼』 6권 4호, 15-35.
박준구·김홍석. 1997. 『한국 자동차산업의 세계화 전략』. 서울: 산업연구원(KIET).
산업연구원(KIET). 2008. "한국 산업정책의 과거와 현재 그리고 미래", 『e-KIET 산업
   경제정보』 379: 2-3.
_____. 2012. 『부품 소재 미래 비전 수립 연구』. 서울: 산업연구원.
오원철. 1996. 『한국형 경제건설: 엔지니어링 어프로치 제4권』. 서울: 기아경제연구소.
위평량. "대기업과 중소기업 (하도급기업 및 일반중소기업) 간의 경영격차 분석과
   시사점." 『경제개혁리포트』 2011-26, 1-31.
윤대엽. 2012. "수출주도 발전의 위기와 산업정책의 정치, 1980-2007: 이념, 제도와 발전의
   거버넌스." 연세대학교 박사 학위 논문.
자동차산업협동조합. 2011. 『2011 자동차산업편람』. 서울: 자동차산업협동조합.
정세영. 2000. 『미래는 만드는 것이다: 정세영의 외길 32년』. 서울: 행림출판사.
정성춘·이형근. 2007. 『한일 기업의 동아시아 생산 네트워크 비교연구』. 세종:
   대외경제정책연구원.
최대승. 2013. 『기업에 대한 정부 R&D 투자지원의 정책효과 분석연구』. 서울: KISTEP.
한국과학기술기획평가원(KISTEP). 2015. "우리나라 민간기업 연구개발활동 현황." 『KISTEP
   통계브리프』 22.
한국자동차산업협회(KAMA). 2005. 『한국자동차산업 50년사』. 서울: KAMA.

Berger, Suzanne. 2013. *Making in America: From Innovation to Market*. Cambridge,
   MA: MIT Press.
Bhagwati, Jagdish. 2010. "The Manufacturing Fallacy." *Project Syndicate* (August 27).

https://www.project-syndicate.org/commentary/the-manufacturing-fallacy?

Dicken, Peter. 2011. *Global Shift: Mapping the Changing Contours of the World Economy*. New York: Guilford Press.

Eliasson, Gunnar. 2007. "Divergence among Mature and Rich Industrial Economies: The Case of Sweden Entering a New and Immediate Economy." In *Social Innovations, Institutional Change and Economic Performance*, edited by Timo J. Hämäläinen and Risto Heiskala, 214–79. Cheltenham: Edward Elgar.

Evans, Peter B. 2008. "In Search of the 21st Century Developmental State." Working Paper no. 4 (Sussex: Centre for Global Political Economy at the University of Sussex, 2008).

_____. 2010. "Constructing the 21st Century Developmental State: Potentials and Pitfalls." In *Constructing a Democratic Developmental State in South Africa*, edited by Omano Edigheji. Cape Town: HSRC Press.

_____. 2014. "The Korean Experience and the Twenty First-Century Transition to a Capability-Enhancing Developmental State." In *Learning from the South Korean Developmental Success: Effective Developmental Cooperation and Synergistic Institutions and Policies*, edited by Ilcheong Yi and Thandika Mkandawire, 31–53. New York: Palgrave Macmillan.

Evans, Peter B. and Patrick Heller. 2015. "Human Development, State Transformation, and the Politics of the Development State." In *The Oxford Handbook of Transformations of the State*, edited by Stephan Leibfried et al., 691–713. Oxford: Oxford University Press.

Farrell, Diana et al. 2003. *Offshoring: Is It a Win-Win Game?* San Francisco: McKinsey Global Institute.

Friedman, Thomas L. 2007. *The World Is Flat: A Brief History of The Twenty-First Century*. New York: Farrar, Straus & Giroux.

Hira, Ron and Anil Hira. 2005. *Outsourcing America: What's Behind Our National Crisis and How We Can Reclaim American Jobs*. New York: Amacom.

Huo, Jingjing and John D. Stephens. 2015. "From Industrial Corporatism to the Social Investment State." In *The Oxford Handbook of Transformations of the State*, edited by Stephan Leibfried et al., 410–425. Oxford: Oxford University Press.

Hyundai Motor Group. 2015. 『현대기아자동차 동반성장추진현황』. 서울: Hyundai Motor Group.

Kim, Chung-Yum. 1994. *Policymaking on the Front Lines: Memoires of a Korean Practitioner, 1945–1979*. Washington, DC: World Bank.

Kochan, Thomas A. 2012. "A Jobs Compact for America's Future." *Harvard Business Review* 90(3): 64–73.

Kohama, Hirohisa and Shujiro Urata. 1993. "Korea: Export Promotion Policies for the Electronics Industry." In *Industrial Policy in East Asia*, edited by Ryuichiro Inoue,

Hirohisa Kohama, and Shujiro Urata. Japan: JETRO.

Levy, Jonah D. 2015. "The Transformations of the Statist Model." In *The Oxford Handbook of Transformations of the State*, edited by Stephan Leibfried et al., 393–409. Oxford: Oxford University Press.

Lim, Haeran. 1998. *Korea's Growth and Industrial Transformation*. London: Macmillan Press.

Nanto, Dick K. 2010. *CRS Report for Congress: Globalized Supply Chains and U.S. Policy*. Washington, DC: Congressional Research Service (January 27).

Pack, Howard and Kamal Saggi. 2006. "Is There a Case for Industrial Policy? A Critical Survey." *World Bank Research Observer* 21(2): 267–297.

Pisano, Gary P. and Willy C. Shih. 2012a. "Does America Really Need Manufacturing?" *Harvard Business Review* 90(3): 94–102.

_____. 2012b. Producing Prosperity: *Why America Needs a Manufacturing Renaissance*. Boston: Harvard Business Review Press.

Porter, Michael E. and Jan W. Rivkin. 2012. "The Looming Challenge to U.S. Competitiveness." *Harvard Business Review* 90(3): 54–62.

Prestowitz, Clyde. 2010. *The Betrayal of American Prosperity*. New York: Free Press.

Ramaswamy, Ramana and Robert Rowthorn. 2000. "Does Manufacturing Matter?" *Harvard Business Review* (November – December).

Sirkin, Harold L., Michael Zinser, and Douglas Hohner. 2011. "Made in America, Again: Why Manufacturing Will Return to the United States." Boston Consulting Group. http://www.bcg.com/documents/file84471.pdf

Song, Byung-Nak. 1990. *The Rise of the Korean Economy*. Oxford: Oxford University Press.

Stiglitz, Joseph E., Justin Yifu Lin, and Celestin Monga. 2013. "Introduction: The Rejuvenation of Industrial Policy." In *The Industrial Policy Revolution I: The Role of Government beyond Ideology*, edited by Joseph E. Stiglitz and Justin Yifu Lin, 1–15. London: Palgrave Macmillan.

Story, Louise. 2012. "As Companies Seek Tax Deals, Governments Pay High Price." *New York Times* (December 1)

Tassey, Gregory. 2010. "Rationales and Mechanisms for Revitalizing United States Manufacturing R&D Strategies." *Journal of Technology Transfer* 35(3): 283 – 333.

Whitley, Richard. 2007. *Business Systems and Organizational Capabilities*. Oxford: Oxford University Press.

Williams, Michelle. 2014. "Introduction" and "Rethinking the Developmental State in the Twenty-First Century." In *The End of the Developmental State?* edited by Michelle Williams. London: Routledge.

**제3부**

국제정치론의 시각

제6장

국가 주권과 상호의존성 사이에서[*]

조동준

[*]    이 글은 졸고(조동준 2014, 15-52; 조동준 2010[2007], 447-459)의 내용을 일부 수정하여 사용하였다.

# I. 서론: 문제의 성격과 문제 해결장치의 부정합

인류는 상호의존된 운명공동체이다. 몇 국가의 핵무기 보유량이 인류의 멸망을 가져올 정도로 이미 파괴적이기 때문에, 지구상 모든 정치단위체와 사람의 안보는 강대국의 안보 쟁점과 연결되어 있다. 국경을 가로지르는 상호작용으로 인하여 공해의 관리, 지구표준 제정, 침략행위 대처 등과 같이 지구 전체에 영향을 미치며 인류의 공동 노력을 요구하는 여러 문제가 인류 앞에 놓여 있다. 인류가 상호의존되어 공동의 문제에 직면하게 된 근본적 이유는 과학기술의 발달이다. 과학기술의 발달로 인류는 자연적 경계를 넘어 다양한 인간관계를 맺게 되었고, 이전에는 활용하기 어려웠던 자원과 공간을 활용할 수 있게 되었다. 이러한 변화는 정치공동체 간 접촉과 경쟁을 증폭시켰고, 초국가-국제문제를 운영하는 방식의 필요성을 강화시켰다.

상호의존된 세계에서 영토적 배타성을 주장하는 국가가 17세기 이후 여전히 중요한 행위자이다. 17세기 이래 주권국가로 이루어진 국제사회가 확대 재생산되면서, 개별 국가가 자국 안에서 발생하는 모든 문제의 궁극적 해결자가 되었다. 초국경 사회작용이 제한적 수준에 머물렀던 과거에는 타국에서 유래되었지만 자국의 영토 안에서 피해가 나타나는 사회현상도 최종 종착점에 위치한 주권국가가 대처해야만 했다. 반면, 초국경 사회작용이 증가하면서 영토적 배타성을 가진 주권국가가 단독으로 자국 내 문제를 해결할 수 있는 능력은 점차 약화되었다. 상호의존과 주권의 배타성 간 불협화음이 점차 커진다.

근대 이후 인류는 초국가-국제문제를 관리하고 해결하는 여러 방식을 발전시켰다. 근대국가체제가 형성된 이래 서양에서는 외교를 통하여 국가 간 문제를 해결했고, 근대국가체제가 세계로 확장되면서 외교는 국제쟁점을 해결하는 가장 중요한 방식이 되었다. 19세기 이후 초국가-국제관계의 질적·양적 증가로 인하여 국제쟁점과 관련된 당사국이 증가하게 되었고, 이는 다자외교의 등장으로 이어졌다. 국제관계의 복합성 증가는 다자외교를 정례화·상설화시키려는 노력으로 나타났고, 이는 국제기구의 창설로 이어졌다.

이 장은 세 부분으로 구성된다. 첫째, 지구화의 충격을 검토한 후, 지구화로 인하여 초래된 몇 가지 중요한 초국경 쟁점을 검토한다. 또한 초국경 쟁점을 해결하기 위하여 인류가 발전시킨 문제해결방식을 검토한다. 둘째, 초국경 쟁점을 대처하고 해결하는 과정에서 국제기구의 역할을 검토한다. 셋째, 국제기구가 가지는 한계를 검토하면서, 국제기구가 세계정치 운영에서 가지는 장점과 단점을 평가한다.

## II. 지구화의 충격과 인류의 대응방식

지구화는 사회현상의 여러 영역에서 지구 전체에 미치는 영향이 증가되는 현상이다. 즉, 물리적 공간에 의하여 떨어져 있는 인류의 삶에서 상호의존성이 증가되는 현상이다. 지구화는 인류의 역사시대에 등장한 무역제국(페르시아, 그리스, 로마, 비잔틴, 오토만제국 등)과 함께 이미 등장했지만, 15세기 지리상의 발견으로 본격화되었다. 특히 19세기 후반부터 국경을 가로지르는 경제적 활동이 증가하면서, 지구화는 그 속도와 영향이 급격히 증가하였다. 이 절에서는 지구화가 인류에게 초래한 공통의 도전과제, 이를 해결하기 위하여 인류가 발전시킨 방안을 검토한다.

## 1. 19세기 이후 지구화

지리상의 발견은 역사시대 이후 진행된 지구화의 속도를 갑자기 높였다.[1] 인류의 고대문명이 복수 지역에서 성장할 즈음, 인류는 벌써 상호의존의 관계에 놓이기 시작하였다. 고대 초원길, 해로, 찻길, 비단길을 통하여 인류의 주요 문명권은 이미 상호 영향을 주고 받고 있었다. 이 상황에서 15-16세기 지리상의 발견은 병렬적으로 성장하던 인간 집단을 촘촘하게 연결했다. 지리상의 발견 이전 일부 사람만 공간의 장벽을 넘어 이동할 수 있었지만, 지리상의 발견 이후 많은 사람이 공간의 장벽을 넘기 시작하였다.[2] 특히, 1820년대 증기선이 등장하면서 인간

**표 1.** 해운 능력의 변화

| 연도 | 범선 | | 증기선 | | 총 해운량 | |
|---|---|---|---|---|---|---|
| | 영국 | 세계 | 영국 | 세계 | 영국 | 세계 |
| 1470 | n.a. | 320 | 0 | 0 | n.a. | 320 |
| 1570 | 51 | 730 | 0 | 0 | 51 | 730 |
| 1670 | 260 | 1,450 | 0 | 0 | 260 | 1,450 |
| 1780 | 1,000 | 3,950 | 0 | 0 | 1,000 | 3,950 |
| 1820 | 2,436 | 5,800 | 3 | 20 | 2,448 | 5,880 |
| 1850 | 3,397 | 11,400 | 168 | 800 | 4,069 | 14,600 |
| 1900 | 2,096 | 6,500 | 7,208 | 22,400 | 30,928 | 96,100 |
| 1913 | 843 | 4.200 | 11,273 | 41.700 | 45,935 | 171,000 |

출처: Maddison 2006, 97.

1　인류가 상호 연결되어 있다는 개념을 포함하는 세계체제는 이미 기원전 3천년에 만들어 졌다(Frank 1990, 228-233).
2　1600년부터 1950년까지 영국에서 브라질, 호주, 미국으로 이민을 떠난 사람이 1475만 명에 달했고, 1500년부터 1870년까지 아프리카에서 강제로 신대륙에 끌려온 흑인이 939만 명이다(Maddison 2006, 37).

집단 간 상호작용은 매우 빠르고 대규모로 진행되었다.[3] 19세기 전신
과 전화, 20세기 비행기, 해저 케이블, 인터넷 등 새로운 초국경 사회
작용의 통로가 등장하면서, 지구화가 심화되었다.

19세기 이후 지구화는 경제적 측면에서 크게 세 단계로 구분될 수
있다(World Bank 2002, 23-29). 첫째 단계는 대략 1870년부터 1913
년으로 비국가 행위자에 의하여 자본과 노동의 급격한 이동, 물류비
인하와 자유무역으로 인한 급격한 교역량 성장이라는 특징을 가진다.
1870년 영국의 금본위제도 채택 이후 성장한 세계무역은 1차대전 직
전 최고점에 도달하였지만, 1차대전의 영향으로 급격히 감소하였다.
1920년대 세계무역량이 회복세를 보였지만, 1929년 시작된 대공황의
여파로 세계무역은 더욱 감소하였다. 대공황 이후 국가들은 배타적 경
제권을 형성하면서, 장벽을 쌓아 올렸다. 비국가 행위자가 초래하는
초국경적 활동이 영토적 배타성을 주장하는 주권국가가 통제하는 상
황이 전개되었다.

둘째 단계는 2차대전 직후부터 1970년대 초반까지다. 2차대전 승
전국은 국제통화기금에 의하여 국가의 금융정책이, 관세와 무역에 관
한 일반협정에 의하여 국가의 무역정책이 규제를 하도록 합의함으로
써, 지구화와 국가주권을 양립시키려고 노력하였다. 구체적으로 1944
년 형성된 브레튼우즈체제는 국가가 자국 화폐의 평가를 변경하고 무
역장벽을 자의적으로 구축함으로써 세계경제를 교란시키는 행위를 방
지하기 위한 국제사회의 합의였다. 2차대전 이후 1970년대 초반까지

---

3    대서양 횡단에 소요된 시간의 변화는 지구화의 속도와 정도를 이해하는 데 도움이 된다.
     1492년 콜럼버스의 범선은 70일, 1819년 증기선 Savannah호는 29일, 1838년 증기여
     객선 Great Western호는 15일, 1881년 철강으로 본체가 건조된 Servia호는 7일, 1919
     년 Alcock과 Brown의 비행기는 71시간 55분, 1973년 콩코드 비행기는 3시간 32분에
     대서양을 횡단하였다.

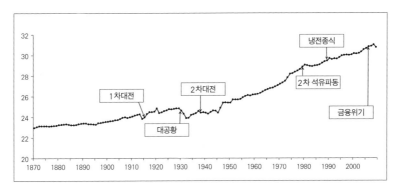

출처: Barbieri and Keshk 2014.

**그림 1.** 세계 무역량 (단위: 자연로그로 변환한 세계무역량)

주권국가 간 합의로 초국경 경제활동이 국제기구의 통제 아래서 본격화되었다.

　1973년 미국의 금태환 포기 선언과 1차 석유파동은 2차대전 직후 국제합의에 기반하여 초국경 경제활동을 통제하려던 2차대전 승전국의 계획이 더 이상 작동되지 않음을 보였다. 브레튼우즈체제의 수호자 역할을 담당하던 미국이 달러의 금태환부담에서 벗어나기 위하여 달러의 금태환을 포기하였다. 국제통화기금을 통한 금융정책 통제는 이후 심각하게 약화되었다. 또한 1973년 이스라엘에 대한 이집트/시리아의 연합공격이 실패한 이후 중동국가에 의한 석유의 무기화는 1차 석유파동으로 이어졌다. 이는 국제합의에 기반한 제한된 자유무역을 심각하게 훼손하였다. 더욱이 1차 석유파동 이후 경제침체에서 벗어나기 위하여 국가들이 보호무역을 채택하면서 지구화의 추세가 1970년대 중후반 약화되었다.

　셋째 단계는 1980년대부터 지금까지다. 1980년대 미국과 영국에서 시작된 신자유주의는 비국가 행위자에 의하여 지구화가 추동되는 결과를 초래하였다. 자유무역의 확산, 초국경 행위자의 출현, 자본과 노동의 급격한 이동 등이 이 시기에 진행되었는데, 이는 시장에 대한 국가 개입을 반대하는 신자유주의의 정치이념과 결부되어 있다. 신자유주의는 냉전 이후 전 세계로 확산되는 추세를 보이고 있으며, 동시에 국가 개입의 추세는 점차 약화되고 있다. 그 결과 초국경 활동에 대하여 주권국가가 직접 통제하거나, 주권국가 간 합의에 기반한 간접 통제 현상이 약화되고 있다.

정치적 측면에서 지구화는 두 가지 지표로 확인할 수 있다. 첫째, 주권국가로 인정을 받는 정치단위체의 숫자이다. 주권 개념은 중세질서의 해체면서 절대왕정이 성장하는 시기에 등장하여, 베스트팔렌 조약 이후 국제사회의 표준으로 인정을 받고 있다(김명섭 2004, 20-23; 박상섭 2004, 101-107). 20세기 중반까지 통상적으로 주권은 영토적 배타성을 주장하고 지켜낼 수 있는 정치 단위체에 대한 국제사회의 인정, 주권국가의 국내문제에 개입하지 말아야 한다는 불간섭 원칙, 주권의 영토적 배타성이 미치는 영역 안에서 최고 정치적 권위 등을 포함한다(Krasner 1999; Krasner 2004, 87-89). 〈그림 2〉에서 보듯이, 주권국가로 인정을 받은 정치단위체는 19세기 초 겨우 23개국에 불과하였다. 23개국은 유럽과 북미에만 존재했고, 아시아, 아프리카, 남미, 호주 등 지구상 대부분의 정치단위체들이 주권국가로 인정을 받지 못하였다. 반면, 20세기 후반 지구에서 영토적 배타성을 주장하는 거의 대부분 정치단위체들이 주권국가로 인정을 받았다. 주권국가로 인정을 받지 못하는 정치단위체가 영토적 배타성을 주장하는 공간은 이제 거의 남아 있지 않다.

둘째, 국가 간 상주외교사절의 파견이다. 초국경 활동이 증가하고 국제사회의 구성원이 증가함에 따라, 국가 간 상주외교사절의 파견

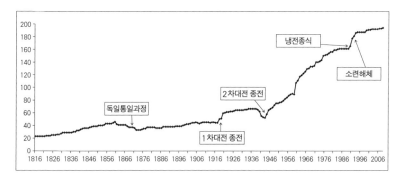

출처: Correlates of War Project 2016.

**그림 2.** 주권국가의 숫자

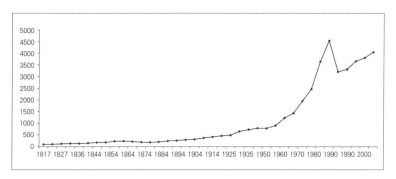

출처: Reşat Bayer 2006.

**그림 3.** 상주사절을 교환한 국가쌍(dyad)

이 예상된다. 〈그림 3〉은 상호 상주외교사절을 파견한 국가쌍의 숫자
가 증가하고 있는 모습을 보여준다. 지구화가 진행되면서 국가 간 쟁
점 조정의 필요성이 증대하였고, 이는 상주외교사절을 파견한 국가쌍
의 증가로 이어졌다고 추정할 수 있다. 〈그림 3〉에서 냉전 종식 후 상
주외교사절단을 유지하는 국가쌍이 급격히 감소하였다는 특이 현상이
발견된다. 냉전 종식 후 더 이상 체제경쟁의 필요성이 없게 되자, 많은

국가들이 상주외교사절을 파견하지 않게 되었다. 이런 상황적 변화가 〈그림 3〉에서 반영되어, 냉전 직후 상주외교사절을 유지하는 국가쌍이 일시적으로 급락하는 현상이 나타난다.

군사적 측면에서 지구화의 한 지표는 무력충돌의 횟수이다. 국제사회에서 국가로 인정을 받는 국가군이 많지 않고 이들 간 초국경 활동이 약할 때, 무력분쟁의 발생 빈도는 낮다. 반면, 국제사회에서 국가로 인정을 받는 국가군이 증가하고 이들 간 초국경 활동이 강할 때, 무력분쟁의 발생 빈도가 높다. 〈그림 4〉는 무력분쟁의 발생 빈도가, 약간의 변동이 있지만, 전반적으로 증가하고 있음을 보인다. 특히 1960년대부터 무력분쟁의 발생 빈도가 증가하는데, 이는 신생독립국의 등장으로 국제사회의 규모가 증가하는 현상을 일부 반영하지만, 지구화의 증가로 국가 간 이해갈등이 증가하고 일부 이해갈등이 무력충돌로 악화된다고 추정할 수 있다. 특히 1차대전과 2차대전 당시 무력분쟁의 발생 빈도가 1960년대 이후 무력분쟁의 발생빈도와 유사하다는 점은 지구화의 불편한 진실을 간접적으로 보여준다.

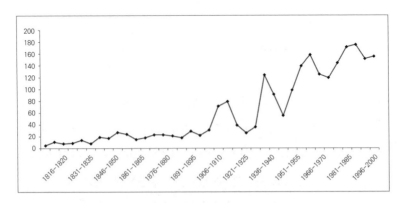

출처: Palmer, D'Orazio, Kenwick and Lane 2015, 222-242.

**그림 4.** 19세기 이후 국제무력분쟁의 발생 횟수

흥미롭게도 〈그림 5〉는 1870년 이후 미국행 이민통계가 초국경 경제활동의 성쇠와 상관관계를 가지고 있음을 보인다. 즉, 초국경 경제활동이 왕성할 때 미국행 이민자의 숫자가 증가한 반면 초국경 경제활동이 축소될 때 미국행 이민자의 숫자도 감소한다. 이 통계는 통념과 일치하지 않는다. 예를 들어, 2차대전 직전 유럽에서 정치적 박해를 통하여 미국행 이민이 증가하였다는 통설은 역사적 이민통계와 부합하지 않는다. 1930-40년대 미국행 이민자는 1차대전 이후보다는 증가하였지만, 미국 이민의 역사통계와는 다른 형태를 보인다.

초국경 인구이동의 통계와 경제활동 통계가 연관되어 있다는 점은 지구화가 단순히 과학기술의 발달에 기반하지 않다는 점을 보여준다. 만약 과학기술이 지구화의 주요 동력이라면, 초국경 경제활동과 인구 이동이 점차 증가하는 추세를 보여주어야 하는데, 두 사회활동은 부침을 거듭한다. 두 사회활동의 부침은 놀랍게도 패권국의 정치이념과 연관되어 있다. 1차대전 이전 패권국 영국이 자유주의를 채택한 시기와 1980년대 이후 패권국 미국이 신자유주의를 채택한 시점이 지

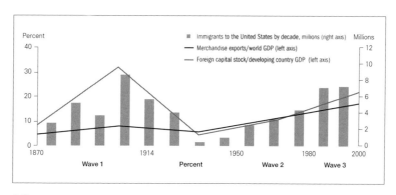

출처: World Bank 2002, 23.

**그림 5.** 미국행 이민과 경제적 지구화의 연계

구화의 융성기와 겹친다. 반면, 양차대전 사이 국제패권을 둘러싼 치열한 경쟁이 전개되던 시기, 1970년대 브레튼우즈체제에 대한 도전이 진행되던 시기에는 지구화의 하강기와 겹친다. 두 사회현상 간 연관은 지구화의 또 다른 중요한 원인이 국제정치적 환경임을 보여준다.

## 2. 지구화가 몰고 온 도전

인간의 활동이 정치공동체의 밖으로 나가는 빈도와 강도가 약할 때, 주권국가는 국내 사회활동을 규율하는 법적, 제도적 장치를 제공하였다. 인간의 활동이 정치공동체 밖에서 진행될 때에도, 그 활동이 진행되는 영토에 대한 배타적 관할권을 주장하는 주권국가가 질서를 제공하였다. 국경을 가로지르는 인간활동이 있더라도 그 규모가 제한적이라면, 주권국가의 영토적 배타성과 국제사회의 불간섭 관행은 큰 문제를 일으키지 않는다. 주권국가가 그 영토 안에서 질서를 제공하며, 국경을 가로지르는 활동을 하는 사람은 해당 국가의 권위를 따라야만 했다.

하지만, 대항해시대 이후 지구화가 본격화되면서, 인류는 공동으로 해결해야만 하는 문제에 직면하고 있다. 인류가 직면한 공동 문제는 심지어 패권국의 노력으로도 해결할 수 없을 정도로 중대하고 상호연결되어 있다. 현재 진행되고 있는 기후변화가 대표적 예이다. 만약 지구의 기후변화가 화석연료의 사용으로 인하여 발생하였다면,[4] 화석연료사용의 감소가 문제해결의 첩경이다. 기후변화와 관련하여 동일한 목표를 가지고 있다 하더라도, 상이한 가치를 추구하면 문제해결이 쉽지 않을 수 있다. 화석연료를 통하여 산업화에 필요한 동력을 얻고

---

4    1860년부터 2010년까지 화석연료 사용으로 인하여 약 1,850억 톤의 탄소가 대기중으로 방출되었고, 대기중 이산화탄소가 30% 증가하였다.

자 노력하는 국가들이 화석연료의 사용을 줄이려는 압박을 거부하면, 국제사회의 다수 국가가 이산화탄소 배출량을 줄인다고 하더라도 문제는 해결되지 않는다.

인류가 지구화로 인하여 당면하게 된 공통 문제는 크게 셋으로 구분할 수 있다. 첫째, 인류 공통의 표준 제정이다. 다자간 초국경 활동이 진행될 때, 누가 어떤 권위에 기반하여 질서를 제공하는가 여부는 단순한 표준 제정의 문제가 아니라 국가 이익과 관련되어 있다. 제국이 건설한 모든 국가는 제국 건설의 초기 자국의 표준을 주변국에 강요했던 경험이 보여주듯이, 특정 표준의 선택은 패권국의 이해와 결부될 수 있다. 즉, 모든 국가가 자국에 유리한 표준의 제정을 원하고 이를 둘러싼 경쟁이 진행될 수밖에 없는데, 강대국과 패권국은 자국에게 유리하도록 표준을 제정하는 데 영향을 미칠 수 있다. 반면, 다른 국가는 강대국과 패권국에 의한 표준 설정에 반대한다. 따라서 국제사회의 표준 제정을 둘러싸고 갈등이 있을 수밖에 없다.

최근 유럽환경기준(European Emission Standards)을 둘러싼 이해갈등은 표준 제정이 이해관계와 밀접하게 연관되어 있음을 보인다. 2014년 9월부터 시행될 Euro 6 환경기준에 따르면 디젤을 사용하는 승용차의 경우 1Km 주행 기준 0.5그램, 산화질소는 0.080그램, 미세먼지 배출은 0.005그램으로 정해져 있다. 휘발유를 사용하는 승용차의 경우 1Km 주행 기준 1.0그램, 산화질소는 0.06그램, 미세먼지는 0.005그램을 정해져 있다. 유럽환경기준을 충족시키기 위하여 연비가 높고 오염배출을 줄이는 엔진의 개발이 필요한데, 이는 대부분 개발도상국에게는 심각한 진입장벽으로 작동한다. 환경규제가 무역장벽으로 작동하는 Green Round의 대표적 예가 될 수 있다. 유럽 시장에 수출을 많이 하는 한국은 유럽환경기준의 설정에 관여하지 못한 때,

유럽환경기준을 일방적으로 수용하고 있다. 한국은 '전기·전자제품 및 자동차의 자원순환에 관한 법률'(자원순환법)을 시행하면서 유럽연합과 동일한 기준을 전기, 전자제품, 자동차의 유해물질규제에 적용하고 있다.

둘째, 국제공공재 창출이다. 국제공공재는 비배제성과 비경합성을 가지는데, (1) 비배제성은 일단 창출되면 어떤 행위자의 사용을 막을 수 없는 속성, (2) 비경합성은 일방의 소비가 다른 행위자의 소비에 영향을 미치지 않는 속성을 의미한다. 국제공공재의 속성으로 인하여 모든 행위자는 다른 국가가 창출한 국제공공재의 소비에 관심을 가지지, 국제공공재의 창출에 기여할 유인을 가지지 않는다(Olson 1965, 20-22). 국제공공재의 속성상 무임승차가 최적 선택이기 때문이다. 따라서 국제공공재가 필요함에도 불구하고, 국제공공재가 공급되지 않는다.

우주로부터 유해광선의 지구 침투를 막는 오존층 보존을 위한 활동이 국제공공재의 예로 들 수 있다. 오존층의 보존은 오존층 파괴로부터 직접적 피해를 입는 극지방 근처 국가에게 집중적으로 편익을 가져오지만, 오존층 보존에 기여하지 않은 행위자를 오존층 보존으로 인한 편익으로부터 배제할 수는 없다. 또한, 오존층 보존으로 인한 편익을 누리는 과정에서 서로 경합할 필요가 없다. 오존층이 존재하는 한, 모든 행위자가 오존층 보존으로 인한 편익을 향유한다. 따라서 오존층 보존이 당위임에도 불구하고, 많은 국가들은 오존층 보존에 관심을 두지 않는다. 오존층이 심각하게 훼손된 1990년대에 이르러서야 오존층 보호를 위한 국제협력이 오존층 파괴로 인한 집중적 피해를 겪는 국가를 중심으로 진행되었다(Sprinz and Vaahtoranta 1994, 89-93).

셋째, 국제공유재의 관리이다. 국제공유재는 비배제성과 경합성

을 가지는데, (1) 비배제성은 누구도 국제공유재의 소비로부터 배제시
킬 수 없는 속성, (2) 경합성은 일방의 소비가 다른 행위자의 소비를
불가능하게 만드는 속성이다. 국제공유재의 두 가지 속성으로 인하여
국제공유재는 항상 남용과 파괴의 위험에 놓인다. 과거 인류의 과학기
술이 초보적일 때 자연환경을 바꿀 수 있는 능력이 부재하였기 때문에
국제공공재처럼 보이던 자연 환경이 국제공유재로 바뀌었다. 인류의
과학기술이 자연의 재생능력을 상회하면서, 공공재가 공유재가 되었
다(Hardin 1968, 1243).

고래가 대표적 예다. 선사시대부터 17세기까지 인류가 고래를 사
냥했지만 과학기술의 한계로 인하여 대부분 고래의 재생능력을 무너
뜨리지 않았다. 따라서 인류의 고래사냥과 고래의 생존은 무관했었
다. 하지만 산업혁명을 거치면서 인류의 과학기술이 급격히 늘어났고,
인류는 고래의 멸종을 초래할 능력을 구비하게 되었다(Epstein 2008,
46-50). 20세기 초 귀신고래와 보리고래처럼 대형 고래는 멸종 직전에
처했었다. 고래의 개체수 유지가 모두에게 이익이지만, 국제공유재가
가진 속성으로 인하여 국가 간 협력은 느릴 수밖에 없다. 포경 산업의
경우에도 고래의 멸종이라는 위험이 현실화되었을 때, 국가 간 제한적
협력이 진행되었다.

## III. 지구화의 도전에 대한 세 가지 해결책

지구화가 국가 간 상호의존성을 높이면서 국가 주권의 배타성과 충돌
하는 동안, 국가는 초국경 쟁점을 외교제도, 패권, 거버넌스로서 해결
하였다. 외교제도는 사실상 국제관계에서 발생하는 쟁점을 해결하기

위한 기제로 출발하였지만, 다자외교로 진화되면서 인류공통의 문제를 해결하는 기제로 활용되고 있다. 패권은 인류 공통의 문제가 해결될 경우 패권국이 가장 많은 편익을 얻는 행위자이기 때문에, 자국의 이익을 위하여 간혹 인류공통의 문제를 자발적으로 해결하는 데 기여하기도 한다. 마지막으로 거버넌스는 기존 외교제도와 패권이 가진 한계를 극복하면서 인류 공통의 문제를 해결하는 방식으로 등장하고 있다. 이 절에서는 지구화가 몰고 온 도전에 대처하는 방식을 차례로 검토한다.

## 1. 외교제도

외교는 국경을 초월하는 쟁점을 해결하는 과정에서 가장 빈번하게 사용된다. 외교제도는 근대 서유럽에서 정착된 국가 간 접촉양식으로 현재 통상적으로 지칭되는 외교의 원형이다. 외교는 크게 정치공동체 간 의사소통의 과정, 좁게는 "독립국가의 정부 간 공적인 관계를 운용·경영하는 데 원용되는 지략과 책모"라고 규정된다 (Satow 1958, 1). 외교는 하나의 제도로서 국가 간 공적인 관계를 규율하는 원칙, 규칙, 그리고 관행을 포함하는 골격으로, 국가간섭이 진행되는 장에서 준수되어야 할 포괄적 원칙부터 세부행동규칙을 제공한다. 이 제도는 15세기 중반 이탈리아 도시국가 간 교섭과정에서 등장하여 여러 시행착오를 거치면서 17세기 절대왕정 시기에 정착되었다. 외교제도는 19세기 후반 사회변화를 반영하면서 변모했기 때문에 20세기 초반을 기준으로 '전통외교'와 '신외교'로 나누어진다.

### 1) 전통외교제도

전통외교에는 2가지 원칙이 있었다. 첫째, 외교관의 활동은 방해를 받지 말아야 한다는 점이다. 외교사절은 외교사절을 수용하는 정치공동체의 영역 안에서 활동해야 하기 때문에 본국의 보호를 받기 힘들다. 반면, 외교사절을 수용한 정치공동체는 외교사절의 역할을 제약할 수 있는 기제를 가지고 있다. 이처럼 업무환경이 절대적으로 불리한 상황에서, 외교사절이 성공적으로 임무를 수행할 수 있도록 외교사절에게 면책특권이 부여되었다. 외교관의 활동을 외교사절 수용국의 관할권 밖에 둠으로써 외교사절의 활동이 원활하게 진행되도록 했다.

둘째, 외교사절은 파견자의 대리인으로 대우받아야 한다는 원칙이다. 절대왕정기에 대사는 파견군주의 대리자로 외교사절 수용국의 군주와 동격으로 간주되었다. 이러한 대표개념은 면책특권제도로 정착되었다. 이에 따라 외교사절이 공식적으로 업무를 수행하는 장소는 외교사절 파견국의 영토처럼 간주되어 본국법의 적용을 받게 되었다.

전통외교제도에는 2가지 특이한 양식이 있었다. 첫째, 상주외교사절제도이다. 상주외교사절제도의 원형은 교황이 비잔틴제국에 파견한 상주외교사절까지 거슬러 올라간다. 근대적 의미의 상주외교사절은 1450년 밀라노공국이 피렌체공국에 파견한 상주대사에서 유래되었다(Nicolson 1963, 50). 이후 15년 동안 상주외교사절이 이탈리아 도시국가 사이의 관계에서 보편화되었다. 15세기 후반에는 유럽 각국까지 이탈리아 도시국가 간 상주외교사절 양식을 호혜적으로 적용하기 시작했다. 상주외교사절은 파견자의 의사를 전달하는 부정기적 사신과 달리 주재국에 상주하면서 임무를 처리했다.

둘째, 독특한 의전절차이다. 근대 유럽국제사회는 비잔틴 외교양식을 수용했다. 비잔틴제국은 사신을 파견하는 방식, 외국 사신을 접견하는 방식, 교섭을 진행하는 방식을 체계화시켰다. 비잔틴제국과 빈번하게 접촉했던 이탈리아 도시국가는 비잔틴제국의 외교관행을 받아들였다. 이탈리아 도시국가의 외교관행은 15세기 후반 이후 유럽 각국으로 전파되었다. 유럽 각국은 비잔틴제국의 외교관행을 변용하면서, 조약체결을 위한 교섭절차, 교섭진행, 제반의식의 진행, 상석권 문제 등을 서서히 정돈해 나갔다.

유럽의 전통외교제도에서 다루어졌던 여러 의제는 2가지로 분류될 수 있다. 첫째, 정치적 의제로 왕위계승, 전쟁과 관련된 제반 사항, 영토 변경, 동맹, 세력균형 모색 등을 포함한다. 외교관은 정치적 의제에서 군주의 이익 혹은 주장을 관철하기 위하여 다양한 수단을 동원했다. 둘째, 통상 의제로 무역과 관련된 제반 의제를 포함한다. 운송수단의 발달로 정치공동체 간 교역이 확대되자 통상과 관련된 의제의 중요성이 증가했다. 통상교섭의 관행과 조약은 이후 자국민을 보호하기 위한 영사제도의 발전으로 이어졌다.

전통외교제도는 나폴레옹전쟁 이후 등장한 유럽협조체제를 통하여 2가지 측면으로 변모했다. 첫째, 유럽의 5대 강대국을 비롯한 여러 국가들은 함께 모여 유럽 안에서의 국가 간 문제와 유럽 밖에서의 국가 간 문제를 해결했다. 이는 기존의 양자외교 이외에 새로운 국가 간 갈등의 해결기제로서 다자외교가 등장했음을 의미한다. 전통적 양자외교는 여러 국가와 관련되어 있는 쟁점을 해결하는 기제로 한계를 가졌기 때문에 유럽 강대국은 다자외교를 발전시켰다. 다자외교의 관행은 모든 국가들이 참여하는 만국평화회의와 같은 대규모 국제모임으로 확대되었다. 둘째, 유럽 5대 강국과 유럽 각국은 협상으로 합의에 도달하는 관행을 정착시켰다. 명확한 규정과 절차가 마련되지는 않았지만 강대국이 특별한 지위를 갖는 다자외교의 틀 안에서 강대국 간 협의에 따른 합의사항이 준수되었다. 이처럼 유럽협조체제에서 유럽

국가들은 특정 쟁점을 해결하기 위한 임시적·부정기적 다자외교를 활용했다. 19세기 다자외교는 회의 시작부터 이행까지 모든 과정에서 국가 간 협의가 필요했기 때문에 높은 불확실성을 내포하고 있었고, 많은 시간을 필요로 했다.

## 2) 신외교제도

유럽의 전통외교제도는 19세기 나폴레옹전쟁 이후 제1차 세계대전까지 성공적으로 작동되었다. 최소한 유럽 지역에서는 몇 차례 주요한 전쟁을 제외하면 다른 시기에 비해서 매우 평화로운 시기를 보냈다. 전쟁방지라는 면에서 성공적이었던 전통외교제도는 2가지 이유로 흔들리기 시작했다. 첫째, 민주주의의 등장이다. 민주주의는 공적 영역에 대한 시민에 의한 통제를 기본 원칙으로 하기 때문에 외교활동도 시민의 통제 영역 안에 있어야 한다. 반면 전통외교의 의제는 군주의 전유물이라고 여겨졌다. 17세기 이후 외교관은 귀족층으로부터 충원되었다. 따라서 민주주의의 성장은 전통외교제도의 근간과 충돌할 수밖에 없었다. 19세기 외교사절의 교섭 결과에 대한 비준제도의 등장이 보여주듯이 전통외교제도는 민주주의에 적응하면서 변모했다.

둘째, 제1차 세계대전의 엄청난 피해로 인하여 근대 외교제도에 대한 회의가 증가했다. 전통외교는 군주의 권모술수를 진행하는 과정이었기 때문에 기밀유지가 필수적이었다. 특히 근대 유럽국가들은 복잡한 비밀동맹을 통하여 세력균형과 생존을 모색했다. 비밀동맹의 존재 가능성으로 인하여 강대국도 소국에 대하여 도발을 쉽게 하지 못하기 때문에 비밀동맹은 근대 유럽의 국제체제를 안정화시키는 기제였다. 하지만 비밀동맹으로 인하여 소규모 국지전도 연쇄반응과정을 거쳐 대규모 전쟁으로 확산될 위험성도 가지고 있었다. 실제로 제1차 세계대전은 오스트리아-헝가리제국과 세르비아의 국지적 갈등에서 시작하여 비밀동맹으로 인한 연쇄작용과정을 거쳐 850만 명의 전투원 사망이란 결과로 귀착되었다. 비밀외교가 제1차 세계대전의 원인으로 지목되면서 제1차 세계대전 이후 전통외교제도에 대한 도전이 강해졌다.

20세기 신외교제도가 유럽의 근대외교제도에 비해 다른 점은 다음과 같다. 첫째, 개방성이다. 제1차 세계대전 강화의 밑그림을 제공했던 윌슨 14개 조항의 첫 조항은 평화조약이 공개적으로 이루어진 후로, 외교는 항상 대중들에게 숨김없이 공개된 상태에서 진행되어야 한다고 밝히고 있다. 공개외교(open diplomacy)는 국제연맹에 의하여 채택되어 "국제연맹 가맹국이 연맹 가입 이후 체결한 모든 국제조약과 협정은 국제연맹 사무국에 등록되어야 하며 사무국에 의하여 공개되어야 한다"는 베르사유조약 18조로 나타났다. 상기 조항이 UN 헌장 102조에 동일하게 다시 천명되는 사실에서 보이듯이 UN도 공개외교의 원칙을 채택하고 있다. 개방성의 원칙에 따라 외교교섭의 과정과 결과가 공중에게 공개되고 있다.

둘째, 외교에 대한 공적 심사와 통제이다. 이는 외교관의 충원과정, 외교관의 활동, 결과 및 평가로 나눌 수 있다. 먼저 대부분의 국가들은 외교관의 충원과정에서 표준화된 시험을 도입하여 상대적으로 다양한 사회계층으로부터 외교관이 충원될 수 있도록 하여, 외교가 귀족층의 전유물이 되지 못하도록 하고 있다. 외교관의 활동도 본국의 긴밀한 통제를 받게 되었다. 마지막으로 교섭결과는 국내 비준과정을 거치도록 하여 외교관의 자율성이 축소되고 있다.

셋째, 다양한 의제와 행위자이다. 국가 간 접촉이 여러 영역에서 발생함에 따라 외교의 의제가 확대되었다. 전통적으로 주요 의제였던 정치와 통상 관련 의제의 중요성은 상대적으로 줄어든 반면 환경·인권·문화 등 다양한 분야의 의제에 대한 중요성이 증가하고 있다. 의제가 다양해지면서 행위자 또한 다양해졌다. 외교관이 여전히 중요한 행위자이지만, 특정분야에 전문가들이 외교에 직접 참여하게 되는 현상이 보편화되었다. 각 부처는 외교를 담당하는 부서를 독자적으로 두면서 외무부와 함께 혹은 외무부를 통하지 않고 직접 참여하고 있다. 또한 비정부 행위자도 국가 간 교섭에 참여하고 있다.

넷째, 정례적·상설적 다자외교이다. 19세기에 확립된 다자외교는 이미 발생한 특정 쟁점을 해결하기 위한 국가대표자들의 교섭이었다. 따라서 사건발생 후 의전과 회의 진행방식을 둘러싼 관련국 간 합의를 필요로 했기 때문에 다자외교가 시행되기 위해서는 많은 시간이 소요되었다. 20세기 들어 국가들은 문제해결의 신뢰성과 신속성을 높이기 위하여 다자외교를 정례적·상설적으로 진행했다. 다자외교를 정례화·상설화하는 모습은 적극적으로는 국제기구 창설, 소극적으로는 연례행사 개최의 형태로 나타났다. 특히 국제연맹과 국제연합은 전 세계 국가가 참여하는 정례적·상설적 다자외교의 대표적 예이다. 매년 9월 둘째 주 시작되는 UN의 정기회의는 다자외교의 정례화를, (UN) 사무국 직원을 통하여 지속되는 업무수행은 다자외교의 상설화를 의미한다.

## 2. 패권의 역할

패권국은 압도적인 국력 우세에 기반하여 국제질서와 규범을 만드는 과정에 큰 영향력을 행사하고, 국제사회의 문제해결 과정에도 핵심 역할을 수행한다. 패권은 주요 강대국의 이해관계를 반영하면서 국제질서와 규범을 만들어가는 세계정치 운영방식이다. 이는 일방적으로 정치공동체 간 질서와 규범을 정하는 제국의 운영방식과 주권국가 간 협의를 통하여 국제사회의 쟁점을 해결하는 외교의 중간 지점에 위치한다. 국제사회의 구성원이 법적으로 동등한 지위를 가지지 못했던 근대 이전에는 패권과 제국이 세계정치 운영방식으로서 당연하게 받아들여졌다. 국제사회의 구성원이 법적으로 동등한 지위를 가지게 된 근대 이후 국제사회 문제해결과정에서도, 패권은 공인되지는 않았지만 실질적인 세계정치 운영방식으로서 작동하고 있다.

역사적으로 보면 패권국과 제국이 국제질서와 규범을 만들어가는 과정은 몇 단계를 거친다. 첫째, 특정 국가는 기술혁신 또는 정치-군사기법의 도입 등을 통하여 압도적인 국력 우세를 차지한다. 둘째, 새롭게 부상한 국가는 기존 국제질서와 규범을 변경하려고 한다. 이 단계에서 국제질서와 규범을 둘러싼 갈등이 표출될 가능성이 매우 크다. 셋째, 기존 국제질서와 규범을 유지시키던 국가가 새롭게 부상한 국가에게 패배하고, 신흥국은 새로운 국제질서와 규범을 만든다. 이처럼 국제질서와 규범의 변화는 패권국 혹은 제국의 부침과 밀접하게 연결되어 있다.

근대 이후 로마제국과 중국처럼 일방적으로 정치공동체 간 규범과 질서를 정하는 제국이 존재하지 않았지만, 국제질서와 규범을 만드는 과정에서 중요한 역할을 담당한 패권국은 존재했다. 15세기 포르투갈과 스페인, 16세기 네덜란드, 17~19세기 영국, 17~18세기 프랑스, 20세기 미국은 패권국의 면모를 갖추었다. 이 국가들은 새로운 국제질서와 규범을 도입하는 과정에서 기존 질서와 충돌을 경험했으며, 때로는 다른 강대국과 협상을 거치기도 했다. 패권부상기 전쟁, 패권유지기 평화, 패권쇠퇴기 전쟁으로 이어졌던 국제정치의 역사는 패권안정론, 세력전이론, 장주기론 등의 이론적 토대가 되었다.

패권국이 세계정치 운영에 필요한 국제질서와 규범을 만드는 과정에서 큰 영향력을 행사하려는 이유에 관하여 대립되는 2가지 설명이 있다. 하나는 패권국이 원하는 국제질서와 규범이 국제사회에 필요한 공공재의 성격을 지니고 있기 때문이라는 입장이다(Kindleberger 1973; Kindleberger 1981, 242-254). 패권국은 국제사회에서 차지하는 비중이 크기 때문에 국제 공공재 창출로 인한 이익을 가장 많이 향유한다. 따라서 비록 다른 국가들이 국제 공공재 창출에 기여하지 않고 이익만 누린다고 할지라도 패권국이 국제 공공재 창출과 유지를 위하여 지불하는 비용이 국제 공공재로 인한 이익보다 크지 않다면, 패권국은 국제 공공재 창출과 유지에 필요한 비용을 자발적으로 지불할 수 있다(Olson 1965, 23-25). 따라서 패권국은 국제 공공재의 성격을 일부 지니고 있는 국제규범과 질서를 제공할 수 있다. 반면, 패권국이 쇠퇴하여 국제사회에서 차지하는 비중이 줄고, 국제규범과 질서를 유지하는 데 필요한 비용이 향유하는 이익보다 많아질 경우 패권국은 자국이 만든 질서를 스스로 버릴 수도 있다.

다른 하나는 패권국이 원하는 국제질서가 패권국의 국익을 보호하기 위한 장치이며, 국제규범은 패권국의 국내규범이 국제사회로 투영된 결과라는 입장이다(Lake 1988, 40-44). 부상하는 패권국은 압도적 국력 우세에 기반하여 다른 국가의 동의를 얻어낼 수 있지만, 사안마다 패권국의 영향력을 직접 행사하는 방식은 비효율적이다. 새로운 패권국은 먼저 자국의 이익과 부합하는 국제질서와 규범을 만들고, 이를 통해서 국가 간 상호작용을 규율하려 한다. 새로운 패권국이 새롭게 국제질서와 규범을 만드는 과정에서는 국가 간 충돌이 발생할 개연성이 매우 높다. 하지만 일단 국제사회가 새로운 패권국의 이익과 일치하는 국제질서 및 규범을 수용하고 나면 국가 간 상호작용은 원만하게 규율된다.

패권이 세계정치에서 운영되는 과정은 세 단계의 시기로 나눌 수 있다. 첫 단계인 패권부상기에는 패권국 내 주도정치세력이 자신이 가진 가치와 규범에 일치하는 정치지향을 국가정책으로 투영하고, 이를 자국의 압도적 국력을 이용해 국제사회에 관철시키려 한다. 이 단계에서는 부상하는 패권국 내 주도정치세력의 가치체계가 상이한 가치체계와 충돌하면서 대체하는 현상이 발생한다. 두 번째 단계는 패권유지기로, 패권국 내 주도정치세력의 정치지향이 국제사회로 이미 투영된 이후 전개된다. 패권국은 국제규범과 질서를 운영하고 위반자를 규율한다. 패권국이 만든 국제규범과 질서는 일부 국제 공공재의 성격을 띠고 있기 때문에, 이를 공짜로 이용하려는 국가들이 발생할 수밖에 없다. 패권국은 무임승차행위를 규제한다. 또한 패권국이 만들 국제질서와 규범으로 인하여 피해를 보는 국가들로부터 오는 도전을 막는다. 마지막 단계는 패권해체기로, 패권국이 패권유지비용을 더 이상 감당하지 못하게 됨에 따라 패권이 쇠퇴하는 단계이다. 패권국이 만든 국제질서와 규범이 국익에 더 이상 도움이 되지 않을 만큼 패권국이 쇠퇴하거나 도전행위를 효과적으로 막을 방법이 없는 상태에 이르면, 패권국은 스스로 패권질서와 규범을 부정하거나 패권에 대한 도전을 방관한다.

패권은 의도하지 않는 과정을 통하여 국제규범과 질서를 형성하기도 한다. 패권국이 차지하는 영향력으로 인하여 패권국에서 작동되는 관행이 국제규범으로 전환될 수도 있다. 최근 항공안전을 위한 검색관행의 변화가 대표적인 예이다. 9·11테러가 발생하기 전, 각국은 항공협정에 따라 항공안전에 필요한 조치를 시행했다. 9·11테러가 발생한 후, 미국은 항공안전에 필요한 검색기준을 강화했고, 각국은 최소한 미국행 비행기의 경우 검색기준을 강화했다. 미국행 비행기 탑승자에 대한 검색기준을 충족시키지 않을 경우 미국 내 이착륙이 금지될 수 있는 상황에서 각국은 스스로 비용을 지불하면서 강화된 검색기준을 충족시키고 있다. 이는 패권이 의도하지 않지만 세계기준을 정해버리는 현상을 보여준다.

## 3. 거버넌스의 등장

거버넌스는 '개별 행위자와 공적·사적 기관들이 공통문제를 관리하는 여러 방식의 총합'으로 정의된다. 거버넌스는 크게 두 가지 속성을 동시에 가지고 있다. 첫째, 거버넌스는 정부 행위보다 포괄적 개념으로 국가 행위자와 비국가 행위자들이 자신들의 필요를 충족하기 위하여 활용하는 비정부 기제와 공식적 정부의 제도를 포함한다(Commission on Global Governance 1995, 2; Rosenau 1992, 4). 거버넌스는 다양하고 상충적인 이해를 조정하기 위하여 협력하는 과정에서 행위자 간 상호작용의 양상과 상호작용을 규율하는 공식적 준거와 비공식적 준거로 구성되어 있다. 거버넌스는 국경을 초월하여 인류 전체 혹은 다수에게 영향을 초래하는 쟁점을 관리하고 문제를 해결하는 과정에서 다양한 행위자 간 상호작용과 그들의 상호작용을 규율하는 준거로 구성된다.

　　둘째, 거버넌스는 문제해결을 위한 과정을 의미한다. 거버넌스의 어원인 거번(govern)은 어떤 상태에 질서를 부여하거나 문제를 해결한다는 뜻을 가진 동사이다. 즉, 문제해결의 주체가 꼭 정부일 필요는 없지만, 거버넌스의 어원은 원래 문제해결과 관련되어 있다. 따라서 거버넌스는 특정 문제해결방식을 적용하여 문제를 해결하는 과정까지를 포함한다. 이 경우, 문제해결이라는 점에는 기존 정부, 통치 등과 유사하지만, 문제해결과정에서 '거버넌스'라고 규정되는 특정 방식을 적용한다는 점에서 차이를 보인다.[5] 거버넌스 앞에 붙인 "글로벌"은 해결되어야 할 문제의 지리적 영역이 매우 넓다는 뜻을 가질 뿐이다.

세계정치 운영방식으로서 거버넌스는 다른 운영방식인 외교나 패권과 비교하여 두 가지 측면에서 차이가 있다. 첫째, 외교와 패권을 통한 문제해결과정에서는 국가가 주도적 역할을 담당한다. 반면, 거버넌스에서는 여러 형태의 비국가 행위자와 국가가 동시에 주요 행위자로 참여하여 상대적으로 비국가 행위자들의 참여 정도가 높다. 둘째, 외교와 패권을 통한 문제해결과정에서는 문제해결의 준거가 국가 간 암묵적 혹은 묵시적 동의의 표현인 국제법과 국가 간 합의이다. 외교와 패권은 국가의 공식통로를 통하여 국제쟁점이 해결되는 과정에서 적용된다. 반면, 거버넌스에서는 사회규범, 비국가 행위자 간 합의 혹은 관행도 문제해결의 준거로 사용되고 있다. 거버넌스에서는 여러 유형의 행위자 간 협의, 토론 등 새로운 형태의 상호작용방식을 통하여 이루어진다.

거버넌스가 세계정치 운영방식으로 부상한 이유는 몇 가지로 나누어 볼 수 있다. 첫째, 지구화 현상의 심화이다. 시장의 압력으로 촉발된 지구화로 인하여 국가와 비국가 행위자들은 국경을 넘어 전 세계로 빠르게 접근할 수 있게 되었다. 이들의 상호작용은 초국가 테러집단, 인터넷 상거래와 같이 특정국가가 관할할 수 없는 다양한 현상을 유발했

---

5    글로벌 거버넌스가 독특한 문제해결방식이라고 주장하는 학자들이 있지만, 필자는 "글로벌"을 해결해야 될 문제의 지리적 영역으로 해석한다. 즉, 글로벌 거버넌스는 인류의 다수에 영향을 미치는 문제를 해결하는 독특한 방식인 동시에 문제를 해결하는 과정을 포함한다.

다. 둘째, 냉전의 종식이다. 냉전시기 인류는 사회주의 진영, 자유주의 진영, 그리고 비동맹 진영으로 분리되어 있었다. 냉전시기 각 진영은 진영 내부에서 공통의 문제해결을 위하여 노력했지만, 진영을 가로지르면서 문제를 해결하려는 노력은 상대적으로 약했다. 냉전의 종식은 진영 간 경계를 허물어 모든 정치공동체가 참여할 수 있는 환경을 마련했다. 셋째, 국가와 시장의 영역 밖에서 존재하는 비국가 행위자들로 구성된 지구시민사회의 성장이다. 지구화로 인해 각국 내에 존재하던 시민사회는, 서로 연결되고 그물망을 형성하면서, 국경을 초월한 지구 시민사회로 성장했다. 넷째, 국가주권의 한계이다. 초국가 쟁점이 이미 증가된 현실에서 영토적 배타성을 근간으로 하는 국가주권은 문제해결의 주체로서 국가의 한계를 노출시켰다. 또한 초국가문제를 해결하는 데 필요한 지식과 자원을 주권국가가 독점하지 못함에 따라, 초국가문제를 해결하는 과정에서 국가의 위상이 상대적으로 약화되었다.

## IV. 국제기구의 세 얼굴

국제기구는 3개 이상의 국가에 공식회원을 두고 회원의 합의를 법의 원천으로 하여 설립된 조직이다. 국제기구는 "직원, 예산, 그리고 사무실 등을 지니고 있으며 구체적인 구조를 구비한 물적인 실체"이다 (Young 1989, 31). 국제기구는 국가 간 합의를 안정적으로 실행하기 위한 제한적 기제로 출발했다. 국가들이 합의에 도달한다고 하더라도 합의를 실행시킬 행위자가 없는 상황에서 국제기구가 새로운 대안 수단으로 등장했다. 국제기구는 인류의 공통문제를 해결하는 과정에서 회합의 장, 실행기제, 감시 기제 등 다양한 역할을 담당한다. 이 절에서는 국제기구가 담당한 역할을 검토한 후, 국제기구의 한계를 점검한다.

## 1. 국제기구의 긍정적 역할

국제기구는 인류 공동의 문제를 해결하는 과정에서 다양한 역할을 맡는다. 첫째, 국제기구는 위임받은 업무에서 벗어나 새로운 쟁점해결을 위한 토론장을 제공하며, 더 나아가 쟁점을 해결할 새로운 방식을 제기한다. 예를 들어, 국제연합 유럽경제이사회(UN Economic Council for Europe)는 유럽국가들이 경제문제를 토론하고 해결하는 장으로 설립되었지만, 1970년대 유럽에서 발생하는 산성비와 같은 초국가적인 오염문제를 해결하기 위한 토론장이었다. 유럽경제이사회 회원국들은 초국가 오염을 해결하기 위하여 오랜 토론을 거친 후 1979년에 최초의 환경협약인 '장거리 국경이동을 하는 대기오염에 관한 제네바 협약'(Convention on Long-Range Transboundary Air Pollution)을 도출했고, 이를 실행하기 위한 여러 의정서에 합의했다. 특이하게 유럽경제이사회 회원국들은 초국가 대기오염을 규제하기 위한 협약과 의정서의 이행을 관리하는 업무를 유럽경제이사회 사무국에 맡겼다. 이로써 유럽경제이사회는 본래 목적에서 벗어나 영역을 확대했다.

　　최근 대인지뢰금지협약이 집속탄금지협약의 진화에 기여한 현상은 국제기구가 다른 쟁점영역에서 현안 해결을 위한 장소로 활용될 수 있다는 점을 보여준다. 대인지뢰금지협약 당사국 회의는 아직 제도화가 본격적으로 진행되지 않은 상태로 약한 사무국만을 두고 있는데, 대인지뢰금지협약 당사국 회의는 집속탄금지를 위한 논의를 진행하기 위한 장소로 활용되었다. 이미 대인지뢰금지가 거의 보편적으로 실행되고 있는 상황에서 대인지뢰금지협약 당사국 회의는 대인지뢰에 대한 금지는 물론 집속탄 사용 금지를 주요 의제로 삼았다.

둘째, 국제기구가 공통기준을 마련하는 역할을 담당한다. 국제기구는 이미 공통 관심사를 공유한 국가 간 합의에 기반하여 창설되는데, 초국경 쟁점을 규율하기 위한 공통기준의 설립에 관심을 가진다. 국제공공연맹은 대부분 특정 쟁점에서 초국경 공통기준을 마련하는데 관여한다. 국경을 가로지르는 철도, 우편, 전신, 검역 등 다양한 쟁점에서 국제기구는 당사국 회의를 통하여 공통 기준을 마련한다.

셋째, 국제기구는 실행기관으로서 세계정치 운영에 직접 관여한다. 지구적 혹은 초국가적 문제를 해결하기 위한 국가 간 합의를 도출한 후, 회원국들은 회원국 간 안정적 의사소통과 회원국 간 합의이행을 관리하는 업무를 수행하기 위한 조직으로 국제기구를 만든다. 국제기구는 위임받은 업무를 수행하고, 그 내용을 회원국에게 보고한다. 또한 회원국의 합의에 따라 국제기구에 새로운 업무가 추가되기도 된다. 이런 측면에서 보면 국제기구는 세계정치 운영과정에서 국가의 활동을 보조하는 부차적 기능을 수행한다.

넷째, 국제기구는 새로운 생각의 탄생에 관여한다. 국제기구가 특정 쟁점영역에서 토론장의 역할을 담당하거나 다른 쟁점영역까지 관할하게 되는 과정에서 담론이 생성되고 성장하는 장소가 될 수 있다. 인간안보 개념은 국제기구가 새로운 담론의 출생을 담당하는 과정을 보여준다. 1990년대 초반 냉전 종식과 함께 체제경쟁이 종결되면서 개발에 대한 관심이 약화되는 상황에서 UNDP는 공포로부터 자유와 결핍으로부터 자유를 보장하는 인간안보 개념을 1994년 처음으로 언급하였다. 인간안보 개념이 출발부터 명확하지 않은 요인에 기반하고 있었지만, UNDP는 인간안보 개념을 효과적으로 확산시켰다.

## 2. 국제기구 과잉의 문제

국제기구는 만능해결책이 아니라 국제기구가 오히려 공통의 문제해결을 막는 걸림돌이거나 기존 갈등을 강화시킬 수 있다. 국제기구가 인류 공동의 문제를 해결하는 과정에서 부정정 역할을 담당하게 되는 경우는 크게 세 가지로 나누어 볼 수 있다(Gallorotti 1991, 192-218). 첫째, 국제기구가 정당성 확보를 위한 전투장이 될 수 있다. 냉전 시기 국제연합을 비롯한 모든 국제기구가 체제경쟁을 위한 전투장이었다. 특히 분단국가의 경우, 정당성을 확보하기 위한 경쟁은 국제기구에서 치열하게 진행되었다. 국제기구는 공통의 문제를 해결하기 위한 장소가 아니라 상대방을 깎아내리고 모욕하기 위한 공간이 되었었다.[6]

둘째, 국제사회가 쉽게 해결할 수 없는 문제에 대하여 국제기구가 부적절한 대안을 마련함으로써 상황을 더 악화시킬 수 있다. 1994년 르완다 사건이 대표적이다. 르완다에서 오랫동안 진행된 후투족과 투치족 간 갈등이 쉽게 해결될 수 없음에도 불구하고 소수 국제평화군으로 종족분쟁을 막으려던 노력이 오히려 양측의 갈등을 심화시킨 결과를 초래했었다. 국제사회에서 주요 문제가 발생하고 어느 누구도 선뜻 문제해결을 위한 노력을 하지 않을 경우, 국제사회는 국제기구에 큰

---

6    2010년 7월 9일 국제연합 안전보장이사회가 천안함 침몰을 초래한 공격을 규탄하는 의장성명(S/PRST/2010/13)은 안보리가 정당성 확보를 위한 공간이며, 안보리 회원국이 상충하는 입장을 모두 만족시키려는 노력이 문제해결에 도움을 주지 못할 수도 있다는 점을 명확히 보여준다. 이 의장성명은 천안함이 공격에 의하여 침몰되었다고 현상을 규정하는 등 한국에 유리한 조항을 포함하지만, 동시에 "안보리가 천안함 폭침과 관련이 없다고 밝힌 북한을 포함한 관련국의 반응을 유의한다(takes note of)"는 표현을 담을 정도로 북한에 우호적인 조항도 담고 있다. 동 문건은 천암함 침몰과 관련된 진실과 향후 해결방책을 제시하기보다는 양측의 주장을 부분적으로 담았기 때문에, 양측이 자국의 입장을 옹호하는 자료가 되었다.

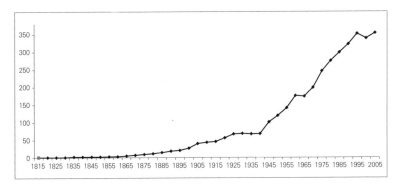

출처: Pevehouse, Nordstrom, and Warnke 2010.

**그림 6.** 국제기구의 증가

기대를 보낸다. 이런 상황에서 국제기구가 내리는 처방이 상황을 악화
시킬 수 있다. 1979년 G7 정상회담에서 수요중심의 경제성장전략을
권고했지만, 이는 경제위기를 심화시켰던 전례가 있다.

　셋째, 국제기구의 활동이 주권국가들로 하여금 인류 공동의 문제
에 회피하는 수단이 될 수 있다. 국제기구가 회원국의 위임을 받는 제
한적 행위자임에도 불구하고, 국제사회에서 국제기구가 매우 중요한
역할을 수행하거나 수행할 수 있다는 믿음이 있다. 이 믿음에 국제기
구가 부합하여 활동할 때, 다른 국가는 인류 공동의 문제를 해결하기
위한 활동에 참여하지 않는 면죄부처럼 될 수 있다.


## V. 상호의존과 배타성의 조화?

지구화는 인류가 공동으로 해결해야만 할 문제를 가져왔다. 국제사회
는 초국경 상호작용을 규율하는 공통 표준을 마련하며, 국제공공재를

창출하고 유지하며, 국제공유재를 보존해야 한다. 영토적 배타성을 가진 국가가 점증하는 상호의존을 어떻게 대처하는가? 주권국가는 지구화로 인한 도전에 대처하기 위하여 지금까지 외교, 패권, 거버넌스 등 몇 가지 문제해결방식을 발전시켜왔다. 국가가 영토적 배타성을 추구하지만, 초국경 쟁점이 증가하면서 국가는 더 이상 단독적으로 초국경 쟁점을 해결할 수 없게 되었다.

초국경 쟁점에 대처하기 위하여 국가가 국제법을 만들거나 국제기구를 만들어 자국의 주권 일부를 양도하는 현상이 두드러지는 듯 보이지만, 여전히 주권국가가 가장 중요한 행위자이다. 국가는 국제기구와 국제법을 만드는 주체이며 국제사회에서 여론의 향방을 결정한다. 즉, 초국경 쟁점을 해결하는 준거를 마련한다. 동시에 국가는 실제 문제를 해결할 수 있는 큰 능력을 가진다.[7] 국제법에 따른 문제해결방식과 국제기구의 결의가 만들어져도 실제 이를 이행할 주체는 대체로 국가이다. 초국경 쟁점을 해결하기 위한 의사결정과 실행과정을 보면, 사실상 국가가 핵심적 역할을 담당한다. 시간축을 두고 보면, 국가 중심성이 강한 문제해결방식, 즉 외교와 패권의 중요성이 상대적으로 약화되는 반면, 비국가 행위가 중요한 역할을 담당하는 거버넌스의 중요성이 상대적으로 강화되고 있다. 이런 변화는 상대적 중요성에서 의미를 가질 뿐이며, 여전히 국가 중심성에 기반한 문제해결방식이 강하다.

당분간 국가의 모습도 현재와 비슷할 수밖에 없다. 비국가 행위자의 중요성이 상대적으로 증가하지만, 절대적 기준에서는 국가가 국제질서를 주도하는 현상이 나타날 수밖에 없다. 담론의 변화로 인하여

---

7    국제기구 중 가장 큰 국제연합이 2016년 일반 예산으로 56억 달러, 평화유지 예산으로 78.7억 달러를 책정했는데, 이는 미국 재정지출의 0.198%에 해당되는 액수이며 파나마의 재정지출(135.6억 달러, 세계 81위)보다 약간 적다.

국제질서가 바뀌는 현상이 부분적으로 나타나지만, 국가가 담론의 생성과 전파에 직접 관여하는 현상도 나타난다. 또한, 국가 사이에서 양극화 현상이 유지되며 상당 기간 지속될 것으로 예상되기 때문에, 선진 강대국이 국제질서를 주도하는 형국이 이어진다고 예상할 수밖에 없다. 국가 중심의 국제질서를 급격히 바뀌길 원하는 사람들에게는 우울한 소식이다.

# 참고문헌

김명섭. 2004. "탈냉전기 세계질서와 국가주권." 『세계정치』 25집 1호, 18-42.
박상섭. 2004. "근대 주권 개념의 발전과정." 『세계정치』 25집 1호, 95-122.
조동준. 2010[2007]. "세계정치 운영방식의 변환과 한국의 참여." 하영선·남궁곤 편.
　　『변환의 세계정치』, 445-472. 서울: 을유문화사.
＿＿＿. 2013. "글로벌 거너넌스의 필요성." 최동주·조동준·정우탁 편. 『국제기구의
　　과거·현재·미래』, 17-52. 서울: 유네스코 아태교육원.
＿＿＿. 2014. "동아시아 역내 문제해결방식의 특수성." 『세계정치』 35집 1호, 207-245.

Barbieri, Katherine and Omar Keshk. 2014. "Correlates of War Project Trade Dataset.
　　Version 4.0" http://correlatesofwar.org(검색일: 2018. 8. 20).
Bayer, Reşast. 2006. "Diplomatic Exchange Data Set, v2006.1." http://correlatesofwar.
　　org(검색일: 2018. 8. 20).
Commission on Global Governance. 1995. *Our Global Neighborhood: Report of the
　　Commission on Global Governance*. Oxford, UK: Oxford University Press.
Correlates of War Project. 2016. "State System Membership List, v2016." http://
　　correlatesofwar.org (검색일: 2018.8.20).
Epstein, Charlotte. 2008. *The Power of Word in International Relations: Birth of an-
　　Whaling Discourse*. Cambridge, MA: the MIT Press.
Frank, Andre G. 1990. "A Theoretical Introduction to 5000 Years of World-System
　　History" *Review* 13, No.2, 155-248.
Gallorotti, Giulio M. 1991. "The Limits of International Organization: Systemic Failure
　　and the Management of International Relations." *International Organization* 45,
　　No.2, 183-220.
Hardin, Garret. 1968. "The Tragedy of the Commons," *Science* 161, No.3859, 1243-
　　1248.
Kindleberger, Charles. 1973. *The World in Depression, 1929-1939*. Berkeley, Ca:
　　University of Berkeley Pres.
＿＿＿. 1981. "Dominance and Leadership in the International Relations: Exploitation,
　　Public Goods, and Free Rides." *International Studies Quarterly* 25, No.2, 242-
　　254.
Krasner, Stephen D. 1999. *Sovereignty: Organized Hypocrisy*. Princeton, NJ: Princeton
　　University Press.
＿＿＿. 2004. "Sharing Sovereignty: New Institutions for Collapsed and Failing States."
　　International Security 29, No.2, 85-120.
Lake, David A. 1988. *Power, Protection, and Free Trade: International Source of U.S.
　　Commercial Strategy, 1887-1939*. Ithaca, NY: Cornell University Press.

Maddison, Angus. 2006. *The World Economy.* Paris, France: Organization for Economic Cooperation and Development, 2006.

Olson, Mancur. 1965. *The Logic of Collective Action.* Cambridge, MA: Harvard University Press.

Palmer, Glenn, Vito D'Orazio, Michael Kenwick, and Matthew Lane. 2015. "The Mid4 Dataset, 2002–2010: Procedures, Coding Rules and Description." *Conflict Management and Peace Science* 32, 222–42.

Pevehouse, Jon C., Timothy Nordstrom, and Kevin Warnke. 2010. "International Governmental Organization (IGO) Data (v2.3)" http://correlatesofwar.org (검색일: 2018.8.20).

Rosenau, James N. 1992. "Governance, Order and Change in World Politics." in James N. Rosenau and E. O. Czempiel (eds.) *Governance without Government: Order and Change in World Politics,* 1–29. Cambridge, UK: Cambridge University Press, 1992.

Sprinz, Detlef and Tapani Vaahtoranta. 1994. "Interest-Based Explanation of International Environmental Policy." *International Organization* 48, No.1, 77-105

World Bank. 2002. *Globalization, Growth, and Poverty.* New York, NY: Oxford University Press.

Young, Oran. 1989. *International Cooperation: Building Regimes for Natural Resources and the Environment. Ithaca,* NY: Cornell University Press.

제7장

주권과 보충성: 개념 검토를 통해 본 국제법 규범
이론의 필요성*

송지우

\*   이 글의 초고에 유익한 논평을 제공해주신 유홍림 선생님, 이심지 씨, 그리고 서울대
    학교 〈미래국가론〉 프로젝트 연구진께 감사드린다. 여러 중요한 고민거리를 지적해주
    신 익명의 심사위원들께도 감사드린다. 이 글은 『법철학연구』 21권 2호(2018)에 게재
    되었으며, 2017년 대한민국 교육부와 한국연구재단의 지원을 받아 수행되었다(NRF-
    2017S1A5A8018898).

# I. "국가 주권 개념의 대안"

근대 국가 체제는 특정한 영토에서 최종적 권위를 지닌 주권 국가의 개념을 전제한다(Hinsley 1986, 26; 박상섭 2008, 203-204).[1] 이러한 성격을 지닌 헌정체로서 국가는 통상 법적 독립성과 정치적 배타성을 지니는 것으로 이해된다. 스티븐 크래스너(Stephen Krasner)의 구분을 활용하자면, 근대 국가는 국제관계상 독립되고 평등한 법적 지위를 지닌 정체로서의 국제법적 주권(international legal sovereignty), 그리고 영토성과 국내정치로부터 외부 행위자를 배제할 권한을 근간으로 하는 베스트팔렌 주권(Westphalian sovereignty)을 함께 지닌다(Krasner 1999).[2] 국제법의 핵심 규범인 주권 평등(sovereign equality) 원칙과 불간섭(nonintervention) 원칙은(Crawford 2012, 447-451; Philpott 2001, 95) 각각 국제법적 주권과 베스트팔렌 주권을 규범화한 것으로 볼 수 있다.

　이 가운데 베스트팔렌 주권은 20세기를 지나며 부침을 겪었다는 것이 일반적인 평가이다. 주류 시각은 베스트팔렌 주권이 20세기 중반을 기점으로 쇠퇴했으며, 이는 20세기 중후반 국제인권 체계의 출현과 유럽 통합과 같은 정치 현상을 통해 확인할 수 있다는 것이다(Philpott 2001, 37). 국제인권 체계와 지역 연합 차원의 거버넌스 제도는 공통적으로 불간섭 원칙에 대한 예외를 법제화한다(Ratner 2015, pt. II;

---

1　주권의 주체가 반드시 국가일 필요는 없으나, 이 글에서는 편의상 '주권'(sovereignty)과 '국가 주권'(state sovereignty)을 동의어로 사용한다. Besson(2011).

2　크래스너는 이에 더해, 국가의 국내정치적 권위와 통제력에 초점을 맞추는 국내적 주권(domestic sovereignty)과 상호의존성 주권(interdependence sovereignty) 개념을 소개한다(Krasner 1999, 11-14). 이 글은 그 목적상 주로 국제법적 주권과 베스트팔렌 주권을 다룬다.

Beitz 2009, ch. 2).

물론, 이러한 주류 시각이 베스트팔렌 체제의 확립 이후 20세기 초반에 이르기까지의 국가 주권을 지나치게 신화화하며, 베스트팔렌 주권은 사실 이미 오래전부터 빈번하게 제약받았다는 견해도 있다 (Krasner 1999; Osiander 2001, 251-287, 253-254). 그러나 이렇듯 20세기 중반을 선명한 기점으로 보지 않는 견해, 가령 그 이전에도 주권은 사실 선별적으로만 존중됐다는 '조직된 위선' 이론을 받아들이더라도(Krasner 1999, 24), 국제인권이나 유럽 통합으로 제도화된 주권 제약은 조직된 위선을 통한 주권의 제약으로부터 구분할 수 있다. 전자는 불간섭 원칙에 대한 예외를 공식적 · 법적으로 인정한다는 점에서 그렇다.

그렇다면 국제인권법제도와 유럽연합은 어떤 경우에 어떤 기제로 베스트팔렌 주권을 제약하는가? 여기서 두 제도의 중요한 공통점이 드러나는데, 국가 활동에 대한 초국가적 개입의 여지를 인정하는 대신, 이 초국가적인 권한이 국가 권한에 보충적(subsidiary)이어야 한다고 보는 것이다.

보충성은 최근 국제법의 법 · 정치이론에서 활발히 논의되는 개념이다.[3] 추상적으로는, 어떤 단계의 제도나 규범이 다른 단계의 제도나 규범을 보충하는 역할만을 할 때 전자가 후자에 보충적이라고, 그리고 두 단계 사이에 보충성의 관계가 성립한다고 이해할 수 있다 (Neuman 2013, 361). 현대 국제정치에서 보충성은 보통 아래로의 방향성을 지닌다. 요컨대 제도적 위계(institutional hierarchy) 또는 다층

---

3   학계에서 'subsidiarity'는 때로는 '보충성'으로, 때로는 '보조성'으로 번역된다(박재정 1997; 강원택 2000; 전훈 2005; 한귀현 2012 등과 김영일 2004; 김영일 2005; 이옥연 2003 등을 비교할 것). 이 글에서는 전자의 용례가 좀 더 빈번하다고 판단하며 그 경향을 따른다.

적 정치 질서(multi-level political order)가 존재할 때, 거버넌스 사안은 특별한 예외 사유가 없는 한 위계의 더 낮은 층위에서 우선 해결한다는 것이다(박재정 1997; 김영일 2004; Besson 2016; Carozza 2003; Follesdal 1998; Latimer 2017). 대표적으로 유럽연합은 보충성을 다음처럼 규정한다.

> 보충성 원칙에 따라, 연합의 독점적 기능권한(exclusive competence)에 해당하지 않는 사안에 대해 연합은, 제안된 행동의 목적을 회원국이 중앙 단계에서든 지역 또는 지방 단계에서든 충분히 달성하지 못하며, 제안된 행동의 규모 또는 효과의 이유로 연합 단계에서 목적을 더 잘 달성할 수 있을 때, 그리고 그럴 때에만, 작용할 수 있다.[4]

이처럼 보충성 원칙(principle of subsidiarity)은 통상 낮은 단계 우선성(lower level priority)을 추정(presume)하는 역할분담 원리로 이해된다.[5] 유럽연합 법제는 엄연히 "보충성의 시대"에 접어들었다고 평가받으며(Spano 2017), 그에 걸맞게 보충성 원칙의 구체적인 운용 경험과 세부 지침이 상당히 누적된 모습을 보인다(전훈 2005; 김대순 2013). 보충성 원칙은 나아가 국제인권법, 국제무역법 등으로 확산되면서(Feichtner 2007; Ryngaert 2014) "학자들에게 널리 호평받는" 구

---

4    Consolidated Version of the Treaty on European Union art. 5(3), 2012 O.J. C 326/13, [이하 "유럽연합조약(TEU)"]. 공식 영문은 다음과 같다. "Under the principle of subsidiarity, in areas which do not fall within its exclusive competence, the Union shall act only if and insofar as the objectives of the proposed action cannot be sufficiently achieved by the Member States, either at central level or at regional and local level, but can rather, by reason of the scale or effects of the proposed action, be better achieved at Union level."

5    여기서 전제되는 우선성과 추정성의 개념은 아래 II절에서 상술한다.

조적 원칙으로 자리 잡아가고 있다(Latimer 2017, 1).

호평의 핵심은, 보충성의 개념이 쇠퇴하는 베스트팔렌 주권 개념을 대체할 수 있는 유용한 대안이라는 주장이다. 베스트팔렌 주권 개념은 고전적 국제법(classical international law), 즉 주권 국가 제도의 태동기부터 20세기 초중반까지 팽배한 국가중심적 국제법 체계의 골자를 이루었다(Buchanan 2004, 301). 예를 들어 이 시기에 상설국제사법재판소는, 로터스 사건(1927)과 윔블던 사건(1923) 등을 통해서 주권은 오직 국가의 자발적 동의에 의해서만―말하자면 국제법적 주권의 행사를 통해서만―제약될 수 있다는 강한 주권론을 전개했다.[6] 이러한 주권론은 그러나 현재 국제법의 모습에는 적절하지 않다. 20세기를 통해 국제법은 다층위적 거버넌스 체계가 등장하고, 비국가 행위자(non-state actors)의 주체성이 부분적으로나마 인정되며, 국가 동의에 의존하지 않는 강행규범(*jus cogens* norms)과 보편적 의무(obligations *erga omnes*)의 구속력이 중대하게 받아들여지는 방향으로 변해왔기 때문이다.

보충성 긍정론자들은 이처럼 현실에 맞지 않는 고전 국제법의 주권 개념 대신 보충성의 개념을 활용해야 한다고 본다. 가령 "주권과 간섭받지 않을 권리"라는 제목의 논문에서 마티아스 쿰(Mattias Kumm)은, "국가가 하고자 하는 대로 할 수 있게끔 자유로워야 할 영역"은 "국가 주권의 영역"이 아니라 "보충성의 영역"이라고 선언한다(Kumm 2016, 241).[7] 그에 따르면 "오늘날 보충성의 언어는 주권의 언

---

6   *S.S. Lotus (France v. Turkey)*, 1927 PCIJ Reports, Series A, No. 10; *S.S. Wimbledon (U.K. v. Japan)*, 1923 PCIJ Reports, Series A, No. 1.

7   질문의 온전한 번역은 "국가들이, 자발적으로 받아들인 의무의 제약만을 받은 채, 하고자 하는 대로 할 수 있도록 자유로워야 할 영역이란?"이다("What is the domain over which states should be free to do what they like, subject only to obligations they have as-

어를 어느 정도 대체"했으며, 이는 바람직한 현상이다(Kumm 2009, 293). 비슷한 맥락에서 파올로 카로자(Paolo Carozza)는, "국제법에서 보충성은 상대적으로 공허하고 쓸모없는 국가 주권 개념의 대안으로 이해할 수 있다"고 주장한다(Carozza 2003, 40). 완전한 대체를 주장하지 않는 학자들도 보충성 개념이 주권 개념의 적실한 재정립에 기여하리라고 본다(예를 들어 Jackson 2003; Slaughter 2004). 실로 보충성의 부상은 고전적 주권 개념의 국제법학계 내 쇠퇴와(Schreuer 1993) 시기적으로 겹친다. 예컨대 보충성이 "유행어"로 정착할 즈음(Marquardt 1994, 617)의 한 글에서 루이스 헨킨(Louis Henkin)은, '주권'을 "그 단어"(that S-word)라고 부르며 "주권 개념을 분해하고, 점차적으로는 단어를 아예 사용하지 않는 캠페인"을 제안한다(Henkin 1999, 11).

이 글은 이러한 보충성 긍정론자들의 주장을, 그리고 더 넓게는 보충성과 주권의 관계를 규범적 관점에서 비판적으로 검토한다. 보충성 원칙의 역사와 제도적·경험적 면면에 대한 학술적 논의가 풍부한 것에 비해, 규범적 검토는 상대적으로 경시되어온 면이 있다(Latimer 2017, 1). 이에 이 글은 보충성 원칙의 체계적·규범적 검토를 시도한다.

검토의 결론으로 이 글은, 보충성 원칙이 긍정론자들이 바라는 역할을 하려면 그 적용 기준과 방식을 결정해줄 수 있는 이론이 필요하고, 이러한 이론은 단지 형식 이론이 아니라 국제법의 평가 준거가 될 수 있는 정치도덕을 제시하는, 일종의 국제법 규범 이론이어야 한다고 주장한다. 스콧 셔피로(Scott Shapiro)의 구분을 빌리자면, 법적 개념의 본성을 분석하는 분석적 법리(analytical jurisprudence)가 아니

---

sumed voluntarily?"). 로터스와 윔블던 판례에서 드러나듯이, 이 질문에 대한 고전 국제법의 답은 당연히 "국가 주권의 영역"이다.

라 법의 도덕적 토대를 묻는 규범적 법리(normative jurisprudence)가
필요하다는 얘기이다.[8] 예를 들어 보충성 원칙이 주권의 몫으로 남겨
두는 관할의 영역이 어디까지여야 하는지는, 보충성 개념과 주권 개념
의 본성을 분석하는 것만으로는 알 수 없다. 이러한 질문은 주권 국가
와 초국적 기구의 정당한 권한과 역할을 규범적으로 논증함으로써만
답할 수 있다. 이 글은 이와 같은 논증을 가능하게 해줄 규범 이론으로
이른바 정당화 개인주의(justificatory individualism) 이론을 제안하며
그 요지를 개괄한다.

　　논의 순서는 다음과 같다. 우선 II절에서는 보충성 긍정론자들이
주장하는바 고전 국제법적 주권 개념의 문제점을 살펴보고, 보충성 원
칙의 구조적 작동 원리를 더 자세히 밝힌다. 이로써 "보충성의 언어"
가 "주권의 언어"를 대체한다는 게 어떤 의미인지를 구체화한다. 보충
성 원칙은 고전 국제법적 주권 개념에 두 가지 구조적 제한을 가한다.
첫째, 보충성의 언어를 활용할 때, '이 영역은 주권의 영역이다'라는
명제는 '이 영역에서는 주권 국가가 문제 해결에 우선권을 가진다'는
명제로 (말하자면) 번역된다. 고전적 주권 개념에서 주권의 영역이 국
제적 관심사항의 영역과 상호배타적이라면, 보충성 원칙은 국가와 국
제사회에 관할의 순차적 지위를 부여할 뿐, 후자를 아예 배제하지 않
는다. 둘째, 이러한 우선권마저 추정될 뿐이며, 원칙의 구조상 추정이
뒤집힐 수 있다.

　　다음으로 III절에서는, 국가 단계로의 추정이 실제로 어떻게 작동

---

8　분석적 법리는 법이 법이기 위하여 어떤 성질을 갖추어야 하는지, 가령 어떤 규범이 법
　이 되려면 집행력을 수반해야 하는지와 같은 존재론적 질문을 다룬다. 반면 규범적 법리
　는 예를 들어 법이 어떻게 해야 정당하거나 정의로울 수 있는지, 법치의 성공기준은 무
　엇인지, 법적으로 제도화해야 하는 기본권에는 어떤 것이 있는지와 같은 규범적 질문을
　다루며, 이런 면에서 규범적 정치철학과 영역이 상당 부분 겹친다(Shapiro 2011, 2-3).

하고 뒤집히게 되는지를 따져본다. 요약하자면, 보충성 원칙은 그 추상적 개념만 두고 봤을 때에는 지극히 국가중심적인 판단에서부터 상당히 뚜렷하게 국가를 우회하는 판단까지 모두 가능케 하는, 긍정적으로 평가하자면 유연하고 회의적으로 보자면 양면적인 원칙이다. 전통적인 국가 권한을 지키고 싶은 이들에게나, 헨킨처럼 주권을 분해하고 궁극적으로는 폐기하고자 하는 이들에게나 일종의 트로이 목마가 될 수 있는 셈이다. 이는 보충성의 근거로 제시되는 다양한 논변의 검토를 통해 그리고 유럽인권재판소의 판단의 재량(margin of appreciation) 독트린과 같은 세부적인 제도 적용의 면면을 통해 확인된다.

보충성 원칙의 이러한 양면성에 대한 검토는, 원칙 적용에 일관된 체계를 부여해줄 규범 이론의 필요성을 드러낸다. IV절에서는 적절한 규범 이론의 잠정적 밑그림을 제시한다. 특히 그 이론의 근간으로 정당화 개인주의를 제안하며, 보충성 원칙이 정당화 개인주의의 방법론을 일관되게 활용할 때 더 매력적이고 성공적인 국제법 규범으로 작동할 것이라고 주장한다.


## II. 주권의 제한: 보충성의 유연성

보충성이 주권의 대안이 될 수 있다는 주장을 이해하기 위해 우선, 보충성에 이러한 역할을 부여하고자 하는 보충성 긍정론자들의 주권 개념 비판을 살펴보자. 이들은 첫째, '주권'이라는 단어가 여전히 순수한 형태의 베스트팔렌 주권—컨대 영토 내 정치적 사안으로부터 모든 외부 행위자를 배제할 수 있는 권한—으로 이해되는 경향이 있다고 주장한다. '주권'은 "국가의 완벽한 독립성과 자율성이라는, 시대착오적인 아이디어"를 담고 있으며, 이런 독립성과 자율성에 대한 신념이 곧잘 외부인에 대한 적대적 "감정적 앙금"(emotive baggage)을 수반한다는 점에서 건강하지 못하다는 것이다(Charney 1997, 395).

두 번째 문제는, 이 '시대착오적 아이디어'의 경직성이다. 고전 국제법적 주권 개념을 선명하게 요약한 상설국제사법재판소의 로터스 사건(1927)은, "국가의 독립성에 대한 제한"은 해당 국가가 "자유 의지로" 그 제한에 동의할 때만 가능하다고 선언한다(*SS Lotus*, ¶38). 이러한 해석에 따르면, 사안이 주권의 영역인지 아닌지는 자발적 국가 동의 여부만을 기준으로 그러하거나 아닌, 단순한 이분법으로 귀결된다(Buchanan 2004, 302). 이 해석은 그러나 국제법이 명시적 국가 동의를 통하지 않고도 만들어지고 준수되곤 하는 현재 상황에 맞지 않는다(Besson 2011, ¶98).

세 번째 문제는 주권의 주장이 그 자체로 논증적 최종성을 지니며, 따라서 더 근원적인 논증을 필요로 하지 않는다고 보는 경향이다. 쿰의 냉소적인 묘사에 따르면, 국가가 어떤 사안을 두고 주권에 해당한다고 주장한다는 것은, "이 사안은 국제 사회가 상관할 바가 아닐뿐더러 왜 그러한지에 대해서는 어떠한 이유도 제시할 필요가 없다는 말이다"(Kumm 2009, 292). 주권의 주장은 관련 논의에 재갈을 물린다는 비판이다(Kumm 2009, 291).

세 가지 문제는 서로 연결되어 있다. "국가의 독립성에 대한 제한"이 오직 국가 동의에 의해서만 가능하다면, '이 영역은 우리 주권의 영역'이라는 국가의 판단이 논증적 최종성을 획득한다고 보는 게 자연스럽다. 실제로 이러한 입장은 "국제법적 혈통 견해"(International Legal Pedigree View)라고 불릴 정도로 오랜 전통을 자랑한다(Buchanan & Robert Keohane 2006, 413). 그러나 앞서 보았듯이, 현대 국제법은 불간섭 원칙에 다양한 이유와 형태의 예외를 두고, 다양한 비국가 행위자의 주체성을 인정하는 방식으로 진화했다. 현대 국제법의 관점에서 보면, 국가의 자율성이 "철의 장막"이 되는 주권 개념은 이제 곤란하다(Henkin 1999, 13).

이러한 문제의식으로 현재 "주권의 패러다임은 그 역사상 어느 때보다 더 빠른 속도로 재검토되고 있다"(Besson 2011, ¶129). 그리고 많은 이들이 재검토 결과 "주권의 언어"를 "보충성의 언어"로 대체해야 한다고 주장한다. 이는 물론 가능한 결론 가운데 하나일 뿐이다. 또 어떤 결론을 내리더라도 국제법적 혈통 견해가 어느 정도의 신화성을 띤다는 점, 즉 이 견해가 전제하는 강력한 베스트팔렌 주권을 실제로 그리고 안정적으로 누린 국가는 역사적으로 생각보다 드물다는 점을 염두에 두어야 할 것이다(Krasner 1999; 박상섭 2008, 204). 그러나 보충성이 주권의 대안이라는 보충성 긍정론자들의 주장은 몇 가지 이유로 자세히 검토할 만하다. 우선, 앞서 지적했듯이 경험적인 측면에서 보충성 원칙은 실제로 널리 확산되는 추세이다(Feichtner 2007). 보충성 긍정론자들은 이에 더해 보충성 원칙이 내용과 형식의 측면에서 주권 개념에서 볼 수 없는 이론적 장점을 보인다고 주장한다.

내용의 측면에서, 보충성 긍정론자들은 보충성이 주권 개념의 중요한 부분을 보존하면서도 고전적 주권 개념의 문제를 피할 수 있다고, 말하자면 주권 국가를 단위로 하는 국제질서의 장점을 취하되 그 단점을 모면할 수 있다고 본다(Marquardt 1994, 617). 이들은 보충성 원칙이 한편으로는 주권 주장의 타당한 근거가 될 수도 있는 고려사항들—거버넌스의 효율성, 공동체 내 정치적 참여 증진과 민주적 의사결정, 정치공동체 내 개인들의 자율성, 그리고 공동체의 자기결정권의 중요성 등—을 반영하고 있고(Feichtner 2007), 다른 한편으로는 인간의 존엄성 등 주권 제한의 근거가 되는 요소 또한 표현해낸다고 본다 (Carozza 2003). 이렇게 된다면, 보충성의 개념은 주권의 개념보다 진일보한 국제질서를 가능하게 할 것이다.

형식적 측면에서 주권의 경계를 보충성으로 규정짓는다는 것은, 국제관계를 새로운 방식으로 구조화한다는 뜻이기도 하다. 이런 면에서 보충성 원칙은 흔히 구조적 원칙(structural principle)으로 이해된다. 이는 보충성 원칙이 사안에 따른 실질적 답을 처방하기보다는, 사안의 관할을 어떤 주체에게 어떤 방식으로 배분해야 할지를 파악할 논증 구조를 제공한다는 뜻이다. 가령 쿰은 보충성 원칙이 "주권의 한계에 대한 정치적 그리고 법적 논쟁을 구조화한다"고 묘사한다(Kumm 2009, 295). 이런 면에서 보충성 원칙은 국제관계의 구조를 혁신적으로 변화시킬 수 있다.

내용과 형식을 함께 보면 보충성 원칙은 상당한 잠재적 매력을 갖추게 된다. 두 측면을 결합하면, 특정한 구조적 원칙의 적용을 통해 특정한 실질적 정책 결정을 도출할 수 있는, 말하자면 국제법적 혈통 견해에 대한 적극적이고 체계적인 대안이 가능해지기 때문이다. 국제법적 혈통 견해를 곧이곧대로 믿고 적용하는 행위자가 (더는) 없더라도, 체계적 대안이 등장하기 전까지는 이 견해가 일종의 정형화된 기본값 (stylized default)으로 남을 소지가 크다. 그리고 이 견해가 시대에 부적절하다면, 잠재적 대안으로 보충성 원칙을 탐구해볼 만하다. 이 절에서는 우선 형식적 측면을 더 자세히 살펴보고, 다음 절에서는 내용의 측면을 검토한다.

형식적으로 보충성 원칙 구조의 주요한 특징은 두 가지, 즉 보충성 원칙이 **우선성 규칙**(prioritizing rule)이라는 점과 **추정 규칙**(presumption rule)이라는 점이다. 먼저 우선성을 살펴보자. 어떤 배분 규칙은 배분의 여부만을 정한다. 가령 "○○대학교 철학과 개설 강좌의 수강 자격은 ○○대학교 재학생에게 주어진다"는 규칙이 이러하다. 이와 달리, 우선성 규칙은 배분의 우선순위를 정한다. 예컨대 "○○대학교 철학과 개설 강좌 〈기호논리학〉의 수강 자격은 졸업 학기에 재학 중인 철학 전공자, 그 외 철학 전공자, 타전공 재학생 순으로 주어진다"는 원칙은 우선성 규칙이다. 고선적 주권 개념이 권한 배분 여부만을 정했다면, 보충성 원칙은 우선성 규칙이다. 국가에게 관할의 우선권이 주어지지만, 국가가 이 역할을 제대로 하지 못할 경우 초국가 단위가 나설 수 있는 것이다.

이어서 추정성을 따져보자. 에드나 얼먼-마가릿(Edna Ullmann-Margalit)의 분석에 따르면, 추정 규칙이란 일종의 실천적 숙의(practical deliberation) 규범으로 다음을 처방한다.

> $p$가 사실인 이상, 마치 $q$가 사실인 듯 진행하라. 단, $q$가 사실이 아니라고 믿을 (충분한) 이유가 주어지지 않는 이상 그리고 이러한 이유가 주어질 때까지 그렇게 하라.[9]

"$q$가 사실이 아니라고 믿을 (충분한) 이유가 주어지지 않는 이상 그리고 이러한 이유가 주어질 때까지"는 추정 규칙의 반박 조항

---

9  "Given that $p$ is the case, you (= the rule subject) shall proceed as if $q$ were true, unless or until you have (sufficient) reason to believe that $q$ is not the case." Ullman-Margalit(1983, 147). 보충성 원칙 관련 논의가 추정성의 철학적 개념 분석을 활용한 지는 얼마 되지 않았다. 이러한 분석은 그러나 좀 더 엄밀한 논증을 가능하게 한다는 점에서 유용하다. 여기서는 래티머를 따라, 추정성 분석의 한 가지 원형을 제공한 얼먼-마가릿의 분석에 기댄다(Latimer 2017). 여러모로 다른 추정성 분석도 있지만(예를 들어 Godden & Walton 2007), 그 차이점이 이 글의 논변에 영향을 미치지는 않는다.

(rebuttal clause)이다. 추정 규칙이 사안을 예단하기를 요구하는데도 합리적인 숙의 규범일 수 있는 것은, 그 예단에 대한 독립적인 정당화가 가능한 동시에 개별 사안에서는 반박의 가능성이 열려 있어서이다 (Ullman-Margalit 1983, 157). 가령 이성과 결혼한 여성이 아이를 낳았을 때 그 여성의 남편이 아이의 아버지라고 예단하는 것은, 많은 사회에서 통상적인 이성 결혼 생활의 면면을 고려할 때 합당한 추정일 것이다. 또 이를 근거로 추정 규칙을 만들어 따르더라도, 반박 조항이 있는 이상 개별적인 사례에서는 추정이 뒤집힐 수 있다. (예를 들어 해당 여성이 남편과 별거하며 다른 남성과 동거하던 중에 아이를 임신하는 경우에는 남편이 아이 아버지라는 추정이 더 이상 유효하지 않을 것이다.)

이러한 분석을 활용한다면, 보충성 원칙은 다음처럼 다시 묘사할 수 있다.

어떤 사안이 다층 정치 질서에서 복수의 층위가 그에 대한 기능권한을 동시에 가지는 사안인 이상,[10] 마치 더 낮은 단계에서 권한을 행사하는 게 사실인 듯 진행하라. 단, 더 낮은 단계에서 권한을 행사하는 게 사실이 아니라고 믿을 (충분한) 이유가 주어지지 않는 이상 그리고 이러한 이유가 주어질 때까지 그렇게 하라.[11]

여기서 반박 조항은 주권에 대한 보충성 원칙의 두 번째 구조적

---

10   이 구절은, 앞서 본 유럽연합조약(TEU) 5조 3항의 구절 "연합의 독점적 기능권한(ex-clusive competence)에 해당하지 않는 사안에 대해"를 다른 방식으로 표현한 것으로 이해할 수 있다.

11   만약 규범에 대해 사실 여부를 판단하는 게 맞지 않다는 입장이라면, 여기서 "사실인 듯"과 "사실이 아니라고"를 각각 "적절한 듯"과 "적절하지 않다고" 정도의 표현으로 대신해도 이 글의 목적상 무방하다.

제한으로 작동한다. 보충성 원칙은 추정 원칙이므로, 개별 사안에서는 초국가 층위에 대한 국가 층위의 우선권 추정이 뒤집힐 수 있는 것이다. 쿰에 따르면, 보충성 원칙은 "적용 단계에서는 맥락에 맞는 구체적 논변의 포화를 필요로" 한다(Kumm 2009, 295). 추정의 구조가 어떤 내용의 논변으로 채워지느냐에 따라서 국가와 초국가 층위의 역할이 최종적으로 정해지는 것이다. 그리고 이러한 논변은 다양한 경험적·규범적 난제를 생산해낼 가능성이 높다. 보충성 원칙을 적용받는 국가의 관점에서는, 관할이 국가 단위로 추정된다고 해서 모든 개별 사안에서 자국이 관할을 행사하리라는 보장이 없는 셈이다. 자국에 유리한 결론이 날지는 맥락에 맞는 논변의 '포화'를 거친 후에야 알 수 있다.

다시 말해, 보충성 원칙이 우선성 규칙이자 추정 규칙이라는 점의 중요한 효과는, 주권의 행사가 조건부 성격을 띠게 된다는 것이다. 보충성 원칙이 적용되는 영역에서 주권은 국가가 "제 기능을 효과적으로 행하는 것을 조건으로" 하며, 그렇지 못할 경우 국가는 상위 단계의 초국가 기구에게 권한을 내줘야 한다(Kumm 2009, 294). 요컨대 원칙의 구조적 특성상 생기는 주권의 제한이 있는 것이다. 예를 들어 유럽연합 국가와 유럽인권재판소의 관계를 생각해 보자. 유럽인권협약(1950)은 유럽인권재판소의 관할이 국내적 구제 조치를 완료한 사안에 한한다고 명시한다.[12] 이는 인권 사안에서 국가들에게 낮은 단계 우선성을 부여하는 조치로 볼 수 있다. 만약 국가들이 협약 내 권리를 침

---

12 Convention for the Protection of Human Rights and Fundamental Freedoms art. 35(1), Nov. 4, 1950, 213 U.N.T.S. 221 (이하 "유럽인권협약"). 이러한 국내적 구제 완료(exhaustion of local remedies) 조건은 때로 보충성 원칙과 구별되어 논의되기도 하나, 낮은 단계 우선성을 한 발현으로 보충성 원칙의 세부 사례라고 보는 견해가 지배적이다(Feichtner 2007, ¶28).

해하지 않거나 침해에 적절하게 대응한다면, 초국가적 기구인 유럽인 권재판소의 '간섭'을 받을 필요가 없다. 그러나 국가가 이러한 "기능을 효과적으로 행하는" 능력을 보이지 못할 때, 유럽인권재판소가 나서 서 인권 침해를 당한 개인이 적절히 구제받을 수 있도록 한다. 국가에 게 관할의 우선권이 주어지고 국가 층위에서의 문제 해결이 추정되지 만, 개별 사안의 특성에 따라 초국가 층위의 행동이 가능해진다는 뜻 이다.

이처럼 보충성 원칙은 고전적 주권이 순수한 형태로 보존하는 베 스트팔렌 주권, 즉 오직 해당 국가의 국제법적 주권을 통해서만 제약 될 수 있는 영토성과 정치적 배타성에 새로운 방식의 구조적 제한을 가한다.


## III. 규범 이론의 역할: 보충성의 양면성

그렇다면 보충성 원칙의 추정은 어떤 경우에 어떤 이유로 반박된다고 봐야 할까? 이 지점에서 앞서 논의한 내용 측면의 잠재적 매력을 평 가하게 된다. 환기하자면, 보충성 긍정론자들은 보충성 원칙이 주권 의 가치 있는 부분을 보존하는 동시에 고전적 주권 개념의 경직성, 논 증적 최종성의 전제, 그리고 감정적 앙금의 문제를 수반하지는 않는다 고 여긴다. 아래 상술하겠으나, 결론을 먼저 요약하자면 보충성 원칙 이 이러한 조화를 이룰 가능성, 특히 그에 필요한 원칙의 구조적 유연 성을 지닌 것은 맞다. 그러나 동시에, 조화보다는 일관되지 못한 양면 적 적용으로 치달을 위험도 있다. 후자를 피하고 전자를 실현하려면, 보충성 원칙의 체계적 적용을 가능케 할 규범 이론이 필요하다.

이를 더 선명하게 이해하기 위해, 보충성 원칙이 주권의 가치 있는 부분을 보장할 수 있다는 주장부터 검토하자. 실제로 보충성 원칙은 상위 단계 기구가 생길 때 그로부터 낮은 단계를 보호하려는 목적으로 도입되곤 하는데, 예를 들어 유럽연합에서 보충성 원칙이 확립될 때도 그 동기는 "유럽연합에의 권한의 집중을 제한"하는 것이었다(김영일 2005, 95). 이런 면에서 유럽연합의 보충성 원칙은 "연합의 권위보다 국가의 권위를 일응(*prima facie*) 선호하는 원칙"이다(Follesdal 2013, 50).

그러나 보충성 원칙을 통해 연합에의 권한 집중을 제한한다고 해서 국가의 권한이 커지거나 보존된다는 보장은 없다. 우선, 보충성 원칙의 낮은 단계 우선성에서 생기는 변수가 있다. 많은 경우, 보충성 원칙의 낮은 단계 우선성은 국가에 관할의 우선권을 주는 것으로 귀결된다. 그러나 엄밀히 말하면 국가보다도 더 낮은 단계의 우선성으로 이어질 개념적 가능성도 있다. 예를 들어 강원택은 유럽연합의 구조적 원칙으로서의 보충성 원칙이 "개별 국가에 미치는 영향은 양면적"이라고 진단한다(강원택 2000, 126). 개별 회원국이 다룰 수 있는 사안이라면, 연합에 비해 "하위단위인 개별 국가에서 수행되어야 한다는 점에서는 보충성의 원칙은 정책결정과정에서 개별 국민 국가의 영향력을 인정하는 것이라고 볼 수 있"지만, 이러한 아래로의 방향성이 국가를 뚫고 더 아래 층위, 가령 지방 정부 또는 궁극적으로는 개인의 층위로 내려가며 국가의 영향력은 오히려 줄어들 수 있다는 것이다.[13]

---

13   김영일이 지적하듯이, 역사적으로 보충성의 원칙은 국가보다 하위 단계 공동체의 자율성을 보호하고자 도입되기도 했다. 가령 독일의 연방주의는 "주 정부 혹은 보다 더 하위 단위의 지방정부의 권한을 보장할 수 있는 수단으로" 발전했다(김영일 2004, 255; 박재정 1997, 126-127).

　　나아가, 보충성의 정당화 근거로 흔히 제기되는 논변이자 통상 '주권의 가치 있는 부분'이라고 여겨지는 고려사항에 호소하는 논변들도, 한결같이 국가 권한을 인정하는 쪽으로 결론 나는 것이 아니다. 관련 고려사항의 논리적 귀결만을 따진다면, 초국가 단계에 대한 국가 단계 우선성의 추정은 의외로 빈번하게 반박될 수 있다.

　　구체적 논변의 종류에 따라 더 자세히 살펴보자. 앞서 보았듯이, 낮은 단계 우선성을 정당화하는 근거로 흔히 제시되는 고려사항으로는 공동체 내 개인의 자유, 거버넌스의 효율성, 창의적 또는 실험적 정치의 기회, 민주주의적 의사결정, 그리고 자기결정권의 중요성이 있다. 그런데 이들 고려사항과 낮은 단계 우선성의 관계는 사실 상당히 복잡하다. 특히, 배경 정치철학이 무엇인지에 따라 추정이 생각보다 빈번하게 뒤집힌다. 여기서는 일단 적실한 배경 정치철학이 무엇인지는 차치하고―이 문제는 다음 절에서 다룬다―추정 반박의 다양한 가능성을 묘사하고 예시한다. 그 결과 드러나는 보충성 원칙 작동의 혼란스러움을 다스리려면, 일관된 배경 정치철학, 즉 국가를 포함한 여러 층위 행위자의 적절한 권리와 의무를 규정해주는 국제법 규범 이론이 필요하다는 것이 이 논의의 교훈이다.

　　**자유 논변**　자유 논변에 따르면, 낮은 단계 우선성은 해당 정치질서 내 권력이 집중되는 것을 막음으로써 개인의 자유를 증진한다(Bermann 1994, 341). 예를 들어 유럽연합으로 더 많은 권력이 집중되는 것보다는 개별 국가로 분권화될 때 연합 내 각 개인의 자유에 대한 억압의 위험이 줄어든다는 것이다. 권력의 중앙집권화가 독재나 억압으로 이어지기 쉽다고 본다면, 일견 타당한 논리이다. 그러나 개인에 대한 독재와 억압이 문제라면, 권력이 분권화되었다고 해서 문제가 생기지 않으리라는 보장은 없다(Kreimer 2001). 이 점을 간과하는 경향에 대해 가령 래티머는 권력의 중앙집권화와 절대주의 또는 독재정치를 동일시해서는 안 된다고 지적한다(Latimer 2017, 8). 이는 단지 개념 구분의 문제만은 아니다. 미국 노예제의 역사가 극적으로 보여주듯이, 개인 자유증진에 도움이 되는 것은 오히려 중앙집권화된 권력이며 반중앙집권화 세력은 개인의 자유를 침해하는 주체일 수도 있다(Kreimer 2001, 67).

**효율성**  낮은 단계 우선성은 많은 경우 더 효율적인 문제해결을 가능하게 한다. 예컨대 사법 영역에서 지리적 또는 문화적 근접성은 증거 수집을 비롯한 사실 관계 파악에 유용하다.[14] 경제적으로는, 낮은 단계 우선성을 실현할 때 재화의 생산과 관련 조율이 더 효율적으로 이루어질 것이라는 기대도 있다(Follesdal 2013, 45). 거버넌스 사안을 낮은 단계로 배정하면 해당 단계 제도들의 경쟁을 도모할 수 있고, 그 과정에서 정책 결정은 해당 공동체 구성원의 선호에 더 충실해진다는 이른바 이동성 가설(mobility thesis)도(Tiebout 1956) 이 맥락에서 언급되곤 한다(Latimer 2017, 13).

효율성 논변에 근거한 낮은 단계 우선성 추정 또한 상당히 빈번

---

14  국제형사재판소의 관할권 결정은 이러한 지리적, 문화적 효율성을 적극 고려한다. 이 기구는 해당 국가의 수사나 기소 의지 또는 능력의 결여 시에만 재판소 관할이 가능하다는 이른바 보완성(complementarity)원칙을 따른다. Rome Statute of the International Criminal Court (Rome Statute), art. 17(2), July 7, 1998, 2187 U.N.T.S. 90. 보완성 원칙은 통상 보충성 개념을 국제형사법 영역에서 구현한 것으로 받아들여진다(Feichtner 2007). 용어 차이는 뚜렷한 개념적 차이를 적어도 의도적으로 함축하지는 않는 것으로 보인다. 가령 윌리엄 샤바스(William Schabas)에 따르면, 로마규정 기안 단계에서 'complementarity'가 선택된 이유는 단지 유럽연합이 유의어인 'subsidiarity'를 이미 사용하고 있었기 때문이었다(Schabas 2011, 172). 한국 법학자들은 'complementarity' 또한 '보충성'으로 번역하곤 한다[예를 들어 정인섭(2018)].

하게 반박될 수 있다. 경험적으로, 사안을 더 높은 단계에서 일괄적으로 처리하는 게 더 효율적인 경우가 가능할뿐더러(Latimer 2017, 14-16),[15] 효율성의 대가가 부정의(injustice)인 경우, 가령 경제적 효율성의 달성이 분배 부정의를 초래하거나 소수자 억압을 요구하는 경우가 발생할 수 있어서이다(Follesdal 2013, 45). 이러한 경우에도 효율성을 고집해야 한다고 볼 정치철학 이론은 흔치 않다. 대부분의 이론은 이 경우 낮은 단계 우선성 추정이 (적어도 효율성에 의거해서는) 유지될 수 없다고 결론내릴 것이다.

　　**창의적 실험 논변**　창의적 실험 논변은 (국내법 맥락에서 보충성의 대표적 사례로 꼽히는) 연방제 논의에 빈번하게 등장한다. 고전적 선언으로 미국 대법원 판례 *New State Ice Co. v. Liebmann*(1932)에서 루이스 브랜다이스(Louis Brandeis) 대법관이 제시한 "민주주의의 실험실" 논변이 있다. 낮은 단계의 더 작은 공동체가 높은 단계의 더 큰 공동체에 위험을 일으키지 않으면서 "새로운 사회적 그리고 경제적 실험을 할 수 있게" 한다는 발상이다.[16]

　　창의적 실험 논변의 경험적 실현가능성은 불분명하다(Levy 2007, 461). 나아가 이 논변은, 효율성 논변처럼 더 근본적인 개념적 문제에 맞닥뜨린다. 정의로운 사회에서 일부 사회적, 경제적 규범은 실험의 대상이 되어서는 안 된다는 문제이다. 예를 들어 기본권을 불평등하게 보장하거나 소수의 희생으로 다수의 행복을 약간 증진하는 "실험"은 그 창의성과 별개로 받아들일 수 없고, 이러한 실험을 시도하는 낮

---

15　유럽연합의 보충성 원칙이 언급하는 "규모 또는 효과의 이유"가 이에 해당할 것이다(I절 참고).

16　*New State Ice Co. v. Liebmann,* 285 U.S. 262, 311.

은 단계 공동체가 있을 때 그에 대한 우선성의 추정은 반박된다고 보는 게 맞을 것이다.

**민주주의 논변**  민주주의 논변은 "결정은 최대한 시민에게 가깝게 한다"는 유럽연합의 기본 신념에서 드러난다.[17] 이 논변의 핵심 전제는, 결정이 시민에게 더 '가까운' 단계에서 이루어질수록 더 민주적이라는 명제이다. 얼핏 설득력이 있는 듯하지만, 자세히 들여다봤을 때는 역시 제한적으로만 참인 주장이다.[18] 한 가지 문제는, 특정한 낮은 단계 공동체의 의사결정을 공동체 구성원들에게 맡기는 게 공동체 밖에 있는 행위자들에게는 반민주적일 수 있다는 가능성이다. 서맨사 베송(Samantha Besson)이 설명하듯이, 보충성 긍정론자들은 대체로 민주주의의 경계 문제(boundary problem)를 외면한다(Besson 2016, 95). 그러나 적어도 민주주의 논변을 통해 보충성 원칙을 정당화하려고 할 때는 이 문제를 명시적으로 검토하는 게 필요하다. 보충성 원칙이 국경을 넘어 여러 층위에 걸쳐 있는 거버넌스 사안을 규율하려는 시도라는 점을 고려할 때, 서로 다른 국가 시민의 서로에 대한 민주적 정당성 문제를 고민하지 않는 것은 이론적 결함이다.

또 다른 문제는, 낮은 단계 공동체의 정치 제도와 문화가 민주적이지 않을 수 있다는 점이다. 예를 들어 현재 유럽연합 회원국 일부에서는 민주주의 제도와 문화가 심각하게 위협받고 있는데, 이들 국가 내 정치적 의사결정이 연합 단계 의사결정보다 더 민주적이라고 보기

---

17    가령 유럽연합조약(TEU) 전문.
18    래티머는 어느 정도 규모 이상의 공동체라면 어차피 대의제를 택할 수밖에 없다는 점을 들어 낮은 단계 우선성이 더 민주적이라는 주장을 반박하고자 한다(Latimer 2017, 17). 그러나 민주주의 논변은 대의제 유무만을 따지는 게 아니라 근접성에 따른 **정도**의 차이에 주목하므로, 이러한 래티머의 반론은 애초의 논변에 적절하지 않다.

는 어려울 것이다. 이처럼 시민과 '더 가까운' 단계 의사결정이 더 민주적일 것이라는 민주주의 논변의 핵심 전제는 특정한 조건이 충족될 때만 유지된다.

**자기결정권 논변** 끝으로 낮은 단계 우선성이 자기결정권의 적절한 존중에 필요하다는 논변이 있다. 낮은 단계에 결정권을 부여하면, 해당 공동체의 공동자기결정(collective self-determination) 활동이 증진될 것이라는 논변이다(Bermann 1994, 340). 비민주적 공동자기결정이 가능하다고 보는 이상(Cohen 2006), 자기결정권 논변은 민주주의 논변과 별개로 개진할 수 있다. 또 이 논변은 문화적 또는 종교적 결속력이 강한 공동체에 특히 유용할 수 있다(Cf. Besson 2016, 94). 그러나 비민주적 공동자기결정 역시 개인의 중대한 권리나 이해관심(interests)을 침해할 가능성을 수반한다. [일단 개인의 민주주의권(right to democracy)은 확실히 침해하지 않는가?] 이러한 침해에 반대하는 정치철학적 관점을 견지하려면, 보충성 원칙의 추정에 대한 반박 조항을 적극적으로 활용해야 한다.

이렇듯 보충성 원칙은, 초국가 기구에서 국가에 늘 우선순위를 양보하는 "일방통행로"를 만들어내는 게 아니다(Kumm 2009, 298). 그렇다면 보충성 긍정론자들이 말하는 조화의 다른 측면, 즉 보충성 원칙이 고전 국제법상 주권 개념의 문제를 피할 수 있다는 주장은 어떻게 봐야 할까? 위 논의만 보면 이 측면에서는 보충성 원칙이 당연히 바람직하다고 볼지 모른다. 고전 국제법에서는 당연히 주권의 (이를테면) 블랙홀로 빠졌을 사안들이, 보충성 원칙 아래서는 다양한 방식의 추정 반박으로 곧잘 국제적 관심사항이 되지 않는가?

문제는, 보충성 원칙이 "사실 매우 모호하게 규정되어 있"다는 점이다(강원택 2000, 162). 앞서 본 유럽연합 보충성 원칙의 표현들—"충분히 달성", "더 잘 달성", "규모 또는 효과의 이유"—등이나, 국제형사재판소 보완성 레짐이 활용하는 표현인 "수사나 기소의 능력이나 의지가 없을 때"를 세부적으로 따져보면 이해할 수 있다. 이처럼 조약의 언어가 무척 높은 추상의 수준에서 규정됨에 따라 관련 행위자들은 대체로 다양한 독트린을 통해, 말하자면 부분적 · 점진적으로 구체화 작업을 진행한다. 그런데 이 과정에서 또 다른 차원의 비일관성이 발생한다는 게 많은 학자들의 불만이다(Follesdal 1998).

대표적인 예로, 유럽인권재판소의 보충성 원칙 해석 독트린인 판단의 재량 독트린을 들 수 있다. 이 독트린은 유럽인권협약 해석에 있어서 연합 회원국들에게 '판단의 재량'을 주어야 한다는 게 골자인데, 과연 어떤 경우에 어느 정도의 재량이 적절한지에 대해서는 재판소가 개별 판례를 통해 규범을 만들어가고 있다. 보충성 원칙 자체가 널리 호평받는 만큼 판단의 재량 독트린은 널리 혹평받는데(Letsas 2006, 705), 독트린 발전에 있어서 재판소의 기준이 무엇인지가 불분명하며 실은 양립할 수 없는 여러 기준에 기대고 있는 게 아니냐는 것이다. 조지 렛사스(George Letsas)는 나아가, 관련 판례를 개별적으로 분석해 보면[19] 받아들이기 어려운 방식의 공리주의적 사고가 자주 작동한다고 주장한다. 가령 재판소는 노골적 성행위를 묘사한 출판물이나 국가 안전 조치에 대한 주요 판례에서 국가가 다수의 도덕적 선호를 더 잘 알 수 있으므로 국가에 판단의 재량을 줘야 한다고 추론한다. 그런데 이는 다수의 도덕적 선호에 따라 개인의 인권의 영역이 달라질 수 있다

---

19   선명한 최신 논의로는 김대순(2013)의 글이 있다.

는 인식을 전제하여, 연합 차원 신념이라고 할 수 있는 자유주의 원칙
들을 "명백하게 위반"한다는 것이다.[20] 적어도 보충성 원칙이 인간의
존엄성과 같은, 현대 국제법에서 새롭게 부상하는 가치를 구현하리라
는 기대(Carozza 2003, 40-45)와는 동떨어진 전개이다.


## IV. 규범 이론의 밑그림: 정당화 개인주의의 국제법적 발현

이처럼 보충성 원칙의 형식 또는 구조가 어떤 내용으로 이어질지는,
그 해석과 적용을 담당하는 행위자들이 어떤 가치체계나 정치적 고려
를 활용하느냐에 따라 달라진다. III절에서 검토한 논변들은 공통적
으로 1) 낮은 단계 우선성과 특정한 정치적 또는 도덕적 가치 사이 연
결을 주장한다. 그런데 2) 연결이 성립하지 않아서 낮은 단계 우선성
의 추정이 반박되는 경우가 꽤 생긴다. 위 논의에서는 이러한 1)과 2)
의 패턴을 보여주는 예시 위주로 논의를 진행했다. 각각의 논변에 대
해 정확히 언제 추정이 반박되는지를 총체적으로 파악하는 작업은 이
글의 범위를 벗어나는, 그리고 상당히 복잡한 문제일 것이다.[21] 그러나
그러한 총체적 작업과 별개로 이끌어낼 수 있는 교훈이 있다. 요컨대
보충성 원칙의 추정이 이렇듯 빈번하게, 그리고 다양한 이유로 반박될
수 있다면, 그 혼란스러움을 체계적으로 다스릴 배경 규범 이론이 필요
하다는 것이다. 예를 들어 효율성과 개인의 권리가 충돌할 때 또는 공

---

20   Letsas(2006, 371). 렛사스도 인정하듯이, 이러한 공리주의적 경향에 예외가 없는 것은
     아니다. 가령 아래 IV절에서 한 가지 최근 예외를 논의한다.
21   예를 들어 래티머와 같은 회의론자는, 보충성 원칙을 추정 규칙이라고 부를 수 없을 정
     도로 추정이 자주 무너진다고 주장한다(Latimer 2017, 19). 여기서는 이렇듯 추정성을 아
     예 부정하는 이론은 고려하지 않는다. 또 이어지는 논의는 이 쟁점에 영향받지 않는다.

동체와 개인의 이해관심이 양립할 수 없을 때 이를 어떻게 조율할 것인지, 또 애초에 공동체나 개인의 이해관심과 권리에는 어떤 것이 있는지 등이 이론화되고, 보충성 원칙의 적용에 반영될 때 비로소 보충성 원칙은 주권과 국제법 사이 혼돈이 아닌 조화를 이룰 수 있을 것이다.

달리 말해, 낮은 단계 우선성의 추정을 보존할지는 기저의 국제법 규범 이론에 근거해서야 결정할 수 있다(Follesdal 2013, 61; Kumm 2009). 이런 면에서 보충성의 개념이 그 자체로 주권 개념의 성공적인 대안이 된다고는 보기 어렵다. 예를 들어, 지속적이고 광범위하게 아파르트헤이트 정책을 펴는 국가에 유엔 차원에서 경제 제재를 가하는 경우를 생각해보자. 주권의 언어로 표현했을 때 문제는 국가의 국가 단위 인종 정책이 국제사회의 정당한 관심사가 아닌 국가 주권의 사안인지일 것이다. 답을 찾으려면, 인종차별철폐 권리를 포함한 인권이 언제 어떤 의미에서 국제적 관심사항인지에 관한 특정한 실질적 규범 판단(substantive normative judgments)을 내려야 한다. 그런데 문제를 보충성의 언어로 표현했을 때에도 유사한 진단이 나온다. 이때 문제는, 안전보장이사회를 포함한 유엔 제도가 우선적으로는 국제인권법의 집행을 개별 국가에 위임한다는 점에도 불구하고(Beitz 2009; Hathaway & Shapiro 2011) 지속적이고 광범위한 아파르트헤이트 정책이 발견되는 경우에는 직접 움직이는 게 적절한지이다. 그리고 답은 역시 인권의 국제적 성격에 관한 실질적 규범 판단에 근거해야 한다. 보충성을 더 추상적으로, 즉 보충의 방향성을 특정하지 않은 채 두 개 이상 단계의 제도나 규범 사이 보충적 관계성으로만 이해하더라도(Neuman 2013, 361) 상황은 당연히 같다.

이렇듯 보충성 원칙이 실질적 규범 판단을 가능하게 하는 기저 규범 이론을 필요로 한다면, 어떤 이론이 적합할까. 해당 이론을 세밀하게 구성하는 것은 이 글에서 완성할 수 없는 규모의 기획이지만, 핵심 명제를 중심으로 이론적 밑그림 정도는 탐색할 수 있다. 여기서는, 앞으로 더 많은 논의를 촉발할 목적으로 하나의 밑그림을 제시한다.

　20세기 중반 이후 국제법의 한 가지 큰 변화는, 법의 내용과 집행에서 개인의 관점을 반영하기 시작했다는 것이다(Henkin 1999; Besson 2011). 국제법과 제도는 인권법, 난민법, 국제형사법, 국제인도법 등을 주축으로 산발적으로나마 개인의 개별적 시각을 반영하는 방향으로 진화하고 있다.[22] 보충성의 영역에서도 마찬가지이다. 국제 단계 제도가 국가 단계 제도를 보충할 뿐이라는 전반적인 추정은 국가가 영토 관할권 내 개인의 권리나 중대한 이해관심을 침해하거나 제대로 보호하지 못할 때 반박될 수 있다(Carozza 2003; Follesdal 2013). 이러한 경향은 규범적 개인주의(normative individualism), 즉 "가치의 궁극적 보유자는 개별 인간들이다"는 신념으로 묘사되기도 하고(Follesdal 2013, 99), 인간 존엄성의 가치 반영으로 이해되기도 한다(Carozza 2003). 그러나 조금 더 정확한 이해는, 국제법과 정치가 특정한 가치론을 전제하는 것을 넘어 새로운 방법론을 불완전하게나마 도입하는 중이라고 보는 것이다. 이 방법론은 '정당화 개인주의'라고 부를 수 있을 텐데, 제도와 규범의 정당화는 그 적용을 받는 각 개인에게, 그 사람의 개별적 이유(individual reasons)에 근거해 정당화되어야 한다는 게 핵심이다. 여기서 개별적 이유는 공동체—예컨대 어떤 국가, 민족, 종족, 또는 종교적 집단—의 이유들, 또는 여러 개별적 이유를 합산(aggregate)한 것과는 구별된다(Frick 2015, 176). 정당화 개인주의를 적용하면 가령, 어느 국가 내 다수가 아파르트헤이트 정책을 지지한다

---

22　예를 들어 Lauren(2011) 참고.

고 해도, 유엔 차원에서 낮은 단계 우선성의 추정을 뒤집고 개입할 근
거가 생긴다. 또 다른 예로, 소수의 노동권 박탈로 다수가 조금 더 풍
족해지거나, 공동체가 조금 더 높은 경제성장률을 달성할 수 있을 때,
해당 노동정책은 이러한 합산된 이득에 근거해서가 아니라 각 개인에
게 정당화되어야 한다는 게 정당화 개인주의의 시각이다.

정당화 개인주의는 윤리학에서는 흔히 볼 수 있는 입상이다. 예
를 들어 토머스 스캔런(Thomas M. Scanlon)의 계약주의(contractual-
ism)는 정당화 개인주의의 적용을 통해 개인들이 서로에게 지는 의무
를 찾아내는 이론이다(Scanlon 1998). 그러나 상대적으로 법·정치철
학, 특히 국제적 맥락에 관한 논의에서는 정당화 개인주의를 체계적으
로 활용한 사례를 찾기 어려운데, 이는 위에서 설명한 실정법과 제도
의 진화 면모, 즉 점진적으로 개인의 관점과 이해관심, 권리를 반영하
는 추세로 볼 때 의아한 일이다. 말하자면 정당화 개인주의는 이러한
실정법과 제도의 변화를 이론화하기에 적합한 자원이며, 특히 보충성
원칙의 이론적 체계화에 유용하다는 게 이 글의 제안이다.[23]

이 제안을 이해하기 위해, 앞서 정식화한 보충성 원칙을 환기해
보자.

어떤 사안이 다층 정치 질서에서 복수의 층위가 그에 대한 기능권한을

---

23    정당화 개인주의는 윤리학에서 일종의 일반이론이다. 마찬가지로, 법·정치철학적으로
     도 광범위한 역할을 할 수 있으리라 본다. 그렇다면, 정당화 개인주의는 단지 이미 존재
     하는 법 규범―예를 들어 보충성 원칙―의 토대를 제공하는 것만이 아니라, 독립적으
     로 작용하여 가령 법적·제도적 개혁을 뒷받침할 수도 있을 것이다. 다만 이처럼 전반적
     인 이론을 여기서는 충분히 설명할 수 없으므로, 그 가능성만 밝혀둔다. 보충성 원칙과
     정당화 개인주의의 관계를 더 자세히 규명할 필요성을 지적해주신 익명의 심사위원께
     감사드린다.

동시에 가지는 사안인 이상, 마치 더 낮은 단계에서 권한을 행사하는 게 사실인 듯 진행하라. 단, 더 낮은 단계에서 권한을 행사하는 게 사실이 아니라고 믿을 (충분한) 이유가 주어지지 않는 이상 그리고 이러한 이유가 주어질 때까지 그렇게 하라.

이렇게 보면, 보충성 원칙의 운용은 "더 낮은 단계에서 권한을 행사하는 게 사실이 아니라고 믿을 (충분한) 이유"가 무엇인지에 달려 있다. 정당화 개인주의를 도입하면, 이러한 이유를 식별하는 데 예컨대 다음과 같은 해석 규범을 활용할 수 있을 것이다.

낮은 단계에서 권한을 행사할 때 개인의 (a) 기본적 이해관심(basic interests)의 부당한 저해나 (b) 기본권의 부당한 침해가 충분한 확률로 우려된다는 점은 낮은 단계에서 권한을 행사하는 게 사실이 아니라고 믿을 (충분한) 이유가 된다.

이 규범을 더 자세히 살펴보자. 우선, 이 규범은 개인에 대한 정당화가능성을 개인의 기본적 이해관심과 기본권으로 구체화한다. 이러한 방식의 구체화가 정당화 개인주의에 필수적인 것은 아니다. 다만 기본적 이해관심과 기본권이 정치이론에서도 그리고 현실 법과 정치에서도 널리 쓰이는 개념적 통화(conceptual currency)란 점을 고려할 때, 적절한 구체화로 보인다.

둘째로, 이 해석 규범을 위의 추정 규칙과 함께 운용하면, 다음의 패턴이 성립될 것이다. 더 높은 단계에서의 권한 행사가 개인의 기본적 이해관심의 심각한 저해나 기본권 침해로 이어질 우려가 있을 때는, 낮은 단계 우선성 추정을 그대로 적용함으로써 이러한 저해나 침해를 막는다. 반대로 더 낮은 단계에서의 권한 행사가 개인의 기본적 이해관심의 심각한 저해나 기본권(basic rights)의 침해로 이어질 충분한 우려가 있다면, 해석 규범이 적용되므로 낮은 단계로의 추정이 뒤집어지고, 그럼으로써 해당 저해나 침해를 막을 수 있다. 요컨대 권한 행사의 **방향**이 어느 쪽으로 결정되든, 그 판단의 근거와 **결과**는 일관될 것이다.

　끝으로 이러한 규범이 현재 유관 제도 및 법과 어떻게 조화를 이룰 수 있을지를 물을 수 있다. 보충성이 전반적으로 작동하는 두 영역, 즉 국제인권과 유럽연합의 사례를 각각 따져보자. 먼저 국제인권법과 제도는 이미 여기서 제시하는 추정 규칙과 해석 규범에 따라 운영된다고 볼 수 있다. 국제적으로 인권 보호 의무는 찰스 바이츠(Charles Beitz)가 "두 단계 모델"(two-level model)이라고 부르는 방식으로 배분되는데, 국가가 자국 영토 내 모든 개인의 인권 보호에 일차적 책임을 지고, 국가가 온전히 책임을 다하지 못할 때 국제사회의 다양한 행위자들이 이차적 책임을 진다는 것이다(Beitz 2009, 109). 이러한 두 단계 모델은 인권의 다양한 세부영역, 예컨대 국가의 우선적인 의무와 국제협력의 책임을 구분하는 여러 인권 조약, 보완성 원칙을 활용하는 국제형사법, 그리고 국가가 보호책임의 "최전선"이라고 보는 보호책임 의무 독트린에(ICISS 2001, 14) 이르기까지 일관되게 활용된다.

　유럽연합의 경우는 조금 더 복잡하다. 그러나 이 경우에도 역시 정당화 개인주의에 따라 보충성을 운용하는 게 가능하며, 나아가 연합의 기본 신념들을 총체적으로 고려할 때 바람직하다. 조약에 규정된 바 유럽연합의 보충성 원칙은, "규모 또는 효과의 이유"가 생길 때 당사국이 아닌 연합 단계의 권한 행사를 허용한다. 여기서 중요한 '효과' 가운데 하나는, 당사국의 권한 행사에 따른 개인의 기본적 이해관심

또는 기본권이 위협받는 상황일 것이다. 이러한 해석은 지역 인권 체계를 갖추고 있는 유럽연합의 기본적인 가치체계, 그리고 보충성 원칙의 도입의 한 가지 목적이 결정을 "최대한 시민에게 가깝게" 이루어지도록 하는 것이라는 점에서 드러나는 개인의 중요성으로 그 합당함이 확인된다. 렛사스가 유럽인권재판소의 판단의 재량 독트린 운용을 두고 연합의 자유주의적 신념과 양립할 수 없는 공리주의적 판결이라고 비판하는 것도 같은 맥락이다(Letsas 2006).

또 한 가지 염두에 둘 점은, 판단의 재량 독트린에도 불구하고 유럽인권재판소는 많은 상황에서 국가나 공동체의 안전, 안보, 신념 등을 근거로 한 개인의 기본권 침해에 제동을 걸기도 한다는 것이다. 이러한 일련의 판례는 정당화 개인주의의 구체적 사례로도 해석할 수 있다.[24] 예를 들어 재판소는 최근 *Sekmadienis* 사건에서 종교적 의미가 담긴 것으로 해석될 수 있는 상업 광고를 제한하는 국가 조치에 제동을 걸었다.[25] 이 사건에서 리투아니아 정부는, 리투아니아의 한 의류 회사가 광고에 "Jesus, what trousers!" "Dear Mary, what a dress!" 등의 문구와 해당 종교적 인물을 연상시키는 그림을 삽입한 것을 공중도덕(public morals)을 이유로 규제하고자 했다. 재판소는 상업적 표현의 규제에 있어 상당히 폭넓은 판단의 재량이 존재한다고 인정하면서도, 이러한 재량이 무한하지는 않으며 해당 규제는 유럽인권조약과 합치하지 않는다고 결론지었다. 이 과정에서 재판소는, 리투아니아의 다수 종교가 로마 가톨릭 기독교인 게 사실이더라도, 국민 가운데 다른 기독교인 그리고 비기독교인 또한 존재하는 이상 로마 가톨릭교에 모

---

24   이러한 가능성을 지적해주신 익명의 심사위원께 감사드린다. 지면 제약을 고려해서 포괄적 검토는 다음 기회로 미루고, 여기서는 한 가지 예시를 살펴본다.

25   *Sekmadienis Ltd. vs. Lithuania*, 69317/14, [2018] ECHR 112.

욕적인 표현이 그로써 공중도덕을 해친다고 볼 수 없다고 논증했다.[26] 다수 종교의 신념이 곧 공중도덕의 전부라는 식의 추론은, 다수 종교를 믿지 않는 개인들에게 부당하다는 지적이다. 이는 여러 개별적 이유의 합산이 아닌 각 개별적 이유에 근거한 정당화의 예시로 볼 수 있다.

한 가지 첨언으로 이 절의 논의를 마무리한다. 이 글은 보충성 원칙의 지성사적 맥락을 다루지는 않았지만, 이 원칙을 정당화 개인주의의 제도적 표현으로 이해하자는 취지는 원칙의 기독교적 기원과도 잘 맞는다. 통상 보충성 원칙의 기원을 기독교 사회윤리에서 찾는데, 특히 파시즘에 맞서 개인의 존엄성을 지키려는 교회의 노력이 보충성 원칙으로 발현됐다고 이해하는 게 일반적이다(박재정 1997, 126; 김영일 2004; 김영일 2005; 한귀현 2012; Evans & Zimmermann 2014, 1-7). 이러한 주류사적 견해가 맞는다면, 정당화 개인주의로 해석한 보충성 원칙은 (적어도 어느 정도 추상적인 차원에서는) 역사적 연속성 또한 획득할 수 있을 것이다.


## V. 맺음말

현재 국제법학계에서는 보충성 관련 논의가 "유행하고" 있다(Besson 2016, 69). 그러나 깊이 있는 규범적 검토는 부족한 상황이고, 이는 국내 학계 논의에서도 마찬가지이다. 이 글은 보충성 긍정론의 한 가지 중요한 갈래, 즉 보충성이 주권의 대안으로 유용하다는 입장의 규범적 타당성을 비판적으로 검토했다. 그 결과, 주권 개념이 그 자체로 국제

---

26    Sekmadienis Ltd., §80.

적 또는 초국가적 제도와 국가 사이 적절한 역할 분담을 결정해줄 수 없듯이, 보충성 원칙도 별도의 규범 이론을 통해서만 해답을 제시해줄 수 있다고 논변했다.

그러나 이러한 결론에 이르렀다고 해서 보충성 원칙의 구조적 장점, 즉 배분 여부만을 정하는 게 아니라 배분의 우선순위를 추정함으로써 얻을 수 있는 유연성을 폄하할 필요는 없다. 이러한 유연성은 적절한 실질적 규범 이론과 결합됐을 때 힘을 발휘할 수 있다. 또 이 글이 제안한 정당화 개인주의 규범 이론 역시, 보충성 원칙의 유연성을 활용했을 때 그 제도적 표현이 한결 용이해진다.

이 글이 밑그림 형태로 제안한 정당화 개인주의 이론을 성공적으로 구현하려면 상당한 추가 작업이 필요하다. 정치·법철학적 관점에서 특히 중요한 작업은, 추상적 수준 이론인 정당화 개인주의와 일상 정치에서 흔히 논의되는 보충성 관련 논변들, 즉 위 III절에서 다룬 자유, 효율성, 창의적 실험, 민주주의, 그리고 자기결정권 논변들과의 관계를 더 분명히 밝히는 것이다. 앞서 보았듯이, 이들 논변은 개별적 적용과 서로와의 관계에서 상당한 혼란스러운 모습을 보인다. 정당화 개인주의 이론이 보충성 원칙의 기저 규범 이론으로 적합하려면 정당화 개인주의를 활용해서 이러한 혼란을 일관되게 정리하는 게 가능해야 한다. 그리고 이는 개별 논변과 정당화 개인주의의 관계 규명을 필요로 한다. 예를 들어 정당화 개인주의의 추상 명제로부터 정치적 민주주의의 정당성을 논증할 수 있는지, 정당화 개인주의가 상정하는 인간관에 비추어볼 때 사회적 효율성은 어느 정도로 중요한 고려사항이 될 수 있는지 등의 질문에 답해야 한다는 것이다. 보충성 원칙의 규범적 검토는 이러한 작업을 통해 완성될 수 있을 것이다.

# 참고문헌

## I. 국내 문헌

### 1. 단행본

박상섭. 2008.『국가·주권』. 소화.

성인섭. 2018.『신 국제법 강의: 이론과 사례』8판. 박영사.

### 2. 논문

강원택. 2000. "유럽통합과 다층 통치체제."『국제정치논총』40집 1호.

김대순. 2013. "유럽인권재판소의 '판단의 재량' 독트린."『국제법학회논총』58집 2호.

김영일. 2004. "연방주의 비교연구－'보조성의 원리(Subsidiaritaetsprinzip)'에 기초한 새로운
공동생활의 패러다임 모색."『국제정치논총』44집 3호.

_____. 2005. "유럽통합에 나타난 연방주의 이념."『한국정치학회보』39집 2호.

박재정. 1997 "유럽연합의 공동체권한과 회원국가권한의 배분에 관한 연구."『국제정치논총』
37집 2호.

이옥연. 2003. "다층구조 거버넌스로서의 연방체제."『한국정치학회보ㅍ 37집 5호.

전훈. 2005. "유럽헌법상의 보충성원칙."『공법학연구』6집 3호.

한귀현. 2012. "지방자치법상 보충성의 원칙에 관한 연구."『공법학연구』13집 3호.

## II. 외국 문헌

### 1. 단행본

Beitz, Charles R. 2009. *The Idea of Human Rights*. Oxford: Oxford University Press.

Buchanan, Allen. 2004. *Justice, Legitimacy, and Self-Determination*. Oxford: Oxford
University Press.

Crawford, James. 2012. *Brownlie's Principles of Public International Law*. 8th ed.
Oxford: Oxford University Press.

Hinsley, F.H. , 1986. *Sovereignty*. 2nd. ed. Cambridge: Cambridge University Press.

Krasner, Stephen D. 1999. *Sovereignty: Organized Hypocrisy*. Princeton: Princeton
University Press.

Lauren, Paul Gordon. 2011. *The Evolution of International Human Rights*. 3rd ed.
Philadelphia: University of Pennsylvania Press.

Philpott, Daniel. 2001. *Revolutions in Sovereignty: How Ideas Shaped Modern
International Relations*. Princeton: Princeton University Press.

Ratner, Stephen R. 2015. *The Thin Justice of International Law: a Moral Reckoning of
the Law of Nations*. Oxford: Oxford University Press.

Scanlon, T.M. 1998. *What We Owe to Each Other*. Cambridge, MA: Harvard University

Press.

Schabas, William A. 2011. *An Introduction to the International Criminal Court.* 5th ed. Cambridge: Cambridge University Press.

Shapiro, Scott. 2011. *Legality.* Cambridge, MA: Harvard University Press.


2. 논문

Bermann, George A. 1994. "Taking Subsidiarity Seriously: Federalism in the European Community and the United States." *Columbia Law Review* 94(2).

Besson, Samantha. 2011. "Sovereignty." in *Max Plank Encyclopedia of Public International Law.* http://opil.ouplaw.com/home/EPIL. 2018년 8월 18일 접속.

_____. 2016. "Subsidiarity in International Human Rights Law—What Is Subsidiary About Human Rights?" *The American Journal of Jurisprudence* 61(1).

Buchanan, Allen & Robert Keohane. 2006. "The Legitimacy of Global Governance Institutions." *Ethics and International Affairs* 20(4).

Carozza, Paolo G. 2003. "Subsidiarity as a Structural Principle of International Human Rights Law." *American Journal of International Law* 97(1).

Charney, John I. 1997. "Book Review: Law Decisions in National Courts. Edited by Thomas M. Franck and Gregory M. Fox. Irvington-on-Hudson, NY: Transnational Publishers, 1996. pp.402." *American Journal of International Law* 91(2).

Cohen, Joshua. 2006. "Is There a Human Right to Democracy?" in *The Egalitarian Conscience: Essays in Honor of G. A. Cohen.* edited by Christine Sypnowich. Oxford: Oxford University Press.

Evans, Michelle, & Zimmermann, Augusto. 2014. "The Global Relevance of Subsidiarity: An Overview." in *Global Perspectives on Subsidiarity.* edited by Michelle Evans and Augusto Zimmermann. New York: Springer.

Feichtner, Isabel. 2007. "Subsidiarity." in *Max Plank Encyclopedia of Public International Law.* http://opil.ouplaw.com/home/EPIL 2018년 8월 18일 접속.

Follesdal, Andreas. 1998. "Survey Article: Subsidiarity." *Journal of Political Philosophy* 6(2).

_____. 2013. "The Principle of Subsidiarity as a Constitutional Principle in International Law." *Global Constitutionalism* 2(01).

Frick, Johann. 2015. "Contractualism and Social Risk." *Philosophy and Public Affairs* 43(3).

Godden, D. M., & Walton, D. N. 2007. "A Theory of Presumption for Everyday Argumentation." *Pragmatics & Cognition* 15(2).

Hathaway, Oona, & Scott J. Shapiro. 2011. "Outcasting: Enforcement in Domestic and International Law." *Yale Law Journal* 121(2).

Henkin, Louis. 1999. "That 'S' Word: Sovereignty, and Globalization, and Human Rights, Et Cetera." *Fordham Law Review* 68(2).

Jackson, John H. 2003. "Sovereignty-Modern: a New Approach to an Outdated Concept." *American Journal of International Law* 97(4).

Kreimer, Seth F. 2001. "Federalism and Freedom." *Annals of the American Academy of Political and Social Science* 574.

Kumm, Mattias. 2009. "The Cosmopolitan Turn in Constitutionalism: on the Relationship Between Constitutionalism in and Beyond the State." in *Ruling the World? Constitutionalism, International Law, and Global Governance.* edited by Jeffrey L. Dunoff and Joel P. Trachtman. Cambridge: Cambridge University Press.

_____. 2016. "Sovereignty and the Right to Be Left Alone: Subsidiarity, Justice-Sensitive Externalities, and the Proper Domain of the Consent Requirement in International Law." *Law and Contemporary Problems* 79(2).

Latimer, Trevor. 2017. "Against Subsidiarity." *Journal of Political Philosophy.* https://doi.org/10.1111/jopp.12147 2018년 8월 18일 접속.

Letsas, George. 2006. "Two Concepts of the Margin of Appreciation." *Oxford Journal of Legal Studies* 26(4).

Levy, Jacob T. 2007. "Federalism, Liberalism, and the Separation of Loyalties." *American Political Science Review* 101(03).

Marquardt, Paul D. 1994. "Subsidiarity and Sovereignty in the European Union." *Fordham Journal of International Law* 18(2).

Neuman, Gerald L. 2013. "Subsidiarity." in *The Oxford Handbook of International Human Rights Law.* edited by Dinah Shelton. Oxford: Oxford University Press.

Osiander, Andreas 2001. "Sovereignty, International Relations, and the Westphalian Myth." *International Organization* 55(2).

Ryngaert, Cedric. 2014. "Subsidiarity and the Law of Jurisdiction." SSRN: http://dx.doi.org/10.2139/ssrn.2523327 2018년 8월 18일 접속.

Schreuer, Christoph. 1993. "The Waning of the Sovereign State: Towards a New Paradigm for International-Law?" *European Journal of International Law* 4(4).

Slaughter, Anne-Marie. 2004. "Disaggregated Sovereignty: Towards the Public Accountability of Global Government Networks." *Government and Opposition* 39(2).

Spano, Robert. 1993. "Universality or Diversity of Human Rights?: Strasbourg in the Age of Subsidiarity." *Human Rights Law Review* 14(3).

Tiebout, Charles M. 1956. "A Pure Theory of Local Expenditures." *Journal of Political Economy* 64(5).

Ullman-Margalit, Edna. 1983. "On Presumption." *The Journal of Philosophy* 80(3).

3. 조약

Consolidated Version of the Treaty on European Union, 2012 O.J. C 326/13.

Convention for the Protection of Human Rights and Fundamental Freedoms, Nov. 4,

1950, 213 U.N.T.S. 221.

Rome Statute of the International Criminal Court (Rome Statute), July 7, 1998, 2187 U.N.T.S. 90.

4. 판례

*New State Ice Co. v. Liebmann*, 285 U.S. 262 (1932).

*Sekmadienis Ltd. vs. Lithuania*, 69317/14, [2018] ECHR 112.

*S.S. Lotus (France v. Turkey)*, 1927 PCIJ Reports, Series A, No. 10.

*S.S. Wimbledon (U.K. v. Japan)*, 1923 PCIJ Reports, Series A, No. 1.

5. 자료

International Commission on Intervention and State Sovereignty (ICISS). 2001. *Responsibility to Protect: a Report of the International Commission on Intervention and State Sovereignty.*

제8장

# 국제정치이론에서 주체-구조 문제 논의의 재검토[*]

신욱희

[*]    자료정리를 도와준 서울대학교 대학원 외교학전공 신수안 양에게 감사한다.

# I. 서론

미국의 국제정치학자인 웬트(Wendt 1987)가 *International Organization*에 주체-구조 문제에 관한 논문을 게재하고, 학계에서 구성주의 논쟁이 시작된 지 벌써 30년이 지났다. 웬트는 자신의 글에서 월츠(Waltz)의 신현실주의와 월러스타인(Wallerstein)의 세계체제론을 '개체론적 환원주의'와 '구조의 물신화'로 각각 비판하고, 기든스(Giddens)의 구조화(structuration) 이론을 대안으로 제시하였다.[1] 그의 결론은 행위 주체와 체제의 구조가 서로를 구성한다(co-constitute)는 것이었는데, 이후의 구성주의 논의는 이를 기반으로 해서 전개되었다. 하지만 구성주의에 대한 이론적 논의와 경험적 연구의 축적에 비해서, 막상 '주체-구조'의 상호작용에 대한 직접적인 이론적/경험적 연구를 통한 '문제'의 해결을 시도한 작업은 그다지 많지 않았다고 생각된다.[2]

이 글은 그러한 전제 아래서 주체-구조 문제에 대한 최근 연구의 검토를 통해서 상호구성의 구체적인 과정과 그것이 갖는 복잡성의 측면을 고찰하고, 상호구성이라는 단순한 주장이 가져오는 교착상태, 그리고 그에 대한 'so what?' 비판에 대응할 수 있는 방법과 이 문제의 논의를 지역수준으로 좁히는 방식에 대하여 살펴보고자 한다. 따라서 이 논문은 구체적인 이론적 주장을 제기한다기보다는 주체-구조 연구에 대한 검토를 통해 이 문제에 대한 성찰이 국제정치의 이론과 실천에 주는 의미를 다시 생각해 보는 목적을 갖는다고 할 수 있다.

---

1    물론 웬트와 기든스 이외에도 짐멜(Simmel), 엘리아스(Elias), 파슨스(Parsons), 부르디외(Bourdieu), 버거와 루크만(Berger and Luckmann), 콜만(Coleman), 허렐만(Hurrelmann), 웅거(Unger) 등의 구성주의와 연관된 다수의 이론가들이 존재한다.

2    이 논문에서 다루어지는 Wight(2006)와 Klotz and Lynch(2007)가 예외적인 문헌이라고 할 수 있다.

## II. 과정

주체와 구조가 서로를 구성하는 과정의 고찰에 앞서 다루어져야 할 것은 분석수준의 문제와 주체-구조 문제 사이의 차이와 연관성에 대한 부분이다. 웬트는 분석수준의 논의는 규제적인 규칙을 다루는 '설명'의 문제이고, 주체-구조의 논의는 구성적인 규칙을 다루는 '이해'의 문제에 가깝다고 보았다. 그는 "우리가 만약 분석수준의 논의를 무엇이 외생적으로 주어진 행위자의 행태를 유도하는가에 대한 질문을 위한 것으로 두고, 주체-구조의 논의를 무엇이 우선 그러한 행위자의 속성을 구성하는가의 질문을 위한 것으로 둔다면 이에 대한 혼돈에서 가장 잘 벗어날 수 있다"라고 말하면서(Wendt 1992, 185),[3] 양자의 차이를 상대적으로 강조하고 있다.

하지만 자신의 1987년 논문에서 웬트는 상호구성의 과정을 탐구하기 위한 '구조적-역사적' 연구방법을 인과적 권력이나 관습, 그리고 국가들이 이익을 정의하는 방식에 대한 '추상적인' 분석과 특정한 사건에 이르게 되는 인과적으로 중요한 국가들의 선택과 상호작용의 진행 과정을 추적하는 '구체적인' 분석의 결합이라고 설명하였다.[4] 그는 또한 구조적인 연구와 역사적 연구를 동시에 수행하는 것의 난점을 지적하면서 때로는 주체와 사회적 구조 중 한편을 주어진 것으로 보고 다른 한편이 갖는 설명적 영향을 검토하는 것이 필요하다고 지적하였는데, 이는 결국 상호작용의 분석에 있어서 주체-구조의 문제와

---

3    이 비교에 따르면 Waltz(1959)는 전형적인 분석수준의 논의에 해당할 것이다.
4    역사적 접근을 사용하는 국제정치이론가들의 '구체적인' 분석의 도구 중 하나는 과정 추적(process tracing)의 방법이라고 할 수 있다. 최근의 논의로 Bennett and Checkel(2015)를 참조할 것.

분석수준의 문제가 연결될 수밖에 없다는 것을 의미한다고 할 것이다 (Wendt 1987, 361-365). 따라서 이 글은 양자의 연계, 즉 다양한 주체적 행위자와 다양한 층위의 구조가 병존하면서 서로에 영향을 미치고 있다는 것을 출발점으로 해서 논의를 전개하게 될 것이다.[5]

주체와 구조의 역사적인 상호구성의 과정을 잘 보여주는 것은 근대국가와 국제체제의 형성에 대한 일련의 역사사회학자들의 작업이다. 틸리(Tilly 1985)는 전쟁의 수행(war making), 국가의 형성(state making), 보호(protection), 수취(extraction)의 상호의존적 전개를 통해서 근대국가가 성립되고 전쟁이 국제체제의 통상적인 조건으로 자리 잡게 되는 동시적인 과정을 서술하였다. 기든스도 유사한 맥락에서 근대국가와 '국제관계'(international relations)의 '발명'(invention)을 설명하고 있다. 그는 절대주의 국가와 근대국가에서 군사력이 갖는 영향에 대한 고찰을 통해서 유물론적 사관의 대안으로서 '단절적인' 근대사 해석을 제시하는데, 그 과정에서 기든스(Giddens 1987, ch. 10)가 주목하는 것은 경제력과 군사력의 결합, 국가의 행정 능력의 확산, 그리고 그와 연관된 일련의 우발적인 역사적 전개의 요소이다.

크라토크빌(Kratochwil 1986)은 '경계'(boundary) 기능의 변화에 대한 관찰을 통해 이러한 상호작용의 과정에 대한 비교역사적 분석을 제시한다. 그에 따르면,

> 역사를 통한 경계 기능의 변화는 서로 다른 국내적, 국제적 체제 사이의 상호작용의 속성과 유형의 차별성을 드러내는 데 있어 유용하다…

---

5 필자는 1995년의 논문에서는 분석수준의 논의를 주체-구조의 문제와 좀 더 분석적인 차원의 '상호적 접근법'(interactive approach)으로 구분해서 논의한 바 있다. 신욱희(1995)를 볼 것.

경계 기능의 전환에 관한 관찰은 현재의 영토국가체제의 기원과 진화를 좀 더 잘 이해할 수 있게끔 해준다(27).

그는 국가가 그를 통해 영토적 주권의 배타적 속성을 완화시키고 자신의 관계들을 관리하는 다양한 방식이 존재한다고 지적하면서 (Kratochwil 1986, 41), 다음과 같이 이야기하고 있다.

이 (현재의 세계) 체제는 국제정치의 조직원리로서 보편적인 영토성 인정에 있어서의 갈등적인 경향과 영토적 배타성을 침식하는 증대되는 상호의존성으로의 뚜렷한 반대 경향에 의해서 특징 지어진다(51).

이러한 문제의식은 세계화에 대한 이후의 논의로 이어졌다. 예를 들어 헬드(Held)와 그의 동료들은 근대 초기, 근대, 현대의 군사적 세계화 양상을 비교하고 그 정치적 의미를 검토하였다(Held et al. 1999, ch. 2).
　현재의 사례들을 다루면서 구성주의자들은 자신들의 접근법 내지 방법론에 대해 좀 더 정교한 분석틀을 제공하려고 노력하였다. 대표적인 학자로 클로츠(Klotz)를 들 수 있는데, 그녀와 다른 학자들은 *International Studies Review*의 포럼을 통해서 주체–구조 문제를 재론한 바 있다. 그들은 위에서 언급된 설명과 이해의 구분 문제를 다루면서, '인과적 기제'와 '담론적 관습'에 각각 기반하는 두 방법론 사이의 공통점과 연결에 있어서의 한계를 함께 지적한다(Klotz 2006). 이후의 저서에서 클로츠와 린치(Lynch)는 주체와 구조 사이의 상호작용의 과정에 있어서 매개로 작동하는 정체성(identity)의 역할 분석을 위한 방법론을 제시하였다. 그들에 의하면(Klotz and Lynch 2007),

주체와 구조 사이의 상호구성의 존재론을 유지하면서 구성주의자들
은 정체성을 시기와 맥락에 따라 변화하는 사회적 관계로 간주하고 있
다… 따라서 구성주의자들은 경험적 연구에서 자아(self)에 대한 의식,
그것의 의미들과 그들의 재귀적인 영향의 전개에 있어서 맥락과 행위
를 연결하는 과정을 탐구한다(65).

그들은 상대적으로 엘리트의 역할이 강조되는 표상적 접근(rep-
resentational approach)과 사회적 수준의 관념이 중시되는 사회정체
성 이론(social identity formation)을 결합하는 과정 지향적 방법론
(process-oriented methodology)을 통해서 정체성이 갖는 본질적인
유동성을 간파하고자 한다(Klotz and Lynch 2007, 66). 이와 유사하게
프랑크(Franke)와 루스(Roos)는 행위자, 집합적 관습의 구조, 그리고
'과정'의 삼자적인 실용주의 존재론을 통해서 주체-구조 논쟁 초기에
지적되었던 '국가의 의인화'(state personhood) 문제를 해결하려고 하
였다(Franke and Roos 2010).

상호작용의 과정에 대한 검토에 있어 상대적으로 체계적인 분
석틀을 제공하고자 하는 다른 시도는 외교정책분석(foreign policy
analysis)의 분야에서 등장하였다. 한 예로 칼스네스(Carlsnaes 1992)
는 해석적, 목적적인 주체와 규제적, 유도적 속성의 견지에서 정의되
는 구조적 영역 사이의 시계열적 상호작용의 역동적 형태에 대한 메타
이론적 틀의 구축을 시도하였다. 그는 1. 선택과 선호로 이루어진 의
도적 차원, 2. 인식과 가치로 이루어진 성향적 차원, 3. 객관적 조건과
제도적 설정으로 이루어진 구조적 차원의 세 차원을 설정하고, 3은 1,
2와, 2는 1과 인과적 관계를, 그리고 1은 외교정책행위와 목적론적 관
계를 갖는다고 본다(Carlsnaes 1992, 254). 또한 칼스네스는 분석적 차

원과 시간적 차원으로 이루어진 형태발생론적(morphogenetic) 모델에서 한 시점(T1)의 구조(S1)에서 이루어진 행위(A1)가 새로운 시점(T2)의 구조(S2)를 창출하고 그 아래서 또 다른 행위(A2)를 유도하는 순환 형태를 제시한다(Carlsnaes 1992, 260). 이와 같은 견해는 아래에서 논의되는 복잡성 논의와 연결되고 있다.

## III. 복잡성

주체-구조 상호구성의 과정에 대한 구체적인 서술이나 분석과 더불어 많은 학자들이 지적해 온 것은 주체, 구조, 그리고 과정이 갖는 복잡성의 측면이다. 그 첫 번째의 작업은 주체로서의 국가가 갖는 양면적인 분석수준에 대한 것이다. 매스탄두노(Mastanduno)와 그의 동료들은 국가를 생존이라는 스스로의 목표 하에서 국제체제에서는 국내적인 목표를, 국내체제에서는 국제적인 목표를 추구하는 양자 간의 매개적인 단위로 간주하고, 도전과 반응, 전략과 선택의 면에서 국가가 행동하는 7가지의 가설을 제시하였다(Mastanduno et al. 1989). 이는 퍼트남(Putnam 1988)의 국제정치경제에서의 협상과 비준의 '양면게임' 모델이나, 합리적 선택이론에 기반한 국제문제의 국내적 이론으로서 부에노 드 메스퀴타(Bueno de Mesquita 2014, ch. 2)의 '전략적 시각'의 논의와도 유사하다.

필자는 '양면 안보딜레마'라는 개념을 통해서, 국가 수준의 협력 필요성과 지도자의 의도에도 불구하고 비합리성, 혹은 제한된 합리성이 작동하면서 국가 간의 불안정 내지는 갈등이 지속되는 이유를 고찰하였다(신욱희 2017a, 제3장). 이러한 시도는 위에서 언급된 표상적 접근과 사회적 정체성 이론의 결합 형태라고 할 수 있는데, 엘리트의 정치적 목적을 위해서 투사된 위협인식이 사회적인 정체성을 형성함으로써 이후 엘리트의 정책적 행위를 제한하게 된다는 것을 내용으로 한다. 이 개념은 한국, 중국, 일본 사이의 '역사적 기억'의 문제나, 남북한 관계에서의 국내정치적 요인의 역할을 고찰하는 데 있어 유용할 것으로 생각된다.

주체의 복잡성에 대한 두 번째 논점은 주권에 관한 것이다. 크래스너(Krasner 1999)는 자신의 저서에서 주권을 '조직화된 위선'(organized hypocrisy)으로 정의한 후 국제법적, 웨스트팔리안, 국내적, 상호의존적 주권의 네 가지 형태를 구분한 바 있었다. 이후의 편저에서 그는 복합적인 국제환경에서 주권의 원칙이란 반드시 구속적인 것이 아니며, '문제 있는 주권'(problematic sovereignty)에서 정치적 가능성이 발견될 수도 있다고 지적하였다(Krasner 2001). 필자는 크래스터의 주장과 유사하게 동북아시아의 세 나라, 즉 중국, 일본, 한국의 주권적 특성에서 '창의적 변용'(creative deviation)의 방식을 모색하고, 이를 통해 지역체제의 안정을 추구하는 것을 생각해 본 바 있다(Shin 2016). 즉 중국의 일국양체론, 일본의 수정된 보통국가, 한반도의 평화체제라는 '다변화된 2차적 상징'(2nd image diversified)의 구축 가능성을 탐색하는 것이다.[6]

주체의 복잡성과 마찬가지로 세계정치의 구조도 복잡성의 적용 대상이라 할 수 있다. 도널리(Donnelly 2012)는 국제정치의 무정부성을 완화시키는 사회적, 정치적 구조의 요소들은 실질적으로 '구조적'이라고 지적하고, 국제체제의 구조가 갖는 복잡성, 다양성, 그리고 규

---

6   다양한 형태의 연합, 연방 논의도 이와 같은 다변화된 2차적 상징의 검토에 해당할 것이다.

칙적인 변화의 모습을 강조하였다. 그는 월츠와 웬트의 구조이론 모두 국제체제의 구조를 정확하게 묘사하거나 국제적 행위의 구조적 설명을 제시하지는 못했다고 비판하면서, 계층화, 기능적 분화, 단위, 규범과 제도의 다양성을 포괄하는 다차원적 틀을 제시하고 아래와 같이 결론을 내리고 있다(Donnelly 2012).

이 (다차원적) 틀은 아마도 불완전할 것이다. 그것이 갖는 요소들은 적절하게 상술되지는 않았다. 하지만 이 틀은 어느 정도 명확하게 어떻게 국제체제가 배열되어 있고, 어떻게 그 배열이 체제의 운행을 통제하는지를 파악할 수 있게끔 할 것이다. 이것은 국제체제 구조의 이해를 위한 국제관계학의 의미 있는 진보이며, 좀 더 정확하고 실질적으로 강력한 구조이론을 향한 중요한 하나의 발걸음이라고 할 수 있다(636-637).

냉전 이후 세계정치의 복잡성에 대한 또 하나의 논의는 일본의 정치학자인 다나카 아키히코(2000)가 제시한 이른바 '신중세론'의 주장과 그에 대한 토의라고 할 것이다. 이화용(2008)은 '신중세론'이 주장하는 서양 중세의 복합적이고 중층적인 권위구조와 보편규범의 내용을 비판적으로 살펴보고, 이 담론이 갖는 현재적 함의를 고찰한다. 그녀는 아래와 같이 이야기하고 있다.

지구화 현상으로 인하여 무제한적이고 분리될 수 없는 배타적인 형태의 국가 주권의 공적 권력은 분명 도전을 받고 있다. 지구화가 국가의 의사결정, 제도적, 분배적, 구조적 권한에 영향력을 행사함으로써 국가 주권 및 자치, 자율성 개념이 제고되기 때문이다. 역사적으로 근대 국가와 시장경제는 같은 배를 탔던 파트너로서 시장경제는 국가라는 정치적 틀 없이 원활한 작동이 어려웠다. 이러한 경제적 틀이 변화를 겪고 있는 상황에서 파트너로서의 국가 역할의 변화가 놀랄 만한 일은 아니다. 그러나 국가는 단지 시장만을 이유로 물러나지는 않는다. 국가를 대신하는 다자적 거버넌스가 부상하고 있다고 할지라도, 신중세론자들이 주장하듯이 21세기에 다수의 행위자들이 비교적 동등한 영향력을 행사하는 신중세론적 정치질서가 만들어질 것인지의 문제에 대해 그다지 낙관적이지 않다. 서양 중세가 '비교적 동등한 영향력을 행사하는 정치 질서'가 아니었듯이, 오늘날의 거버넌스 체제도 여러 권위체들이 비교적 동등한 영향력을 행사하리라는 점에서는 회의적이다(107-108).

이와 같은 고찰은 결국 주체와 구조의 상호작용의 과정 역시 복잡성의 견지에서 검토되어야 한다는 것을 의미하며, 그러한 점에서 복잡계 이론은 이에 대한 유용한 분석틀을 제공할 수 있다. 복잡계 이론은 상대적으로 체계, 즉 구조의 측면을 주로 다루고 있지만, 주체 간 상호작용을 통한 체계의 변화, 즉 주체와 과정의 측면 역시 분석의 대상으로 하는 것이다. 민병원(2005)은 국제정치라는 거대한 '시스템' 속에서 일어나는 비선형 관계들, 그리고 상식을 초월하는 복잡한 변화와 예측을 불허하는 격변의 모습은 복잡계 이론에서 다루는 주요 대상이라고 지적한다. 하지만 복잡계 이론가인 홀랜드(Holland 2014)는 복잡계의 유형을 복잡물질체계와 복잡적응체계로 구분하면서, 사회과학이 다루는 복잡적응체계에서는 '적응적 주체'들의 상호작용에 대한 분석은 물론이고 기술(describing)의 표준적인 도구도 없기 때문에 그 분석이 더욱 어려워진다고 주장하고 있다. 신현실주의자들이 다루는 구조가 상대적으로 복잡물질체계에 가깝다고 한다면, 구성주의자들이 탐구하고자 하는 주체-구조의 상호구성 과정과 정체성의 역할의 주제

는 적응적 주체와 복잡적응체계의 문제라고 할 수 있을 것이다.[7]

　주체의 존재론적 의미에 대해서는 구체적인 논의를 하고 있지 않지만 독일의 사회이론가인 루만(Luhmann)의 체계이론 또한 세계정치의 복잡성에 대한 이해를 위해 많은 시사점을 제공한다. 그는 주저인 『사회의 사회』에서 하나의 사회적 체계와 환경의 구별이 어떻게 성립하는가, 체계가 진화를 거쳐 어떻게 복잡성을 갖고 발전할 수 있는가, 그러한 구별이 어떻게 재생산되고 어떠한 작동을 토대로 삼고 있는가 하는 점 등을 다루었다(루만 2012). 루만의 이론적 개념 중에서 주체-구조의 문제와 가장 밀접한 관련성을 갖고 있는 것은 '분화'(differentiation)의 개념이라고 할 수 있다. 그는 가장 큰 수준의 사회로서 세계사회를 상정하고, 세계사회가 분화되는 네 가지 형태로 주체 내지는 부분체계들이 서로 평등한 '분절적 분화,' 불평등이 존재하는 '중심과 주변에 따른 분화'와 '계층적 분화,' 그리고 평등과 불평등이 모두 성립하는 '기능적 분화'를 들고 있는데, 이에 대한 고려는 세계정치의 복합적인 조직 원리에 대한 논의와 연결되는 것이다(루만 2012, 710-711).[8]


## IV. 교착상태의 극복

주체와 구조, 그리고 양자 간 구성의 과정을 면밀히 관찰하거나 그 복잡성을 보여주는 것만으로는 닭과 달걀의 문제로서의 주체-구조 논쟁이 '해결'되는 것은 아니다. 그렇다면 주체의 자율성과 구조의 규정성,

---

7　적응적 주체의 문제는 뒷부분에서 다루어질 것이다.

8　알버트(Albert)와 다른 학자들은 루만의 사회이론을 국제정치학에 접목시키는 일련의 작업을 수행해 왔다(Albert et. al 2013; Albert and Hekermeier 2014; Albert 2016).

그리고 그 사이의 사회화의 역할 각각, 그리고 서로 간의 상호작용에 대한 '비교적인' 고찰이 요구된다고 할 수 있다. 이러한 시도는 이른바 '구성적 권력'의 논의에서 출발하여야 할 것이다. 한병철(2011)은 권력의 의미론을 아래와 같이 이야기한다.

벌거벗은 폭력과 달리 권력은 의미와 결부될 수 있다. 그 의미론적 잠재력을 매개로 권력은 이해의 지평 속에 등장한다. 그런데 이 때의 의미란 무엇인가? 무엇인가가 어떤 의미를 갖는다는 것은 무슨 말인가? A와 B와 C가 전적으로 우연하게 옆에 있게 되었을 경우 이 인접관계는 아무런 의미도 갖지 않는다. 이런 단순한 우연성이, 다시 말해 우연하게 옆에 있게 된 것이 특정한 형상을 통해 구조화될 때 비로소 의미가 생겨난다. A. B, C가 어떤 방식으로든 서로 관계 맺을 때, 다시 말해 그것들이 어떤 구조나 맥락 속에, 서로 관련시키는 관계 연속체 속에 편입될 때, 하나의 의미가 생겨난다. 이들을 묶어주는 구조가 완전히 붕괴하면 A와 B와 C는 무의미해진다(51-52).

권력분석을 주 연구 대상으로 하는 볼드윈(Baldwin 2016, 147)은 그의 저서에서 '류크스(Lukes)의 주제에 대한 변용에 푸코(Foucault)를 더한 것'이 구성주의적 권력이라고 묘사한 구치니(Guzzini)의 견해를 소개하고, 아래와 같은 바넷(Barnett)과 듀발(Duvall)의 권력에 대한 정의를 인용하고 있다.

권력이란 사회적 관계 내에서, 그리고 그를 통해서, 행위자들이 그들의 환경과 운명을 결정하는 능력을 형성시키는 영향들의 생산을 의미한다(149).[9]

이와 같은 형태의 구성적 권력의 존재를 전제로 한다면, 이후 주체 간, 주체와 구조 사이의 영향력의 비교가 가능해질 수 있다.

　그 첫 번째 논의는 상호구성의 비대칭성에 대한 것이다. 민병원 (2010)은 구성주의의 이론적 매커니즘 속에서 주체-구조의 상호작용이라는 모순적 관계를 구현하기 위해서는 이 관계의 '비대칭성'을 인식하는 일이 중요하다고 주장하였다. 이러한 비대칭적 혹은 압도적인 주체, 혹은 그가 주도하는 관념적 구조의 규정력을 고찰하는 것은 '패권'에 대한 논의와 연결된다. 조지프(Joseph 2008)은 주체와 사이의 매개적 계기와 구조적 결합의 일관성을 유지하는 요소로서 '패권'의 역할을 지적하는데, 이와 같은 주장은 그람시(Gramsci)의 영향을 받은 콕스(Cox)와 같은 '이탈리아 학파'(the Italian school)의 저작에 등장해 왔다.[10]

　두 번째는 주체 간의 차별성에 관한 논의인데, 이 주제에 대해 가장 체계적인 분석을 제공하는 학자는 홉슨(Hobson)이라고 할 수 있다. 그는 국가의 '국제적 주체 능력'(international agential power)을 '국제-구조적인 요구와 국제적인 비국가 행위자의 이해에서 자유롭게 외교정책을 수립하고 국제적 영역을 형성하는 국가의 능력'이라고 정의하였다. 그리고 홉슨은 이 능력에 따라 국가의 형태를 '국제적 주체성이 없는 수동적-적응적 국가,' '어느 정도의 국제적 주체 능력이 있으면서 국내적으로는 수동적인 국가,' '큰 국제적 주체 능력이 있으면서 국내적으로는 수동적인 국가,' '높은 국내적, 국제적 주체 능력을 가진 선도적인 국가,' '탄력적인 국내적, 국제적 주체 능력을 가진 구성적인 국가'의 다섯으로 분류하면서, 주체성과 양면적 행위자로서의

---

9　한병철과 볼드윈의 저작을 소개해 주신 이용욱 교수께 감사드린다.

10　대표적인 논문으로 Cox(1981)를 볼 것.

국가의 위상 문제를 연결시키고 있다(Hobson 2000).

로즈노우는 '정치적 적응'(political adaptation)의 개념을 중심으로 외교정책분석의 입장에서 오랫동안 이 문제를 다루어 왔다. 그는 외교정책을 기본적으로 '적응적 행위'로 간주하고, '순종적 적응,' '비타협적 적응,' '조장적 적응,' '보존적 적응'의 다섯 형태로 구분하였다(Rosenau 1981). 아래와 같이 그는 궁극적으로 적응의 유형을 '전환'(transformation)과 그에 관한 '선택'(choice)의 문제와 연결시켜서 고찰하고 있다.

적응의 틀에 있어서 변화가 갖는 중요성에도 불구하고, 문제는 그 틀이 진정으로 의미 있는 변화, 즉 전환으로 이어질 수 있는 철저한 변화를 허용하는지의 여부에까지 이르게 된다(52).

… 사회들은 적응적 행위와 마찬가지로 비적응적 행위에 연계될 수도 있는데, 적응적 척도의 극단 사이에서 왔다 갔다 하는 결과적인 움직임은 인간의 선택(human choice)에 의해 행사되는 주된 역할을 암시하게 된다. 이러한 선택은 인간의 다른 선택처럼 규칙적이지 않지만, 이는 역사적, 문화적, 그리고 다른 즉각적이거나 멀리 떨어진 요인들에 의해서 등장한다. 여기서 중요한 점은 선택이 적응의 한 부분이며, 그에 의해 차단되는 것이 아니라는 것이다(54).

외교정책분석에 있어서 다양한 분석수준에 대한 검토는 주체-구조 문제에 있어서 인간 주체(human agent)의 문제로 이어진다.[11] 와이

---

11  냉전 초기 미국의 국무장관이었던 애치슨(Acheson 1969)의 자서전 제목, '*Present at Creation*'은 이와 같은 주체성의 인식을 단적으로 드러내고 있다. 한국전쟁을 전후로

트(Wight 2006)는 구조화이론을 주장하는 웬트가 국가의 논의에 있어서는 다시 구조주의를 따르고 있다고 비판하고, 주체-구조의 문제란 "어떻게 인간의 행동이 그것이 발생하는 사회적 상황을 형성하는가"라는 질문에 관한 존재론적 관심이라고 보면서, 인간 주체의 역할에 주의를 기울였다. 비교정치학과 국제정치경제의 연결을 통해 유라시아의 에너지 문제를 다루고 있는 그의 책에서 켈더(Calder 2012)는 이른바 '핵심적 전환점 분석'(critical juncture analysis)의 틀을 통해 중요한 결정의 시점에서 개인적인 정책결정자들 사이의 역동적인 상호작용을 드러내고자 하였다. 정치심리학을 활용하는 국제정치학자들이나 구성주의 안보론자들 역시 개인적 수준의 다양한 관념 변수에 주목하였다. 하나의 예로 최종건(2009)은 위협을 인식하는 인간 행위자의 세계관과 그 세계관이 인식하는 구조가 한 국가의 안보환경을 구성하는 데 영향을 미친다고 지적하였다.

주체-구조 상호구성의 전개를 설명하는 것에 있어서의 난점 중 하나는 '우발성'(contingency)의 존재라고 할 수 있다. 따라서 인간 혹은 국가 주체의 의도에 따른 목적론적 진화관은 그 설명과 예측의 한계를 갖게 되는 것이다.[12] 루만은 "환경은 우발적으로 체계에 영향을 미치며, 바로 이 우발성이 질서의 창발을 위해 불가결하다"고 주장하였다(Luhmann 2012, 86-87).[13] 도티(Doty 1997)도 주체-구조의 문제에 있어서 '관습'의 미결정성과 비예측성을 진지하게 고려하는 것이

---

한 애치슨의 정책적 주체성의 문제를 다룬 작업으로 남시욱(2015)을 볼 것.

12  이른바 '반사실적 분석'(counterfactual analysis)은 인간 주체의 역할과 더불어 우발성의 요인을 함께 고찰할 수 있는 방법이라고 할 수 있다. 최근의 사례연구로는 Lebow(2010)을 볼 것.

13  국제정치학에서 이와 같은 우발성 혹은 불확실성에 대한 최근의 연구로 Katzenstein and Seybert(2018)를 참조할 것.

존재론적 가정이나 경험적 연구의 견지에서 중요하다고 강조한다. 이러한 맥락에서 몇몇 구성주의자들은 혁명이나 내전과 같은 사례가 주체-구조 문제에 갖는 함의를 검토하고 있다(Berejikian 1992; Cioffi-Revilla and Rouleau 2010).

주체의 상대적 자율성과 그를 통한 구조의 형성 내지는 전환의 고찰을 위해 고려되는 또 다른 보완적 방법은 '관계의 구축'에 대한 사회이론의 활용이다. 필자는 다른 논문에서 사회적 구조의 등장과 소멸에 관한 '과정적 시각'을 강조하는 관계사회학(relational sociology) 이론을 원용하여 주체와 구조의 양분법 내지는 단순한 상호작용의 논리를 보완할 수 있을 것이라고 지적한 바 있다(신욱희 2017b). 즉 이머베이어(Emirbayer 1997, 288-289)가 말하는 것처럼 "조건, 혹은 단위 사이의 관계를 그 속성에 있어 부동의 개체 사이의 정적 연계가 아닌 현저하게 역동적이고 지속적으로 전개되는 과정으로 간주"하는 교류적 접근법(transactional approach)을 사용해서 주체-구조 관계가 보여주는 인과성 내지는 개연성을 검토해 보는 방식을 생각해 보는 것이다.[14]

## V. 지역수준의 논의

주체-구조 상호구성의 과정, 복잡성, 그리고 구체적인 실천에 대한 효율적인 연구를 위해 마지막으로 검토되는 것은 논의의 수준을 '지역'으로 좁혀보려는 시도이다. 이러한 시도는 국제정치학계에서 최근에

---

14 필자의 2017년 저서도 한중일 삼국의 삼각관계의 구조에서 주체로서 한국이 가질 수 있는 중추(pivot)의 역할 가능성을 모색하고자 하는 노력의 하나라고 할 수 있다(신욱희 2017a).

활성화된 것이 사실이지만,[15] 지역적 차원의 체계, 혹은 구조와 행위자 논의는 이전부터 있어왔다고 할 수 있으며(Aron 1966; Zimmerman 1972; Gills 1993; Lemke 1997),[16] 국내학계에서도 힘의 분포와 패권국의 역할이 지역통합에 갖는 영향에 대한 분석이 진행되어 왔다(배병인 2013; 2015). 필자 역시 복잡성이 감축, 관리될 수 있는 방법의 하나로 지역체제의 역동성에 대한 개념적/경험적 논의를 전개하고, 이로부터 주체-구조 간 상호작용의 구체적인 과정 검토와 전략적 논의와 관념적 지향성의 연결 가능성을 탐색해 보는 것을 제안하였다(신욱희 2017b). 이는 현실주의적 측면에서의 약소국 내지 중견국의 외교정책에 대한 연구와 자유주의적 측면에서의 '규범 보충성'(norm subsidiarity)에 대한 고찰과 연결될 수 있다. 카시메리스(Kassimeris 2009)는 EU나 NATO의 분석을 통해 작은 국가적 주체들의 연합이 전통적인 강대국들의 영향력에 저항하거나 나아가서 그를 역전시키는 예를 보여주었고,[17] 아차야(Archarya 2011)는 SEATO의 사례를 통해 제3세계 국가들의 연합이 지역적인 질서 규범 형성에 있어 행사할 수 있는 주체성의 가능성을 보여주었다.

　포괄적인 면에서 이와 같은 지역적 수준의 실천적 논의의 학문적

---

15　영국의 국제사회론자인 허렐(Hurrell 2007)이 대표적인 학자라고 할 수 있다. 아차야(Acharya)는 자신이 회장으로 있던 International Studies Association(ISA)의 2015년 56차 연례학술회의의 주제를 'Global IR and Regional Worlds'로 정한 바 있다.

16　아롱(Aron 1966)은 강대국의 대립과 의도로 구성되는 지역 국제체제에 대해 언급하였고, 짐머만(Zimmerman 1972)은 위계적인 지역체제의 경계에 대하여 논의하였다. 사회 세력과 국가 그리고 세계질서의 세 가지 행위 영역 간 상호작용의 역사적 과정을 검토하는 그람시안 이론가들 역시 지역체제의 패권전이 양상에 주목하였다(Gills 1993). 세력균등과 불만족 국가의 존재에 주목하는 세력전이이론도 지역적 수준의 적용 문제를 검토하였다(Lemke 1997).

17　EU의 사례는 주체들의 사회적 정체성 형성을 통한 구조 전환의 사례로 구성주의적 분석의 대표적인 대상이 되어 왔다.

기반을 제공할 수 있는 것은 이른바 '비교지역질서'의 연구라고 할 수
있다. 루만은 각 지역의 '상이한 글로벌화'를 지적하면서 "하나의 전
세계적인 통일적 사회체계를 전제하고 출발할 때만, 체계 분화의 모
습을 띠지 않는 지역적 차이들이… 존재한다는 사실을 설명할 수 있
다… 그런 차이들은 세계사회체계의 지배적 구조들에 참여하는 정도
의 차이로부터, 그리고 그런 구조들에 대한 반응으로부터 설명될 수
있다"고 말한다(루만 2012, 200-201).[18] 냉전에 대한 지역적 비교도 이
러한 예가 될 것이다. 권헌익(권헌익 2013)은 냉전을 세계적으로 전
개되기는 했으나 지역적으로 다양한 형식과 관습으로 이루어진 체제
로 파악하고, 냉전에 대한 글로벌한 추상에서 벗어나 지역별로 상반
되는 다양한 역사적 실상에 주목할 필요가 있음을 지적하였다. 카첸
스타인(Katzenstein 2010; 2012a; 2012b)에 의한 일련의 비교문명 작
업, 부잔(Buzan)과 그의 동료들(Buzan and Little 2000; Buzan and
Gonzalez-Pelaez 2009; Buzan and Zhang 2014)에 의한 비교국제사회
연구, 그리고 부잔과 위버(Buzan and Weaver 2003)에 의한 지역안보
복합체(regional security complex) 비교 등도, 지역체계에 대한 개별
적/비교적 이해를 통해 주체-구조의 문제를 해결해 보려는 목표를 갖
고 있는 것이다.


## VI. 결론

주체-구조의 문제는 존재론, 혹은 분석수준의 논의와 연관된 세부적

---

18    이 경우 지역을 하나의 주체로 보는 분석이 가능하게 되는 것이다.

인 국제정치이론 논쟁이 아니라 구성주의 패러다임의 인식론 내지 방법론 전반, 혹은 구성주의와 합리주의 사이의 패러다임 논쟁으로 이어지는 국제정치학의 핵심적인 주제라고 할 수 있다. 하지만 1980년대 후반 이후 구성주의가 다양한 방식의 이론적, 경험적 작업의 축적을 가져온 것에 비해, 이 문제에 대한 논의는 일부 학술지 혹은 몇몇 단행본에서 다루어지는 정도에 그쳐온 것이 사실이다. 따라서 이 글은 이러한 부분적인 노력을 주체-구조 사이의 상호구성 과정, 그것이 갖는 복잡성, 그리고 단순한 상호작용의 주장이 갖는 한계를 극복하려는 시도, 그리고 지역적 수준에의 적용의 문제를 중심으로 고찰하고, 그것이 국제정치학의 논쟁 전반에 던지는 시사점을 살펴보고자 하였다.

이와 같은 이론적 차원과 함께 주체-구조 문제에 대한 재검토가 갖는 또 다른 의미는 그것이 갖는 실천적인 측면이라고 할 수 있다. 즉 주체-구조의 상호구성의 결과로서의 세계정치의 재생산 혹은 전환에 대해 열린 방식의 토론이 가능한 것이다.[19] 볼드윈(Baldwin 2016, 152)은 "제도와 구조는 일부의 이익과 다른 편의 불이익을 위해 작동할 수도 있지만, 또한 모두의 이익을 위해 작동할 수도 있는 것이다"라고 지적하였다. 또한 본문에서 인용된 구성주의자인 와이트(Wight 2016)는 현재 국제정치이론의 분열상을 언급하면서 아래와 같이 주장하고 있다.

통합적 다원주의의 궁극적인 검증은 실천에 있다. 하지만 이 실천은 우

---

19  하나의 예로 미국 외교협회(Council on Foreign Relations)의 회장인 하스(하스 2017, 제10장)가 그의 최근 저서에서 제시한 세계질서 2.0과 주권적 의무(obligation)의 논의를 들 수 있다. 그는 지구화의 과정에서 수반되는 다양한 문제들의 해결을 위해서는 단순한 웨스트팔렌적 주권을 넘어서는 새로운 방식의 주권적 의무에 기초한 질서의 구축이 필요하다고 지적한다.

리가 그것의 문제, 가능성, 그리고 현실성에 대한 어느 정도의 감각을 갖지 않는다면 시작할 수도 없는 성격의 것이다. 복잡하게 조직화된 체제에 대한 정교한 해결책은 존재하지 않지만, 그들의 연구를 위한 하나의 방법이란 없다. 이 상황은 분명 '어떤 것도 좋아(anything goes)'는 아니지만, 우리가 그것을 시도해 보기 전에는 '좋은지 그렇지 않은지'를 이야기할 수 없는 것이다. 그리고 우리에게 그것을 어떻게 하라든지, 언제 우리가 결실을 맺을 수 있는지를 사전에 알려주는 규칙이란 없는 것이다.

이 논문이 제시하는 구성적 권력의 존재와 그 결과로서의 복잡적응체계의 창출이라는 문제의식은 동아시아 지역체제, 한미관계, 분단체제의 구조를 이해하고 그 전환을 위한 주체성의 범주와 내용을 검토해야 하는 한국의 국제정치학자들에게 있어서도 이론적이고 실천적인 중요성을 함께 지닌다고 할 것이다.

# 참고문헌

권헌익 저 · 이한중 역. 2013. 『또 하나의 냉전: 인류학으로 본 냉전의 역사』. 민음사.
남시욱. 2015. "딘 애치슨과 미국의 한반도 정책: 한국전쟁 시기를 중심으로." 서울대학교
　　대학원 정치외교학부 외교학 전공 박사 학위 논문.
다나카 아키히코 저 · 이웅현 역. 2000. 『새로운 중세: 21세기의 세계시스템』. 지정.
루만, 니클라스 저 · 장춘익 역. 2012. 『사회의 사회 1, 2』. 새물결.
민병원. 2005. 『복잡계로 풀어내는 국제정치』. 삼성경제연구소.
_____. 2010. "국제관계 연구의 인식론: 웬트의 과학적 실재론에 대한 메타이론적 고찰."
　　『국제정치논총』 50집 2호.
배병인. 2013. "힘의 분포와 지역통합: 경험적 검증과 동아시아에의 함의." 『한국정치학회보』
　　47집 1호.
_____. 2015. "패권체제와 지역통합: '체제적 맥락' 가설의 경험적 검토." 『한국정치학회보』
　　49집 1호.
신욱희. 1995. "분석수준과 분석단위에 대한 새로운 논의." 김달중 · 박상섭 · 황병무 편.
　　『국제정치학의 새로운 영역과 쟁점』 나남출판.
_____. 2017a. 『삼각관계의 국제정치: 중국, 일본과 한반도』. 서울대학교출판문화원.
_____. 2017b. "체제, 관계, 복잡성/복합성, 삼각관계: 지역의 이론과 실천." 『세계정치』
　　26권.
이화용. 2008. "지구화시대 정치공동체의 변화: '신중세론'의 비판적 이해." 『국제정치논총』,
　　48집 1호.
최종건. 2009. "안보학과 구성주의: 인식론적 공헌도를 중심으로." 『국제정치논총』 49집 5호.
하스, 리차드 저 · 김성훈 역. 2017. 『혼돈의 세계』. 매일경제신문사.
한병철 저 · 김남시 역. 2011. 『권력이란 무엇인가』. 문학과 지성사.

Acharya, A. 2011. "Norm Subsidiarity and Regional Orders: Sovereignty, Regionalism,
　　and Rule-Making in the Third World." *International Studies Quarterly* 55.
Acheson, D. 1969. *Present at Creation: My Years in the State Department*. Norton &
　　Company.
Albert, M. 2016. *A Theory of World Politics*. Cambridge University Press.
Albert, M. et. al. (Eds.). 2013. *Bringing Sociology to IR: World Politics as Differentiation
　　Theory*. Cambridge University Press.
Albert, M. and L. Hekermeier. (Eds.). 2014. *Observing International Relations: Niklas
　　Luhmann and World Politics*. Routledge.
Aron, R. 1966. *Peace and War*. Doubleday.
Baldwin, D. 2016. *Power and International Relations: A Conceptual Approach*.
　　Princeton University Press.

Bennett, A. and J. Checkel. (Eds.). 2015. *Process Tracing: From Metaphor to Analytic Tool*. Cambridge University Press.

Berejikian, J. 1992. "Revolutionary Collective Action and the Agent-Structure Problem." *American Political Science Review* 86(3).

Bueno de Mesquita, B. 2014. *Principles of International Politics*. 5th ed., CQ Press.

Buzan, B. and R. Little. 2000. *International Systems in World History: Remaking the Study of International Relations*. Oxford University Press.

Buzan, B. and A. Gonzalez-Pelaez. (Eds.). 2009. *International Society and the Middle East: English School Theory at the Regional Level*. Palgrave Macmillan.

Buzan, B. and Y. Zhang. 2014. *Contesting International Society in East Asia*. Cambridge University Press.

Buzan, B. and O. Waever. 2003. *Regions and Powers: The Structure of International Security*. Cambridge University Press.

Calder, K. 2012. *The New Continentalism: Energy and Twenty-Century Eurasian Geopolitics*. Yale University Press.

Carlsnaes, W. 1992. "The Agency-Structure Problem in Foreign Policy Analysis." *International Studies Quarterly* 36(3).

Cioffi-Revilla, C. and M. Rouleau. 2010. "Mason RebeLand: An Agent-Based Model of Politics, Environment, and Insurgency." *International Studies Review* 12.

Cox, R. 1981. "Social Forces, States and World Orders: Beyond International Relations Theory." *Millennium: Journal of International Studies* 10.

Donnelly, J. 2012. "The Elements of the Structures of International Systems" *International Organization* 66(4).

Doty, R. 1997. "Aporia: A Critical Exploration of the Agent-Structure Problematique in International Relations Theory." *European Journal of International Relations* 3(3).

Emirbayer, M. 1997. "Manifesto for a Relational Sociology." *American Journal of Sociology* 103(2).

Franke, U. and U. Roos. 2010. "Actor, Structure, Process: Transcending the State Personhood Debate by Means of a Pragmatist Ontological Model for International Relations Theory." *Review of International Studies* 36.

Giddens, A. 1987. *The Nation-State and Violence*. University of California Press.

Gills, B. 1993. "The Hegemonic Transition in East Asia: A Historical Perspective." In *Gramsci, Historical Materialism and International Relations*. edited by S. Gill, Cambridge University Press.

Held, D. et. al. 1999. *Global Transformations: Politics, Economics and Culture*. Stanford University Press.

Hobson, J. 2000. *The State and International Relations*. Cambridge University Press.

Holland, J. 2014. *Complexity: A Very Short Introduction*. Oxford University Press.

Hurrell, A. 2007. "One World? Many Worlds? The Place of Regions in the Study of

International Society." *International Affairs* 83(1).

Joseph, J. 2008. "Hegemony and the Structure-Agency Problem in International Relations: A Scientific Realist Contribution." *Review of International Studies* 34.

Kassimeris, C. 2009. "The Foreign Policy of Small Powers." *International Politics* 46(1).

Katzenstein, P. (Ed.). 2010. *Civilizations in World Politics: Plural and Pluralist Perspectives*. Routledge.

_____. (Ed.). 2012a. *Anglo-America and Its Discontents: Civilizational Identities beyond West and East*. Routledge.

_____. (Ed.). 2012b. *Sinicization and the Rise of China: Civilizational Processes beyond East and West*. Routledge.

Katzenstein, P. and L. Seybert. (Eds.). 2018. *Protean Power: Exploring the Uncertain and Unexpected in World Politics*. Cambridge University Press.

Klotz, A. (Ed.). 2006. "Moving Beyond the Agent-Structure Debate." *International Studies Review* 8(2).

Klotz, A. and C. Lynch. 2007. *Strategies for Research in Constructivist International Relations*. M. E. Sharpe.

Krasner, S. 1999. *Sovereignty: Organized Hypocrisy*. Princeton University Press.

Krasner, S. (Ed.). 2001. *Problematic Sovereignty: Contested Rules and Political Possibilities*. Columbia University Press.

Kratochwil, F. 1986. "Of Systems, Boundaries, and Territoriality: An Inquiry into the Formation of the State Systme." *World Politics* 39(1).

Lebow, R. N. 2010. *Forbidden Fruit: Counterfactual and International Relations*. Princeton University Press.

Lemke, D. 1997. "Peace and War in the Far East: An Application of the Multiple Hierarchy Model." Paper presented at the International Studies Association annual meeting. Toronto, Canada.

Mastanduno, M. et. al, 1989. "Toward a Realist Theory of State Action." *International Studies Quarterly* 33(4).

Putnam, R. 1988. "Diplomacy and Domestic Politics: The Logic of Two-level Games." *International Organization* 42(3).

Rosenau, J. 1981. *The Study of Political Adaptation*. Frances Pinter Ltd..

Shin, W. 2016. "Second Image Reconsidered: Quest for Unit Complexity in Northeast Asia." *Korean Social Science Journal* 43(2).

Tilly, C. 1985. "War Making and State Making as Organized Crime." In *Bringing the State Back In*. edited by P. Evans, D. Rueschemeyer, and T. Skocpoll. Cambridge University Press.

Waltz, K. 1959. *Man, the State and War*. Columbia University Press.

Wendt, A. 1987. "The Agent-Structure Problem in International Relations Theory." *International Organization* 41(3)

_____. 1992. "Levels of Analysis vs. Agents and Structures: Part III." *Review of International Studies* 18.

Wight, C. 2006. *Agents, Structures and International Relations: Politics as Ontology.* Cambridge University Press.

_____. 2016. "Pluralism and Fragmentation in International Relations Theory: Prospects, Problems and Proposals." The Hanyang and Routledge International Studies Workshop, Seoul.

Zimmerman, W. 1972. "Hierarchical Regional Systems and the Politics of System Boundaries." *International Organization* 26(1).

# 제4부

# 미래국가론의 성찰

제9장

# 미국의 대외전략 변화와 자유주의 국제질서의 운명

전재성

## I. 서론

탈냉전기는 미국이 주도하는 자유주의 국제질서의 완성기가 될 것이라고 기대했지만 불과 30년이 지나지 않아 세계질서는 미래를 알기 어렵게 요동치고 있다. 이러한 변화가 일어나는 원인은 다양하다. 미국 국력의 상대적 쇠퇴와 중국, 인도 등 비서구 국가들의 부상과 같은 세력배분구조의 요인도 있지만, 9·11 테러로 상징되는 비서구 지역의 국제정치적 불안과 도전, 그리고 2008년 경제위기와 같은 구조적 문제도 작동한다. 그러나 무엇보다 2016년 미국 대선에서 도널드 트럼프 대통령이 당선되면서 미국이 기존의 외교전략과는 판이하게 다른 전략을 추구하면서 세계질서가 변화된 측면이 강하다.

1945년 제2차 세계대전 종전 이래 미국은 자유진영을 이끄는 패권으로, 1991년 소련과 공산권이 붕괴되면서 전 세계를 주도하는 패권으로 자리 잡아왔다. 역사상 많은 패권이 존재했지만 미국은 자유주의 패권을 수립하여 기존의 패권과는 다른, 국제주의적이고 보편규범에 기반한 패권을 수립하여 미국은 물론 세계에 긍정적 영향을 미쳤다고 많은 분석가들이 분석하였다. 이 과정에서 소련과의 대결, 일본과 독일 등의 경제적 도전, 수차례의 경제위기, 9·11 테러와 같은 새로운 안보 불안, 환경, 기후 등 신흥 이슈의 도전 등, 많은 사건들이 미국 패권을 위협하기도 했지만 미국은 변화하는 패권전략으로 이에 대응해왔다. 그러나 새롭게 등장한 트럼프 정부의 외교정책은 한편으로는 패권의 역할을 거부하는 고립주의 전략의 모습을 띠기도 하고, 때로는 자유주의 패권의 기본 원칙을 완전히 무시하는 비자유주의 패권의 모습을 띠기도 한다. 흔히 근대 국제정치에서 패권이 도전받아 자리를 내주기는 하지만, 스스로 내부에서 붕괴하여 "자살"하는 패권은 유래가 없다고 자유주의 패권이론의 대표자인 아이켄베리는 자조적으로 지적하고 있다(Ikenberry 2017, 2).

트럼프 정부의 등장 이후, 소위 자유주의 국제질서의 종언에 관한 논쟁이 불거지고 미국 이후의 국제질서에 대한 논의가 더욱 증가하고 있다. 트럼프 대통령의 정책이 미국과 세계를 어떻게 바꾸어 놓을 것인가의 논의도 중요하지만, 트럼프 대통령 이전에 존재했던 트럼프주의, 그리고 트럼프 대통령이 물러난 후에도 존재할 트럼프주의에 대한 분석도 필요한 상황이다. 아이켄베리 역시 트럼프 대통령의 외교정책을 신랄히 비판하지만 자유주의 질서에 대한 도전은 트럼프 대통령 이전부터 이미 존재해왔다고 술회하고 있다. 결국 2차 대전 이후 70여 년간 세계를 이끌어온 자유주의 국제질서 자체의 문제에 대한 분석의 필요성이 지금의 위기상황을 보면서 새롭게 제기된다고 해야 하겠다. 사실 트럼프 대통령 역시 지금까지의 자유주의 질서가 근본부터 잘못되어 있다고 주장하며 등장했으며 이에 대해 미국의 유권자들이 찬성한 양상이다.

이 글에서는 트럼프 행정부의 외교정책을 분석하지만 트럼프 정부가 출범하게 된 배경과 변화하는 세계질서의 양상을 보다 큰 맥락인 자유주의 국제질서의 변화 속에서 찾아본다. 자유주의 질서가 내재적으로 가지는 구조와 모순을 살펴보고, 세계정세의 변화가 트럼프 행정부 출범의 배경으로 어떻게 작용하였는지, 트럼프 정부의 외교정책이 세계와 동아시아에 어떠한 변화를 가져오는지를 분석해 보도록 하겠다.

## II. 미국 주도 자유주의 국제질서의 성격과 변화

### 1. 미국 주도 자유주의 국제질서의 기원

근대 국제정치는 주권국가들로 구성되어 있는 무정부상태 조직원리에 기반하고 있다고 운위되지만 무정부상태가 무질서상태를 의미하는 것은 아니다. 한편으로는 힘의 원리와 이러한 힘을 정당화하는 제도의 원리가 합쳐져서 국제정치의 질서를 만들어왔다. 2차 세계대전 이전까지 서구 강대국들은 제국으로 존재하며 제국들 간 세력균형과 비서구에 대한 식민지배로 국제질서를 유지해왔고 이 과정에서 자유주의 이데올로기는 강대국들 간의 협력, 국제주의를 고양하는 한편, 시장의 논리를 활성화하는 기제로 작동했다. 동시에 비서구 국가들의 문명 수준을 평가절하하면서 식민지배를 정당화하는 논리를 만들어냈다.

1차 세계대전이 발발한 이후 자유주의의 약점이 불거지면서 국제질서가 위기에 처했다. 자유민주주의를 선택한 독일의 바이마르 공화국이나 일본의 민주주의는 경제공황을 거치면서 빠른 속도로 군국주의로 변화했고, 강대국들 간의 이익 갈등, 블록 논리가 강화되었다. 식민지로 존재했던 3세계 국가들은 서구 자유주의 이념을 수입하여 서구로부터 독립하려는 강력한 논리를 만들어냈다. 자유주의가 강대국의 군국주의화, 시장 논리에서 비롯된 경제공황 및 경제블록 간 경쟁 강화, 식민지의 독립으로 이어지면서 과거 유럽이 주도했던 자유주의 국제질서는 유지 불가능해진 것이다.

미국과 러시아는 1917년 1차 대전 참전과 볼셰비키 혁명을 각각 거치면서 새로운 세력으로 등장하게 된다. 미국은 서반구에 대한 지배와 유럽 주도의 국제질서에 대한 불개입 정책을 추진해오다 우드로 윌슨 정부 하에서 1차 대전에 개입하게 되고 이후 세계질서에 적극적으로 간여하게 된다. 러시아는 공산주의 혁명 이전까지 유럽 국제정치의 강대국으로 유럽 내의 질서와 식민지 개척에 중요한 행위자로 역할을 해왔으나 혁명 이후 완전히 다른 국제정치의 논리를 내세우며 1차 대전에서 후퇴하고 이후 세계공산주의 혁명이라는 새로운 노선에 몰입한다.

미소 양국은 유럽의 제국주의를 비판하고 비서구 국가들의 민족자결주의를 지지했다는 점에서 기존의 패권과 구별된다. 윌슨 대통령은 1차 대전의 종전 과정에서 민족자결주의를 내세워 기존 질서를 재편하고자 했고 이 과정에서 자유주의 시장질서, 다자제도, 민주주의를 중요한 국제질서의 축으로 제시했다. 소련이 내세운 공산주의는 이론상 부르주아 자유주의를 거쳐 공산주의에 이르는바, 실제 소련 혁명의 노선과 무관하게 비서구 국가들의 독립을 바탕으로 하는 이데올로기였다. 소련은 공산주의 국제연대를 통해 기존의 제국으로부터 3세계의 해방, 그리고 공산주의 연대와 세계 공산주의 혁명을 내세웠다.

2차 대전 이후 미국은 미국의 이익에 맞게 자유주의 국제경제질서를 재편하고, 국제주의를 정초하는 다양한 국제제도를 만들며, 3세계 국가들의 독립을 지지하면서 자유민주주의 이념을 전파해나갔다. 소련과의 대결 속에서 미국 중심의 동맹체제를 만들어 냉전의 논리 속에서 자유주의 패권의 안보적 기반을 만들었다. 자유주의 질서의 핵심은 강력한 패권국의 국방력 하에 안보질서를 유지하면서 자유무역을 지향하는 규범을 창출하고 준수하며, 국가들 간의 분쟁을 다자규범 하에서 조정해가는 질서를 의미한다. 더 나아가 많은 국가들이 민주주의로 전환하면서 국제 분쟁을 국내 민주주의 합의 절차에 의한 것처럼 교섭과 협력에 의해 조정해 나가는 질서를 의미한다. 미국은 냉전기와 탈냉전기 모두를 통하여 지구적으로 강력한 동맹을 유지해왔으며, 이를 통해 자유진영과 지구적 안보를 보장했다. 또한 미국의 경제력이 강력할 때에는 자국의 시장을 개방하고 의도적 무역적자 정책을 펴며, 규율된 국제금융질서를 이루면서 자유주의 경제질서를 유지했다 (Rodrik 2011). 패권안정이론에서 논의하듯이 미국의 압도적 국력 하에 자유주의 경제질서의 정치적 틀과 국제적 시장실패를 막기 위한 공공재를 미국이 제공할 수 있었던 기간이다.

역사적으로 2차 세계대전이 종식된 이후 냉전기 자유진영은 미국의 강력한 리더십 하에서 자유주의 국제질서를 유지해왔으며, 냉전 종식 이후에는 자유진영뿐 아니라 지구적으로 미국의 영향력이 확대되는 가운데 단극체제하 자유주의 질서를 유지했다. 이러한 자유주의 국제질서가 물론 국가들 간의 평등과 민주적 관계를 의미하는 것은 아니다. 미국은 자국의 압도적 힘을 기반으로 질서를 조성하면서 단기적으로 다른 국가들의 이익을 고양하는 정책을 펴기도 했지만 장기적으로는 패권적 이익을 강화하는 정책을 폈다. 또한 미국의 이익이 훼손되고 있다고 생각할 경우, 동맹을 조정하거나 전쟁을 수행하거나, 상대방에게 경제적 부담을 전가하면서 공정무역을 내세우는 정책을 펴기도 했다. 1969년의 괌독트린으로 아시아에서 미국의 안보공약을 현저히 약화시킨 경우나, 1985년 플라자 합의로 일본에게 경제적 양보를 요구한 것 등은 대표적 사례이다(Arrighi 1994).

자유주의 질서란 국가들 간의 이익 갈등이 보이지 않는 손에 의해 조정되는 자동적 협력의 질서를 의미하지는 않는다. 한편으로는 강력한 군사적 패권이 국제적으로 존재하고, 다른 한편으로는 국내 시장에 개입하는 개입주의적, 혹은 케인즈주의적 정부의 경제정책에 의해 국제경제질서를 지속적으로 조정해가는 노력에 의해 질서가 유지되었다. 단순한 경제논리나 힘의 논리가 아닌 사회적 목적을 공유한 국가들 간의 정치적 협력이 기초가 되어야 자유주의 국제경제질서가 가능했다. 자유주의가 참여국가들의 국내정치적으로 강력한 개입과 조정하에 이루어졌다는 점에서 내장된 자유주의(embedded liberalism)의 성격을 가지고 있으며(Ruggie 1982), 경제관계를 조정하는 과정에서 미국의 안보공공재 제공을 무기로 삼아 조정을 시도해왔다는 점에서 미국은 체제조성자(system maker)이자 특권소유자(privilege talker)의 위상을 지켜왔다(Mastanduno 2009).

　　냉전기에 성공적이던 이러한 자유주의 전략은 1970년대에 들어서면서 미국의 상대적 국력이 서독, 일본 등 자유진영의 추격국가들에 비해 약화되고 석유파동 등 경제위기를 겪으며, 베트남 전쟁 등으로 미국의 국력이 소진되면서 점차 약화, 변화되었다. 안보적으로는 데탕트 전략을 추진하여 소련, 중국과의 협력과 타협을 추진하고, 자유진영 동맹국들에 대한 안보공약을 축소하며 경제활성화를 위해 기존의 케인즈주의가 아닌 신자유주의를 택하는 전략 변화를 시도한 것이다.

## 2. 신자유주의 국제질서로의 변화

1980년대 이전 미국은 자유주의에 따른 경제 민주주의 실현에 관심을 쏟았다. 자유주의자들은 빈곤퇴치를 위한 각종 개혁 입법을 제시하였고 사회개혁을 추진했다. 케네디 대통령은 케인즈 경제학파의 영향을 수용하여 자유주의 개혁정책을 입안하였고 존슨 대통령 역시 이를 지속하였다. 이후 닉슨 대통령은 자유주의 개혁보다 법과 질서를 내세우고 개혁의 움직임은 급속히 쇠퇴하였는데 결국 사회적 합의가 공고하지 못한 상황에서 보수와 진보의 진영 대결이 강화되었다.

로드릭은 아담 스미스가 주창한 19세기까지의 자본주의를 자본주의 1.0이라 칭하고, 2차 세계대전 이후 1970년대까지 케인즈주의에 입각한 정부 개입의 자본주의를 자본주의 2.0이라 칭한 바 있다. 1970년대를 거치면서 미국과 영국은 신자유주의 개혁을 시도하는데 자본주의 3.0의 시작이다(Rodrik 2011). 한편으로는 석유 파동 등 경제위기를 겪고 케인즈주의에 기반한 정부 주도의 경제정책과 복지 정책의 결과가 미국의 경쟁력 약화로 이어지는 것을 보면서 대대적인 정책 변화를 추구한다. 데탕트 역시 미소의 대결에서 미국의 위상약화로 이어졌다는 판단이 내려지고 카터 행정부의 인권외교는 이러한 현실주의 판단을 더욱 강화했다. 레이건 대통령은 힘을 통한 평화를 내세우고 미국의 경제경쟁력 강화를 통해 소련과의 대결에서 승리하고자 했다. 소련은 데탕트 기간 동안 베트남을 지원하여 인도차이나 반도에 영향력을 강화하고, 쿠바를 통해 앙골라에 개입했으며, 1979년 12월 24일 아프가니스탄을 침공하였다. 레이건 정부는 한편으로는 군비증강을 추구하고 다른 한편으로는 소련이 공세적 개입주의로 조성한 국제정치 상황을 역전하고자 했다. 무엇보다 경쟁력 강화를 위해 시장의 원리에 더욱 충실한, 작은 정부의 정책을 추구하게 된다.

이데올로기 면에서 신자유주의는 시장의 제도적 틀 속에서 각자 이익을 개선하려는 합리적 행위자들의 형식적 자유선택이 경제, 정치, 사회 관계를 만들어낸다고 본다. 경제적으로 시장경제 범위가 확장되어 모든 생산 요소들이 상품형태로 자유롭게 화폐화된 교환을 하게 된다. 정치적으로는 1970년대 후반 영국과 미국에서 보이듯이 케인즈주의적 복지국가를 탈피하여 신자유주의 국가 형태로 체제전환한다.

레이건 대통령은 세출의 삭감, 소득세의 대폭감세, 기업에 대한 정부 규제의 완화, 안정적인 금융정책을 핵심으로 하는 레이거노믹스를 추진했다. 1970년대 미국 경제의 문제였던 저성장, 고인플레이션, 고실업의 문제를 해결하고 경제 침체를 극복하기 위해 신자유주의 정책을 실시하게 된다. 1970년대부터 세계의 많은 국가들이 석유파동, 스태크플레이션, 실업 등의 문제를 겪고 있었고 이에 대응하기 위해 정부의 역할을 축소하고 시장기능을 극대화하는 정책을 폈다. 당시 경제적 문제는 첫째, 인플레이션의 만성화와 국민의 인플레 예상심리, 둘째, 정부의 비대화에 따른 재정적자의 확대와 경제운용에 있어서의 정부역할의 증대, 셋째, 개인 및 기업의 조세부담 가중, 넷째, 기업의 투자 및 생산의욕 저하, 다섯째, 안정적이고 적절한 통화금융정책의 결여 등으로 파악할 수 있다(지성우 2012, 360).

하이에크와 프리드먼의 경제이론에 기반한 신자유주의는 정부 역할 축소, 규제완화, 경쟁체제 도입을 주장하고 시장에 대한 국가의 지나친 개입을 비판하였다. 또한 세계 무역기구와 경제기구를 통해 경제의 지구화를 추구하고 글로벌 기업의 경쟁력과 영향력을 강화하였다. 결국 작은 정부를 바탕으로 자유시장원리와 자유경쟁원리를 강화하고 유효수요 창출을 벗어나 국민경제의 수요 측면보다 공급 측면에 집중하여 재정, 금융, 세제정책에 치중하는 총공급관리 정책을 채택하였다. 또한 인플레를 완화하고 대대적 감세를 시행하며, 정부지출 삭감, 정부규제완화, 에너지에 대한 통제 완화 등을 실시하였다(지성우 2012, 361).

레이건 행정부는 신자유주의 정책을 바탕으로 실업률, 물가상승률을 완화하고 경제안정화를 달성하였다. 문제는 국가 부채의 현격한 증가로 9천억 달러에 달하던 부채가 2조 9천억 달러까지 증가했고 이후에도 지속적으로 증가하였다. 군사케인즈주의라 불리울 정도로 군사 부문에 투자를 증가하여 수요를 창출하였으나 재정적자가 급증하였다. 부유층을 위한 감세정책을 확대해서 소득양극화를 야기했다는 비판에도 직면하게 된다.

　이러한 정책은 비단 미국에 그치는 것이 아니라 냉전의 종식과 더불어 전 세계로 확장되었다. 소위 지구화의 경향으로 미국 주도의 신자유주의 지구화는 미국 자유주의 국제질서의 경제적 기반으로 자리잡게 된다. 1990년대 워싱턴 컨센서스를 거쳐 2000년대 들어 신자유주의는 미국의 신보수주의자들의 주도 하에 세계화와 현대 국가 개혁을 위한 지배적 이데올로기적 합리화를 추동하게 되었다(최병두 2007, 85). 경제적으로 세계화란 "재화, 용역, 생산요소, 즉 노동과 자본의 시장이 더욱 밀접하게 국제적으로 통합되는" 과정을 의미한다(양동휴 2012, 2). 워싱턴 합의는 미국 정부와 IMF, 세계은행의 지지를 받고 있는 10개항의 지침으로, 균형재정, 교육 및 보건 관련 지출 우선, 세제개혁(세원 확보와 세율 인하), 안정적이고 낮은 이자율, 경쟁적 환율, 수입개방, FDI개방, 공기업 민영화, 규제완화, 재산권 보호 등을 가리킨다(양동휴 2012, 28).

　특히 미국이 강조한 금융세계화(financial globalization)는 각 국민경제들의 통화제도와 금융시장이 밀접히 연계되어 가는 현상으로 1979년과 1982년 단행된 미국과 영국의 금융 자유화 및 탈규제 조치로 비롯되었다. 세계의 국제금융기관들을 필두로 금융세계화는 미국에 기초한 금융기업, 자본가들의 투자 환경을 조성하고 미국은 이들의 이익을 보장하여 미국 국익에 유리하게 작용하도록 노력하게 된다. 미국 금융 경쟁력을 바탕으로 자유무역과 자유금융체제를 세계화하고 선진국들의 자본이동이 순조롭게 이루어지며 개발도상국의 금융시장을 개방하는 전략이다. 1990년대의 선진국 간 및 선진국과 개발도상국 간의 자본이동 증가가 두드러지게 되는데, 1980년부터 2000년 동안 자산과 부채 총액은 4조 7천억 달러에서 55조 2천억 달러로 무려 11배 이상이 증가했고 개발도상국에서도 같은 기간 안에 대외자산과 부채 총액도 6.6천억 달러에서 5조 달러로 7.5배나 증가했다.

　세계화가 진행되면 이득을 보거나 손해를 보는 집단은 있기 마련으로, 무역은 수입대체부문과 희소 생산요소의 손실을 초래하게 된다. 노동이민은 이민을 받아들인 나라의 미숙련 노동자 임금을 하락시키며, 자본 이동은 한편으로는 국가 간 고득 수렴 경향을 약화시키는 방향으로 영향을 미치든가, 다른 한편으로는 금융시장을 교란시키는 요인으로 작용할 수 있다(양동휴 2012, 16).

　신자유주의의 가장 큰 문제점은 빈부격차의 심화이다. 개도국의 경우는 물론이고 결국 선진국, 특히 미국 내 불평등 증가, 중산층 몰락, 노동계층의 상태 악화 등을 불러오게 된다. 국가 내 불평등 확산의 원인으로 지적되는 요인은 국제분업과 특화에 따른 임금하락, 미숙련 노동집약적인 수입상품과의 경쟁, 특히 이민쿼터가 폐지된 1960년대 후반 이후 미숙련노동자의 유입, 외부조달(아웃소싱), 그리고 가장 크게는 노동절약적 기술진보 등이다(양동휴 2012, 177).

　신자유주의는 미국의 경쟁력 강화에는 도움이 되지만 개도국 신자유주의 구조조정의 문제를 노정함으로써 미국 주도 질서의 정당성에 의구심을 증가시킨다. 소위 자유화의 역설로, 자유화를 추구하는 과정에서 구조조정과 민영화는 기업가 정신을 자극하고 국가의 재정적·행정적 부담을 경감한다는 명분을 가지지만, 막상 민영화 과정에서 정경유착과 부패로 인해 민영화의 공정을 꾀하려던 애초의 의도가 실현되지 못하는 현실을 보여준다(유호근 2009, 132-133).

　미국의 경우 불평등화로의 발전은 매우 극적인 성격을 가져 1970년대 말에서 2000년대 말이라는 불과 30년의 기간 동안 지난 40년 이상 진행되어온 평등화를 완전히 상쇄하였다. 소득계층 최상위 1%가 점유하는 소득의 비율은 1928년 23.9%로 정점을 찍고 1976년에는 8.9%로 가장 낮은 수준으로 떨어졌다가 2007년에는 23.5%까지 상승했다(이준구 2016, 12). 이준구의 설명에 따르면 경제학자들은 숙련편향기술진보나 세계화의 진전, 정보화에 따른 슈퍼스타의 등장, 경영자권력가설 등 다양한 불평등 심화의 원인을 제시했지만, 미국의 경우 사회와 정치의 보수화, 그리고 신자유주의가 가장 큰 원인으로 지적된다(이준구 2016, 12-13). 신자유주의 개혁 이전 미국의 빈곤율이 15%에 이르고, 1970년대 말 최상위 소득 계층 1%의 소득이 10% 내외였다. 그러나 2010년대에 오면서 20% 수준으로 배가되었고, 최상위 0.01%의 약진은 더 두드러져 1%를 약간 넘던 것이 5%에 이른다. 1만 6천 가구 내외의 부자들이 미국 전체 소득의 5%를 차지하는 것이다(이준구 2016, 27-28). 또한 2001-2006년 평균 노동자 실질 임금 상승률은 생산성 증가율의 절반 수준이었다. 직물, 가구 등 멕시코나 중국과 경쟁하는 산업에서는 실업자가 급증한 데 반해, 최고경영자의 보수는 지난 20년간 평균임금의 40배에서 110배로 올랐다. 기술진보와 시장통합의 결과로 얻어진 호황의 과실이 고소득층에 집중적으로 분배된 것이다. 노동소득이 GDP에서 차지하는 비율은 역사상 최저점으로 떨어졌다(양동휴 2012, 59).

　결국 최상위 소득계층의 약진과 더불어 하위 소득계층의 후퇴라는 양극화의 진전이 이루어졌고, 최상위 소득계층의 몫이 급격하게 커진 데에서 불평등의 원인을 찾을 수 있는데 이는 국제무역과는 별 상관이 없는 미국 국내의 신자유주의 제도 개혁의 결과이다.

　이러한 상황에서 2008년 미국발 경제위기가 발생했다. 위의 맥락에서 경제위기는 국내적, 국제적 소득불평등, 글로벌 불균형에 기인한다. 글로벌 불균형이란 미국의 경상수지 적자와 동아시아의 흑자가 조정되지 않고 장기간 계속되어 동아시아의 달러보유고가 누적되는 현상이다. 미국은 기축통화국으로 막대한 경상수지 적자를 그대로 방치하여 달러 가치 방어에 신경을 쓰지 않고 있으며 쓸 필요도 없다. 흑자국들이 수출경쟁력 하락과 보유 중인 달러표시 자산가치 하락을 방지하기 위해 달러가치를 보전하려고, 수익률도 보잘것없는 미국의 재정증권을 계속 구입하기 때문이다. 미국은 자유주의 국제질서 하에서 국제수지와 국가재정 쌍둥이 적자의 부담을 해외에 떠넘기고 소득 이상의 소비수준을 누려왔다. 그리고 이러한 불안정은 국제경제 전반에 불확실성을 가중시켰고, 글로벌 불균형이 전 세계적 유동성 팽창을 초래하여 자산 가격을 상승시킨다. 미국의 저금리 정책과 맞물려 미국의 과소비 경향이 증가되었다. 더불어 미국 내 불평등이 심화되자 미국 정부는 빈곤층의 내집 마련과 소득 증대의 헛된 희망을 부추기는 경제정책을 썼고, 이러한 구조적 취약성에 주택버블과 파생상품 과잉금융이 한꺼번에 터지면서 위기가 도래한 것이다(양동휴 2012, 178).

## III. 트럼프 정부와 미국 자유민주주의의 위기

### 1. 트럼프 정부의 등장 배경

미국이 자유주의 국제질서를 통해 패권의 지위를 유지하는 데에는 많은 조건이 필요하였다. 경제발전을 위해 자본주의를 변화, 유지시키고, 공동의 안보 목적 하에 다른 국가들의 경제적 양보를 이끌어 내며, 동맹과 파트너십을 강화하고, 적절한 개입과 자제를 통해 미국민들에게 패권사업이 국익과 국민의 이익에 도움이 된다는 사실을 설득해야한다. 동시에 국제적 다자주의를 고양하고 예측가능한, 규범과 규칙기반 질서를 유지하고, 3세계의 반발을 무마해야 한다. 그러나 미국경제가 악화하여 공공재 제공에 실패하고 미국 이익 우선주의로 회귀하고 적정한 안보이익을 공유할 수 없으며, 미국민들이 패권사업에 대한 회의를 품게 될 때, 자유주의 질서가 유지되기에 어려운 상황에 부딪힌다. 그때마다 미국의 행정부는 국제질서의 위기상황을 주장하며다양한 방법을 시도하여 미국 패권을 유지하고자 노력해왔다.

2016년 미국 대통령 선거도 그간 축적되어 온 모순이 불거진 또하나의 계기였다. 트럼프 대통령은 미국이 추구해온 대외적 자유주의국제질서 외교대전략, 그리고 국내의 자유민주주의 체제의 문제점을지적하면서 승리하였다. 단기적으로는 2008년 경제위기 이후 월스트리트-달러체제에 대한 미국민의 반발, 이를 지원해온 기성 정치엘리트에 대한 반발이 작용한 것으로 볼 수 있다(Gowan 1999; Helleiner and Kirshner 2009). 서브 프라임 모기지 사태 이후 대형 투자사들이일부 파산했지만 정부는 여전히 금융체제를 유지하면서 전면적 개혁을 하지 않았던 것이 많은 미국민들의 분노를 불러일으켰다. 또한 이로 인한 무주택자, 실업자들이 증가하면서 경제문제가 본격적인 정치문제로 부각되어 있었다.

트럼프 대통령은 공화당 후보로 등장했지만 당내 초기 경쟁에서36%를 얻은 것에 그쳐 공화당의 핵심 이익과 가치를 대변한다고 보기어려웠다. 그러다가 11월에 들어 공화당 프라이머리에서 94%를 획득했고 전체 공화당원의 여론조사에서 79%를 획득하기에 이른다. 이러한 변화 속에서 트럼프 대통령이 대선에서 승리하게 된 이유는 무엇인가.

트럼프 대통령의 선거 승리는 무엇보다 기존 정치체제에 회의를 느낀 중산층 노동자와 백인 단합의 결과로 볼 수 있다. 성별, 나이, 교육정도, 수입과 관계없이 전체 표의 69%를 차지하는 백인표 중 58%가 트럼프 대통령에게 투표한 것을 볼 수 있다. 반면 흑인표의 8%, 라틴계의 29%만이 트럼프에게 투표한 것을 알 수 있다. 특히 쇠락 제조업 지역인 소위 "러스트 벨트(Rust Belt)" 지역의 반란이라고 불리울 정도로 백인 노동자들이 트럼프를 지지하였는데, 이는 오바마 정부의 신자유주의 경제정책에 대한 점증하는 불만 때문이라고 분석된다(Faber 2017, 3). 트럼프 대통령은 경제 상황 악화, 무역 정책, 고용 문제 등 경제문제를 집중 공략했고, 이는 클린턴 후보와 대비되었다. 미국은 2007년부터 2014년까지 오바마 정부 하에서 무역 적자를 이유로 약 1천 4백만 개의 제조업 일자리가 사라졌고 미시간, 오하이오, 펜실베이니아, 위스콘신 등 중도 주들에서 트럼프 지지가 확연하게 드러난 것이다. 또한 농촌지역, 소도시, 농업 및 광업 지역 역시 트럼프에 대한 지지를 보였다.

2016년 12월 Democracy Fund VOTER Survey가 8천 명을 대상으로 분석한 것에 따르면 트럼프 대통령을 지지한 선거 지지층은 대략 다섯 그룹으로 나뉘는 것으로 분석된다. 미국 보존주의자(20%), 골수 보수주의자(31%), 반엘리트주의자(19%), 자유시장주의자(25%), 고립주의자(5%) 등이다. 각 그룹별로 살펴보면 골수 보수주의자들은 재정 보수주의, 도덕적 전통주의를 주장하며 미국 정체성 및 이민에 대한 전통 견해를 보유하고 있다. 이들은 가장 핵심적인 공화당원이며 총기 소유지지, 이민 반대, 기독교 신앙 등을 주장한다. 경제 이슈에서는 부자 세금, 사업 규제, 정부 지원 건강보험 등을 비판하고 환경 및 정체성 이슈에서 전통적인 견해를 가지고 있다.

자유시장주의자들은 작은 정부와 보수적인 재정정책 및 자유무역을 지지하며 이민과 인종 문제에서든 중도적 성향을 보인다. 이들은 공화당에 대한 충성도가 높기는 하지만 트럼프 대통령에 대해서는 회의적이며 클린턴에 대한 반감이 더 크게 작용했다고 볼 수 있다. 이들은 대부분 서부 출신으로 고학력의 전문직 종사자로 보편주의 가치관을 가지고 있다. 이들이 보수주의자들과 동의하는 바는 보수적인 재성 운영으로 시장의 힘을 신뢰한다.

미국 보존주의자들은 미국의 정치, 경제 체제가 훼손되었다고 보고 배타적인 이민정책과 미국 정체성을 강조하는 충성도 높은 공화주의자들이다. 공식적인 교육정도가 낮으며 저소득층으로 기독교에 대한 일반적 지지가 있다. 인종주의적 견해를 가진 그룹으로 결속도가 높고 이민문제에 대해 매우 배타적 견해를 가지고 있으면 백인 인종주의적 성향도 가지고 있다. 대부분 저소득층으로 대외무역에 대해 회의적이며 빈부격차에 대해 부정적 견해를 가지고 있다.

반엘리트주의자들은 보통 정도의 교육수준을 가진 중산층들로서 미국 보존주의자들보다는 중도적 견해를 가지고 있고, 미국의 정치, 경제 체제가 문제에 봉착해 있다고 본다. 그러나 이민과 인종, 정체성, 종교 등에 대해서는 보다 중도적 견해를 가지고 있고 경제격차 해소를 주된 관심사로 가지고 있다.

이들은 서로 다른 이유에서 트럼프 대통령에게 투표한 그룹으로 상호 간에 같은 목적이 있다고 볼 수 없다. 이민, 인종, 미국 정체성, 도덕적 전통주의, 무역, 경제 등 다양한 이슈에서 각각의 생각을 가지고 투표한 것이다. 이들에게 공통된 것이 있다면 힐러리 클린턴 후보에 대한 부정적 인식, 경제에 대한 평가, 불법 이민에 대한 생각, 그리고 무슬림 이민에 대한 견해 정도이다. 특히 개인의 경제 사정에 대해 과거에 비해 자신의 경제 사정이 악화되었다고 보고 있다(Edkins 2017).

중요한 점은 국내 정치, 경제 사정에 대한 트럼프 지지자들의 견해가 미국의 대외정책 기조의 변화를 불러오는 중요한 요인이 된다는 점이다. 미국의 지구적 개입과 패권의 대전략이 중장기적으로 미국의 경제적 이익과 미국민의 이익을 도모한다는 사회적 합의가 깨어지고, 미국민의 문제가 과도한 미국의 대외 개입 및 외국의 불공정 무역, 동맹국의 불충분한 부담 분담 때문이라고 인식될 경우 미국의 대외정책은 변화할 수밖에 없다.

## 2. 미국 자유민주주의의 문제점

제왕적 대통령이라고 불리는 미국의 대통령은 미국의 국익뿐 아니라 국제질서의 향방에도 엄청난 영향을 미치는 지위이다. 트럼프 대통령이 당선되자 트럼프 대통령이 공직의 경력이 전무한데다 주류 정치, 언론에 대한 비판을 주장해온 만큼 당선 이후 정책 노선에 대해 많은 관심과 우려가 존재했다. 주목의 대상이 된 것은 트럼프 대통령이 자신을 지지한 지지층의 정치적 욕구를 어떻게 받아들여 정책화할 것인가와 더불어 미국 전체의 이익을 위해 미국민을 대표할 수 있는가의 문제였다. 그러나 트럼프 대통령이 추구한 많은 정책들이 미국의 자유민주주의 기본 가치에 위배되는 것들이 많은데다가 기존 행정부의 정책노선을 부정하는 정책이 지속적으로 실행되어 미국 정치체제 자체에 대한 비판이 비등하게 되었다. 대통령이 미국민 대다수의 가치관과 다른 정책을 추진하고 스스로 설정한 미국 국익에 따라 행동할 때 과연 이를 통제할 방법이 있는가에 대한 근본적인 문제가 제기된 것이다.

일부 논자들은 트럼프 정부를 독일 바이마르 정부(1918-1933) 이후 나치즘의 등장과 비교하기도 하였다. 독일민족사회주의노동자당, 즉 나치당은 1932년 9월 선거에서 의심할 여지 없이 민주 선거에 의해 다수당이 되어 집권했다. 절차적 민주주의가 보장된 상태에서 등장한 것이다. 그러나 이후 나치당은 히틀러를 총통으로 국민의 뜻을 대변한다는 명목 하에 다양한 정책을 시행하였는데 이는 자유민주주의가 스스로 부정되는 결과를 낳았다. 한편 트럼프 정부는 백인 인종을 중심으로 한 민족주의를 주장하고 남성우월주의와 인종주의적 편견을 내보이고 있으며 광범위하게 퍼져 있는 경제침체 속에서 노동자들의 절망적 에토스에 호소하고 있다. 또한 국민들의 의사를 대변한다는 모토 하에 과장된 자기확신을 가지고 있으며 언론을 비판하는 양태를 보였다. 이러한 노선은 집권 이후 나치당의 정책과 유사한 측면이 있어 미국 내에서도 이러한 유비론이 등장하였다(Bessner and Sparke 2017, 1214).

그러나 정작 중요한 점은 트럼프 정부가 나치당의 과거 경험과 얼마나 유사한가가 아니라 자유민주주의가, 그것도 세계의 패권국인 미국의 자유민주주의가 얼마나 미국의 일반 가치, 그리고 미국이 주창해 온 국제적 자유주의의 가치를 지속적으로 수호할 수 있는 체제를 가지고 있는가의 문제로 귀착된다는 점이다. 이는 한 마디로 자유민주주의 정부의 정책과 국가의 헌법 간의 관계이다. 얼마나 헌법적 가치가 정치를 통제할 수 있는가, 아니면 정치가 헌법적 기본 가치를 넘어서고 사실상 만들어가는 것인가의 문제이다.

헌법학자들은 헌법과 정치의 관계를 대략 세 가지 정도의 이론으로 정리한다. 법관습설, 법명령설, 법이성설 등이 그것이다. 법관습설은 헌법의 정당성의 근거와 헌법 수호의 이유를 국가들의 정치적 전통 및 역사적 경험에서 찾는 이론이다. 헌법은 단순히 실정적 법이 아니라 오랜 시간에 걸쳐 축적된 정치적 지혜의 산물이자 시민들 간의 각종 이해관계를 조정해 온 경험들의 반영물이라는 것이다. 따라서 헌법의 정당성은 곧 그 국가의 정당성이므로 명문화의 정도와 상관없이 지켜야 할 가치체계라는 설이다.

둘째는 법명령설로서 헌법의 정당성을 국가의 역사나 전통 등 관습적 사실에서 찾는 것이 아니라 헌법 제정권력을 가진 주권자의 명령으로 간주하는 것이다. 헌법은 그것을 제정할 권한을 지닌 주권자가 명령한 바이기 때문에 그 명령의 수범자인 신민 혹은 인민들은 이를 지키는 것이 마땅하다는 시각이다. 이는 헌법이 정치 권력의 산물이라는 관점으로 정치가 법에 대해 우월적 지위를 가진다고 보는 것이다. 근대 자유민주주의는 인민이 주권자이기 때문에 인민 전체의 의지가 헌법에 반영되어 그 명령으로서 헌법이 제정되고 시행된다는 견해이다.

세 번째는 법이성설로 헌법은 보편이성 및 정의의 원칙을 반영한다는 시각이다. 시간과 공간에 관계없이 초월적으로 적용될 수 있는 정의의 실현으로 헌법을 보는 것이다. 근대 입헌주의에서는 민주적 정치과정을 통해 나타나는 주권국민의 의지보다도 개인의 자유 및 권리의 보호라는 보편적 원리가 우선시된다는 견해이다(함재학 2016, 45-47).

여기서 문제는 자유민주주의의 핵심인 인민의 주권적 명령이 과연 자유민주주의 국가에서 문제없이 실현될 수 있는가 하는 점이다. 인민이 헌법제정 주체로서 헌법제정 이전에 이미 선공동체를 이루고 있는가 하는 점이 문제가 되는 것은 물론이고, 헌법제정 이후 인민들의 일반의지를 대변하는 대변자가 인민의 의지를 인식하여 실현할 수 있는가, 그러한 체제를 만들 수 있는가의 문제도 존재한다. 즉, 국민이 스스로 지배하기 위하여 헌법을 제정한 경우 '자기지배'가 성립되어야 한다. 헌법을 제정한 국민과 그 헌법을 지키는 국민 간의 동일성이 전제가 되어야 하는데, 양자는 역사가 진행되면서 괴리가 생기기 마련이다. 또한 일반의지를 대표하기 위해 선출된 대표자가 인민 전체의 의지를 확인하여 이를 실행할 수 있는가의 문제가 발생한다(함재학 2016, 60).

근대 입헌주의는 헌법제정권력을 가진 인민이 이성적 판단과정에 기반하여 동의할 수 있는 정의의 규준에 근접할 수 있다는 믿음에 기초한다. 그러나 정의가 무엇인지, 어떠한 헌법의 내용이 정의의 규준에 부합하는지 모든 인민이 사실상 동의하는 것은 불가능하다. 따라서 근대 자유주의는 견해의 다양성을 인정한 상태에서 이를 해결하기 위해 민주적 절차라는 정당성의 근거를 내세울 수밖에 없다. 그러나 무엇이 민주절차인지에 대한 의견도 또한 수렴되고 합의되어야 하는 무한회귀의 어려움이 존재한다(함재학 2016, 65).

이러한 문제는 바이마르 공화국 당시 나치정권을 옹호했던 칼 슈미트의 견해와도 상통한다. 슈미트는 헌법을 시행하는 정상상태가 비상시 예외상태에서 정지되고 헌법을 넘어서는 권한을 행사하는 주권자가 존재할 수밖에 없다고 상정한다. 문제는 이러한 주권자가 인민 전체일 수는 없기 때문에 인민을 대신하는 결정권자가 존재한다는 것이다. 슈미트 역시 민주주의에 기초한 주권자의 존재를 상정하지만 사실상 인민의 의사를 대변하는 인격체가 존재할 수밖에 없다. 그 인격체는 헌법 안에 있으면서 동시에 밖에 존재하는, 헌법의 정당성이 어디까지 존재할 수 있는지를 결정하는 자이다(칼 슈미트 1934; 김성호 2008).

트럼프 대통령의 정책은 헌법 과정까지 연결되는 것은 아니지만

현재 미국의 정치, 경제 사정을 예외적 비상상태로 규정하고 대통령
의 권한으로 미국민의 보편적 규범에 어긋나는 정책을 시행해 나간다
는 점에서 슈미트의 이론을 떠올리게 하는 부분이 있는 것이 사실이다
(Kolin 2017). 문제는 이러한 현상이 자유민주주의 정치체제의 근본과
닿아 있다는 점이다. 더욱이 세계의 패권국이 자유주의 국제질서를 주
장하면서 국내적으로 이러한 문제를 노정할 때 세계질서 자체가 영향
을 받는다는 것이다. 국제정치이론에서 안보화(securitization)이론은
슈미트의 예외상태론에 부분적으로 영향을 받고 있는데, 보다 본격적
으로 슈미트의 견해를 수용한다면 트럼프 행정부는 지금의 미국의 상
황을 일종의 예외상태로 규정하여 국내의 많은 문제들을 안보화하고
이를 해결하기 위해 비상한 시각과 자원을 동원하려고 하는 것이다.
이러한 시도는 미국의 자유민주주의 기본 규범과 충돌하는 부분이 많
은바, 과연 이러한 문제가 미국 국내를 넘어 세계 전체의 질서에 어떠
한 영향을 미칠지 주목해야 한다.

## 3. 트럼프 정부의 신자유주의 정책

트럼프 대통령 당선에 가장 큰 요인으로 작동했던 것은 미국 내 빈부
격차 심화, 중산 노동자층의 몰락, 그리고 이를 치유하는 정치체제 작
동의 한계 등이다. 트럼프 대통령은 이러한 문제들로 고통받는 이들에
공감하고 문제의 해결을 약속했다. 앞서 논의한 문제의 원인이 적절
하다면 1980년대 이래 신자유주의 체제 개혁이 트럼프 대통령의 가장
큰 과제이다. 2008년 경제위기를 불러온 근본적인 국내 정치, 경제 체
제 개혁 없이 문제 해결은 어렵다.
　　트럼프 대통령은 미국이 겪고 있는 경제문제의 현상을 지적하고

문제를 담지하는 계층과 공감하는 데에는 성공했지만 문제의 해결책을 제대로 제시하고 있는지는 별개의 문제이다. 오히려 트럼프 대통령이 제시하고 있는 정책이 실제로 시도될 경우 불평등은 더 커질 것이라는 전망이 존재한다. 트럼프 대통령은 미국 경제문제의 원인을 과도한 대외 개입 및 팽창으로 인한 재정적자, 미국의 무역상대국의 불공정 무역, 미국이 맺은 자유무역협정의 불평등성, 미국 동맹국들의 부담 분담 노력의 불충분성, 그리고 기성 정치인들의 문제점 등이다.

세계화의 문제는 물론 미국 제조업 종사 중산층의 문제와 연결되어 있다. 무역과 생산네트워크가 국제화되면서 선진국들 역시 자국의 산업을 보호하고 노동을 보호할 수 있는 기제를 상실한 것이 사실이기 때문이다. 미국의 러스트벨트 노동자들이 반발하게 된 가장 큰 원인으로 자유무역으로 인한 일자리 상실 등이 이와 연관되어 있다. 트럼프 대통령 역시 이를 공략하여 정치적 기반으로 삼고 있다. 그러나 미국의 경우 전체 GDP의 13%만이 대외무역에서 오는바, 나머지 87%의 경제정책이 사실상 중요한 것이라는 점을 인식하는 것이 중요하다(Rosenberg 2005).

오히려 지적해야 할 점은 생산기술의 고도화 및 자동화의 문제이다. 선진국 실업률의 상당부분이 자유주의 무역, 혹은 비공정무역에서 비롯된 것으로 트럼프 대통령이 논의한 바 있으나, 사실 80% 이상의 실업률은 미국의 노동경쟁력 약화 및 숙련 노동인구 축소에서 찾아야 한다. 이에 대해 노동력 확보를 위한 실업교육제도의 활성화 등이 사실상 중요해진 실정이다. 독일의 실업교육과 비교해볼 때, 미국의 약점이 더욱 두드러진다.[1]

---

1    미국에게는 심각한 문제가 아니지만 선진국 일반에 두드러진 인구고령화의 문제도 지적해둘 필요가 있다. 대부분의 선진국들은 경제활동인구가 줄어들고 이에 따라 생산력이

트럼프 정부가 미국이 겪고 있는 문제의 구조적 측면을 파악하여 미국 독자적으로 해결해야 할 문제와 세계 경제질서 차원에서 해결해야 할 문제를 어느 정도 정확히 구분하고 있는지도 중요하다. 자유주의 국제질서는 각 시기별로 많은 문제점을 겪어왔고 그때마다 다양한 방법으로 위기를 극복하며 이어져왔다. 현재의 신자유주의 세계화 역시 1970년대까지의 상황에서 발생한 문제를 해결하려는 노력의 일환이었다. 그러나 신자유주의 세계화는 필연적으로 구조적 문제를 발생시켰다. 로드릭의 논의를 빌면 세계화, 국가주권, 국내 민주주의 간 3중의 딜레마로 이 세 가지가 공존하는 것은 매우 어렵다는 논의이다. 세계화가 진행되면서 개별 국가가 스스로 결정할 수 있는 범위는 줄어들고, 그러한 국가의 정책 결정을 국내의 각 사회세력이 민주적으로 조정해 나가기도 또한 어려운 상황이기 때문이다. 세계화 흐름 속에서 만들어진 규범을 국가가 적극적으로 받아들이면 주권은 보호되지만 민주정책결정과정이 왜소화되고, 세계화의 여파를 각 국가의 국민들이 직접 나서서 지역, 지구적 차원에서 협상하면 국가 주권이 약해지며, 국가주권을 지키면서 민주과정을 활성화하면 아무래도 세계화를 낮은 수준으로 조정하지 않을 수 없다. 현재 서구 선진국들은 세계화 과정 속에서 국가주권을 유지하려다가 민주주의 결정과정을 우회하거나 약화시킨 역풍을 맞아 포퓰리즘에 시달리기도 하고, 민주주의에 부응하려다가 세계화의 흐름에 반하는 보호주의를 내세우기도 하고 있다. 국가 주권을 약화시키는 것은 사실상 매우 어려운 여건이기 때문

감소하는 공통의 문제를 겪고 있다. 이 과정에서 이민을 받아들이거나, 자본 축적을 위해 임금을 줄이거나, 해외투자를 활성화하는 방법으로 탈출구를 찾고 있으나 모두 국내 정치문제를 야기하고 이는 자유주의 경제질서를 침식하는 민족주의, 보호주의, 포퓰리즘의 경향을 강화한다.

에 민주주의가 훼손되거나 세계화에 소극적인 입장으로 돌아서는 상황이 발생한다. 미국의 트럼프 정부는 패권국으로서 국가주권을 극대화하는 한편, 민주주의 과정을 유지하고, 미국에 유리한 세계화는 놓지 않으려는 전략 기조를 가지고 있다고 볼 수 있다. 그러나 사실상 이러한 대안은 불가능하기 때문에 앞서 지적한 대로 민주주의는 약화되거나 문제가 감추어지고, 세계화에 대한 미국의 정책은 매우 이기적으로 보이게 된다. 패권국으로서 다음 시대의 자유주의 국제질서를 위해 국민들을 설득하여 세계화의 흐름에 동참하게 하고, 다른 국가들과 협력하여 예측가능하고 규범에 기반한 세계화의 새로운 단계를 준비하는 것이 필요한 일이다.

그러나 지난 1년여간 트럼프 정부가 추구해온 정책은 문제의 구조적 제약을 정확히 파악하지 못할 뿐 아니라 새로운 비전을 결여하고 있다는 비판에 직면해 있다. 티파티로 대표되는 보수 세력은 부자 감세 조치를 주장하고 있으며 국방예산 역시 늘어나고 있다. 미국은 기존의 군사력을 바탕으로 다른 국가들의 경제적 양보를 이끌어 내고 있고 이를 위해 경제력 강화를 중요한 정책기조로 내세우고 있는 중이다. 또한 사회정책 예산에 대한 대폭적인 축소와 이자율 인상 및 달러 가치의 절상을 수반할 위험이 존재하며 개도국에 미칠 영향도 주시할 필요가 있다(신희영 2018, 252).

결국 트럼프 대통령의 경제정책이 신자유주의의 문제를 해결하기보다는 이를 지속하고 문제의 해결책을 대외로 돌리는 단기적 정책에 집중하고 있다. 트럼프 대통령의 경제정책의 신자유주의 성격은 각 항목별로 비교해보면 더욱 뚜렷해진다. 향후 트럼프 정부가 미국 국익 우선주의에 입각하여 세계질서의 회복보다 보호주의를 주장하고 신자유주의에서 비롯된 국내 문제를 우회하는 외교정책을 펴나갈 경우 미

**표 1.** 신자유주의 정책규범과 트럼프주의의 정책내용(Bessner and Sparke 2017, 1220)

| 신자유주의 정책 규범 | 트럼프주의 정책 내용 |
| --- | --- |
| 무역 자유화 | 관세 부과, 해외 아웃소싱 기업 압박, 경제민족주의 강조 |
| 수출 장려 | 수출 증가, 무역 분쟁으로 해외 시장 접근 제약 |
| 해외투자유치 | 해외 정부, 기업 소외, 이민 유입 제한 |
| 인플레이션 감소 | 정부채무 증가로 인플레이션 증가 |
| 공공지출 감축 | 건강, 원조, 교육, 과학 등 지출 감축, 군사 및 인프라 투자 증가 |
| 공공 서비스 사유화 | 공공 서비스 사유화 및 이민에 대한 혜택 감소 |
| 산업과 재정 규제완화 | 산업, 재정 규제완화, 소비자 보호 감축 |
| 세금 감축 및 단일화 | 감세, 그러나 군사, 치안 등을 위한 세금은 증가 |
| 노동조합 제한 및 노동시장 유연성 증가 | 반노동조합 정책 강화 노동유연성 증가 |
| 지적재산권 전제 재산 및 토지 소유 강제 | 무기 및 차단벽 등을 사용한 재산권 영토 보호 |

국의 패권 기반은 약화되고 자유주의 국제질서도 흔들릴 것이다.


## IV. 트럼프 정부의 외교대전략

### 1. 트럼프 정부의 외교대전략 대강

트럼프 대통령은 미국을 다시 위대하게 만들겠다는 기치 아래 미국 우선주의와 힘에 의한 평화, 그리고 기존 정부들의 과도한 개입 비판 등을 내세웠다. 이러한 기치들은 한편으로는 고립주의적으로 비치기도 하지만 다른 한편으로는 미국 국익을 위한 과감한 개입을 예고하는 것이기도 하여 많은 혼란을 불러일으킨 것이 사실이다.

시간이 경과하면서 미국 정부의 외교대전략의 전모는 우선 2017

년 12월에 출간된 백악관의『국가안보전략』과 2018년 1월에 발표된 미국방부의『국방전략』요약문 등에서 일차적으로 밝혀졌다. 트럼프 정부는『국가안보전략』에서 미국 안보전략의 핵심 목표를 미국을 다시 위대하게 만드는 것이라고 규정하고 미국 본토의 방어, 미국 번영을 위한 노력, 그리고 미국 영향력 증가를 내세웠다. 미본토 방어를 위해서는 한편으로는 중국, 러시아 등 군사력이 증가하고 있는 전략적 경쟁국들을 견제하고, 북한, 이란 등 미국을 적대하는 국가들을 제압하면서, 테러집단으로부터 본토를 보호해야 한다고 규정하고 있다. 미국 번영을 위해서는 트럼프 대통령이 강조해 온 공정무역과 세계경제질서의 재편을 주장하고 있다. 미국의 영향력 강화를 위해서는 동맹 강화, 다자주의 제도에서 미국의 리더십 강화 등을 주장하고 있지만 과거에 비해 동맹의 중요성에 대한 언급이 약화된 것은 사실이다. 특히 아시아 관련해서는 인도-태평양 지역 개념을 사용하고 있고 중국이 다른 국가의 주권을 침해하는 외교정책을 행하면서 미국의 리더십을 불가결하게 만들고 있다는 점을 지적하고 있다.

『국방전략』은 좀 더 상세한 미국의 국방전략의 밑그림을 담고 있지만 요약문만 공개되어 전체 그림의 대강을 엿볼 수 있을 뿐이다. 2018 국방전략의 핵심은 주된 안보위협을 2+2+1로 정의한 것으로, 중국, 러시아 등 전략적 경쟁자와의 장기전, 대표적 적대레짐으로서 북한, 이란 봉쇄, 그리고 테러집단의 위협 방지 등을 국방의 목표로 정식화하고 있다. 미국은 중국의 중장기 행태를 지적하면서 군사적 현대화, 영향력 강화, 인도-태평양 주변국가들에 대한 강압외교, 공세적 지경학 등을 경계하고 있다. 미국은 중국을 우선 지역적 안보 위협으로 보고 있지만 점차 지구적 위협으로 확산될 것으로 인식하고 있으며, 러시아는 지구적 위협으로 애초부터 존재하며 유럽과 더불어 대응해야 할 대상으로 파악하고 있다. 군사적 측면에서 중국은 주로 해군, 공군 주력, 러시아는 육군과 공군 주력으로 대응해야 하는 위협으로 상정되고 있고, 그 외에도 다차원 전략과 우주, 사이버의 중요성 등이 강조되고 있다. 향후 중국, 러시아 등 전략적 경쟁국과의 경쟁을 위해 보다 증가된 지속가능한 국방력 강화전략과 투자가 필요함을 역설하고 있다.

트럼프 정부는 아직까지 미국이 군사력에서 기술적 우위를 확보하고 있다고 보고, 주된 위협에 대응하기 위해 군사기술의 발전 기반을 확대하고 군사혁신을 계속하는 것이 중요하다고 강조하고 있다. 이에 비해 동맹과의 협력, 지구적 다자레짐 등에 대한 강조는 감소해 보이는 것이 사실이다. 현재의 안보환경은 빠른 기술진보와 전쟁 자체의 성격 변화라는 특징을 보이고 있으며, 대표적인 예들로 발전된 컴퓨터 기술, 빅 데이터 분석, 인공지능, 자동화 기술, 로봇, 바이오기술 등 다양한 분야를 들고 있다. 향후 미국이 군사력에서 지속적 우위를 확보하려면 산업문화 혁신, 투자분야 조정, 혁신기반에 대한 보호 등이 필요함을 지적하고 있다. 이를 통해 21세기 다른 국가들이 넘볼 수 없는 혁신을 이루어내고 이를 바탕으로 핵, 사이버, 우주, C4ISR, 전략적 활동성, 대량살상무기 확산 방지 등 다차원 전력 강화를 주장하고 있다.

특히 중국이 중요한 전략 경쟁국으로 상정되면서 중국의 반접근, 지역거부 전략에 대한 경계 및 대응이 강조되고 있고, 다전장대응전략을 강화하는 모습을 보인다. 이 과정에서 인도-태평양 지역 내 대중 전략을 위한 동맹과 파트너십의 강조가 이루어지고 있다.

이러한 공식 입장이 과연 실제 트럼프 정부의 외교안보정책과 어느 정도의 조응성을 가지고 있는 것이며, 트럼프 정부의 대전략은 어떠한 성격을 표출하고 있는가. 이를 둘러싸고 여전히 많은 논자들이 다양한 평가를 내리고 있는 것이 사실이다. 트럼프 정부가 출범했을 때 트럼프 대통령의 유세 기간 공약 때문에 미국이 고립주의 외교정책으로 회귀할 것이라는 전망이 많았다. 미국은 2차 대전 이전 전간기에 고립주의를 행해왔고 이는 나름대로의 이유에 기반한 것이었다. 미국적 예외주의가 고립주의를 가능하게 한 이유였는데, 미국의 지정학적 이점으로 바다로 인해 안보가 확보되어 있다는 점, 대외적으로 상당한 자율성을 누릴 수 있는 서반구의 패권이었다는 점, 미국 나름의 메시아 주의로 자유주의 패권의 이념을 가지고 있으며 이는 대외 개입보다는 모범을 보이는 외교정책으로 이어졌다는 점, 미국은 타국과 비교할 수 없는 사회적 평등성과 경제적 지위의 유동성을 가지고 있었다는 점, 그리고 미국인에 대한 자부심이 남달랐다는 점 등을 들 수 있다(Kupchan 2018, 140-142). 이러한 특징은 예외주의 1.0에서 파생된 과거의 정책이었다. 그러나 미국은 2차 세계대전 이후 자유주의 국제질서를 이끄는 패권국이 되었고 미국이 국익은 세계와 긴밀한 상호의존 구도 속에 있기 때문이다. 이는 미국의 새로운 예외주의 2.0으로 미국을 지구적 강대국으로 자리매김했다. 트럼프 대통령의 예외주의는 이러한 특징이 더 이상 적용될 수 없는 변화된 환경에서 나온 것이다. 대외 개입을 줄이고 다자주의 기구에서 탈퇴하여 배타적인 미국 국익 우선주의를 추구해서는 새로운 예외주의를 창출하기 어렵다는 것이다. 트럼프 행정부가 새로운 시대의 보다 나은 예외주의로 재창출할 것이라는 믿음이 희박해지는 가운데 향후 추구해야 할 정책 방향은 미국의 이익과 지구적 개입, 동맹과 파트너십의 새로운 강화, 대외 정책 기반을 위한 국내합의 도출 등이 새로운 예외주의여야 한다는 논의 등이 제시되고 있다(Kupchan 2018, 146-148).

　　현실주의 국제정치학자인 바세비치의 논의처럼 미국이 미국우선주의를 내세워 대외 주요 사안에 대한 개입보다 고립주의와 자국이익 우선주의를 내세운 것은 역사상 처음이 아니다. 특히 1차 세계대전 이후 미국은 고립주의로 회귀하여 유럽에서 2차 세계대전이 발발했음에도 불구하고 불개입을 주장하였다. 그러나 루즈벨트 대통령의 참전과 이후 전후 처리로 미국이 자유주의 패권을 오랫동안 정초할 수 있는 기회를 만들었다고 평가한다. 문제는 미국우선주의를 내세우되 얼마나 정확한 상황 판단하에 개입과 고립의 균형을 잡는가 하는 점이라는 것이다.

트럼프 대통령은 미국우선주의를 내세우고 있고 국제사안에 대한 선별적 개입을 하고 있는데 과연 그러한 개입이 미국의 이익을 위한 것인가 아니면 명확한 기준 없이 개인적 판단에 의한 것인가가 핵심 과제로 바세비치는 본다. 트럼프 대통령은 이미 시리아를 두 번 폭격했고 아프가니스탄에 미군을 증파했으며, 시아파에 대항하여 수니파를 지지하고, 이스라엘-팔레스타인 분쟁을 중재하고자 시도하기도 하고, 현재는 북핵 문제 해결을 위해 국제사회와 다양한 협력을 하고 있는 것이 사실이다. 트럼프 대통령의 대외전략이 불개입과 고립으로만 점철된 것이 아니라 다양한 개입에 기초하고 있다는 사실이다. 만약 이러한 개입이 정확한 미국 이익에 기초한 것이 아니라면 오히려 미국우선주의를 트럼프 대통령으로부터 구출해야 한다는 것이 바세비치의 논의이다(Bacevich 2017, 61).

포젠 역시 트럼프 정부의 대외정책을 고립주의로 볼 수 없다는 견해에 동의한다. 이미 트럼프 정부는 다양한 국제문제에 개입했으며, 기존 오바마 정부까지 미 행정부가 행해왔던 정책들을 많이 변경시켰기 때문이다. 중동에서 이슬람국가나 시리아와 지속적인 군사작전을 벌이고 있어 중동으로부터 후퇴했다고 볼 수 없고, 나토와의 관계 역시 약화시키는 듯 했지만 사실은 유럽재보장이니셔티브(European Reassurance Initiative)를 통해 미국의 적극 개입을 지속하고 있으며, 북핵 문제에 대한 노력은 재론의 여지가 없고 중국의 남중국해 전략에 대해서도 자유의 항행 작전을 지속하고 있다는 것이다. 국방비 역시 이전보다 20% 정도 증가된 액수를 책정하여 기술 개발과 무기 현대화에 힘쓰고 있다. 문제는 "목적이 없는 수위전략(Primacy without a purpose)"라는 점이다. 현재까지 미국은 자유주의 국제질서를 수호하고 그 속에서 미국의 국익을 찾았는데 현재 트럼프 정부의 대외 개입은 어떠한 목적을 위한 것인지 불분명하다는 것이다. 막상 미국의 국익을 위한 것이라고는 하지만 정확히 어떠한 국익을 위한 것인지, 이러한 정책으로 정말 국익이 보호되는지에 대한 비전이 결여되어 있다는 것이다. 한마디로 비자유주의적 패권(illiberal hegemony)의 부상으로 이는 현재까지 다른 국가들이 추구한 패권과 크게 다르지 않은 힘에 의한 패권으로 미국의 이익과 부합하지 않을 것이라는 전망이다(Posen 2018).

트럼프 대통령이 대내외적으로 자유주의 질서를 보호하고 발전시키지 못하는 데 대한 대안은 무엇보다 자유주의 자체를 활성화하는 것이라는 데 많은 이들의 의견이 일치된다. 바세비치의 경우 미국의 헌법 전문을 인용하면서 자유를 증진하고 후세에 자유를 물려주는 정신을 언급하고 있다. 만약 현재 미국의 대외전략이 후세에 더 많은 부담을 안기는 것이라면 이는 헌법정신에도 위배되는 것이라는 것이다. 이 문제는 헌법을 어떻게 이론적으로 이해하는가와도 관련이 있다. 헌법을 국민을 대변하는 대통령의 의지와 명령으로 보는가, 아니면 한 사회의 관습과 전통의 규범으로 해석하는가, 혹은 더 나아가 인류 사회 일반에 적용될 수 있는 보편적 규범의 실현으로 보는가의 문제이다. 바세비치의 논의는 트럼프 대통령 개인의 정책의지보다 미국이라는 사회의 관습과 가치를 중시해야 한다는 점을 지적하고 있는 것이다(Bacevich 2017, 62).

미국의 자유주의와 민주주의를 더욱 활성화시키고 국민들의 참여를 증진시키는 것이 해결책이라는 논의 또한 제기된다. 미국에서 대통령이 국민들에 의해 민주적으로 선출된 만큼 정책 자율성을 가지고 권한을 행사한다는 것은 기본 원칙이지만 이 과정에서 헌법이 규정하고 있는 규범, 그리고 미국 사회의 일반적 규범을 넘어서는 정책을 수행할 권한을 가지고 있는가는 논쟁의 대상이다. 만약 대통령이 민주적 선거 절차에서 선출되었다는 것만으로 정당성을 온전히 보유한다면 이후 국민들의 정책 의견을 무시하는 결과가 되므로 오히려 더욱 적극적으로 급진적인 민주주의를 고양해야만 미국의 민주주의가 회복될 것이라고 보는 견해이다(Bessner and Sparke 2017, 1221).

## 2. 트럼프 정부와 동아시아

21세기 들어 지구적 대테러 전쟁의 바람이 어느 정도 잦아든 이후 동아시아는 미국 외교정책의 핵심 지역으로 등장했다. 무엇보다 중국의 빠른 성장과 아시아의 경제적, 군사적 중요성의 증가 때문이다. 특히 오바마 정부는 소위 아시아중시전략을 채택하여 유럽, 중동에 비해 더 많은 중요성을 아시아에 부여했던 것이 사실이다. 미국의 대중국 정책, 아시아 동맹국들에 대한 정책, 아시아의 다자주의 제도들에 대한 미국의 참여, 환태평양파트너십 등 아시아에 대한 미국의 경제적 참여 등 많은 정책들이 미국의 외교대전략과 긴밀한 연계하에 추구되었다.

그러나 트럼프 정부의 대아시아 정책은 여전히 그 전모를 알기가 어렵다. 외교대전략 전체가 미국우선주의와 미국 경제문제 해결에 집중되어 있는 만큼, 경제문제가 안보전략을 압도하고 개별 아시아 국가 전략들이 지역전략보다 두드러지고 있는 것이 사실이다.

그러한 가운데 트럼프 정부의 아시아 정책이 가장 큰 변화를 일으킬 분야는 미중 관계이다. 트럼프 정부는 앞서 전략서들에서 중국을 전략적 경쟁자로 정의했지만 여전히 대중 경제관계를 중요한 전략 주안점으로 삼고 있다. 트럼프 대통령은 중국이 미국에 대해 엄청난 불공정무역을 행하고 있다고 비판하며 관세를 부과하는 무역전쟁을 시작했다. 중국을 환율조작감시대상국으로 유지하며 압박을 가했다. 이러한 경제 중심 전략은 아시아 다른 국가들에게도 적용된다. 트럼프 대통령은 취임 첫날 환태평양파트너십의 협상결과를 무위로 돌리고 탈퇴했고 한미 자유무역협정을 맹비난하다가 결국 재협상 끝에 미국의 이익을 챙기는 방향을 택했다. 중국과 더불어 한국과 일본에 대해서도 환율 및 불공정무역을 둘러싼 압박을 가하고 있다. 향후에도 트럼프 대통령이 환태평양파트너십에 복귀할 전망은 매우 약해보이며 오히려 긴밀한 관계를 유지해오던 일본에 대해 미일 양자 자유무역협정을 언급하는 등 다양한 경제 압박을 가하고 있다.

미국의 정책 변화를 예의주시하면서 중국은 미국이 자유주의 경제질서를 약화시킨다고 비판하고 중국이 자유주의 경제질서의 수호자가 되겠다고 주장하고 있다. 2018년 초 다보스 포럼에서 시진핑 주석은 중국이 세계자유무역 질서를 지지하는 세력이 될 수 있다고 주장했다. 중국은 이미 2008년 경제 위기 이후 다양한 방면에서 세계 경제질서에 대한 중국의 영향력 확장을 꾀해왔고, 일대일로, 아시아인프라투자은행(AIIB), 브릭스 국가들을 축으로 2014년 출범한 신개발은행(NDB) 등 중국의 영향력이 강한 기구를 만들어왔다. 트럼프 정부의 등장 이후 미국의 보호주의, 미국이익 우선주의의 대외경제정책은 중국의 영향력 공간을 확장시킨 것이 사실이며 이후 미중 간의 관계에 중요한 변수가 되고 있다.

미국은 냉전 종식 이후 중국을 미국 주도 자유주의 경제질서에 편입시키기 위해 다양한 노력을 기울였다. 세계무역기구에 중국이 가입하는 것을 찬성하고 중국이 소위 "책임 있는 이해상관자"가 되도록 압력을 가했다. 중국을 견제하면서 중국을 편입시킬 수 있는 방법을 찾아온 것이다. 미중 양국이 경제 무대에서 향후 만들어갈 수 있는 관계는 세 가지 정도가 있다. 첫째는 갈등 관계로 미국 중심의 경제질서에서 중국이 벗어나면서 독자적인 질서를 만들어가고 결국 이해관계가 충돌하는 것이다. 둘째는 동화, 혹은 흡수(co-optation)로 중국이 점차 미국 중심의 자유주의 경제질서에 들어오는 것이다. 셋째는 공존으로 양자가 서로 다른 경제질서를 추구하면서 공존하는 것으로 중국은 개방된 시장경제를 유지하되, 소위 중국적 특색의 경제질서를 추구하여 미국과 공존하는 대안이다.

과연 어떠한 미중 관계가 현실화될지는 다양한 변수에 달려 있지만, 트럼프 정부의 정책만으로 평가하기는 어렵다. 정부의 정책이 중요한 변수인 것은 사실이지만, 한 국가 내 시장에 임하는 다양한 행위자들이 존재하고, 특히 정부-사회관계가 중요하기 때문이다. 미국의 경우 대외경제를 이끄는 다양한 경제행위자들이 존재하는데 이들은 정부와 밀접한 관계를 가지고 또한 미국 대외정책을 결정하는 싱크탱크 등 여론 주도층과 세력을 공유한다. 따라서 미국 정부의 대외정책이 일정한 방향으로 결정되더라도 시장 행위자들의 향방, 그리고 이들이 정부에 미치는 영향력이 여전히 중요하다고 할 수 있다. 이들 행위자들은 대외적으로 개방된 경제환경을 원한다는 점에서 현재까지와 같은 자유주의 세계화를 이끄는 세력들이다.

반면 중국 내 시장 행위자들은 정부와 밀접한 관계를 가지고 있다. 기업 행위자들이라 하더라도 과거 국가 차원의 국영기업 종사자들이 많고 국가의 경제정책에 좌우되는 경향이 매우 강하다. 따라서 중국 정부가 자유주의 경제질서를 지지한다 하더라도 중국 내부의 국가-시장 관계에서 경제행위자들이 정부의 영향을 강하게 받는 한 이러한 대외자유주의 경제 행위는 한계를 가질 수밖에 없다. 따라서 트럼프 정부의 대외경제정책과 미중 관계가 중요하다고 하겠으나, 양국 내부에 장기적으로 자리 잡고 있는 국가-사회관계의 향방을 함께 지켜보는 것이 긴요하다고 하겠다(Graaff and Apeldoorn 2018).

미국의 아시아 전략이 계속 경제 이슈만을 중심으로 이루어지기는 어렵다. 2017년 11월 트럼프 대통령의 아시아 순방 시 인도-태평양 지역 개념을 주창하여 일본과의 전략적 개념을 공유하였고 한국, 호주, 필리핀, 인도 등 동맹 및 파트너 국가들과의 관계 강화에도 힘쓰고 있다. 중국이 동중국해, 남중국해에서 아시아 국가들과 영유권 갈등을 벌이고 미국의 자유항행권을 침해하고 있다고 미국이 느끼는 한 이러한 대중 견제는 지속될 것이다. 최근에는 중국의 핵심이익인 대만 문제에서도 중국의 반발을 불러일으키고 있다. 미국은 2018년 3월 16일 트럼프 대통령이 대만여행법에 서명함에 따라 미국과 대만 간 공무원들이 모든 수준에서 상호방문하기로 했다. 또한 미국은 대만과 더 많은 무기 판매도 고려하고 있는 것으로 알려지고 있다. 2018년 대만의 미국재대만협회 신축건물에 미 해병대를 주둔시키기로 해 미군 병력이 대만에서 출수한 이래 39년 만에 진주하게 되었다. 또한 대만은 미국과 군사유대관계를 강화하는 가운데 2018년 4월 군사훈련 한광훈련을 실시하여 중국을 자극하고 있다.

　　문제는 이러한 미국의 대중 전략이 미국의 외교대전략, 그리고 동아시아 전략의 큰 그림과 유기적 관계를 어떻게 맺고 있는지가 명확치 않다는 것이다. 무역 및 환율 문제에서 첨예한 갈등을 벌이는가 하면, 북핵 문제에서는 긴밀한 협력을 하고, 인도-태평양 지역의 안보문제에서 경쟁과 대결의 관계를 가속화하고 있다. 이러한 대중 전략이 중장기적으로 미중 관계를 어떤 방향으로 이끌어갈지 명확한 비전이 부재한 상황이다.

## V. 결론

근대 국제정치에서 질서를 주도하는 패권국은 힘과 정당화의 논리를 함께 갖추어야 하고 시대의 변화에 따라 진화된 패권전략을 내보여야 한다. 영국이 주도했던 유럽의 자유주의 국제질서가 자유방임주의와 제국주의, 영국을 중심으로 한 유럽 강대국들 간의 세력균형체제에 기반했던 것이라면, 2차 세계대전 이후의 자유주의 질서는 미국이 주도한 것이었다. 제국주의 대신 민족자결주의, 자유방임주의 대신 내장된 자유주의, 세력균형체제 대신 미국 주도의 동맹체제 및 다자주의 안보제도를 주된 축으로 삼아 새로운 질서를 만들고 유지해왔다. 1980년대부터 시작된 신자유주의는 자유주의 질서가 진화하면서 도달한 새로운 단계로서 이후 신자유주의적 세계화, 냉전에서 승전한 미국의 단극체제, 미국이 주도하는 민주주의와 인권 개념의 증진 등을 새로운 요소로 제시하였다. 그러나 결국 세계화 속 선진국과 개도국의 격차를 둘러싼 갈등, 개도국 내 빈부 격차, 더 나아가 선진국 내의 빈부 격차 및 미국의 중산층 몰락과 같은 경제문제를 불러일으키고 2008년 경제

위기 이후 미국이 주도하는 자유주의 질서는 또 다른 위기에 봉착하게 되었다. 공산주의라는 적이 사라진 상황에서 공동의 안보위협을 대가로 다른 국가들의 경제적 양보를 얻어내기 어렵게 된 미국은 동맹국들을 압박하는 지경에 이르렀고 억눌린 3세계 지역의 문제에 적절히 개입하지 못해 과도한 개입이라는 단극체제의 문제도 안게 되었다. 결국 패권체제의 국내적 합의가 무너지고 이를 재건할 수 있는 정치세력들이 신뢰를 잃게 됨에 따라 비주류 정치인이라 할 수 있는 트럼프 대통령의 시대가 열리게 되었다.

트럼프 대통령이 표방하는 미국우선주의와 힘을 통한 평화가 트럼프 대통령이 정의한 미국의 국익을 증진시키는 것은 틀림없지만 그것이 과연 미국 전체의 이익과 상응하는 것인지, 그리고 패권국으로서 세계질서를 올바른 방향으로 이끌고 있는 것인지는 확신하기 어렵다. 자유주의 국제질서는 미국의 국제정치이론가들이 기대하는바, 시장, 민주주의, 다자제도에 의한 평화를 가져올 수도 있지만 자유주의 자체에 내재하는 모순과 시대의 변화에 따른 도전을 온전히 소화해야만 지속가능한 질서를 불러올 수 있다. 그러한 점에서 중국, 러시아, 3세계 지역 등 비자유주의 강대국의 도전이 강화되고 있는 현재 어떠한 질서가 미래에 가능할지 가늠하기 어렵다.

# 참고문헌

김성호. 2008. "헌법제정의 정치철학: 주권인민의 정체성과 인민주권의 정당성."
　　『한국정치학회보』 42(3): 5-27.
신희영. 2018. "트럼프-펜스 집권의 사회경제적 배경과 '트럼프노믹스(Trumponomics)'"
　　『진보평론』 74: 239-265.
양동휴. 2012.『세계화의 역사적 조망』서울: 서울대학교 출판부.
유호근. 2009. 신자유주의적 세계화 패러다임: 비판적 검토와 대안적 전망.『아태연구』
　　16(1): 123-140.
이준구. 2016.『미국의 신자유주의 실험』서울: 문우사.
지성우. 2012. "미국의 경제정책 변화와 경제민주화의 과정."『미국헌법연구』 23(3): 343-
　　373.
최병두. 2007. 발전주의에서 신자유주의로의 이행과 공간정책의 변화.『한국지역지리학회지』
　　13(1): 82-103.
칼 슈미트. 1934[2015].『정치신학: 주권에 관한 네 개의 장』김항 옮김. 서울: 그린비.
함재학. 2016. "헌법질서와 주권의 매력에 관한 소고."『법학연구』 26(4): 39-75.

Arrighi, Giovanni. 1994. *The Long Twentieth Century: Money, Power, and the Origins of*
　　*Our Times*. London: Verso.
Bacevich, Andrew J. 2017. "Saving "America First": What Responsible Nationalism
　　Looks Like." *Foreign Affairs* 2017 September/October: 57-67.
Bessner, Daniel and Greenberg Udi. 2016. "The Weimar Analogy." *Jacobin*, December
　　17.
Bessner, Daniel, and Matthew Sparke. 2017. "Nazism Neoliberalism, and the Trumpist
　　Challenge to Democracy." *Environment and Planning A*. 49-6: 1214-1223.
Edkins, Emily. 2017. The Five Types of Trump Voters: Who They Are and What They
　　Believe. https://www.voterstudygroup.org/publications/2016-elections/the-five-
　　types-trump-voters.
Faber, Daniel, Jennie Stephens, Victor Wallis, Roger Gottlieb, Charles Levenstein,
　　Patrick CoatarPeter & Boston Editorial Group of CNS. 2017. "Trump's Electoral
　　Triumph: Class, Race, Gender, and the Hegemony of the Polluter-Industrial
　　Complex." *Capitalism Nature Socialism*, 28:1, 1-15.
Gowan, Peter. 1999. *The Global Gamble: Washington's Faustian Bid For World*
　　*Dominance*. London: Verso, 1999.
Graaff, Nana de, and Bastiaan Van Apeldoorn. 2018. "US-China Relations and the Liberal
　　World Order: Contending Elites, Colliding Visions?" *International Affairs* 94-1:
　　113-131.

Helleiner, Eric, and Jonathan Kirshner, eds. 2009. *The Future of the Dollar*. Ithaca, Cornell University Press.

Ikenberry, G. John. 2017. "The Plot Against American Foreign Policy: Can the Liberal Order Survive?" *Foreign Affairs* 2017 May/June: 2-9.

Kolin, Andrew. 2017. "Politics Above Law: How Trump channels Far Right icon Carl Schmitt without Knowing It." https://www.juancole.com/2017/09/politics-channels-schmitt.html

Kupchan, Charles. 2018. "The Clash of Exceptionalisms: A New Fight Over an Old Idea." *Foreign Affairs*. 2018, March/April: 139-148.

Mastanduno, Michael. 2009. "System Maker and Privilege Taker: U.S. Power and the International Political Economy," *World Politics* 61, no. 1. pp. 121-54

Posen, Barry R. 2018. "The Rise of Illiberal Hegemony: Trump's Surprising Grand Strategy." *Foreign Affairs* 2018 March/April, 20-27.

Rodrik, Dani. 2011. *The Globalization Paradox: Democracy and the Future of the World Economy*. New York: W.W. Norton & Company, 2011.

Rosenberg, Justin. 2005. "Globalization Theory: A Post Mortem." *International Politics*, 42-1: 2-74.

Ruggie, John Gerard. 1982. "International Regimes, Transactions, and Change: Embedded Liberalism in the Postwar Economic Order." *International Organization* 36-2: 379-415.

제10장

# 하버마스의 글로벌 거버넌스 이론에 대한 비판적 검토[*]

김주형

[*] 이 장의 내용은 "하버마스의 글로벌 거버넌스 이론에 대한 비판적 검토"라는 제목으로 『한국정치연구』 제27집 제2호(2018)에 수록되었다. 여러 단계에서 유용한 논평과 조언을 제공해준 미래국가론 연구팀 구성원들과, 2017년 12월 서울대학교에서 개최된 'The Future of Democracy' 국제학술회의의 참가자들께 감사드린다.

# I. 머리말

하버마스(Jürgen Habermas)는 1990년대 중반 이후 국제법과 국제정치, 지구화 등에 관한 저술을 활발히 발표해오고 있다. 또 최근 십여 년 동안 유럽의 경제적, 정치적 통합 과정을 분석하고 규범적인 개입을 시도하는 신문사설이나 강연 등에도 힘을 쏟으며, 유럽의 정체성과 방향성에 대한 논쟁에서 중요한 역할을 담당하고 있다. 보다 구체적으로 그의 최근 저술들은 지구화의 다층적인 동학과 그 정치적 영향에 대한 분석, 국제법의 발전 과정, 세계시민주의(cosmopolitanism) 정치사상, 유엔의 개혁과 글로벌 거버넌스 등에 이르는 연관 주제를 폭넓게 다루고 있다. 하지만 한국에서는 아직 하버마스 이론의 국제정치적, 세계시민주의적 측면에 대한 본격적인 분석과 토론이 충분히 이루어지지 못하고 있는 것으로 보인다.[1]

이 논문은 위에서 언급한 주제들에 대한 하버마스의 저술이 그의 민주주의이론 전반에 대한 중요한 논점을 여럿 제기할 뿐만 아니라, 최근 들어 활발히 논의되고 있는 지구화에 대한 정치적 대응의 모색이라는 측면에서도 시사하는 바가 적지 않다는 관찰에서 출발한다. 아래 논의의 우선적인 초점은 하버마스가 제시하고 있는 '지구적 헌정질서(global constitutionalism)'의 수립 내지는 '세계질서의 헌정화(constitutionalization of world order)'라는 목표가 내적으로, 즉 그 자신의 민주주의이론에 비추어볼 때 얼마나 정합성과 설득력을 갖는지

---

1    관련하여 강미란(2006), 김준석(2009), 박구용(2005), 양해림(2014), 정채연(2013) 등을 참고할 수 있다. 영어 저술 중에서 해당 주제에 대한 하버마스 이론의 개괄과 논점의 정리를 위해서는 Baynes(2016), Bohmann(2013), Fine and Smith(2003), Cronin(2011), Ingram(2010), Rensmann(2013), Scheuerman(2008) 등을 우선 참고할 수 있다.

를 따져보는 것이다. 이에 기반하여 궁극적으로는 지구화에 대한 정치
적 대응을 모색함에 있어서 '민주주의'의 위상과 역할을 어떻게 이해
해야 하는지의 문제를 생각해보고자 한다.

우선 첫 두 절에서는 국제법과 국제정치, 세계시민주의의 문제에
대한 하버마스의 규범적 지향이 어떻게 변화해왔는지를 추적한다.[2] 하
지만 특히 이 글에서 관심을 갖는 국제질서의 민주화라는 문제와 관련
해서 재구성해보면 그 변화의 방향과 의미는 상당히 모호하다는 점을
또한 지적한다. 하버마스는 자신이 일국 차원에서 입헌민주주의의 이
념과 원리를 이론화하기 위해 발전시켜온 개념과 문제의식을 글로벌
거버넌스의 문제로 확장하여 적용하는 이론적 전략을 취한다. 하지만
이 전략은 지금의 국제정치 현실에서 그다지 설득력 있는 규범적, 제
도적 지향점을 제공해주지 못할뿐더러, 오히려 하버마스 스스로의 민
주주의이론에 불필요한 부담을 준다는 것이 이 논문의 주장이다.


## II. '세계시민민주주의(cosmopolitan democracy)'

1990년대 이후 '지구화(globalization)'라는 단어가 학계, 언론, 대중
문화의 담론에서 중심적인 위치를 차지하면서, 그것이 제기하는 도전
과 문제점 또한 여러 측면에서 논의되어 왔다. 예컨대 초국가적인 인
적·물적 교류의 확대와 일국 차원에서 해결되기 어려운 난제들이 국
가의 위상과 역할에 대한 논쟁을 점화하였고, 초국적 기업과 금융 분
야를 중심으로 한 국제기구가 행사하는 불균등한 영향력 및 파급효과

---

2    국제법의 문제는 본 논문에서 자세히 다루지 않는다. 국제법의 개념 및 정당성의 문제와
     관련한 하버마스의 입장에 대한 개괄을 위해서는 Ingram(2010, 286-294)을 참조.

에 대한 논의를 통해 정의와 형평성의 문제가 지구적 차원에서 제기되기도 하였다. 생태적 위기, 구조적 불평등, 첨단기술의 발전이 노정하는 위험, 테러리즘으로 대표되는 새로운 안보 위협 등은 세계의 각국, 지역, 행위자들의 상호의존성이 되돌리기 힘든 정도로 심화되어 전 인류가 좋든 싫든 일종의 운명공동체로 묶이게 되었다는 것을 보여주기에 충분하다.

다른 많은 학자들의 경우와 크게 다르지 않게 세계정치와 국제법, 글로벌 거버넌스에 대한 하버마스의 논의도 지구화가 제기하는 여러 층위의 도전에 대한 비판적인 인식에서부터 출발한다(Habermas 2001). 하지만 하버마스는 특히 경제 영역에서의 지구화가 노정하는 정치적 파장에 대한 분석에 초점을 맞춘다. 경제지구화가 전후 서구 사회에서 다져진 복지국가의 작동을 근간부터 흔들어 놓으면서 심각한 사회적·정치적 위기를 낳고 있다는 진단이다. 시장의 막강한 힘이 정치의 통제를 점차 벗어나면서 국가가 시장 규제나 재분배 정책 등을 통해 자본주의 경제의 동학을 길들일 수 있는 능력을 잠식해왔다는 것이다. 하버마스는 이러한 불균형이 중대한 정치적 함의를 갖는다는 점을 강조한다. 시장의 논리가 전면화되면서 중요한 경제적 결정이 일국 국민들의 시야를 벗어나 지구적 단위에서 활동하는 경제엘리트들에 의해 내려지는 경우가 많을 뿐만 아니라, 심화된 구조적 불평등이 개인의 평등한 자유를 침해하고 정치적 참여를 저해하며 사회적 유대를 파괴하는 지경에 이르렀다는 것이다. 이것은 곧 민주주의의 위기이자 정당성의 위기이기도 하다는 것이 그의 진단이다.

게다가 오늘날의 지구화된 경제질서는 이러한 문제를 일국 차원에서의 케인즈주의적인 접근 등을 통해 해소하는 것을 사실상 불가능하게 만든다. 그렇다면 지구화의 도전에 대한 정치적 대응은 이제 지구적 차원에서 모색될 수밖에 없으며, 그것은 국제정치질서의 꽤나 급진적인 변화 내지는 개혁을 전제한다는 것이 하버마스의 생각이다. 하버마스는 그 변화의 방향성을 '지구적 헌정질서'의 수립 내지는 '세계질서의 헌정화' 등으로 개념화한다. 근대를 지배했던 '국제(international)'질서를 떠받치고 있는 주권과 국제법의 관념으로부터 탈피하여 세계사회를 묶을 수 있는 정치적·법적·규범적 틀을 새롭게 마련해야 한다는 것이다. 이러한 변화를 통해서만 지구화의 맥락에서 정치가 경제를 따라잡을 수 있는 여지가 비로소 열린다는 것이 하버마스의 일관된 주장이다.

세계시민주의의 기획에 대한 하버마스의 초기 입장을 대표하는 논문은 1998년에 처음 출간된 "칸트의 영구평화론: 그 200년 이후"라고 볼 수 있는데(Habermas 2000, 165-202), 여기서 하버마스는 칸트의 세계시민주의에 대한 토론을 통해 자신의 견해를 다듬어 간다. 하버마스는 우선 칸트가 보여주는 입장의 모호함 내지는 "일관성 없음"을 지적한다(Habermas 2000, 169; 2006, 124). 칸트가 국제관계에 존재하는 자연상태를 종식시키고 '세계시민적 조건(cosmopolitan condition)'을 달성하기 위한 제도적 틀로서 세계각국이 하나의 세계정부 아래에 묶인 '세계공화국(world republic; Völkerstaat)'과, 그보다는 훨씬 느슨하게 규합된 '국제연맹(league of nations; Völkerbund)' 사이에서 불분명한 태도를 보이고 있다는 것이다. 하버마스에 따르면 전자의 모델은 세계시민적 조건을 성급하게 구체화하려 한 이론적 기획의 산물로서, 특정한 역사철학에 기반한 관념론적 유토피아주의라는 비판을 면하기 어렵다. 그러나 하버마스는 후자의 모델에 대한 비판적 논의에 더 많은 지면을 할애하는데, 비판의 핵심은 이렇게 느슨한 형태의 연맹은 궁극적으로 각국의 자발적 참여에 기반하고 있기 때문에 칸트가 원하는 것과 같은 '영구성'을 결코 갖추지 못한다는 것이다. 즉 전자의 모델이 상정하는 것처럼 국가의 외적인 행위를 규율할 수 있는 강제적인 공법이 부재한 상황에서 이러한 느슨한 규합의 지속성을 담보할 수 없다는 것이다. "한 국가의 헌법과 유사한 제도가 행사하는 법적인 구속력 없이 어떻게 이 연합체의 영속성이 보장될 수가 있겠는가?"(Habermas 2000, 169). 1차 대전 이후 창설된 국제연맹이 뚜렷한 성과를 내지 못한 사례에서 볼 수 있듯이, 주권국가들의 자발적인 결사체는 갈등적인 상황이 도래하면 쉽게 붕괴할 수밖에 없기 때문이다.

하버마스가 보기에 칸트가 강력하지만 위험한 '세계공화국'을 명시적으로 포기하지 못하면서 방금 말한 것과 같은 큰 결함이 있는 느슨한 '국제연맹'을 일종의 '대리물'로 내세우게 된 것은 절대적이고 단일한 것으로서의 국가주권 개념을 탈피하지 못했기 때문이다. 이처럼 주권의 개념에 급진적인 문제제기를 하지 못했던 것이 18세기를 살았던 칸트의 시대적 한계라면, 우리는 그 작업을 충분히 수행할 수 있는 역사적 단계에 와 있다는 것이 하버마스의 판단이다. 아래 두 인용문은 이러한 방향으로 칸트의 세계시민주의를 수정하고자 하는 하버마스의 의도를 잘 보여준다.

> "개별국가를 구속할 수 있는 방식으로 세계시민법이 제도화되어야 한다. … [그리하여 세계질서가] 국가의 기능을 담당하는 공통의 제도를 갖춘 연방으로 전환되어야 할 것이다. 이 연방은 회원국들의 관계를 법으로 규율하고 그들이 규칙을 준수하는지를 감시하게 된다."(Habermas 2000, 179)

"세계시민법의 핵심은 … 국제법의 집합행위자[예컨대 국가]를 우회하여 개인의 법적 지위를 확립하는 것에 있다. 개인에게 [국가 등을 통해] 매개되지 않는 방식으로 자유롭고 평등한 세계시민 결사체의 구성원의 지위를 부여하는 것이다. … 인권의 문제는 많은 경우에 국가의 반대를 무릅쓰고 집행되어야 하기 때문에, 개입을 금지하는 국제법의 내용은 수정될 필요가 있다."(Habermas 2000, 181-182)

요컨대 기존의 국제법을 세계시민법의 방향으로 개혁함으로써 지구적 차원에서 국가의 전통적인 기능을 상당 부분 담당하는 새로운 법·정치체가 형성되고, 이를 통해 개인이 일국의 국민으로서뿐만 아니라 세계시민으로서의 법적 지위를 새롭게 획득하여야 한다는 것이다. 하버마스는 또 이러한 주장이 칸트가 예측할 수 없었던 19세기 이후 현실의 변화 속에서 상당 부분 경험적으로도 뒷받침된다는 점을 덧붙인다. 즉 지구화로 집약되는 일련의 변화 속에서—국가가 더 이상 국제무대에서 유일한 행위자가 아니고, 국가주권에 제약을 가하는 초국가적 법규와 관행이 빠르게 정착되어 왔으며, 국경을 넘어서는 여러 문제를 세계의 시민들이 일상적으로 경험하고 있는 사실 등—내치와 외치의 문제를 가르는 경계가 많은 경우 이미 불확실해진 것이다. 하버마스에 따르면 이러한 일련의 변화는 지금의 상황이 "국제법의 헌정화에 이미 절반 정도 다다랐다"는 점을 보여준다(Habermas 2008a, 173). 칸트의 생각과는 달리 이른바 '분할된 주권(divided sovereignty)'은 그저 규범적인 투사가 아니라 현실의 중요한 부분을 구성하고 있다는 관찰이다.

이러한 맥락에서 이 시기 하버마스는 헬드(David Held) 등이 발전시키고 있는 '세계시민민주주의'의 비전을 우호적으로 인용하며 국제관계와 국제법의 민주화를 강하게 주장한다(Held 1995). 이 모델에 따르면 모든 사람은 일종의 '이중 시민권(dual citizenship)'을 갖게 되는데, 세계시민법의 발전으로 각 개인이 특정 국가의 시민이자 동시에 세계의 시민으로 간주되게 될 것이기 때문이다. 이것은 곧 그간 존재해 왔던 국제관계에서의 무정부상태를 종식시키는 것이기도 하다. 적절한 제도적 뒷받침을 통해 초국적인 차원에서 일종의 헌법적인 권위체가 생성되어 지구적 문제를 민주적이고 책임성 있게 다루게 될 것이기 때문이다.

비록 국가 중심의 시민권 개념이 소멸하거나 전 세계를 관할하는 세계정부가 수립되는 것은 아니라고 할지라도, 이러한 변화는 국제기구 차원에서 상당한 제도적 개혁을 요청한다. 하버마스의 제안을 보면 우선 일종의 입법기관으로서 UN 총회의 기능이 확장되고, 그 구성 또한 궁극적으로는 '세계의회(world parliament)'를 추구해야 한다. 여기서 하버마스는 연방국가에서 볼 수 있는 것과 같은 양원제를 세계의회에 도입하는 것이 바람직하다고 주장하는데, 이 경우 기존의 총회가 각국의 대표단으로 구성된 일종의 상원 역할을 하게 되고, 세계 시민들을 보다 직접적이고 민주적으로 대표하는 하원이 창설되어야 한다(Habermas 2000, 183-187). 이를 통해 확보된 민주적 정당성은 적절히 개혁된 안전보장이사회가 지구적 차원의 집행기관 혹은 행정부로 작동할 수 있는 기반이 된다. 안전보장이사회는 인권 문제 등에 대한 경찰 기능을 담당할 뿐만 아니라 보다 포괄적으로 세계의회에서 결정된 법과 정책을 집행하게 되는데, 하버마스는 이 과업을 위해 UN과 같은 국제기구가 직접 지휘하는 경찰력과 군사력을 일정 정도 갖추는 것이 불가피하다고 본다(Habermas 2000, 187). 마지막으로 개혁되고 강화된 국제형사재판소를 중심으로 지구적인 차원의 사법기구가 정비되어야 한다. 현재의 국제형사재판소는 그 관할 범위와 처리 절차 등에서의 문제 때문에 이러한 역할을 충실히 담당하지 못하기 때문에, 국제법의 위반을 적극적으로 처벌하고 세계의 시민이 개인의 자격으로 (경우에 따라서는 자신이 속한 국가에 대항해) 소송을 제기할 수 있는 권리를 보장하는 등의 방향으로 전반적인 개혁이 이루어져야 한다는 주장이다(Habermas 2000, 189).

이상의 내용을 종합해보면 세계시민주의와 관련된 하버마스의 초기 저술들은 이른바 '지구적 민주주의(global democracy)' 내지는 '세계시민민주주의'의 방향성을 갖는다고 볼 수 있다. 마치 일국 차원의 민주주의에서 시민들이 그 제정 과정에 민주적으로 참여한 법이 행정기관과 사법기관에 의해 집행, 해석, 적용되는 것처럼, 국제관계에서도 각각의 기능에 해당하는 제도적인 정비가 이루어져 지구적 차원의 '헌정화'가 달성되어야 한다는 것이다. 입헌민주주의국가 내부에서 시민들이 하나의 정치적 데모스를 구성하는 것처럼, 지구적인 차원에서도 자기입법의 이상을 실현하는 데모스의 형성을 또한 말할 수 있는 것이다.[3] 물론 이것은 칸트가 언급한 세계정부의 모델로 반드시 귀결되지는 않지만, 적어도 느슨한 형태의 국제연맹보다는 훨씬 더 조밀하고 포괄적인 기능과 역할을 담당할 것임이 분명하다.

---

3    이것은 헬드가 내세우는 세계시민민주주의 모델의 핵심적인 주장이기도 하다. "세계시민법은 지역적, 국가적, 지방적 주권체들이 [지구적 차원에서] 하나의 포괄적인 법체계에 종속되는 것을 요청한다"(Held 1995, 236). 하지만 헬드의 경우도 최근에는 보다 유연하고 다층적인 글로벌 거버넌스 구조를 옹호하는 경향이 있다(Held 2010; Archibugi and Held 2011).

## III. '세계정부 없는 글로벌 거버넌스'

그 이유를 스스로 명쾌히 밝히고 있지는 않지만, 하버마스는 대체로 2004년 전후부터 발표된 다수의 논문을 통해 위에서 정리한 것과 같은 야심찬 세계시민민주주의의 비전을 상당히 완화시킨다.[4] 지구화의 도전에 대한 정치적 대응을 탐구한다는 측면에서 '지구적 헌정질서'의 수립이나 '세계질서의 헌정화' 등 큰 틀에서의 목표는 그대로 유지되지만, 그 구체적인 내용에서는 차이를 보이는 대목이 많다. 이제 하버마스는 자신의 모델을 '세계정부 없는 글로벌 거버넌스(Global Governance without a World Government)' 내지는 '정치적으로 구성된 세계사회(a politically constituted world society)' 등으로 부르는데 (Habermas 2008a, 123; 2006, 118), 아래에서는 우선 그 내용을 재구성하면서 앞서 말한 초기의 세계시민민주주의 모델과의 차이를 살펴본다.

보다 최근의 저술에서 하버마스는 자신이 말하는 '정치적으로 구성된 세계사회'라는 지향점이 세계국가 내지는 세계정부의 모델과는 다르다는 점을 분명히 강조한다. 사실 '세계정부 없는 글로벌 거버넌스'라는 표현 자체가 이미 많은 것을 함축하는데, '세계정부'를 배척한다는 내용이 전면화되고 이전에는 사용하지 않았던 '거버넌스' 개념을 가져오면서, 앞선 저술들에서 내세웠던 보다 포괄적이고 밀도 있는 지구적 민주주의의 비전을 완화하고자 하는 메시지를 던지고 있는 것이다.

여기서 하버마스는 지난 세기 이후 국제법과 국제규범의 발전 과정을 이전과는 다소 다른 방식으로 읽는데, 2차 대전 이후 국제법의

---

4    *The Divided West*(2006)에 포함된 "Does the Constitutionalization of International Law Still Have a Chance?"가 대표적인데, 이 논문은 2004년에 처음 발표되었다.

발달이 점진적으로 세계사회를 헌정화하고 있는 변화과정의 함의를
국제적인 수준에서 "국가 없는 법적 질서"가 형성된 것으로 설명한
다(Habermas 2006, 137). 여기서 주목해야 하는 점은 하버마스가 이
제 '국가'와 '헌법'의 개념적 구분을 보다 날카롭게 하고 있다는 것이
다. 자유롭고 평등한 시민들이 서로에게 부여하는 근본적인 권리들에
기반해 수평적인 결사체를 만들어내는 과정으로서의 '헌정화'가 반드
시 정치권력의 행사와 정치적 프로그램의 집행을 가능케 하는 위계적
으로 조직된 제도의 집합체로서 '국가'의 형성과 동일한 것은 아니라
는 주장이다(Habermas 2006, 131). 그렇다면 세계사회를 헌정화하려
는 노력은 반드시 세계국가를 건설하는 시도로서 구체화될 필요가 없
을 것이다. 즉 하버마스는 자신이 최근 내세우는 '글로벌 거버넌스'의
모델이 우리에게 익숙한 형태의 근대국가와 본질적으로 다르다는 주
장을 하고 있는 것이다. 대신 그는 이 모델이 다층적(multilevel) 질서
의 모습을 띤다는 점을 강조한다.[5] 이 다층 질서는 세 층위로 구성된다
(Habermas 2006; 2008a).

첫째는 가장 상위의 범국가(supranational) 수준이다. 여기서 하
버마스는 자신의 앞선 저술들에서 제시한 것과 유사한 방향으로 개혁
되고 확장된 UN 중심의 국제기구를 단일 행위자로 상정하고 있다. 세
계의회와 안전보장이사회, 국제형사재판소 등이 중심적인 역할을 맡
게 되지만,[6] 이전의 제안에서와는 달리 일반적으로 국가에 의해 행사
되는 핵심적인 정치적 권위를 보유하지는 않는다는 점이 이제 강조된

---

5    '다층적 연방체계(multilevel federal system)'라는 표현을 쓰기도 한다(Habermas 2008a,
     315). 유사한 표현과 설계는 Pogge(2009)에서도 찾을 수 있다.
6    하버마스가 최근 유럽통합 과정에서 가장 우려하는 것도 바로 전문가와 관료들, 그리고
     정치인들에게 대부분의 결정권이 집중되면서 전체적인 과정의 공개성과 민주성이 심각
     하게 훼손되고 있다는 점이다(Habermas 2012, vii-xii; 2014).

다. 즉 이 국제기구가 별도의 군대를 보유하지도 않고, 안보리가 일국
의 행정부처럼 복잡한 관료제를 갖출 필요도 없으며, 국제형사재판소
가 다루는 사안도 제한적이어야 한다는 것이다. 이처럼 축소된 접근이
가능한 것은 이제 하버마스가 이 수위에서의 국제기구가 다루게 되는
사안을 국제평화와 인권의 두 가지로 분명히 제한하고 있기 때문이다.

평화와 인권 이외의 보다 논쟁적인 사안들은 다층적 글로벌 거버
넌스 체계의 두 번째 층위를 구성하는 초국가(transnational) 수준에서
담당하게 된다. 무역이나 금융 등 경제적 문제, 환경 문제, 보건이나
이주 문제 등 오늘날 국제정치의 많은 난제들이 여기서 토론, 협상, 집
행되는데, 하버마스는 이 사안들을 '지구적 내정(global domestic pol-
icy; Weltinnenpolitik)'의 문제라고 부르기도 한다. 그에 따르면 이러
한 사안들은 본질적으로 논쟁적이고 때로는 제로섬의 성격을 띠는 분
배의 문제를 내포하기 때문에, 앞서 언급한 평화나 인권의 문제와 같
이 국제사회의 폭넓은 규범적 지지와 합의를 이끌어내기가 매우 어렵
다. 그렇다면 이 사안들이야말로 가장 '정치적'인 문제들이라고 할 수
있다. 문제의 정치적인 속성이 갖는 중요한 함의는 그 해결이 그저 전
문가나 관료들에게 위임되어서는 안 되며, 이해관계의 당사자들이 참
여하여 공정한 방식으로 논의, 결정되어야 한다는 것이다. 여기서 하
버마스는 이 층위에서 활동하는 논의와 협상의 주체로 EU나 NAFTA
등과 같은 지역레짐을 염두에 두고 있다. 국가가 아니라 대륙적인 규
모의 레짐이 그 행위자가 되어야 하는 이유는 이러한 구성이 개별국가
들의 단순한 집합보다 초국적 사안을 다루고 그 결정을 집행하는 데에
적합하기 때문이다. 그렇다면 이 수위에서의 행위자가 관리 가능한 정
도의 수로 제한되는 것도 중요할 것이다. 여하튼 이들의 모임은 글로
벌 거버넌스의 논쟁적인 사안들에 대한 '초국적 협상 체계'를 구성하

게 된다.

마지막 세 번째 층위의 구성원은 바로 국가들이다. 위에서 암시된 것처럼 다층적인 글로벌 거버넌스 구조 속에서 국가는 여전히 전통적인 의미의 주권을 상당히 유지하게 된다. 단적으로 범국가적, 그리고 초국가적 수위에서의 행위자들은 자신의 결정을 집행하기 위해 국가만이 독립적으로 보유하고 있는 물리적 강제력에 의존할 수밖에 없기 때문이다. 또 국가들은 국제규범이나 국제적 협상의 결과가 요청하는 것을 제외하고는 여전히 국내의 법을 제정하고 집행하는 권한을 보유하게 된다. 그럼에도 불구하고 하버마스는 국가들이 이제 새로운 다층 질서 속에서 행위 패턴과 자기이해 방식을 적지 않게 변화시켜야 할 것이라는 점을 또한 언급한다. 단적으로 배제적인 형태의 민족주의나 자국중심주의를 극복해야 할 것이고, 국제기구의 결정이나 국제규범을 내재화하고 초국적인 네트워크의 책임성 있는 구성원으로서 행동할 것이 요청된다.

다음으로, 현재의 국제정치 관행과 제도구성으로부터 적지 않은 변화를 요청하는 일련의 제안이 추동력을 가지려면 글로벌 거버넌스를 구성하는 각각의 층위가 어떻게 그 정당성을 확보할 수 있는지의 문제가 중요해진다. 이 부분에 대한 하버마스의 논의를 재구성하면 국가적, 초국가적, 범국가적 층위가 나누어지면서 정당화에 대한 부담 또한 체계의 전체에 배분된다고 볼 수 있다. 각각의 층위에서 정당성이 논의되는 방식은 흥미로운 차이를 보이며 일종의 분업적인 관계를 맺는데, 여기서 하버마스는 자신이 담론윤리학과 민주주의이론에서 다룬 법과 정치의 관계, 실천이성의 분화와 담론의 형태 등의 논의에서 등장하는 핵심적인 개념을 폭넓게 차용한다.

우선 평화와 인권의 문제를 다루는 범국가 층위의 국제기구와 그 작동방식의 정당성 문제를 논의하기 위해 하버마스는 『사실성과 타당성』의 중요한 주제인 법과 정치의 구분에 의존한다. 여기서 그의 주장의 핵심은 평화와 인권과 관련해 "국제기구가 맞닥뜨리는 문제는 정치적이라기보다는 법적인 성격을 갖는다"는 것이다(Habermas 2008a, 343; 2009, 124). 이를 뒷받침하는 전제는 인권과 평화의 문제와 관련해서 "전 세계적인 배경 합의"가 존재한다는 판단이다. 즉 이 층위에서 국제기구의 역할은 "정의라는 보편주의적인 도덕과 관련한" 문제만을 제한적으로 다루는데, 이는 보다 구체적으로 "인류에 대해 범죄를 저지르거나 침략전쟁을 시작해서는 안 된다는 의무" 등의 "수동적인 의무"와 관련된다(Habermas 2008a, 343-344; 2006, 143). 그런데 끔찍한 인권침해나 명백한 침략행위에 대한 도덕적인 분노에 있어서 국제사회가 일치된 반응을 보인다는 사실은 이러한 수동적인 의무와 관련한 국제적인 합의를 보여준다고 한다. 또 인권과 평화의 문제에 대한 규범적인 합의가 이미 폭넓게 존재한다는 것은 범국가적 수위에서 활동하는 행위자가 감당해야 할 정당화에 대한 요구가 그다지 높지 않고―혹은 이미 상당히 확보가 되었고―국제기구는 이에 기반해 "확립된 법을 집행"하고 "입법과 정책결정의 구성적인 역할"을 담당할 수 있다는 것을 뜻한다(Habermas 2006, 143). 하버마스는 다음과 같이 덧붙인다. "이것[인권과 평화의 문제]은 분명 모든 정치-문화적 구분을 초월하여 세계인들에게 '공유'될 정도로 '탈정치화'된 '일반적인' 이해관계의 문제라고 할 수 있지 않겠는가?"(Habermas 2012, 64).

이와는 달리 경제, 환경, 노동 등에 대한 논쟁적인 사안을 직접 다루는 초국가적 층위에서는 전 세계인이 공유할 만한 배경합의가 존재하기 어렵다. 따라서 이 차원에서의 정당성은 근본적으로―범국가적 차원에서처럼 이미 정당성을 확보한 것으로 간주되는 법의 집행을 통

해서가 아니라—행위자들 간의 정치적 협상과정을 통해 획득되어야
한다. 그렇다면 여기서 정당성의 핵심은 모든 당사자들이 공평하게 협
상과 타협 과정에 참여할 수 있는 규범과 제도를 확립하는 문제가 된
다. 다르게 표현하면 각각의 지역 레짐들이 개별국가들의 시민들을 대
신해 협상에 임할 수 있는 절차적 정당성을 획득하고, 이들이 모여 협
의하고 협상하는 과정 또한 "공정함과 협력의 기대"를 가질 수 있는
절차와 형식으로 구성되어야 할 것이다(Habermas 2006, 142). 이러한
정당성이 확보되지 않는다면 경제적 정의나 환경정책 등 극도로 논쟁
적인 사안에 대해 국제적인 협력을 이루는 것은 불가능할 것이다.

　　마지막으로 국가적인 층위에서의 정당성은 입헌민주국가의 기본
원리에 준한다고 볼 수 있다. 국민들의 의사와 의지가 법을 통해 실현
되고, 공적인 제도가 정치문화와 시민사회의 적극적인 역할에 의해 뒷
받침되는 것이 그 핵심이다.


## IV. 글로벌 거버넌스와 민주주의

이상에서 정리해본 하버마스의 후기 모델은 일견 보다 이른 저술들에
서 제시된 틀과 적지 않은 차이를 보여 준다. 단적으로 '세계정부'가
아니라 '글로벌 거버넌스'를 말하고 있고, 범국가적 수위의 국제기구
가 맡는 역할이 평화와 인권의 문제로 분명히 제한되고 있을 뿐만 아
니라, 지역레짐들 간의 협상과정에 많은 문제를 맡겨두는 보다 현실적
인 면모를 보여주고 있으며, 개별국가들의 주권의 핵심적인 요소 또한
대체로 보존되는 방식으로 체계가 구성되고 있기 때문이다. 정치적 정
당성을 확보하는 문제도 지구적 차원에서 활동하는 국제기구에만 집

중되지 않고 다층 질서의 각 수위에서 각각에 부합하는 방식으로 분화
되어 이해되고 있다. 전 지구적인 차원에서 민주주의의 가치를 전면화
하겠다는 이전의 구상보다 적어도 훨씬 현실성 있게 읽히는 측면이 있
는 것이다.

그러나 조금 더 면밀히 분석해 보면 하버마스의 이러한 입장 변
화의 저류에 보다 큰 연속성이 존재한다는 점을 알 수 있다. 문제의
중심에는 바로 '민주주의'의 개념이 있다.[7] 보다 구체적으로 말하면
하버마스가 최근 들어 '글로벌 거버넌스'를 말하면서도 자신이 오랫
동안 발전시켜온 민주주의이론이 내세우는 까다로운 민주적 정당성
의 문제의식을 지구적인 차원에서도 여전히 유지하려 한다는 것이다
(Habermas 2008b; 2014). 이 완고함은 적지 않은 이론적, 실천적 난
제를 낳고 있다.

하버마스는 다층적 글로벌 거버넌스의 체계를 구성하면서 자신의
민주주의이론에서 발전시켜온 일국 차원에서의 토의정치 모델을 지
구적인 수준으로 확장 및 적용하고 있는 것으로 보인다(Baynes 2016;
Fine and Smith 2003). 하버마스가 제시한 '토의정치의 이중궤도 모델
(the two-track model of deliberative politics)'은 상당히 널리 논의되
어 왔다(Habermas 1996, 287-387). 하버마스는 의회를 중심으로 한
공적인 결정기관인 이른바 '강한 공중(strong public)' 내지는 '중심
부(core)'와, 시민사회와 공론장으로 구성되는 '약한 공중(weak pub-
lic)' 내지는 '주변부(periphery)'를 구분한다. 법의 정당성과 입헌민
주주의의 규범적 원리는 이 관점에서 권력의 순환의 문제로 표현되기

---

7    이 논문의 논지와 일치하지 않지만 민주주의를 키워드로 하여 하버마스의 글로벌 거버
     넌스 구상을 비판적으로 검토하는 연구로는 Bohman(2013), Ingram(2010, 301-305),
     Rensmann(2013)을 참고할 수 있다.

도 하는데, 바로 '약한 공중'에서 발원한 '의사소통권력'이 공적인 제도로서의 '강한 공중'의 결정에 방향성을 제시하고 한계를 설정하는 것이 핵심이다. 사회적 문제를 발견하고 의제화하며, 경우에 따라서는 해결책을 제시하는 시민사회의 정치적 요구가 제도권 정치와 행정기관의 결정과 집행에 충실히 반영되는 것이 바로 하버마스가 말하는 토의정치에서 권력이 선순환하는 모습이다. 이러한 선순환이 이루어질 경우 '행정권력'이 '의사소통권력'에 반하는 방식으로 자의적으로 정책을 결정하거나 집행하지 못하게 될 것이며, 사회권력이 행정권력을 통해 시민사회로 병리적으로 침투하는 것도 막을 수 있다. 그러한 순환의 핵심 고리가 바로 법이라고 할 수 있는데, 법은 정치적 공론장에서 표출되는 '생활세계'의 언어를 행정권력과 화폐로 대표되는 '체계'가 알아들을 수 있는 언어로 전환하여 이들을 규율할 수 있는 역량을 갖고 있기 때문이다. 이러한 하버마스의 핵심적인 문제의식은 다음의 문장에 잘 집약되고 있다. "토의정치의 성공은 … 의사소통의 절차와 조건의 제도화, 그리고 제도화된 숙의과정과 비공식적으로 형성되는 여론의 상호작용에 달려 있다"(Habermas 1996, 298).

이제 '세계정부 없는 글로벌 거버넌스'의 구상에서 이러한 토의정치의 모델이 지구적인 차원으로 확장되어 적용되는 것을 볼 수 있다. 지구적인 차원에서의 '강한 공중'은 위에서 살펴본 다층적인 제도의 집합체를 가리키는데, 이들은 각각의 영역과 사안에 있어서 주도적으로 법규범을 형성하고 정책을 집행하는 역할을 맡는다. 또 지구적인 차원에서의 '약한 공중'은 바로 지구시민사회를 가리킨다고 볼 수 있다. 여기서 시민들은 일국의 시민이면서도 세계시민으로서의 자의식을 공유한다. 일국 단위에서처럼 언론을 비롯한 대중매체의 역할 또한 핵심적인데, 이들이 지구적인 문제에 대한 토의의 장으로서 중요한 기능을 담당해야 하기 때문이다. 이렇게 구성된 '이중 궤도' 모델을 상정하면, 권력의 선순환이 이루어지는 글로벌 거버넌스는 한편으로는 초국가적, 범국가적 차원의 공적인 제도들의 절차적 정당성 확보에, 또 다른 한편으로는 이 제도들의 작동을 감시하고 견제하며 건설적인 논의를 촉발하는 건강한 지구시민사회의 발전에 달려 있다고 볼 수 있다. 이에 더해 지구시민사회의 토의와 요구가 다층적 국제기구들의 작동방식과 방향성을 규정지을 수 있는 실질적인 힘을 갖게 되는 것도 중요하다. 이를 통해 헌정화된 세계사회의 중요한 행위자들의 투명성과 책임성 및 반응성을 확보할 수 있는 것이다. 이렇게 구성된다면 하버마스가 말하는 글로벌 거버넌스 체계는 세계정부와 같은 일원화되고 집중된 권력기구 없이도 정당성을 확보할 수 있게 된다.

결국 하버마스는 일국 차원의 입헌민주주의의 원리를 해명하기 위해 고안된 개념적·이론적 자원을 지구적 차원의 거버넌스의 문제로 확장하여 적용하고 있다. 이러한 맥락에서 하버마스는 자신이 내세우는 다층 모델이 '민주적' 정당성을 확보할 수 있고, 지구화의 도전에 '민주적'으로 대응하는 좋은 방식이라는 점을 되풀이해 강조한다. 예컨대 그는 '세계정부 없는 글로벌 거버넌스' 모델의 궁극적인 목표가 "세계사회의 민주적 구성"을 실현하는 데에 있다고 선언적으로 밝히면서(Habermas 2012, 58), 그것은 곧 "자유롭고 평등한 시민들 간에 자기조직적인 결사체"를 구성하는 것을 의미한다고 덧붙인다(Habermas 2001, 322). 요컨대 현재 지구적 차원에서 쉽게 관찰되는 "민주주의의 결핍(democratic deficit)의 문제는 민주주의의 초국화(*transnationalization of democracy*)에 의해서만 상쇄될 수 있다"는 주장이다(Habermas 2014, 6; 강조는 원문). 그렇다면 지구화에 대한 '정치적' 대응의 요체는 바로 글로벌 거버넌스의 '민주성'을 확보하는 데에 있다고 볼 수 있다. 그러나 글로벌 거버넌스를 '민주적'으로 재구성한다는 것은 직관적으로도 현재의 국제법과 국제정치 질서로부터 상당히 큰 변화를 요청한다는 점을 알 수 있다. 그렇다면 '세계정부 없는 글로벌 거버넌스'를 표방하는 하버마스의 후기 모델이 '지구적 민주주의' 내지는 '세계시민 민주주의'를 내세운 이전의 모델 및 몇몇 급진적인 이론가들의 주장과 큰 차이를 보이고 있다는 표면적인 해석을 재고할 여지가 생긴다.

먼저 보다 유연하고 현실적으로 보이는 글로벌 거버넌스 모델 하에서도 일국 차원에서 시민들이나 국가들에 요청되는 태도와 관행의 변화가 상당히 포괄적이라는 점을 언급할 수 있다. 우선 시민들에게는 배타적일 수도 있는 기존의 민족적, 국가적 정체성에서 탈피하여 스스로를 인류 전체에 대해 일정한 도덕적, 정치적 의무를 갖는 세계시민으로서의 정체성을 추가적으로 가질 것이 요구된다. 국가들도 이전의 단일적이고 절대적인 주권체라는 자기이해 방식에서 벗어나 세계 공동체의 책임 있는 구성원으로서의 정체성을 키워나가야 하며, 초국가적이고 범국가적인 기구에 전통적인 의미의 주권의 일부를 이양하는 것에 동의해야 한다. 보다 구체적으로 국가들은 인권침해나 침략전쟁 혹은 대량학살 등을 막기 위해 국제기구가 무력을 사용하는 것을 지지하고 지원해야 하는데, 이는 사실상 폭력의 합법적 사용을 독점한다는 전통적인 주권개념으로부터의 상당한 전환을 수용하는 것을 뜻한다. 결국 국가들은 스스로를 "'주권체'라기보다는 연대감으로 단결된 국제공동체의 구성원으로" 생각해야 하는 것이다(Habermas 2012, 61; 강조는 원문). 결국 '공유된 주권(shared sovereignty)'의 제도화가 범국가적, 초국가적 층위에서의 거버넌스가 작동하게 되는 필수조건이 된다고 할 수 있다(Habermas 2012, 37).

유사한 형태의 전환이 초국가적인 행위자들에게도 요청된다. 언뜻 보기에 하버마스가 말하는 초국가적인 수위의 거버넌스는 지역 레짐들이 각자의 이해관계를 관철하기 위해 경쟁하고 협상하는 일종의 '세력균형'의 모습처럼 보일 수도 있다. 하지만 적어도 하버마스 스스로는 지역 레짐을 국제무대에서의 이익집단과 같은 존재로 이해하지 않는다. 이들의 핵심적인 역할 중 하나가 인권과 평화, 그리고 경제정의와 환경문제의 해결 등의 목표에 봉사하고 그러한 방향의 결정을 지역 내에 집행하는 것이기 때문이다. 그렇다면 지역 레짐들도 결국 인권과 민주주의로 대표되는 국제규범에 온전히 구속되며, 그들 간의 협상과 타협도 공정한 규칙과 절차를 엄격히 준수해야 할 것이다.

그렇다면 '세계정부 없는 글로벌 거버넌스'의 다층 모델은 사실 '지구적 민주주의'가 요청하는 것 못지않게 까다로운 정당성의 조건과, 마찬가지로 포괄적인 행위자들의 자기이해 방식 및 행동 패턴의 변화를 전제로 하고 있다고 볼 수 있다. 물론 '지구적 민주주의'의 모델에 비해 현실성을 부가하려는 시도는 없지 않다. 단적으로 이 두 모델 사이의 가장 큰 변화 중 하나는 후기의 다층 모델에서는 경제, 환경, 노동, 보건 등의 사회경제적 이슈 전반이 UN과 같은 단일한 국제기구가 아니라 지역 단위의 협상체계에 위임된다는 데에 있다. 국제질서의 보다 강력한 규범적, 민주적 통제를 희망하는 관점에서는 하버마스의 이러한 입장 변화가 현실주의적 세력균형의 논리 내지는 기능주의적 국제질서의 관념에 너무 많은 부분을 내어준 것이라는 주장이 가능한 대목이다.

하지만 이러한 변화가 마찬가지로 중요한 연속성을 가려서는 곤란하다. 예컨대 범국가 수위에 대한 논의에서 그러한 연속성을 읽을 수 있다. 하버마스에 따르면 인권과 평화의 문제를 전담하게 되는 단일한 범국가적 행위자로서의 국제기구는 경우에 따라서 인도주의적인 개입과 같은 방식의 무력 사용에 나서야 하고, 국제형사재판소는 인권 혹은 중대한 국제법을 위반한 개인 혹은 국가에게 실효성 있는 법적 처분을 내릴 역량을 갖추어야 한다. 또 개혁된 안전보장이사회는 지구적인 차원에서 법규범을 실행에 옮길 수 있는 행정적인 권한과 능력을 또한 갖추어야 한다. 이런 점을 고려하면 '세계정부 없는 글로벌 거버넌스'의 핵심적인 행위자인 범국가적 차원의 국제기구는 결국 전통적인 의미의 국가 내지는 정부와 유사한 기능과 역량을 상당히 갖추어야 한다고 볼 수 있다. 아무리 인권과 평화의 문제로 그 범위가 제한된다고 하더라도 필요한 경우 행위자들, 때로는 강대국들의 저항에 맞서서 국제법을 적용하고 집행할 수 있는 강제력을 확보해야 하는 것이다. 초국가 차원에서 국제 레짐들이 지역 내의 이해관계를 조정하고 국제법과 규범을 집행하는 과정도 마찬가지의 제도적인 함의를 갖는다고 볼 수 있다. 이 때문에 결국 다층적 거버넌스가 작동하기 위해서는 범국가 및 초국가 층위에서 작동하는 국제기구들이 어느 정도의 '국가성(stateness)'을 반드시 갖추어야만 할 것이라는 해석이 설득력 있게 제시된다(Scheuerman 2008; 2013).[8] 물론 그 기능과 외연에서는 차이가 있겠지만, 의회와 법원 및 행정부로 대표되는 일국 차원에서의 토의정치의 '중심부'에 상응하는 역할을 수행하는 기구가 지구적인 차원에서 작동해야지만 글로벌 거버넌스의 민주적 정당성이 확보될 수 있는 것이다. 이러한 제도적 장치 없이 지구시민사회와 지구적 공론장의 역할

---

8    이 문제는 유럽의 거버넌스 구조에 대한 하버마스의 견해에서 보다 분명히 드러난다. 즉 하버마스는 적어도 표면적으로는 유럽연합이 '국가'가 아니라고 말하고 있지만, 실제 조세나 복지제도 등에 대한 집합적인 결정과 통제권을 갖는 부분 등을 보면 사실상 국가와 유사한 역할이나 기능을 담당하는 측면이 강하다고 볼 수 있다(Heins 2016).

만 강조될 경우 글로벌 거버넌스의 구도가 하버마스가 원하는 것과 같은 '이중 궤도'가 아니라 '단일 궤도'의 형태를 갖게 되는 문제가 발생하게 된다(Fine and Smith 2003, 477). 그렇다면 '세계정부 없는 글로벌 거버넌스'는 하버마스 스스로가 말하는 것처럼 '세계정부'의 핵심적 요소를 쉽게 떨쳐버릴 수 없으며, 적어도 약한 의미에서 그 기능적 등가물을 필요로 하게 된다. 바로 이 이유 때문에라도 이 모델과 그 이전의 '지구적 민주주의'의 거리는 가장 논쟁적인 부분에 있어서 그다지 멀지 않다고 볼 수 있다.

## V. 국가, 민주주의, 지구화

지금까지의 주장은 '글로벌 거버넌스'를 표방하는 하버마스의 최근 주장이 여전히 '민주적 정당성'의 문제를 핵심에 두고 지구화의 도전에 대한 '민주적' 대응을 구상하고 있다는 것이었다. 그 과정에서 하버마스는 국제정치의 규범적 모델을 국내정치로부터의 유비를 통해 도출하고, 후자의 문제의식과 개념적 도구를 전자에 확장하는 이론적 전략을 택하고 있다. 아래에서는 이러한 전략을 통해 민주주의의 요청을 새로운 국제질서의 중심에 자리매김하면서 파생되는 이론적 문제 세 가지를 언급하고자 한다. 첫 번째와 두 번째의 문제는 각각 연대성과 지구시민사회와 관련한 하버마스의 주장이 무리한 전제를 깔고 있다는 것이고, 세 번째의 문제는 글로벌 거버넌스의 제안이 토의정치이론의 핵심적인 구성요소에 불필요한 부담을 주고 있다는 점이다.

첫째, 연대성(solidarity) 내지는 정체성의 문제이다. 하버마스 민주주의이론의 중심적인 내용은 '절차주의'라는 개념으로 자주 집약이

되지만, 사실 그 작동을 위해 구성원들 사이의 탄탄한 유대와 연대감
이 차지하는 비중은 결코 작지 않다. 예컨대 활발한 시민사회와 공론
장의 작동은 헌법에 의한 기본권 보장이나 절차적 민주주의의 달성에
의해서만 확보되는 것이 아니라, 시민적 연대성과 공동체에 대한 애착
등을 또한 전제로 한다고 보아야 할 것이다. 그에 상응하는 정치문화
의 뒷받침 또한 중요하다. 이 논의를 확장시켜 보면, 활발한 지구시민
사회와 지구적 공론장의 활동에 기반해 지구적인 차원에서 토의정치
의 모델이 작동하려면 연대감과 애착, 혹은 집합적 정체성을 마찬가지
로 지구적인 차원에서 구성해내야 하는 어려움이 파생된다.

　　이 문제에 대한 하버마스의 대답은 근대의 정치사에 대한 나름의
독해로부터 제시된다. 즉 근대국가의 형성, 발전과정을 살펴보면 정치
적 데모스(demos)가 상대적으로 동질적인 민족(nation)과 그 외연을
공유하게 되는 과정은 철저히 역사적인 것이었다는 점을 알 수 있다.
즉 '민족'과 '국가'의 결합은 필수적인 것이 아니라 '개연적'이고 '인위
적'인 정치적 선택의 역사적 산물이라는 것이다(Habermas 2012, 16-
17; 1996, 491-515). 나아가 하버마스는 민족국가의 역사적 '우연성'은
이것이 또 다른 집합적, 정치적 선택에 의해 급진적인 변화의 가능성
을 열어두고 있다는 점을 뜻한다고 본다. 즉 법과 제도의 형성적인 힘
을 적절히 활용할 경우 집합적 정체성과 연대성이 보다 확장된 단위에
서 구성되지 말아야 할 이유는 없다는 것이다(Habermas 2012, 45-47;
2000, 171; 2014, 9-12).[9] 여기에 더해 전통적인 의미의 인종적, 민족

---

9　하지만 하버마스는 근대의 민족국가가 형성된 과정이 매우 폭력적이고 대규모의 전쟁과
　　이주, 강요된 동화의 과정이기도 하였다는 점은 별로 언급하지 않는다. 유사한 문제의식
　　에서 세계시민주의를 비판적으로 바라보는 영향력 있는 논변을 위해서는 Nagel(2005)
　　을 참조.

적 애국주의가 이른바 '헌정적 애국주의(constitutional patriotism)'로 대체되고 있는 경향 또한 언급된다. 민주적인 토의와 결정에 참여하는 과정을 통해 정치적 애착과 공적인 정체성이 생겨날 수 있고, 그 내용의 중심에는 혈연이나 지연과 같은 귀속적인 준거가 아니라 헌법에 담긴 가치와 규범, 절차 등이 자리 잡게 된다는 것이다(김준석 2009; Fine and Smith 2003, 469-473; Rasmussen 2014). 특히 시장과 기술의 논리에 의해 추동된 "체계적 상호의존(systemic interdependencies)"이 전 지구를 일종의 운명공동체로 묶어놓고 있는 상황에 대한 기존의 정치적 대응이 매우 불충분하다면, 초국가적인 연대성에 호소하는 것이 더욱 중요해진다는 주장이다(Habermas 2014, 11).

하지만 이 문제에 대한 하버마스의 주장은 규범적인 지향성으로서의 의미는 있을지 몰라도, 경계를 초월한 정체성과 연대감의 형성과정의 타당성을 보여주지는 못한다. 그의 관점에서 전 지구적인 차원의 시민적 연대성을 이야기하는 것은 곧 민주주의적 법규범과 절차에 대한 헌정적 애국주의가 국경과 지역, 문화권을 넘어서 달성 가능하다는 것을 전제로 한다. 즉 민주주의와 인권 등에 대한 특정한 이해방식이 규범적으로 우월하다는 논변을 넘어서, 그것이 문화권과 지역적 차이를 가로질러 공유될 수 있다는 사회학적 전제가 필요한 것이다. 이 경우에만 그것이 집합적 정체성과 애착을 불러 일으키고, 경우에 따라서는 개인적, 집단적인 희생을 감내하게 하는 유대감의 계기로 작동할 수 있기 때문이다. 하지만 현재 세계질서를 규정하는 다층적인 문화적, 종교적, 정치적 갈등을 고려하였을 때, 핵심적인 민주주의의 가치와 원리, 그 절차 및 인권의 내용과 지향에 대해 전 세계적으로 특정한 이해방식이 공유될 것을 기대하기는 매우 어렵다는 점을 지적할 수 있다. 하버마스가 자주 전제하는 것처럼 과연 인권과 평화에 대한 '공유된 배경 합의'가 현재 존재하는지도 불명확하지만, 설사 끔찍한 인권침해나 침략 전쟁에 대한 도덕적 분노 속에서 그러한 합의를 읽어낸다고 하더라도 그것이 과연 필요에 따라 강제력을 행사하는 국제기구의 정당성을 뒷받침하는 시민적 연대성으로 작동할지는 또 다른 문제이다. 이 부분에 대한 하버마스의 논의는 토의정치에 우호적인 정치문화나 집합적 정체성이 일국 차원에서도 법과 제도를 통해 손쉽게 만들어질 수 있는 것이 아니라는 『사실성과 타당성』의 조심스러운 주장과도 대비를 이룬다(Habermas 1996, 358–359). 만약 이미 입헌민주주의의 틀을 어느 정도 갖춘 한 나라의 차원에서도 문제가 그러하다면, 민족국가 형성과정의 역사적 우연성을 통해 지구적 수준의 연대성과 집합적 정체성의 형성 가능성을 도출해내고자 하는 것은 지나치게 단순한 대응이라는 비판이 가능하다.[10]

둘째, 방금 논의와 관련하여 하버마스가 상정하는 지구시민사회와 지구적 공론장의 역할 또한 비판적으로 검토할 여지가 있다. 하버마스는 중대한 사안에 대한 지구적 여론이 형성되어 압력을 행사하게 되면 각국의 정치인들과 초국적 행위자들, 국제기구 등의 투명성과 책

---

10  하버마스는 자신의 주장이 유럽의 사례를 통해 어느 정도 현실성을 획득할 수 있다고 생각한다. 그는 유럽이 세속화의 가치, 사회적 연대, 평화와 인권, 팽창적인 국가주의에 대한 반대 등을 공유한다고 보고, 이러한 토대에 기반한 정치적 통합이 유럽을 다른 대륙이나 지구 전체가 나아가야 할 방향성을 제시해주는 '모델'로 자리매김한다고 평가한다(Habermas 2006, 46–48; 2009, 92). 그러나 과연 유럽 각국이 하버마스가 말하는 것과 같은 핵심적인 정체성을 얼마나 공유하고 있는지, 또 그렇다고 하더라도 유럽 통합의 경험이 다른 대륙이나 지역에서 반복될 여지가 있는지, 이에 더해 유럽이 과연 인권과 평화의 '모델'이 아니라 국제정치의 또다른 거대한 이익집단처럼 행동할 여지는 없는지 등등의 비판이 제기된다. 하버마스의 이론을 염두에 두고 유럽 통합의 여러 논점을 이론적, 경험적으로 분석하는 유용한 연구로는 Grewal(2012)과 Genna et al.(2016)을 참고할 수 있다. Bailey(2013)는 인권과 국제정치에 관한 하버마스의 논의를 중국, 인도, 라틴아메리카 등의 경험 속에서 재조명하는 흥미로운 논문을 여럿 포함하고 있다.

임성 등을 고양하는 계기가 될 것이라고 기대한다. 하지만 역시 국제
정치의 맥락에서 지구적 공론장이 행사하는 '의사소통권력'의 범위와
지속력, 영향력 등에 대한 지나치게 낙관적인 기대가 아닌지 의문을
가질 필요가 있다. 여기서 지구시민사회가 도맡는 정당성의 무게는 상
당히 버거운 것임에 틀림없다. 일국의 민주정치에서 시민사회가 적극
적이고 활발한 감시와 견제, 대안제시의 역할을 해야 하는 것처럼, 건
강한 글로벌 거버넌스를 위해서는 지구시민사회가 유사한 기능을 수
행할 필요가 있을 것이다. 하지만 정착된 민주주의 국가의 시민사회에
서 작동하는 '토의'의 기능과 영향력을 과연 지구시민사회에 기대해도
좋은 것인지는 불분명하다. 이른바 '지구적 여론'은 몇몇 특정한 사안
에 대해서, 그것도 제한된 기간 동안만 형성되었다가 곧 잦아드는 것
이 일반적인 패턴이고, 그나마도 그 과정에서 얼마만큼의 '토의'가 존
재하는지는 더욱 의문스럽다.

　　또 보다 근본적으로 과연 하버마스가 말하는 것처럼 인권과 평화
의 문제에 대한 배경 합의에 기반해 범국가적 기구의 정당성 문제가
해소되는지에 대해서도 비판적으로 볼 여지가 크다. 하버마스는 의외
로 이것이 그다지 어려운 문제가 아니라고 되풀이해서 말한다. "개혁
된 세계기구를 (아직 충분히 제도화되지는 못한) 지구적 공론장에 배태
하는(embed) 것으로 [이 기구가] 내리는 결정에 필요한 정당성은 충
분히 부여될 수 있다"(Habermas 2001, 343). 이것이 충분한 이유는 앞
서 언급한 것처럼 기본적인 인권과 평화의 문제는 경계를 초월하여 공
유되고 있기 때문이다. 하지만 인도주의적 개입의 문제 등이 초래하
는 극심한 논란을 생각해 보면 이러한 견해가 적어도 지나치게 낙관적
이라는 비판을 면하기 어렵다. 설령 제한적인 사안에 대해 그러한 정
당화가 가능하다고 하더라도, 한편으로 그것은 '이미 존재하는' 지구

적 배경 합의에 호소함으로써 오히려 지구적 공론장에서의 활발한 토
론과 문제제기를 우회하는 '전-정치적(pre-political)' 정당화가 아닌
지의 의문이 제기될 수 있고(Rensmann 2013), 다른 한편으로는 인권
과 평화의 문제가 결국은 국제기구의 집행자들에 의해 구체화되는 자
의성의 문제가 발생하지 않겠는가 하는 문제 또한 제기된다(Ingram
2010, 301). 이러한 질문들에 대한 하버마스의 답변은 아직 상당히 보
완될 여지가 많아 보인다.

셋째, 하버마스 스스로가 강조하는 토의정치의 참여적, 민주적 요
소에 대한 문제이다. 위에서 짧게 언급한 것처럼 토의정치의 활력은
'절차주의'라는 이름이 주는 인상과는 달리 정치적 공론장에서 시민들
의 적극적인 관심과 참여에 결정적으로 의존한다. 시민들은 공동체를
규율하는 법규범의 수신자 내지는 집행대상으로서만 존재하는 것이
아니라 그것의 제정에 또한 적어도 간접적으로, 하지만 평등하게 참
여함으로써 '공적 자율성(public autonomy)'을 획득하게 된다는 주장
이다. 이는 하버마스가 자신의 민주주의이론을 '사적 자율성(private
autonomy)'에 방점을 두는 자유주의적 전통과 구분하는 지점이기도
하다. 개인의 사적 자유와 권리를 정치 이전 혹은 사회 이전에 이미 타
당성을 확보한 형이상학적 개념으로 이해하게 될 경우, 개인의 권리
가 민주적 절차와 토론의 내용과 방향에 제약을 가하게 되는 측면만
이 강조되고, 그 권리의 내용과 위상이 민주적 실천을 통해 구성되는
부분을 간과하게 되기 때문이다. 이러한 이유로 하버마스는 토의정치
의 모델이 자유주의와 공화주의의 전통을 결합하며, 사적 자율성과 공
적 자율성, 인권과 인민주권의 원리가 사실은 서로 대척점에 있는 것
이 아니라 '동근원적(co-originating)'이라는 점을 보여준다고 주장한
다(Habermas 1996, 82-193).

　　이 점을 염두에 두고 하버마스의 글로벌 거버넌스 구조를 살펴보면, 과연 이것이 '민주적 구성'을 지향한다는 그의 언명에도 불구하고 토의와 참여를 중심으로 한 '민주성'을 담아낼 수 있을지 의문을 갖게 된다. 위에서 언급한바 범국가적 차원과 초국가적 차원의 정당화는 기껏해야 상당히 간접적, 혹은 전-정치적인 방식으로 이루어지고 있다(Habermas 2006, 139-141). 또 결정적으로 지구적 공론장에 시민들이 평등하게 참여하여 그곳에서 발원한 의사와 의지가 국제기구의 결정으로 연결될 수 있는 고리가 제도적으로 규명되지 않고 있다. 오히려 하버마스가 제시하는 글로벌 거버넌스의 작동은 '자유주의적'인 동학으로 보다 잘 묘사되는 측면이 있다(Bailey 2013, 4-5).[11] 전쟁이나 평화와 관련된 소극적 의무를 규정, 집행하고, 분배와 관련된 논쟁적인 이슈에 있어서는 국가와 지역들 간의 협상과 타협을 이끌어내는 제도적인 틀을 마련하는 것이 그 일차적인 목표이기 때문이다. 여기서 과연 시민들의 적극적인 참여를 핵심으로 하는 토의정치의 핵심 개념과 분석틀이 그대로 사용되어도 좋은지를 물어야 하는 것이다.[12]

　　그렇다면 하버마스가 제안한 '세계정부 없는 글로벌 거버넌스'의 모델은 '민주주의'라는 이름으로 수식되기에는 부적절해 보이는 부분이 많다고 해야 한다. 여기서 강조할 점은 비단 오늘날의 정치현실이 하버마스의 규범적 이상으로부터 상당히 거리가 있고, 따라서 그의 제

---

11　하버마스 스스로 그러한 해석을 내비치기도 한다(Habermas 2006, 139, 149). 그러나 헌정화된 세계질서의 '자유주의적' 성격을 강조하는 것은 이 체계 전반의 정당성 결핍의 문제를 역으로 초래한다(Bohman 2013).

12　유사한 맥락에서 하버마스의 글로벌 거버넌스 모델의 '민주주의 결핍'의 문제에 주목하면서 지구시민사회를 중심으로 한 아래로부터의 보다 적극적인 참여, 의견형성, 실천을 강조하는 입장으로는 Benhabib(2009), Dryzek(2006), Rensmann(2013) 등을 참고할 수 있다.

안이 여러 측면에서 성급하거나 비현실적이라는 것만은 아니다. 마찬가지로 중요한 점은 하버마스의 이론 내적인 긴장인데, 앞서 언급한 여러 측면에서의 개념적, 이론적인 공백이 채워지지 않는다면 그의 글로벌 거버넌스 모델은 설사 상당히 발전된 형태에서도 애당초 '인민주권' 내지는 '공적 자율성' 등의 강한 개념에 부합하지 않는 방식으로 설계된 것이라고 보아야 한다. 하지만 하버마스는 자신이 내세우는 모델이 '민주적' 정당성을 확보할 수 있고, 지구화의 도전에 '민주적'으로 대응하는 가장 좋은 방식이라는 점을 되풀이해서 말하면서 혼란을 야기하고 있다. 하지만 이때의 '민주성'은 위에서 말한 이유로 사실 그의 규범적 지향성을 가리키기에도 부적절한 표현이다.

## VI. 맺음말

이상의 논의는 하버마스가 지구화의 도전에 대한 '정치적' 대응을 모색하는 이론적인 작업을 '민주적' 대응을 고안할 필요와 등치하는 경향이 있다는 점을 보여준다. 그 과정에서 '민주주의'가 글로벌 거버넌스의 문제에 있어서도 핵심적인 규범적 지향이자 정당성의 원리로 설정된다. 즉 하버마스는 자신이 생각하는 바의 '민주적' 정당성이 국제질서의 다층 질서에도 적용되어야 한다고 주장하고 있는 셈이다. 하지만 이렇게 개념의 수위가 전이되면서 하버마스의 글로벌 거버넌스 모델은 상당한 이론적, 실천적 난제를 낳고 있다는 것이 이 글의 주장이었다. 사실 하버마스는 정치가 멀찍이 도망가는 사회와 경제의 변화를 따라잡을 필요가 있다는 비유를 자주 드는데(Habermas 2001, 351; 2012, vii), 기실 그 내용은 국내 정치 수위에서의 입헌민주주의의 이상과 원리를 설명하는 개념틀을 적용하여 지구적 수위에서의 제도적 설계를 제안하는 방식으로 귀결되고 있다. 이러한 유비와 확장의 전략은 결국 국내정치와 국제정치의 동학에 질적으로 다른 부분이 존재한다는 점을 충분히 고려하지 못한 결과라는 비판을 면하기 어렵다.

　보다 논점을 확장하자면, 지구화에 대한 '정치적' 대응을 모색하는 과제를 '민주적' 대응의 문제로 집약하는 것은 글로벌 거버넌스의 전략과 제도적 구성을 생각하는 데에 있어서 불필요한 제약으로 작용할 수 있다는 점을 지적해야 한다. 즉 개혁의 궁극적인 지향점을 민주적 가치와 민주주의의 제도로 성급하게 설정하면서, 글로벌 거버넌스의 문제를 민주적 통제의 문제로 환원하게 되는 것이다. 하지만 위에서 살펴본 것처럼 민주주의를 지구화하려는 시도는 무리한 전제와 제도설계를 추동할 뿐만 아니라, 이론적으로도 정합성이 떨어지는 선택지로 보인다. 국내정치에서 민주주의적 가치와 제도의 최대주의를 추구하더라도 그 지향이 국제정치로 투사되는 것이 곧바로 정당화되지는 않는 것이다. 여기서의 논의가 보여주듯이 국가와 민주주의의 결합이 하버마스가 말하는 것보다는 강고하다면, 지구화에 대한 정치적 대응은 반드시 '민주성'이라는 가치를 중심에 놓고 선회할 필요는 없다. 예컨대 민주적 통제나 민주적 정당성의 문제에 집착하기보다는 국제무대의 다양한 수위의 행위자들의 '책임성(accountability)'을 어떻게 확보할 것인지에 초점을 맞추는 방안을 고려해 볼 수 있고(Buchanan and Keohane 2004; Grant and Keohane 2005; Buchanan 2004), 글로벌 거버넌스의 규범적 지향과 관련하여 강한 형태의 세계시민주의가 말하는 것과 같은 지구적 차원에서의 자기결정(self-determination)이 아니라 보다 현실적인 비지배(non-domination)의 원리에 착안해야 한다는 흥미로운 주장도 존재한다(Bohman 2007; Pettit 2010; Young

2002, 236-276). 이에 반해 '민주주의'와 '민주성'에 주목하는 하버마스의 글로벌 거버넌스 이론은 현재 국제질서의 개혁을 위한 보다 가시적이고 실천적인 전략을 도출하는 작업에 한계를 드러낸다.

마지막으로 이상의 문제의식을 조금 다른 방향에서 재기술하고자 한다. 일국 차원의 민주화에 대해 지금까지의 경험과 연구 결과를 종합해 보면, 민주주의로의 '이행', 이행 이후의 '공고화', 그리고 이후 민주주의의 '심화'의 메커니즘 전체를 하나의 가치나 제도설계로 설명하기는 어렵다고 볼 수 있다. 예컨대 오랜 정치적, 문화적 권위주의의 역사에서 벗어나 기본적인 민주주의의 기틀을 마련하려는 사회에 대한 제도적인 처방이, 이미 상당히 성숙한 민주주의를 오랫동안 실행해온 나라에서 시민들의 정치적 무관심과 무력감의 문제를 해결하려는 노력에 우선 착안하여 제도설계에 대한 아이디어를 구하는 것은 그다지 바람직하지 못할 것이다. 글로벌 거버넌스에 대한 하버마스의 사고가 유사한 문제를 겪고 있는 것이 아닌가 생각된다. 하버마스가 매우 인상적으로 발전시켜온 토의정치의 구상은 일국 차원에서 보더라도 법치와 민주주의의 기본적인 절차적 요건이 갖추어진 것을 전제하는 측면이 강하다. 그런데 하버마스는 그 비슷한 요소가 존재한다고 보기 어려운 세계정치를 논하면서 일국 단위에서도 상당히 달성하기 어려운 가치와 제도를 성급하게 내세우는 경향을 보인다. 결국 그는 민주주의를 '심화'하는 방안을 모색하는 데에 가장 적합한 연장을 들고 세계정치에서 민주주의로의 '이행'의 밑그림을 그리려고 한 것은 아닌지 묻게 된다. 지구화가 우리의 민주주의를 심각하게 저해하는 측면이 있다고 하더라도 그에 대한 대응으로 곧바로 민주주의의 지구화를 향하는 것이 가장 좋은 이론적, 실천적 전략으로 보이지는 않는다.

# 참고문헌

강미란. 2006. "위르겐 하버마스가 본 세계화 시대의 세계시민사회."『독일어문학』32호, 1-19.

김준석. 2009. "유럽 정체성의 규범적 기초: 하버마스의 헌정적 애국주의를 중심으로." 『국제 · 지역연구』18권 4호, 97-134.

박구용. 2005. "법다원주의와 의사소통적 세계 민주주의."『사회와 철학』10호, 169-195.

양해림. 2014. "세계시민주의와 세계시민권."『동서철학연구』74호, 423-450.

정채연. 2013. "하버마스의 세계주의 구상과 국제법의 헌법화."『중앙법학』15권 2호, 305-342.

Archibugi, Daniele and David Held. 2011. "Cosmopolitan Democracy: Paths and Agents." *Ethics & International Affairs* 25(4), 433-461.

Bailey, Tom, ed. 2013. *Deprovincializing Habermas: Global Perspectives*. New Delhi: Routledge.

Baynes, Kenneth. 2016. "Deliberative Democracy, Public Reason, and Democracy beyond the Nation-State." In Kenneth Baynes. *Habermas*. New York: Routledge, 158-191.

Benhabib, Seyla. 2009. "Claiming Rights across Borders: International Human Rights and Democratic Sovereignty." *American Political Science Review* 103(4), 691-704.

Bohman, James. 2007. *Democracy across Borders: From Dêmos to Dêmoi*. Cambridge: MIT Press.

_____. 2013. "Democratizing International Law: A Republican Reading of Habermas' Cosmopolitan Project." In Bailey (2013), 50-70.

Buchanan, Allen. 2004. *Justice, Legitimacy and Self-Determination*. Oxford: Oxford University Press.

Buchanan, Allen and Robert Keohane. 2004. "The Preventive Use of Force: A Cosmopolitan Institutional Proposal." *Ethics & International Affairs* 18(1), 1-22.

Cronin, Ciaran. 2011. "Cosmopolitan Democracy." In Barbara Fultner, ed. *Jürgen Habermas: Key Concepts*. Durham: Acumen, 196-221.

Dryzek, John. 2006. *Deliberative Global Politics*. Cambridge: Polity.

Fine, Robert and William Smith. 2003. "Jürgen Habermas's Theory of Cosmopolitanism." *Constellations* 10(4): 469-487.

Genna, Gaspare M., Thomas O. Haakenson, and Ian W. Wilson, eds. 2016. *Jürgen Habermas and the European Economic Crisis: Cosmopolitanism Reconsidered*. New York: Routledge.

Grewal, Shivdeep. 2012. *Habermas and European Integration: Social and Cultural*

*Modernity beyond the Nation-State*. Manchester: Manchester University Press.

Habermas, Jürgen. 1996. *Between Facts and Norms: Contributions to a Discourse Theory of Law and Democracy*. W. Rehg (trans.). Cambridge: MIT Press.

_____. 2000. *The Inclusion of the Other: Studies in Political Theory*. C. Cronin (trans.). Cambridge: MIT Press.

_____. 2001. *The Postnational Constellation: Political Essays*. M. Pensky (trans.) Cambridge: MIT Press.

_____. 2006. *The Divided West*. C. Cronin (trans.). Cambridge: Polity.

_____. 2008a. *Between Naturalism and Religion: Philosophical Essays*. C. Cronin (trans.). Cambridge: Polity.

_____. 2008b. "The Constitutionalization of International Law and the Legitimation Problems of a Constitution for World Society." *Constellations* 15(4), 444-455.

_____. 2009. *Europe: The Faltering Project*. C. Cronin (trans.). Cambridge: Polity.

_____. 2012. *The Crisis of the European Union: A Response*. C. Cronin (trans.). Cambridge: Polity.

_____. 2014. "Plea for a Constitutionalization of International Law." *Philosophy and Social Criticism* 40(1), 5-12.

Heins, Volker M. 2016. "Habermas on the European Crisis: Attempting the Impossible." *Thesis Eleven* 133(1): 3-18.

Held, David. 1995. *Democracy and the Global Order*. Cambridge: Polity.

_____. 2010. *Cosmopolitanism: Ideals and Realities*. Cambridge: Polity.

Ingram, David. 2010. "Crisis and Pathology: The Future of Democracy in a Global Age." In David Ingram. *Habermas: Introduction and Analysis*. Ithaca: Cornell University Press, 267-305.

Grant, Ruth W. and Robert O. Keohane. 2005. "Accountability and Abuses of Power in World Politics." *American Political Science Review* 99(1), 29-43.

Nagel, Thomas. 2005. "The Problem of Global Justice." *Philosophy and Public Affairs* 33(2), 113-147.

Pettit, Philip. 2010. "A Republican Law of Peoples." *European Journal of Political Theory* 9(1), 70-94.

Pogge, Thomas. 2009. "Kant's Vision of a Just World Order." In T.E. Hill, ed. *The Blackwell Guide to Kant's Ethics*. Oxford: Blackwell, 196-208.

Rasmussen, David M. 2014. "Legitimacy, Sovereignty, Solidarity and Cosmopolitanism: On the Recent Work of Jürgen Habermas." *Philosophy and Social Criticism* 40(1), 13-18.

Rensmann, Lars. 2013. "Back to Kant? The Democratic Deficits in Habermas's Global Constitutionalism." In Bailey (2013), 27-49.

Scheuerman, William E. 2008. "Global Governance without Global Government?" *Political Theory* 36(1), 133-151.

_____. 2014. "Cosmopolitanism and the World State." *Review of International Studies* 40(3), 419-441.

Young, Iris Marion. 2002. *Inclusion and Democracy*. Oxford: Oxford University Press.

제11장

# 네트워크 국가론: 미래 국가모델의 국제정치학적 탐구

김상배

## I. 머리말

이 글은 국제정치학의 시각에서 미래 국가모델에 대한 이론적 논의를 펼쳤다. 근대 국민국가의 변환에 대한 국제정치학 연구의 연속선상에서 이 글이 관심을 두는 주제는 최근 다양한 분야에서 벌어지고 있는 미중 글로벌 패권경쟁과 그 와중에 발견되는 두 나라의 '미래 국가모델 경쟁'의 양상이다. 특히 아직 현실화되지 않은 미래 세계정치와 국가모델에 대한 논의를 좀 더 구체적으로 제시하기 위해서 이 글은 미래 선도부문(leading sector)으로서 '사이버 공간'을 둘러싸고 벌어지는 미국과 중국의 플랫폼 경쟁에 주목하였다. 사이버 공간은 미래 기술과 산업 및 서비스 등의 새로운 지평을 여는 선도부문인 동시에 세계정치의 미래도 엿보게 하는 선행지표의 의미를 가지고 있다. 선도부문에서 벌어지는 패권국과 도전국의 경쟁은 근대 국제정치의 역사에서 여러 차례 나타난 바 있는데, 그 결과는 세계정치의 구조변동에 큰 영향을 미쳤다(Gilpin 1987; Thompson 1990; Modelski and Thompson 1996; Rennstich 2008; Akaev and Pantin 2014).

가장 비근하게는 정보화 시대 초기의 선도부문이었던 가전 및 컴퓨터 산업을 둘러싸고 나타났던 1980-90년대 미국과 일본의 경쟁에서 찾을 수 있다. 선도부문의 미일경쟁은 기술과 표준, 그리고 정책과 제도 등의 차원에서 다층적으로 벌어졌다. 그 당시에도 미래 국가모델은 여러 쟁점 중의 하나였는데, 1980년대 일견 전성기를 구가하는 것으로 여겨졌던 일본의 이른바 발전국가 모델이 1990년대에 접어들면서 그 한계를 드러냈었다. 이에 비해 한때 쇠퇴하는 것으로 여겨졌던 미국의 경쟁력이 인터넷 시대의 도래와 함께 부활하면서 그 이면에서 작동하는 미국의 신자유주의적 국가모델에 대한 관심을 높이기도 했다.

그 이후 글로벌화, 정보화, 민주화 등으로 대변되는 환경변화에 적응하여 살아남을 미래 국가모델은, 적어도 대외적으로는 단일국가이며 대내적으로는 위계조직으로 대변되는 기존의 국가모델을 넘어서는 새로운 형태, 즉 좀 더 개방적이고 분산적인 모델로 진화할 것이라고 예견되었다(김상배 2012).

이 글은 1980-90년대 미일 글로벌 패권경쟁을 논하던 시절에 제기되었던 이상의 문제의식을 2010년대 후반 미중경쟁의 구도에 적용하고자 한다(Dynkin and Pantin 2012). 과거의 선도부문인 가전 및 컴퓨터 산업에서 벌어진 미일경쟁에 던졌던 질문을 오늘날 사이버 공간에서 진행되고 있는 미중 패권경쟁에 던져보면 어떻게 될까? 일반 이론적 차원에서 쉽게 답할 수 있는 것은, 미래 선도부문으로서 사이버 공간의 경쟁에서 승리하는 나라가 미래 세계정치 전반의 패권을 차지할 가능성이 크다는 사실이다. 그렇다면 이 과정에서 미중경쟁은 구체적으로 어떠한 양상으로 전개될 것인가? 향후 미중경쟁의 양상이 기존의 국제정치에서 벌어졌던 전통권력 경쟁의 양상을 그대로 답습할 것인가? 미래의 미중경쟁이 과거에 그랬듯이 지배적 행위자로서 근대 국민국가들이 주도하는 모습으로 나타날 것인가? 미중경쟁의 미래를 굳이 군사력과 경제력이라는 근대 국제정치적인 의미의 부국강병 잣대로만 설명할 필요가 있을까? 그리고 이러한 과정에서 예견되는 미래 세계정치 구조변화의 모습은 어떠하며, 이러한 와중에 발견되는 미국과 중국의 국가모델을 어떻게 이해할 것인가?

이러한 질문들에 대한 대답을 찾는 과정은 세계정치를 보는 기존의 이론적 발상을 바꾸는 노력을 바탕으로 해야 한다. 미래 국가모델에 대한 논의는 기존에도 국내외 국제정치학계에서 다양한 방식으로 진행되어 왔다. 사실 국가변환 연구는 21세기 국제정치학의 가장 큰 화두를 이루는 연구주제 중의 하나이다. 이 글은 이러한 국가변환 연구에 네트워크 이론의 시각을 새롭게 도입할 것을 제안한다. 이 글에서 원용하는 네트워크 이론은, 제2장에서 설명하듯이, 크게 나누어 행위자, 과정, 구조를 논하는 세 가지 이론 진영에서 추출하였는데, 이를 적용하여 미래 세계정치의 핵심을 이루는 세 가지 국제정치이론적 논제, 즉 국가와 권력 및 구조의 개념을 탐구했다. 다시 말해, 네트워크 이론의 시각에서 보는 21세기 세계정치의 변환에 대한 논의는 새롭게 개념화된 국가 행위자, 그 국가 행위자가 추구하는 새로운 권력추구 전략, 그리고 이러한 국가들이 벌이는 게임의 결과로서 등장하는 권력구조 변동의 새로운 양상에 대한 탐구 등 세 가지로 구성된다.[1]

이러한 이론적 논의를 바탕으로 이 글은 미래 국가모델을 담는 개념으로서 '네트워크 국가(network state)'를 제시하였다. 오늘날 세계정치에서 국가의 모습은 부국강병에 주력하는 위계조직으로 개념화되던 기존의 국가모델을 넘어서고 있다. 또한 국가의 활동반경도 영토적 경계를 넘어서 그 안과 밖으로 광역화되고 있다. 이러한 과정에서 지난 수백 년 동안 이념형적 국가모델로 인식되어 온 국민국가는 변환을 겪고 있다. 네트워크 국가는 이러한 와중에 발생하고 있는 국가변환을 잡아내려는 개념이다. 물론 이러한 국가변환의 양상은 글로벌 차원에서 획일적으로 나타나지 않고 각 국가와 지역, 이슈마다 다르게 나타난다. 이러한 맥락에서 아직은 주로 은유적인 차원에서 사용되고 있는 네트워크 국가의 개념을 이론적으로 좀 더 분석적인 차

---

1    네트워크 이론을 세계정치에 적용한 사례로는 Hafner-Burton, Kahler and Montgomery(2009), Kahler, ed.(2009), Maoz(2010), Nexon(2007: 2009), Goddard(2009) 등을 참조하라. 주로 소셜 네트워크 이론을 원용한 미국 학계의 시각과는 달리 이 글에서 제시한 세 가지 네트워크 이론의 시각을 복합적으로 원용하여 네트워크 세계정치이론을 모색한 사례로는 김상배(2014)를 보라.

원으로 발전시키고 이를 뒷받침하는 경험적 연구를 수행해야 할 과제
가 제기된다.

　이 글은 네트워크 국가의 개념에 대한 분석적 논의와 함께 네트워
크 국가의 세계정치를 보여주는 경험적 사례로서 선도부문으로서 사
이버 공간에서 벌어지는 미중경쟁의 사례를 살펴보았다. 제2절은 네
트워크 이론으로 보는 국가변환의 이론적 논의를 소개하였는데, 국제
정치학의 시각에서 본 네트워크의 개념과 이를 통해서 본 국가변환의
핵심 논제를 제시하였다. 제3절은 네트워크 국가론의 핵심 주장을 소
개하였는데, '국민국가에서 네트워크 국가로,' '자원권력에서 네트워
크 권력으로,' '세력전이에서 세력망 재편으로' 진행되는 세계정치 변
환의 세 가지 차원을 개념화하였다. 제4절은 네트워크 국가들이 벌이
는 세계정치의 사례로서 선도부문으로서 사이버 공간에서 벌어지는
미중경쟁을 소개하였는데, 네트워크 국가로서 미국과 중국이 벌이는
인터넷 플랫폼 경쟁의 시각에서 향후 펼쳐질 세계정치의 미래를 전망
하였다. 끝으로, 맺음말에서는 이 글의 주장을 종합·요약하고 한국에
서도 국가전략 차원에서 미래 국가모델에 대한 고민이 필요함을 간략
히 지적하였다.


II. 네트워크 이론으로 보는 국가변환

1. 네트워크를 어떻게 볼 것인가?

네트워크의 가장 기초적인 정의는 "상호 연결되어 있는 노드들의 집
합"이다(Castells 2004). 말을 바꾸면, 노드들이 서로 연결되어 만드는

관계이다. 우리의 삶은 모두 이러한 노드들 간의 관계를 전제로 한다. 우리가 네트워크라고 부르는 관계는 어쩌다 한두 번 마주치는 관계가 아니라 뭔가 규칙적인 만남이 있는 관계이다. 그 관계는 노드들이 서로 뗄 수 없을 정도로 결합된 관계를 의미하는 것은 아니고 개별 노드들이 각자의 독자성을 유지하는 범위 내에서 형성되는 느슨한 관계이다. 이런 관계들은 필요할 때 급조할 수 있는 것이 아니기 때문에 평상시에 이미 구축해 놓고 있어야 한다. 느닷없이 연락해도 어색하지 않을 정도의 상시적 교류가 있는 관계이며, 이러한 관계는 그 용도가 이미 지정되어 있을 필요는 없다. 평상시에는 잠재적 관계를 유지하다가 필요할 때 활성화되는 종류의 관계인 경우가 많기 때문이다. 이렇게 네트워크로 부르는 관계의 쉬운 사례로는 혈연, 지연, 학연 등을 들 수 있다.

　사회과학에서 말하는 네트워크는 단순히 이런 관계의 존재를 넘어서, 특정한 '패턴'을 지닌 관계를 의미한다. 네트워크라고 말할 때는, 행위자들이 관계를 맺어서 구성되는, 다른 형태의 사회조직과 구별되는 독특한 패턴이 있음을 의미한다. 예를 들어, 관계의 아키텍처라는 면에서 네트워크란 수직질서와 수평질서의 중간에 설정된다. 네트워크로 설정되는 관계의 아키텍처는 위계질서(hierarchy)처럼 수직적이지 않다. 그렇다고 시장질서나 무정부질서(anarchy)처럼 완전 수평적이지도 않다. 한편 관계의 작동방식이라는 면에서도 네트워크는 집중 방식과 분산 방식의 중간에 설정된다. 네트워크는 완전히 집중된 것도 아니고 반대로 완전히 분산적으로 작동하는 것도 아니다. 실제로 네트워크에서는 다른 노드들보다 상대적으로 규모가 큰 노드, 즉 허브(hub)가 존재하고 그 허브가 다른 노드들에 비해서 상대적으로 중요한 기능을 담당하는, 즉 중심성(centrality)을 행사하는 복합적인 아키텍처와 작동방식이 발견된다.

　이렇게 보면 네트워크란 단순한 위계질서와 집중 방식의 조합을 한편으로 하고, 단순한 시장질서와 분산 방식의 조합을 다른 한편으로 하는 스펙트럼의 중간지대에 설정할 수 있는 복합적인 패턴의 관계를 지칭한다. 그런데 이러한 설정은 네트워크의 개념적 외연을 구별하는 데는 도움이 되지만, 그 개념적 내포를 밝히는 데는 미흡하다. 다시 말해 현실에서 나타나는 너무 많은 관계들을 네트워크라는 말 안에서 뭉뚱그리게 된다. 네트워크의 개념을 현실을 좀 더 효과적으로 묘사하기 위한 은유의 차원에서 쓸 수 있을지언정, 네트워크로 대변되는 관계의 패턴을 설명하기 위한 분석적인 개념으로 쓸 수가 없다. 네트워크 개념을 분석적으로 가공하기 위해서는 그 아키텍처와 작동방식의 상이한 조합들이 만들어내는 관계의 유형에 대한 좀 더 정교한 구분의 노력이 필요하다. 네트워크 이론에서 네트워크의 하위 유형에 대한 논의가 이루어지는 것은 바로 이러한 이유 때문이다(김상배 2014, 제2장).

　네트워크의 개념을 은유의 차원을 넘어서 분석적으로 사용하는 것은 쉬운 일은 아니다. 네트워크라는 말은 개념적 혼란의 여지를 안고 있기 때문이다. 특히 네트워크는 어느 단일한 실체가 아닌 여러 가지 중첩된 존재를 지칭하는 경우가 많다. 또한 네트워크는 그 개념적 외연과 내포가 명확하지 않은 대표적인 용어이다. 간혹 모든 것을 다 네트워크로 설명하려는 '개념적 확장(conceptual stretching)'이 발생하기도 하고, 그렇기 때문에 네트워크로 아무것도 설명할 수 없는 상황이 발생하기도 한다. 결국 네트워크의 개념을 행위자들의 관계에 대한 단순한 은유나 묘사의 차원을 넘어서 분석의 도구나 해석의 틀로 활용하기 위해서는, 사회과학적으로 네트워크를 논하는 개념적 층위를 구별해서 보려는 노력이 필요하다. 그런데 네트워크 이론은 그 인식론이나 방법론의 기준으로 보았을 때 한 가지가 아니고 매우 다양하다.

## 2. 세 가지 네트워크 이론의 원용

기존의 네트워크 이론들은 각기 주안점으로 삼고 있는 개념적 층위가 조금씩 다르다. 앞서 언급한 바와 같이, 네트워크라는 것이 하나의 고정된 실체로서 파악되는 종류의 것이 아니기 때문이다. 어느 각도에서 관찰하느냐가 네트워크의 개념을 이해하는 변수가 된다. 다시 말해 분석적 층위를 어디에 고정시키느냐에 따라서 네트워크라는 존재는 다르게 이해될 수 있다. 국제정치학에 주는 의미도 염두에 두면서, 지난 10여 년 동안 사회학, 물리학, 역사학(주로 과학사) 등에서 다루어 온 네트워크의 개념을 보면 크게 세 가지 층위로 나누어 볼 수 있다. 이러한 구분은 인식론과 방법론의 차원에서 행위자와 구조 및 과정의 구분을 따르는 것이기도 하고, 네트워크 논의가 국제정치학과 인연을 맺게 된 연구사의 변천과도 어느 정도 맥이 닿는다(김상배 2014, 제1장).

첫째, 네트워크를 하나의 행위자(actor)로 보는 이론이다. 네트워크는 그 자체가 하나의 행위자이다. 네트워크는 특정한 속성, 즉 위계조직 모델도 아니고 경쟁시장 모델도 아닌 속성을 지닌 주체라는 차원에서 이해된다. 네트워크는 특정한 경계를 갖는 노드와 링크의 집합을 의미하며, 네트워크 그 자체가 분석의 단위이자 행위의 단위이다. 노드라는 단위 차원보다는 한 차원 위에서 노드와 노드, 그리고 그들 사이에 형성되는 링크 전체를 모아서 하나의 행위자로서 네트워크를 본다. 이렇게 네트워크를 보는 이론 진영의 대표격은 경제학과 사회학 분야의 조직이론에서 원용하는 네트워크 조직 이론(network organization theory)이다. 이들 이론의 전제는, 이른바 '개방체계(open system)'로 파악되는 네트워크 형태의 사회조직은 동서고금을 막론하고 존재하였지만, 글로벌화, 정보화, 민주화 시대를 맞이하여 좀 더 두드러지게 부상하고 있다는 것이다(Castells 1996).

둘째, 네트워크를 하나의 동태적 과정(process)으로 이해하는 이론이다. 여기서 네트워크란 어느 노드가 그 주위의 다른 노드들과 관계를 맺어가는 부단한 과정 그 자체를 의미한다. 이렇게 과정으로 파악된 네트워크의 개념은, 행위자와 구조로 구분하는 차원을 넘어서, 노드들 서로의 관계를 맺어 네트워크를 형성해가는 '자기조직화'의 과정이다. 과학기술 사회학 분야에서 주로 원용되는 행위자-네트워크 이론(actor-network theory, 이하 ANT)은 이러한 과정으로서 네트워크에 주목한다. ANT에 의하면 과정으로서 네트워크는 인간 행위자뿐만 아니라 그 주위의 물질적 환경에 해당하는 비인간(non-human) 행위자들까지도 참여하는 과정, 즉 ANT의 용어로는 '번역(translation)'의 과정이다. ANT에서 행위자란 노드와 같이 개체론의 시각에서 파악되는 행위자는 아니고, 오히려 행위자와 구조가 상호작용하면서 구성하는, '행위자인 동시에 네트워크'인 존재이다(Latour 2005).

끝으로, 네트워크를 하나의 구조(structure)로 보는 이론이다. 여기서 네트워크란 노드로서의 중견국의 행동에 영향을 미치는 일종의 구조이다. 네트워크의 구도가 어떻게 짜이느냐에 따라서 그 안에서 행동하는 단위로서 노드들의 활동조건들이 달라진다. 네트워크는 노드들의 활동의 결과이기도 하지만 일단 형성된 네트워크는 노드의 활동에 영향을 미치는 구조적 환경이다. 소셜 네트워크 이론(social network theory)은 네트워크를 일종의 구조로 보고 그 특징을 밝히거나, 이러한 네트워크 구조의 효과를 분석한다. 사회연결망 분석(social network analysis, 이하 SNA)은 구조로서 네트워크의 아키텍처와 작동 방식을 실증적으로 밝히는 데 크게 기여했다. 최근 국제정치학 분야에서도 국가 및 비국가 행위자들이 구성하는 다양한 네트워크에 대한 구조분석이 이루어지고 있다(Wellman and Berkowitz 1988).

## 3. 네트워크 이론으로 보는 국가변환

이상에서 살펴본 바와 같이 행위자이자 과정이면서 동시에 구조인 복합적인 존재로서 네트워크를 이해하는 시각은 21세기 세계정치의 변환에 맞게 기존 국가론을 수정·보완하는 데 유용한 이론적 자원을 제공한다. 특히 이렇게 복합적으로 설정된 네트워크 이론의 시각은 주로 노드의 관점에서 이론화를 전개하고 있는 기존 국가론의 편향을 지적하고 교정하는 데 기여한다. 좀 더 구체적으로 말해, 네트워크 이론은 기존의 주류 국제정치이론(특히 신현실주의)에서 주로 근대 국민국가 행위자를 염두에 두고 개발하였던 주요 논제들, 예를 들어 국가, 권력, 구조 등의 개념을 재구성하는 데 유용하다(Waltz 1979).

첫째, 네트워크 조직 이론이 제시하는 네트워크 행위자의 개념은 국민국가 행위자를 중심으로 보는 기존 국제정치이론의 전제를 수정·보완하는 데 유용하다. 신현실주의 국제정치이론에서는 주권과 영토성의 원칙을 기반으로 하여 작동하는 국민국가를 주요 행위자로서 파악하였다. 이에 비해 네트워크 이론의 시각은, 국가의 존재를 완전히 무시하지는 않지만, 기존의 국민국가가 그 경계의 안과 밖으로 변환되면서, 그 역할과 형태가 변화하는 '개방체계(open system)'로서의 새로운 국가의 부상에 주목한다. 이러한 국가는 새로운 환경에 적응하는 과정에서 비국가 행위자들과의 관계를 새롭게 설정한다. 또한 국가 그 자체도 더 이상 일사불란한 모습으로 움직이는 위계조직이 아니며, 국가기구 내의 여러 하위 행위자들의 수평적 관계가 활발해지는 개방형 조직형태로 변화한다. 이러한 맥락에서 보면, 네트워크 시각에서 주목하는 국가는 '네트워크 국가'라고 부를 수 있을 것이다.

둘째, 행위자-네트워크 이론이 제시하는 네트워크 전략은 자원권력의 추구를 기본적인 전략 게임으로 보는 기존 국제정치이론의 전제를 수정·보완하는 데 유용하다. 국제정치이론의 주류를 이루고 있는 현실주의 국제정치이론이 염두에 두고 있는 권력 개념은 주로 행위자의 속성론이나 자원론의 관점에서 국제정치의 핵심 노드인 국가가 보유하고 있는 물질적 자원, 특히 부국강병을 보장하는 군사력이나 경제력의 보유라는 관점에서 파악된다. 그러나 21세기를 맞아 변화하는 세계정치의 맥락에서 이해되는 권력 개념은 이렇게 파악되기보다는 상황에 따라서 그리고 다른 행위자와의 관계나 구체적인 사안에 따라서 다르게 인식되어야 하는 새로운 면모를 내보이고 있다. 이러한 맥락에서 네트워크 이론에서 주목하는 권력은 노드로서의 국가 행위자의 속성이나 보유자원에서 비롯되는 고정된 개념이 아니라 노드와 노드들이 맺는 관계의 구조라는 맥락에서 생성되는 권력이다. 이러한 권력은 주로 네트워크 맥락에서 발생하는 권력이라는 점에서, 통칭하여 '네트워크 권력(network power)'이라고 부를 수 있다.

끝으로, 소셜 네트워크 이론이 제시하는 구조의 개념은 신현실주의의 고정적 구조 개념을 수정·보완하는 데 유용하다. 국민국가를 주요 행위자로 하는 국제체제에서 국가들 간의 힘의 분포는 신현실주의 국제정치이론이 말하는 '구조'이다(Waltz 1979). 그러나 국제정치에서 구조를 이렇게 거시적 구조로만 보는 것은 제한적이다. 자원권력 게임의 양상을 넘어서 다양한 행위자들이 관여하는 21세기 세계정치에서 신현실주의가 말하는 세력분포로서의 '구조'나 또는 세계체제론이 말하는 자본주의 체제의 '구조'와 같은 지정학적 구조라는 관점에서만 '구조'를 이해할 수는 없다. 국가 행위자뿐만 아니라 다양한 형태의 비국가 행위자들이 다양한 이슈영역에서 기존 국가의 경계를 넘나들며 형성하는 관계의 구조를 적극적으로 개념화할 필요가 있다. 이러한 맥락에서 소셜 네트워크 이론이 제시하는 구조는, 자원권력의 분포라는 맥락에서 이해된 세력균형(勢力均衡, balance of power, BoP)의 구조라기보다는, 행위자들 간의 관계구도(relational configuration)라는 맥락에서 본 세력망(勢力網, network of power, NoP)으로 개념화된다.

　이렇게 수정·보완된 국가와 권력 및 구조에 대한 이론적 논의는 글로벌화, 정보화, 민주화의 시대를 맞이하여 근대 국제정치와는 질적으로 다른 양상으로 변환을 겪고 있는 21세기 세계정치를 분석하고 이해하는 데 도움을 준다. 기존 국제정치이론은 근대 국민국가 행위자들이 벌이는 부국강병 게임, 즉 자원권력 게임의 '국가 간 정치(inter-national politics)'로서 국제정치(國際政治)를 분석했다. 이에 비해 네트워크 세계정치이론은 오늘날 네트워크 관계구도 하에서 네트워크 국가들이 벌이는 네트워크 권력 게임, 즉 '네트워크 간의 정치(inter-network politics)'로서 망제정치(網際政治)를 분석할 수 있는 이론적 자원을 제공한다. 이렇게 복합적으로 이해된 네트워크 이론의 논의는 노드의 발상(즉 속성과 행태)에 머물고 있는 기존의 국가론에 대한 인식론적 비판을 가하고 좀 더 복합적인 구조 하에서 동태적인 전략을 펼쳐 나가야 하는 실천적 고민을 푸는 데 중요한 실마리를 제공한다 (김상배 2014).

## III. 네트워크 국가의 세계정치이론

### 1. 국민국가에서 네트워크 국가로

글로벌화와 정보화 시대의 네트워크 환경에서 국민국가는 가장 효율적인 행위자, 즉 적자(適者)는 아니다. 오히려 새로운 환경에서 적응의 능력을 갖고 정보와 지식이라는 새로운 목표를 추구하기에 적합한 행위자는 국민국가의 경계를 넘나들며 초국적 네트워크 형태로 작동하는 비국가 행위자들이다. 그렇지만 새로운 네트워크 환경에서 국가 행위자가 비국가 행위자들에 의해 대체되어 완전히 도태된다고 볼 수는 없다. 아무리 국가 이외의 다양한 행위자들이 부상하고 이에 따른 복합의 현상이 발생한다고 할지라도 국가는 사라지지 않고 역할과 형태의 변환을 겪으면서도 미래 세계정치에서 여전히 중요한 역할을 담당하고 있는 것으로 파악된다. 변화하는 환경에서도 공공재를 제공하는 국가의 고유영역은 여전히 존재할 것이다. 예를 들어 글로벌 정보격차를 해소하는 문제라든지 초국적 네트워크의 안정성과 보안성을 제공하는 문제, 그리고 다양한 행위자들의 사적 이해관계를 조율하는 공익보장의 기능 등을 들 수 있다. 결국 세계정치의 변화는 국가의 소멸보다는 부단한 조정의 과정을 통해서 일정한 정도로 국가의 형태가 변화하는 방식으로 귀결될 가능성이 크다. 국민국가가 그 경계의 안과 밖에서 네트워크의 형태로 변환을 겪는 가운데 출현하는 '네트워크 국가'에 대한 논의가 등장하는 것은 바로 이 대목이다. 네트워크 국가란 대내적으로는 위계적 관료국가, 대외적으로는 영토적 국민국가의 모습을 하는 기존의 국가모델이 글로벌화와 정보화 및 네트워크 시대의 변화하는 환경에 맞추어 자기변화와 조정을 해나가는 국가이다. 네트워크 국가의 부상은, 한편으로 국가가 자신의 기능과 권한을 적절하게 국내의 하위 단위체에게 분산·이전시킴으로써 그 구성원들로부터 정당성을 확보하고, 다른 한편으로 개별국가 차원에 주어지는 도전에 효과적으로 대처하기 위해서 영토적 경계를 넘어서 국제적이고 지역적이며 경우에 따라서는 초국적 차원의 제도적 연결망을 구축하는 과정에서 발생한다(Carnoy and Castells 2001 ; Ansell and Weber 1999 ; Ansell 2000 ; 하영선·김상배 편 2006 ; 김상배 2014).

네트워크 국가는 대내외적으로 몇 가지 층위에서 그 구체적인 모습을 드러내고 있다. 대내적으로는 정치경제학 차원에서 본 정부–기업 관계의 재조정, 정치사회학적 차원에서 본 지배 엘리트 연합과 관료제의 변환, 정치·행정학적 차원에서 본 중앙–지방 관계(국가연합 또는 연방 등)의 재정비 등으로 나타난다. 대외적으로는 글로벌 사안을 놓고 공조하는 정부 간 협의체(예를 들어, G20), 국가 행위자뿐만 아니라 국제기구와 다국적 기업, 글로벌 시민사회 등이 모두 참여하여 운영하는 글로벌 거버넌스, 공간지리적인 차원에서 영토국가의 단위를 넘어서 지역 차원에서 형성되는 지역통합체의 부상 등과 같은 형태를 띤다. 21세기 세계정치에서 이러한 네트워크 국가의 출현은 국가별 또는 지역별로 그 진행속도와 발현형태가 다르게 나타나고 있다. 현재는 여러 가지 유형의 네트워크 국가들이 서로 경합을 벌이면서 새로운 거버넌스의 방식을 모색하는 것으로 그려진다.

이러한 네트워크 국가가 그 기능을 제대로 발휘하기 위해서 요구되는 역할은 중심성의 제공이다. 쉽게 말해, 이러한 중심성의 제공은 다양한 행위자들의 이해관계를 조정하고 협력을 이끌어내는 중개자(broker)로서의 역할과 밀접히 관련된다. 이러한 네트워크 국가의 중개자 역할은 밥 제솝이 주장하는 메타 거버넌스(meta governance)의 개념과 맥을 같이 한다(Jessop 2003). 메타 거버넌스는 다양한 거버넌스 메커니즘들 사이에서 상대적 균형을 모색함으로써 그들 간의 우선순위를 조정하는 관리양식을 의미한다. 제솝에 의하면, 시장의 무정부 질서(anarchy), 국가통제의 위계질서(hierarchy), '거버넌스'의 다층질서(heterarchy) 중 어느 하나의 메커니즘만으로는 권력관계의 완전한 균형과 이익의 형평을 달성하는 데 한계가 있다고 한다. 다시 말해, 사회체계의 복잡성, 구조적 모순, 전략적 딜레마, 양면적인 목표의 존재 등으로 인해서 시장 메커니즘이나 국가통제 또는 거버넌스의 자기조직화에 모두 실패할 가능성이 존재한다는 것이다(Ansell 2000, 309).

　이러한 맥락에서 이들의 실패를 보정하기 위해서 일종의 '거버넌스의 거버넌스(the governance of governance)'로서 메타 거버넌스의 필요성이 제기된다. 제솝에 의하면, 새로운 거버넌스를 행하는 국가는, 다양한 행위자들이 활동하는 장을 마련하고, 상이한 거버넌스 메커니즘의 호환성과 일관성을 유지하며, 정책공동체 내에서 대화와 담론 형성의 조직자 역할을 담당하고, 정보와 첩보를 상대적으로 독점하며, 거버넌스 관련 분쟁을 호소하는 장을 제공하고, 시스템 통합과 사회적 응집을 목적으로 권력격차의 심화를 조정하고, 개인과 집단 행위자의 정체성·전략적 능력·이해관계를 조정하고, 거버넌스가 실패하는 경우 정치적 책임을 지는 등의 메타 거버넌스 역할을 담당한다고 한다(Jessop 2003, 242-243). 메타 거버넌스는 국가가 사안에 따라 그 개입의 수준을 적절하게 조절하는 방식으로 여러 가지 거버넌스를 동시에 운용하는 관리양식으로 정의할 수 있다. 요컨대 이러한 메타 거버넌스는 변화하는 세계정치의 환경 속에서 네트워크 국가가 담당하는 역할을 보여준다.

## 2. 자원권력에서 네트워크 권력으로

오늘날 세계정치에서는 기존의 자원권력을 넘어서는 새로운 권력의 부상이 주목을 받고 있다. 이는 주로 경제적 상호의존, 기후변화, 에너지, 원자력, 보건·질병, 바이오, 식량, 이주·난민, 인권, 개발협력, 빅데이터, 인공지능 등과 같은 새로운 이슈영역에서 관찰된다. 특히 사이버 공간에서 벌어지는 권력게임이 기존의 국제정치와는 다른 양상을 보이고 있다. 네트워크 환경에서 발생하는 이들 분야의 권력은 행위자들이 보유한 자원이나 속성보다는 행위자들이 벌이는 상호작용의 맥락에서 작동한다는 특징을 지닌다. 다시 말해, 단순히 군사력과 경제력과 같은 자원권력에 의지하는 게임이 아니라, 기술·정보·지식·문화·커뮤니케이션 등과 같은 비물질적 자원을 기반으로 하여 행위자들이 구성하는 네트워크를 통해서 작동하는 권력, 즉 '네트워크 권력' 게임의 양상이 나타난다.

네트워크 권력이란 행위자들 간에 형성되는 관계 또는 이러한 관계들을 형성하는 네트워크의 속성을 활용하거나, 더 나아가 네트워크 전체를 창출하고 변경시키는 과정에서 발생하는 권력을 의미한다. 네트워크 권력의 개념이 지니는 의미는 행위자의 내재적 속성에서 비롯되는 권력과 행위자 밖의 구조적 요소로부터 발생하는 권력을 복합적으로 파악한다는 데서 발견된다. 또한 네트워크 권력의 개념은 상대적으로 고립된 노드 행위자들이 서로 위협하고 강제하는 권력 행사방식을 넘어서, 밀접한 상호의존의 관계를 형성하고 있는 행위자들 사이에서 발생하는 복합적인 권력의 행사방식을 이해하는 데 매우 유용하다. 다시 말해 네트워크 권력은 서로 경쟁하면서도 협력하고, 협력하면서도 권력을 행사하려는 권력게임의 복합 현상을 드러내 주는 개념이다.

이러한 특성은 새로운 권력 환경으로 설정한 네트워크 공간이 제로섬 게임의 공간인 동시에 비(非)제로섬 게임의 공간이기 때문에 발생한다(김상배 2014).

이러한 개념적 복합성을 분석적으로 드러내기 위해서 이 글은 행위자와 과정, 그리고 구조 차원에서 작동하는 세 가지 네트워크 권력의 메커니즘에 주목하였다. 가장 쉽게 이해하면 네트워크에서 비롯되는 권력은 네트워크를 구성한 노드들의 집합인 행위자가 발휘하는 집합권력(collective power)이다. 둘째, 네트워크 권력은 특정 노드 또는 노드군(群)이 네트워크상에서 어느 특정한 구조적 위치를 차지함으로 인해서 발휘하는 위치권력(positional power)이다. 그런데 이러한 위치권력은 주로 네트워크상에서 특정 노드와 노드 또는 군집과 군집 사이에서 '중개자'의 역할을 발휘한다는 점에서 중개권력(brokerage power)과도 통한다. 끝으로, 네트워크 권력은, 행위자와 구조를 구별하기 힘든 네트워크의 속성을 고려할 때, 행위자와 구조를 모두 포괄하는 체제 차원의 개념으로 이해될 수도 있다. 즉 네트워크 권력은 체제로서의 네트워크를 프로그래밍하는 과정에서 발휘되는 설계권력(programming power)이다.

이러한 네트워크 권력이 작동하는 과정은 다양한 노드들을 조정함으로써 상호작동성과 호환성 및 정체성 등을 제공하는 것을 목적으로 한다. 이는 표준설정의 메커니즘을 연상시킨다(Grewal 2008, 97). 기술 분야뿐만 아니라 언어나 화폐, 법률과 문화적 관행에 이르기까지 다양한 종류의 표준은 이질적인 성격의 노드들로 구성된 네트워크가 원활하게 작동케 하는 조정기능을 제공한다. 그런데 이러한 표준의 조정기능은 중립적으로 이루어지는 것이 아니고 항시 권력현상을 수반한다. 이러한 표준설정의 권력은 어느 노드가 물질적 자원을 많이 보유하고 있다고 해서 생겨나는 종류의 것이 아니다. 오히려 물질적 권력은 빈약하더라도 노드 차원을 넘어서 작동하는 네트워크의 속성을 제대로 이해하는 노드가 표준설정의 권력을 행사할 가능성이 높다. 이러한 표준권력의 작동 메커니즘은 네트워크 권력정치의 대표적인 사례이다.

이 글은 네트워크 권력정치의 사례로서 세 가지 차원의 표준경쟁에 주목한다. 우선, 표준경쟁은 주로 기술과 시장에서 벌어지는 경쟁의 형태를 띤다. 기술의 관점에서 본 표준경쟁이란 시스템을 구성하는 단위들 간의 상호작동성과 호환성을 돕는 규칙이나 기준, 즉 표준을 선점하기 위해서 벌이는 '기술표준경쟁'이다. 둘째, 표준경쟁을 기술과 산업 분야에서만 논하라는 법은 없다. 실제로 언어나 화폐, 정책과 제도, 규범, 법률과 문화적 관행에 이르기까지 다양한 분야에서 '제도표준경쟁'의 양상이 나타난다. 제도표준경쟁은 이른바 '제도모델'의 표준을 놓고 벌이는 경쟁이다. 끝으로, 가장 추상적인 의미에서 표준경쟁은, 기술과 제도의 차원을 넘어서, 생각과 담론, 더 나아가 이념과 가치관 등의 표준을 놓고 벌이는 경쟁, 통칭해서 '담론표준경쟁'으로 이해할 수 있다. 요컨대, 네트워크 권력을 놓고 벌이는 21세기 세계정치의 게임은 이러한 세 가지 차원에서 파악된 복합적인 표준경쟁으로 이해할 수 있다.

## 3. 세력전이에서 세력망 재편으로

국제정치학에서 행위자 차원을 넘어서 작동하는 '구조'를 구체적으로 무엇으로 개념화할 것이냐에 대해서는 국제정치 이론가들마다 각기 의견을 달리해 왔다. 그럼에도 불구하고 기존의 국제정치이론들은 암묵적으로 '행위자들의 내적 속성(categorical attributes)으로부터 도출되는 실체'로서 '구조'를 이해하는 공통점이 있다. 이러한 인식을 바탕으로 국제정치의 구조는 무정부 상태의 조건이나 권력의 상대적 분포, 또는 규제적이고 구성적인 규범이나 제도의 집합 등으로 개념화되어 왔다. 그런데 이들 개념화가 지니는 특징이자 단점은 국제정치에서 구조를 형성하는 요소를, 행위자들이 벌이는 상호작용의 관계적 맥락 그 자체가 아니라, 행위자들의 내적 속성이라는 단위 수준으로 환원해서 설명한다는 데 있다. 따라서 행위자의 속성을 초월하여 발생하는 상호작용의 패턴을 논하면서도 정작 행위자의 상호작용 그 자체와는 유리된 그 무엇으로 구조를 파악한다는 지적을 받아 왔다(Nexon 2009, 24).

마찬가지로 신현실주의 국제정치이론의 구조 개념도 유사한 비판을 받았다. 신현실주의는 국가 간의 세력분포와 세력균형의 시각에서 국제정치의 구조를 단극-양극-다극체제 등으로 대별해서 파악한다. 그런데 이러한 신현실주의 개념은 국제정치에서 나타나는 '물질적 구조'의 전반적인 윤곽을 드러내는 데에는 유용한 반면, 기본적으로 구조의 개념을 행위자가 보유한 자원이나 속성의 차원으로 환원시켜서 파악하는 문제점을 안고 있다. 이러한 이유로 신현실주의의 구조 개념은 행위자가 선택하는 전략과 국제정치의 구조 사이에서 형성되는 구체적 상관관계나 행위자-구조 간의 동태적 변화를 밝혀내기에는 너무 추상적이고 거시적인 접근법을 취하고 있다는 지적을 면치 못했다. 이러한 신현실주의 시각에 기반을 두는 구조변동에 대한 논의로서 세력전이론도 단순계에서의 자원권력 게임과 그 결과로서 발생하는 자원권력의 중심이동, 즉 전이(transition)를 논한다(Organski and Kugler 1980).

이에 비해 소셜 네트워크 이론의 구조 개념은 행위자들의 지속적이고 상호작용을 통해서 생성되는 '관계적 구도(relational configuration)'라는 맥락에서 이해된다(Nexon and Wright 2007 ; Nexon 2009). 다시 말해 행위자들의 상호작용 과정에서 창출되는 관계적 구도, 즉 네트워크 그 자체를 구조로서 보는 것이다(Wellman and Berkowitz 1988). 이러한 방식으로 이해된 구조의 개념을 국제정치 분야에 도입하면, 구조의 개념을 단위 수준으로 환원하지 않고도, 행위자들 간의 동태적인 상호작용이 만들어내는 규칙적인 패턴으로부터 국제정치의 구조를 개념화할 수 있다. 다시 말해 구조의 개념을 행위자의 내적 속성으로 환원되는, 상대적으로 고정된 실체로 인식하는 차원을 넘어서 행위자들 사이에 존재하거나 또는 이를 가로지르는 사회적 관계의 맥락에서 이해할 수 있게 된다. 신현실주의가 논하는 거시적 구조의 개념에 대비해서 볼 때 일종의 '중범위(meso) 구조'라고 할 수 있겠다. 이렇게 중범위에서 파악된 구조의 개념은 거시적 구조의 내용을 반영하면서도 행위자의 선택과 상호작용하는 구조의 변화를 탄력성 있게 담아내는 데 유용하다.

이러한 개념화는 국가 행위자들이 추구하는 자원권력 전략의 맥락에서 이해하던 기존의 세력균형에 대한 논의를 넘어선다. 사실 세력균형에 대한 논의는 행위자 차원에서 벌어지는 자원권력 게임을 국제정치의 구조에서 파악하려는 시도인 것이 맞다. 그러나 세력균형의 논의는 본격적으로 구조의 논의를 담지 못하고, 구조 그 자체의 차원에서 설명되어야 할 대부분의 문제를 행위자 차원, 즉 행위자의 속성이나 보유자원으로 환원하는 문제점을 안고 있었다. 이는 신현실주의 국제정치이론이 제시하고 있는 국제정치의 '구조' 개념에 대해서 가해진 비판의 핵심이었다. 따라서 자원권력, 즉 행위자의 속성이나 보유한 자원에서 파악된 권력에 대한 논의를 보완하면서 행위자와 구조의 차원에서 권력의 동학을 동시에 파악하는 개념이 필요하다. 이러한 맥락

에서 소셜 네트워크 이론에서 말하는 '관계구도'로서의 구조, 즉 세력
망의 개념이 유용하다. 이러한 시각을 원용해서 보면 21세기 세계정
치의 구조변동은 네트워크 권력을 기준으로 한 세력망의 재편(recon-
figuration)으로 이해된다.

　　가장 추상적인 의미에서 네트워크 국가들이 구성하는 세계질서
의 이미지는 기존의 현실주의 국제정치이론이 개념화하고 있는 무정
부 질서(anarchy)보다는 좀 더 복합적인 모습일 것이다. 네트워크 국
가들이 구성하는 질서는 현실주의가 그리는 것처럼 무정부 질서의 국
제체제도 아니고 세계체제론에서 말하는 것처럼 어느 국가가 다른 국
가의 상위 권위로서 군림하는 위계질서도 아니다. 또한 개인의 상위
에 정부가 존재하는 국내사회와도 다르다. 네트워크 국가들이 구성하
는 체제는 무정부 질서와 위계질서의 중간에 설정되는 '네트워크아키
(networkarchy)' 또는 '네트워크 질서(network order)' 정도로 볼 수
있다. 이러한 네트워크 질서는 상이한 구성원리를 가지고 있는 몇 가
지 유형의 질서가 복합된 질서가 될 가능성이 크다. 기존의 국가 노드
들이 벌이는 국제정치, 새로운 네트워크 행위자들이 벌이는 네트워크
세계정치, 그리고 노드 행위자와 네트워크 행위자들 간에 벌어지는 망
제정치(網際政治) 등을 모두 포괄하는 질서일 가능성이 크다.


## IV. 사이버 공간의 미중경쟁 사례

### 1. 네트워크 국가로서 미국과 중국

선도부문으로서 사이버 공간에서 경쟁을 벌이는 '미국'과 '중국'은 어

떠한 성격의 행위자일까? 여기서 미중경쟁을 '두 나라 간 경쟁'이라고 보는 것은 맞는데 이를 근대적인 의미의 두 국민국가의 경쟁이라고만 볼 수 있을까? 비유컨대, 미중경쟁에 나서는 행위자를 '트럼프 대통령의 미국' 또는 '시진핑 국가주석의 중국'으로만 보는 것이 맞을까? 앞서 제시한 이론적 논의의 연속선상에서 보면, 현재 관찰되는 '두 나라'는 현실주의가 상정하는 것과 같은 단일 행위자(unitary actor)라기보다는 국가-기업-사회의 복합 행위자라고 할 수 있다. 이 글에서는 이러한 복합 행위자를 '네트워크 국가'로 개념화하였다. 사이버 공간에서 네트워크 국가로서 미국과 중국이 벌이는 경쟁은 '(국민)국가 간 경쟁(inter-national competition)'이라기보다는 '네트워크 간 경쟁(inter-network competition)'이다. 사실 미국과 중국은 이전에도 전형적인 국민국가가 아니라 일종의 '네트워크 국가'의 면모를 지니고 있었다는 점에서 이러한 개념화는 설득력을 얻는다.

실제로 현재 벌어지는 사이버 공간 경쟁의 주인공들은 양국 정부가 아닌 양국의 다국적 인터넷 기업들이다. 이 글에서 사이버 공간이라고 통칭한 컴퓨터 산업과 인터넷 서비스 분야는 PC시대의 강자였던 마이크로소프트와 인텔, IBM 등과 같은 기업뿐만 아니라 네트워크 시대의 대표주자인 이른바 GAFA, 즉 구글(G), 아마존(A), 페이스북(F), 애플(A) 등과 같은 글로벌 다국적 기업들이 주도하고 있다. 클라우드 컴퓨팅이나 빅데이터 세상의 다양한 사례들을 보면 더욱 그러하다. 최근에는 GAFA와 같은 미국 기업들 이외에도 BATX로 대변되는 중국의 인터넷 기업들, 즉 바이두(B), 알리바바(A), 텐센트(T), 샤오미(X) 등이 부상하는 기세도 만만치 않다. 이러한 거대 사적 권력은 서로 경합 내지는 연대하면서 사이버 공간에 대한 지배력을 정교하게 강화하고 있으며, 그러한 과정에서 각기 해당 분야에서 국가권력의 아성에 도전

하고 있다. 정보화 시대를 맞이하여 기성 권력으로서 '공식권력(즉 국
가권력)'은 분산되지만 민간 영역의 '비공식 권력(즉 사적 권력)'은 오
히려 비대화되는 현상이 발생하고 있다.

선도부문으로서 사이버 공간에서 다국적 기업들이 벌이는 경쟁의
이면에는 양국의 대중(大衆), 엄밀하게 말하면 다중(多衆, multitude)
이 있다. 사실 이들 사이버 공간의 다중은 다국적 기업들의 거대권력
(macropower)에 버금가는 미시권력(micropower)을 발휘하는 새로
운 권력자이다. 네트워크 시대를 맞이하여 이들은 인터넷이 없었던 예
전에는 상상하기 힘들었던 위력을 발휘하고 있다. 인터넷과 소셜 미디
어를 활용하는 민주화 시위대, 크라우드 펀딩과 집합지성 네트워크,
그리고 다양한 인터넷 커뮤니티의 등장을 그 사례로 들 수 있다. 최근
사이버 공간의 산업과 서비스 분야에서 벌어지는 미중경쟁의 양상을
보면, 이러한 양국의 다중이 양국의 다국적 기업 못지않은 중요한 역
할을 하고 있음을 알게 된다. 특히 거대한 시장을 배후지로 하여 중국
의 다중이 발휘하는 '규모의 힘,' 즉 네트워크 권력은 '중국'이 발휘하
는 힘의 원천이다. 또한 안보 분야에서도 다양한 수법과 악성코드를
동원한 해커들의 사이버 공격이 논란거리가 되고 있다. 그야말로 '비
대칭 전쟁'을 방불케 한다.

그럼에도 사이버 공간에서 기존의 국가 행위자들이 완전히 쇠퇴
했다고 볼 수는 없다. 다방면에서 부상한 비국가 행위자들을 조율하는
중심성 제공의 주체로서 국가가 발휘하는 메타 거버넌스는 중요하다.
그러나 여기서 말하는 국가 행위자는 예전 같은 국가가 아니라 새로운
네트워크 국가이다. 글로벌 다국적 기업과 네티즌 다중들이 간과할 가
능성이 있는 공익(公益)의 대변자이자 초국적 사이버 공간에서 국가
주권의 정체성을 수호하는 담당자로서 네트워크 국가이다. 실제로 이

렇게 이해된 미국과 중국의 국가 행위자들은 양국의 다국적 기업들과 네티즌 다중이 벌이는 게임의 이면에서 보이게 또는 보이지 않게 개입하고 있다. 그 사례는 2010년 구글의 중국 시장 철수 사태에서 나타난 바 있다. 특히 중국 정부의 개입은 다소 노골적인데 자국 산업의 진흥이나 보호를 목적으로, 또는 자국 정치사회체제의 수호를 빌미로 한 행보를 보이고 있다. 최근에는 보호무역주의를 내세운 미 트럼프 행정부의 공세도 거세지고 있다.

요컨대, 사이버 공간의 미중경쟁은 기업과 다중 및 정부 등이 형성하는 '삼자 복합체'가 벌이는 게임으로 이해해야 한다. 미국과 중국의 경쟁이라고 하더라도 이는 근대 국제정치에서 상정했던 단일 행위자가 아닌 복합 행위자들이 벌이는 게임이라고 할 수 있다. 이 분야의 경쟁은 기본적으로 다국적 기업들의 게임인 동시에 네티즌 다중들의 게임이다. 다시 말해 현재 경쟁에 참여하는 주요 행위자들은 영토적 이익에만 귀속되지 않는 다국적 기업들이거나 초국적으로 정체성을 확대해 가고 있는 네티즌 다중이다. 이들이 벌이는 게임의 진행과정에서 국가는 삼자 복합체가 완전히 분산되지 않도록 중심성을 제공하는 메타 거버넌스의 행위자로 기능한다. 이렇게 다양한 행위자들이 복합적으로 참여하는 가운데 양국의 정체성에 허브를 제공하는 행위자는 '네트워크 국가'로 개념화된다.

## 2. 선도부문의 미중 플랫폼 경쟁

네트워크 국가로서 미국과 중국이 벌이는 사이버 공간의 경쟁은 기존의 국제정치 권력게임보다는 현재 훨씬 더 복잡한 양상으로 진행되고 있다. 일차적으로 사이버 공간을 매개로 하여 이루어지는 권력게임은,

현실주의 국제정치이론이 상정한 바와 같이 단순히 군사력과 경제력과 같은 자원권력을 추구하는 근대 국제정치의 게임이 아니라, 기술·정보·지식·문화 등으로 대변되는 비(非)물질적 자원의 확보가 관건이 되는 게임이다. 더 나아가 사이버 공간의 권력 게임은, 앞서 설명한 바와 같이, 행위자들이 구성하는 관계적 맥락에서 발휘되는 네트워크 권력을 확보하기 위한 게임의 양상을 보인다. 실제로 사이버 공간에서 이러한 네트워크 권력 게임은 세 가지 차원의 플랫폼 경쟁으로 나타나는데, 이는 정보산업과 인터넷 서비스 분야에서 벌어지는 기술표준 경쟁, 이 분야에 적합한 정책과 제도를 마련하기 위한 경쟁, 그리고 좀 더 포괄적인 의미에서 본 매력경쟁과 규범경쟁 등이 진행되고 있다.

최근 선도부문의 경쟁은 단순히 값싸고 좋은 반도체, 성능 좋은 소프트웨어나 컴퓨터, 빠르게 접속되는 인터넷 등을 만들기 위해서 벌였던 예전의 경쟁과는 다른 면모를 보이고 있다. 다시 말해, 제품경쟁이나 기술경쟁과 같이 어느 기업이나 국가가 자원을 확보하거나 역량을 기르는 차원의 경쟁을 넘어선다. 물론 이러한 경쟁에서 이기기 위해서 충분한 자본과 첨단의 기술력을 확보하는 것이 중요하다는 사실은 부인할 수 없다. 그러나 복합적인 네트워크와 미디어 융합 환경에서 벌어지는 사이버 공간의 경쟁은 이 분야의 표준을 장악하는 것이 매우 중요한 관건이다. 넓은 의미에서 본 선도부문의 표준경쟁은, 기존의 무대 위에서 벌이는 경쟁이라기보다는 새로운 무대를 만들어 승부를 보려는 플랫폼 경쟁이기도 하다. 최근 중국이 이렇게 선도부문에서의 플랫폼 경쟁에 승부를 걸어 볼 수 있는 이유는, 그 배후에 중국 소비자들의 거대한 규모의 힘이 있기 때문이다.

사이버 공간의 미중경쟁은 정책과 제도의 보편성을 놓고 벌이는 경쟁의 성격도 갖는다. 미국 인터넷 기업들의 경쟁이 상대적으로 정부의 간섭을 받지 않는 정책·제도 환경을 바탕에 깔고 있었다면, 이와 경쟁하는 중국 기업들의 행보는 국가 주도의 정책·제도 모델의 테두리 내에서 이루어졌다. 사실 최근 중국이 선도부문에서 이룩한 성과들은, 13차 5개년 규획, 인터넷 플러스, 중국제조2025, AI 액션플랜 등과 같이, 동아시아형 발전국가 모델을 연상케 하는 중국 정부의 산업·기술 정책의 효과를 보았다. 그런데 최근 이러한 중국의 국가 주도 정책·제도 모델이 계속 효과를 볼 것인가, 아니면 향후 미래 선도부문 경쟁을 전개해 나가는 데 오히려 걸림돌로 작용하여 미국과 같은 정책·제도 모델에 자리를 내어 줄 것이냐가 관건이 되고 있다. 이러한 점에서 선도부문에서 미국과 중국이 벌이는 경쟁은 정치경제 모델의 경쟁 또는 제도표준경쟁의 성격을 바탕에 깔고 있다.

한편, 사이버 공간의 미중경쟁은 좀 더 포괄적인 의미에서 매력경쟁으로 나타난다. 이러한 매력경쟁은 단순히 시장과 제도를 장악하는 차원을 넘어서 상대방에 대한 설득과 동의를 바탕으로 보편적 규범을 획득하는 데까지 나아간다. 예를 들어, 하드웨어 중심의 제조업과는 달리, 사이버 공간의 정보산업과 인터넷 서비스의 경우에는 상대방의 마음을 얻는 콘텐츠를 생산하고 이것으로 가지고 누가 더 많은 감동을 만들어 낼 수 있느냐가 관건이다. 더 나아가 매력적인 콘텐츠만 생산하는 것이 아니라 이를 전파하고 소통하는 문제도 중요하며, 이를 다루는 국가의 제도와 문화가 얼마나 본받을 만한가의 문제도 중요하다. 이런 점에서 보면 매력과 규범은 보편적 가치관과 세계관을 포함하는 규범을 세우는 문제를 의미한다. 기술표준과 제도모델의 경우와 마찬가지로 이러한 매력과 규범의 영역도 여태까지 미국이 장악해 왔는데, 향후 중국이 벌이는 도전은 이 분야에도 미치지 않을 수 없을 것이다.

요컨대, 선도부문의 경쟁은 단순히 시장점유율이나 기술혁신을 놓고 벌이는 자원권력 게임이 아니라 표준의 장악과 매력의 발산, 규모의 변수와 체제의 성격까지도 관련되는 '플랫폼 경쟁'이다. 여기서 플랫폼 경쟁은 기술이나 제품의 양과 질을 놓고 벌이는 경쟁이 아니라, 판을 만들고 그 위에 다른 행위자들을 불러서 활동하게 하고 거기서 발생하는 규모의 변수를 활용하여 이익을 취하는 경쟁을 의미한다. 이는 주로 컴퓨팅이나 인터넷, 그리고 좀 더 넓은 의미에서 본 네트워크 분야에 원용되는 개념이지만. ICT의 발달로 대변되는 기술변화를 밑바탕으로 변환을 겪고 있는 세계정치 분야에도 적용해 보았다. 특히 이 글은 이러한 플랫폼 경쟁의 개념을 기술-표준-매력의 세 가지 문턱에서 벌어지는 미중 경쟁을 파악하기 위해서 제시하였다. 이러한 플랫폼 경쟁의 틀은 선도부문의 산업과 경제의 사례에만 국한되지 않고 사이버 안보나 디지털 외교 등의 분야에서 벌어지는 네트워크 권력 게임에도 적용 가능하다.

## 3. 세력망 재편의 세계질서 변환

사이버 공간에서 벌어질 미중경쟁의 결과로서 나타날 미래 권력구조는 어떠한 모습으로 드러날까? 현재 창발하고 있는 권력구조를 오프라인 공간의 근대 국제정치의 경험에서 도출한 전통적인 세력전이론으로 전망할 수는 없다. 다시 말해, 네트워크 국가의 형태를 띠는 두 나라가 서로 얽히면서 경쟁과 협력을 벌이는 복합적인 양상을, 권력의 소재가 미중 두 나라 중 어느 한쪽으로 '이동(shift)'하는 세력전이의 모습으로 그려내는 것은 적합하지 않다. 미중이 경쟁하는 와중에 새로이 부상하는 권력구조의 모습은, 단순계 구도에서 권력의 중심축이 완전히 '전이'되는 모습이라기보다는, 앞서 복잡계의 구도를 바탕으로 하여 개념화한 관계적 구도로서의 세력망이 '재편'되는 모습일 것이다. 굳이 비대칭적인 세력망을 상정하더라도 어느 한쪽이 상대적으로 좀 더 많은 '중심성'을 담당하는 정도의 모습일 것이며, 궁극적으로 세력망 내에서 공존하며 공진(共進, co-evolution)하는 모습으로 예견된다.

이러한 경쟁과 협력의 복합구도가 드러난 사례는 중국 시장에서 벌인 미중 컴퓨터 소프트웨어 경쟁에서 나타났다. 2000년대 초·중반 마이크로소프트는 중국 정부의 지원까지 등에 업은 중국형 리눅스 운영체계의 도전과 중국 소비자들의 불법복제 관행에 대응하여 윈도의 소스코드를 개방하고 MS워드의 가격을 대폭 인하하는 등 중국 정부에 대한 저자세 정책을 펼친 바 있다. 그러나 이러한 정책은 양면적인 효과를 낳았는데, 마이크로소프트의 개방표준의 전략으로 인해서 중국의 컴퓨터 산업은 독자적인 표준전략을 포기하고 마이크로소프트의 표준으로 편입되는 결과를 낳았다. 실제로 2000년대 중반 이후 펼쳐진 마이크로소프트의 공세적인 가격정책과 친화적 사업 전략으로 인해서 중국은 리눅스를 개발하기보다는 마이크로소프트의 제품을 저렴한 비용으로 수용하는 방향으로 선회하였다. 결국 중국은 소스코드와 실리를 얻고 마이크로소프트는 표준을 장악하는 공존의 상황이 발생한 것이다(김상배 2014, 426-428).

또한 이러한 경쟁과 협력의 복합적인 양상은 2010년 구글이 지메일 해킹과 지적재산권 침해를 이유로 중국 시장에서 철수한다고 발표한 후 결국 6개월 만에 복귀하는 결정을 내리는 사건에서도 유사하게 나타났다. 구글이 철수 결정을 번복한 이유는 아마도 커져가는 거대한 중국 시장의 매력을 떨쳐버릴 수 없었기 때문일 것이다. 결국 표면적으로는 중국 정부가 거대한 국내시장을 무기로 구글을 굴복시켰다고 할지라도 실제로 누구의 승리였는지를 묻는 것은 간단하지 않다. 사실 승패 여부를 판단하는 것을 떠나서 당시 14억 인구에 달하는 중국을 상대로 일개 다국적 기업이 대결을 벌여서 6개월여간 세계의 이목을 집중시켰다는 사실은 그냥 가볍게 볼 일이 아니다. 더 나아가 2010년의 구글 사건은 미중 양국의 정책과 제도의 차이를 극명하게 부각시키는 제도표준경쟁의 면모를 드러냈다. 이 사건은 권위주의적 인터넷 검열과 규제 정책을 펴는 중국 정부에 대해서 일종의 '도덕적 십자군'으로서 구글의 이미지를 부각시킨 규범경쟁의 사례일 수도 있다(김상배 2014, 428-433).

경쟁과 협력의 복합 구도는 사이버 공간의 정보·문화 산업 분야에서도 나타나고 있다. 영화산업의 경우를 보면, 할리우드는 장르의 선택이나 콘텐츠 생산에서 중국 관객의 취향과 입맛을 맞추는 전략을 추구한다. 최근 할리우드의 메이저 회사들과 영화 제작사들은 중국 내에 거점을 마련하기 위해서 단순한 합작촬영 방식을 넘어서 합자회사, 파트너십, 공동투자 등을 모색하고 있다. 이 과정에서 중장기적으로 중국이 기술을 얻어갈 것으로 예상되지만, 그 이면에 존재하는 표준경쟁의 양상은 좀 더 복합적이다. 합작촬영에서 합자회사로 전환하는 과정에서 중국 영화산업은 할리우드의 형식, 장르, 스타일, 세팅 등을 모방할 수밖에 없다. 아울러 중국 관객들도 할리우드 모델에 점점 더 익숙해져가면서 그들의 취향마저도 할리우드화되는 경향을 보일 가능성이 있다. 그러나 역으로 할리우드가 중국의 '표준'을 수용하는 현상도 발생한다. 형식 차원에서는 중국이 할리우드를 받아들이면서, 내용 차원에서는 할리우드가 중국의 표준을 수용하는 공존의 양상이 발생하고 있다(김상배 2017).

요컨대, 미중이 사이버 공간에서 네트워크 권력 게임을 벌이는 과정에서 창발하는 권력구조의 모습은 세력전이론에서 말하는 구조변동의 결과와는 다르게 나타날 가능성이 크다. 현재까지 진행되고 있는 양상으로 미루어 볼 때, 이 분야에서 벌어지는 경쟁의 결과는 공생적인 복합구도로 나타날 가능성이 크다. 예를 들어, 사이버 공간의 정보산업과 인터넷 서비스 분야의 사례를 놓고 보면, 품질경쟁과 표준경쟁은 미국이 주도하고, 물량경쟁과 규모의 게임은 중국이 주도하는 가운데, 대내외적으로 매력을 발산하고 보편적 규범을 수립 및 전파하려는 경쟁과 협력의 복합구도가 형성될 가능성이 크다. 선도부문으로서 사이버 공간에서 예견되는 이러한 복합적인 양상이 사이버 안보나 디지털 외교 분야에도 투영되고, 더 나아가 미중관계 전반에서도 나타날지의 문제는 향후 미래 세계정치의 중요한 연구주제가 아닐 수 없다.


## V. 맺음말

이 글은 네트워크 이론의 시각을 원용하여 미래 국가모델에 대한 국제정치학적 논의를 펼쳤다. 미래 국가모델에 대한 논의는 기존에도 국내외 국제정치학계에서 다양한 방식으로 진행되어 왔지만, 이 글의 시도가 새로운 점은 사회학, 물리학, 역사학 등에서 다루어온 네트워크의 개념을 국가변환의 사례에 적용했다는 데 있다. 특히 이 글에서 원용하는 네트워크 이론은 크게 행위자, 과정, 구조를 논하는 세 가지 이론 진영에서 추출하였는데, 이를 적용하여 미래 국가모델의 세 가지 국제정치학적 논제, 즉 국가와 권력 및 구조의 변환을 개념적으로 탐구했다. 다시 말해, 네트워크 이론의 시각에서 보는 세계정치의 변환에 대한 논의는 새롭게 개념화된 국가 행위자, 그 국가 행위자가 추구하는 새로운 권력전략, 그리고 이러한 국가들이 벌이는 게임의 결과로서 등장하는 새로운 권력구조를 탐구하는 문제로 요약된다.

이 글에서 네트워크 이론을 통해서 새롭게 본 미래 국가모델은 네트워크 국가로 개념화된다. 오늘날 세계정치에서 국가의 모습은 부국강병에 주력하는 위계조직으로 개념화되던 기존의 국가모델을 넘어서는 양상을 보이고 있다. 국가의 활동반경이 영토적 경계를 넘어서 그 안과 밖으로 광역화되고 있으며, 이러한 과정에서 지난 수백 년 동안 이념형적 국가모델로 인식되어 온 근대 국민국가는 변환을 겪고 있다. 네트워크 국가는 이러한 와중에 발생하고 있는 국가변환을 잡아내려는 개념이다. 이들 네트워크 국가가 벌이는 세계정치의 양상은 자원권력 경쟁에서 네트워크 권력 경쟁으로 변환을 겪고 있으며, 그 결과는 단순히 어느 한 국가의 단판승을 논하는 성격의 세력전이의 양상이 아니라 서로 경쟁과 협력을 벌이는 가운데 세력망이 재편되는 공존과 공진의 구도로 이해해야 한다.

이 글은 네트워크 국가의 개념에 대한 이론적 논의와 함께 네트워크 국가의 세계정치를 보여주는 경험적 사례로서 선도부문으로서 사이버 공간에서 벌어지는 미중경쟁의 사례를 살펴보았다. 네트워크 국가로서 미국과 중국의 경쟁은 국가 행위자들만의 경쟁이 아니라 민간 다국적 기업들뿐만 아니라 사회 영역의 네티즌 다중과 같은 비국가 행위자들이 관여하는 복합 행위자들 간의 게임이다. 좀 더 구체적으로 말하면, 이들이 벌이는 사이버 공간의 권력 게임은 단순히 시장점유율이나 기술혁신을 놓고 벌이는 자원권력 게임이 아니라 표준의 장악과 매력의 발산, 규모의 변수와 체제의 성격까지도 관련되는 네트워크 권력 게임이며 더 나아가 미래 세계정치의 새로운 판을 세우기 위한 플랫폼 경쟁이다. 이러한 경쟁의 결과는 기존의 세력전이론이 상정하는 것과 같은 단순한 권력이동의 구도가 아니라 다양한 행위자들이 경쟁과 협력의 복합적인 권력 게임을 벌이는 가운데 비대칭적이지만 공존하는 모습이다.

　선도부문으로서 사이버 공간에서 미국과 중국이 벌이는 경쟁과 협력의 복합적인 양상을 살펴보는 작업은 향후 한국이 추구할 국가전략을 고민하는 데 있어 중요한 과제가 아닐 수 없다. 특히 오늘날 중견국의 국가전략을 모색하고 있는 한국의 입장에서 미국과 중국이 벌이는 미래 국가모델을 둘러싼 게임의 내용과 방향을 정확히 이해하는 것은 필수적이다. 미국과 중국이 벌이고 있는 미래 국가모델의 경쟁은 이 글에서 다룬 사이버 공간의 사례에서뿐만 아니라 여타 21세기 세계정치 전반의 사례에서도 현실화될 가능성이 크기 때문이다. 그렇다면 미국과 중국 사이에 위치한 중견국 한국은 앞으로 어떠한 국가모델을 설계해야 할 것인가? 이를 위해서 현재 시급하게 필요한 것은, 이 글에서 제기한 미래 국가모델로서 네트워크 국가에 대한 좀 더 면밀한 이론적·경험적 연구가 아닐 수 없다.

# 참고문헌

김상배. 2012. "표준경쟁으로 보는 세계패권경쟁: 미국의 패권, 일본의 좌절, 중국의 도전."
『아시아리뷰』 2(2), pp.95-125.
_____. 2014. 『아라크네의 국제정치학: 네트워크 세계정치이론의 도전』 한울.
_____. 2017. "정보·문화 산업과 미중 신흥권력 경쟁: 할리우드의 변화와 중국영화의
도전." 『한국정치학회보』 51(1), pp.99-127.
하영선·김상배 편. 2006. 『네트워크 지식국가: 21세기 세계정치의 변환』 을유문화사.

Akaev, Askar and Vladimir Pantin. 2014. "Technological Innovations and Future Shifts in
International Politics." *International Studies Quarterly* 58(4): 867 –872.
Ansell, Christopher K. 2000. "The Networked Polity: Regional Development in Western
Europe." *Governance* 13(3), pp.303–333.
Ansell, Christopher K. and Steven Weber. 1999. "Organizing International Politics:
Sovereignty and Open Systems." *International Political Science Review* 20(1),
pp.73-93.
Carnoy, Martin, and Manuel Castells. 2001. "Globalization, the Knowledge Society, and
the Network State: Poulantzas at the Millennium." *Global Networks* 1(1), pp.1-18.
Castells, Manuel. 1996. *The Rise of the Network Society*. Oxford: Blackwell.
_____. 2004. "Informationalism, Networks, and the Network Society: A Theoretical
Blueprint." Manuel Castells. ed. *The Network Society: A Cross-cultural Perspective*.
Cheltenham, UK: Edward Elgar, pp.3-48.
Dynkin, Alexander and Vladimir Pantin. 2012. "A Peaceful Clash: The U.S. and China:
Which Model Holds Out Promise For The Future?" *World Futures* 68(7), pp.506-
517.
Gilpin, Robert. 1987. *The Political Economy of International Relations*. Princeton, NJ:
Princeton University Press.
Goddard, Stacie E. 2009. "Brokering Change: Networks and Entrepreneurs in
International Politics." *International Theory* 1(2), pp.249-281.
Grewal, David Singh. 2008. *Network Power: The Social Dynamics of Globalization*.
New Haven & London: Yale University Press.
Hafner-Burton, Emilie M., Miles Kahler, and Alexander H. Montgomery. 2009. "Network
Analysis for International Relations." *International Organization* 63(3), pp.559 –
592.
Jessop, Bob. 2003. *The Future of the Capitalist State*. Cambridge, UK: Polity Press.
Kahler, Miles. ed. 2009. *Networked Politics: Agency, Power, and Governance*. Ithaca
and London: Cornell University Press.

Latour, Bruno. 2005. *Reassessing the Social: An Introduction to Actor-network Theory*. Oxford and New York: Oxford University Press.

Maoz, Zeev. 2010. *Networks of Nations: The Evolution, Structure and Impact of International Networks, 1816-2001*. Cambridge and New York: Cambridge University Press.

Modelski, George and William R. Thompson. 1996. *Leading Sectors and World Powers: The Coevolution of Global Politics and Economics*. Columbia: University of South Carolina Press.

Nexon, Daniel. 2009. *The Struggle for Power in Early Modern Europe: Religious Conflict, Dynamic Empires, and International Change*. Princeton, NJ: Princeton University Press.

Nexon, Daniel and Thomas Wright. 2007. "What's at Stake in the American Empire Debate?" *American Political Science Review* 101(2), pp.253-271.

Organski, A.F.K. and Jack Kugler. 1980. *The War Ledger*. Chicago: University of Chicago Press.

Rennstich, Joachim K. 2008. *The Making of a Digital World: The Evolution of Technological Change and How It Shaped Our World*. New York: Palgrave Macmillan.

Thompson, William R. 1990. "Long Waves, Technological Innovation and Relative Decline." *International Organization* 44(2), pp.201-233.

Waltz, Kenneth N., 1979. *Theory of International Politics*. New York: Random House.

Wellman, Barry and S.D. Berkowitz, 1988. *Social Structures: A Network Approach*. Cambridge: Cambridge University Press.